내 '법'그릇 챙기기

네 것 내 것 정의롭게
내 '법'그릇 챙기기

개정판 1쇄 인쇄일 2025년 3월 10일
개정판 1쇄 발행일 2025년 3월 20일

지은이 황도수
펴낸이 양옥매
디자인 송다희 표지혜
교   정 조준경
마케팅 송용호

펴낸곳 도서출판 책과나무
출판등록 제2012-000376
주소 서울특별시 마포구 방울내로 79 이노빌딩 302호
대표전화 02.372.1537 **팩스** 02.372.1538
이메일 booknamu2007@naver.com
홈페이지 www.booknamu.com
ISBN 979-11-6752-592-5 (03300)

개정판

네 것 내 것 정의롭게
내 '법' 그릇 챙기기

황도수 지음

어떤 분배가 올바르며 정의로운가?

사람은 생각하는 동물이다. **사람은 생각하는 만큼 살아간다.** 자기 생각이 없으면 자기의 삶이 아니다. 그렇다고 다른 사람의 삶도 아니다. 그 다른 사람은 내 삶을 모를 터이니.

인류 역사는 생각 발전의 역사다. 생각이 점점 발전하니 수렵하다가 농사짓고 가축을 키웠다. 기계를 만들어 대량생산을 했고, 비행기와 컴퓨터, 그리고 인터넷 세상을 만들었다. 드디어 AI(인공지능)로 인간 생각을 대신하겠다는 초(超)생각 세상으로 들어가는 중이다.

과학기술에 대한 생각만 발전한 게 아니다. 사람 관계에 관한 생각도 발전했다. 고대는 신(神), 천륜이 정한 성직자, 군주, 귀족, 평민, 노예 등 정해진 신분에 따라 사는 게 정의라고 생각했다. 그 생각을 주입하여 군주는 사람 사이의 관계에서 제멋대로 권력을 휘둘렀다. 근대사회는 인간 이성이 완전하니 시장에서 자유 방임하는 게 정의라는 생각이 세상을 지배했다. 그 생각을 바탕으로 자본가들은 못 가진 사람들을 돈으로 마음껏 지배하는 사람 관계를 형성했다.

신, 천륜, 이성이 세상을 섭리하는 본질이면 그 본질에 가까운 사람들이 윗자리를 차지하고 나머지 사람들은 그 아래에 있는 관계가 형성되게 마련이다. 임금이 신하의 위이고, 부모가 자식의 위이고, 남자가 여자의 위이고, 국회의원이 국민의 위이고, 자본가가 노동자의 위인 세상,

세상은 온통 위아래 관계로 정리된다. 주인과 노예, 지배와 피지배 관계 말이다.

자랑스럽게도, 인류 지성은 계속해서 더 앞으로 나아갔다. 자신의 무지를 인정할 만큼 정직했고, 그 진정성을 비약의 발판으로 삼았다. 인간의 생각은 3차원 공간과 시간에 갇혀 있다. 4차원적 인식은 상상할 수조차 없다. 인간은 시공간을 초월한 신(神), 천륜, 태극, 본질을 인식할 수 없다. 신이 있는지 없는지를 논할 자격이 아예 없다는 말이다.

오늘날 인류는 본질을 논하는 시대는 벗어났다. 아직도 본질을 이야기한다면 구시대를 다시 사는 것이다. 인간 생각의 불완전성은 우리 삶의 기본이다. 불완전한 존재이지만 서로 존중하는 '존엄한 존재'로 함께 잘 살아 보자는 게 오늘날 세상이다.

사실 이러한 인간관계 이해는 고대로부터 이미 있었다. 예수, 부처, 공자, 노자, 장자, 소크라테스, 칸트 등이 일찍이 설파했던 사람 관계다. 한 마디로 황금률이다. 나를 대하듯, 다른 사람을 대하자는.

법은 사람이 만든 사람의 질서다. 다행히도 우리나라 법은 인류 지성의 발전적 역사를 고스란히 담고 있다. 현대의 법은 신이나 천륜을 따르라고 하지 않는다. 또한 인간의 이성이 완벽하니 각자 신성한 존재라고도 하지 않는다.

모든 국민은 여전히 완전하지 않고 뭘 잘 모르고 부족하지만, 인간으로서의 존엄과 가치를 가진 존재라고 말한다. 부족하고 완전하지 않지만, 그 모습 그대로 서로 존중하면서 함께 잘 살기 위해 우리나라 대한민국을 만들었다고 선언한다. 그게 헌법정신이다. 서문에 밝히고 있듯이, 우리들과 우리들 자손의 안전과 자유와 행복을 영원히 확보하기 위해 서로 모자란 힘을 합쳐서 잘 살아가자는 뜻이다.

이처럼 우리 법은 인류 지성의 발자취를 담아낸 역사적으로 아주 훌륭한 법이다. 법을 어려워하거나, 두려워하거나, 나와는 상관없는 조문들의 모음이라며 무조건 멀리할 게 아니다. 법은 우리 선조들이 피로 남겨 준 선물이다. 그 선물 상자를 열어야 한다. 서로 존중하면서 함께 잘 살아가기 위해 우리 삶 곳곳에서 법질서를 이용할 수 있어야 한다.

법이 선언한 그대로 우리들 각자는 존엄한 존재이고 주권자다. 내 삶의 주인은 나다. 나는 나로서 당당하고, 너는 너로서 떳떳하다. 부모가 나의 지배자가 될 수 없고, 자녀가 부모 품에서 마냥 젖을 빠는 캥거루가 되어선 안 된다. 지역색이 나를 지배할 수 없고, 학연·혈연이 정의의 기준이 될 수 없다. 나는 법이 표방한 안전과 자유와 행복을 누려야 하는 존재다. 그런 삶을 위해서 법 위에 서야 한다.

개정판을 준비하면서 모든 사람에게 친밀한 법이 되도록 표현을 쉽게 많이 고쳤고, 몇몇 부분에서는 내용을 크게 보강했다.

첫째, 사람 관계, 즉 윤리에 관한 인류 지성의 발전에 대한 설명을 강화했다. 현대를 사는 사람들이 직면할 수밖에 없는 가치상대주의가 함께 잘 사는 질서의 걸림돌이 아니라는 점을 강조했다. 황금률이 왜 '황금'이라는 이름을 얻었는지를 핵심으로.

둘째, 현대국가에서 자유주의의 문제점을 해결하기 위해 민주주의의 역할이 얼마나 중요한지를 설명하면서 구체적인 사례를 보강했다. 최저임금제의 의미, 민생을 위한 국가정책 등이 그것이다. 이로써 경제 문제가 정치의 주요 과제임을 드러내고자 하였다.

　개정판을 준비할 때도 많은 사람의 도움을 받았다. 생동감 넘치는 재치와 특유의 맛깔스러운 비유 등 일생을 통해 살아 움직이는 글을 빚어 온 글솜씨로 이 책을 검토해 준 신아연 작가님, 매년 백여 권 이상의 책을 출판하는 바쁜 일정 속에서도 이 책 출간에 시간과 정성을 쏟아 준 '책과나무' 양옥매 대표님, 그 이름 그대로 정확·상세·정교하게 교정을 본 뒤 책 내용에 꼭 알맞은 제목까지 새롭게 붙여 준 조준경 님께 감사의 말씀을 드린다.

2025년 3월
새해의 희망 속에서 **황도수**

법은 질서다. 사람들끼리 '내 것, 네 것'을 나누는 질서다.

법이 내 것, 네 것 문제라고? 언뜻 의아해할 수 있다. 주변을 돌아보자. 세상의 모든 것은 누군가의 것이다. 내 것 아니면, 남의 것이다. 볼펜, 자동차, 비행기, 집, 건물, 도로…, 모두 누군가의 것이다.

'내 것, 네 것'이 나뉘어 있다는 것은 다른 사람이 내 것을 함부로 침해하지 못하고, 나도 남의 것을 함부로 침해하지 못한다는 의미다. 법은 그것을 보장하기 위해서 존재한다.

심지어 주인 따로 없이 누린다고 생각하는 하늘·공기·강·바다도 누군가의 것이다. 법적으로는 국가의 것이다. 국가가 지배·관리한다. 사람들은 국가가 정하는 대로, 즉 오염시키지 않는 방법으로만 공기·바다를 사용할 수 있을 뿐이다.

아울러 법은 내 것이 네 것이 되고, 네 것이 내 것이 되는 변동을 정한다. 법에 따라 변동되어 내 것이 된 것을, 법은 다시 '내 것'으로 보장한다. 법은 그렇게 모든 것을 '네 것, 내 것'으로 규율한다.

법에서 사용하는 모든 용어는 결국 내 것, 네 것을 해결하는 용어다. 소유권, 점유권, 전세권, 지상권, 저당권, 질권, 채권, 지배권, 주식, 매매, 임대차, 사용대차, 고용, 위임, 도급 등이 그러하리라는 것은 비교적 쉽게 이해된다.

또한 관념적이며 두루뭉술하기 그지없는 헌법 용어들—국민주권, 자유주의, 민주주의, 사회국가주의, 법치주의, 인간 존엄, 평등, 기본권, 자유권, 생존권, 사회적 시장경제질서 등—도 내 것, 네 것을 결정하는 내용을 담은 용어다.

'내 것'과 '네 것'을 견주고 비교하면 정의 문제가 제기된다. '열심히 노력했는데, 쉼 없이 일했는데, 왜 내 몫은 이것뿐인가?'라는 허탈감과 함께 뭔가 공정하지 않다는 의문이 생긴다. 이 부분이 바로 정의에 대해 질문이 제기되는 시작점이다.

정의란 내 것, 내 몫의 올바름을 묻는 문제이다. 올바름이란 듣기만 해도 그 자체로 영롱하고 또렷한 완성 개념이지만, 그 올바름이 머릿속 관념으로만 그친다면 환상에 지나지 않는다. 정의는 사람들 사이의 합당한 분배를 결정하는 현실 문제이기 때문이다. 법이 정의롭다는 것은 법질서가 내 몫을 제대로 가려 챙겨 준다는 의미다. 좋은 법인지, 나쁜 법인지는 네 것, 내 것을 제대로 나누는가에 달려 있다. 법은 실제다. 법이 올바른가? 법이 정의로운가? 이런 질문 앞에서 환상은 물러나야 한다.

가진 자들은 '현행' 법질서에 근거해서—법을 따랐건, 법을 위반했건—이득을 보는 사람이다. 그래서 기득권자라 한다. 군주국가에서는 군주와 귀족이 기득권자이고, 근대 자유방임주의 국가에서는 자본가가 기득권자이다. 이들은 현행법이 그대로 유지되길 바란다. 그래서 보수라고 한다.

사람이 만들었으니, 법은 불완전할 수밖에 없다. 법이 불완전하니, 어떤 국가의 법이든 어느 정도 불공정할 수밖에 없다. 그래서 사람들은 늘 법질서의 공정성에 질문을 던진다. 법질서를 더 공정하게 고치자는 주장이 제기된다. 현행법을 개선할 아이디어를 공론화한다. 이런 생각을 진보라고 한다.

인류의 역사는 법의 역사다. 사람들이 법을 만들고 적용해서 누가 자기 것을 더 가질지를 결정해 온 변천의 역사다. 보수와 진보의 역사다. 고대는 군주가 '세상 모든 것을 내 것'으로 갖고 제멋대로 분배하던 시대, 중세는 봉건영주가 '토지를 내 것'으로 갖고 소작계약으로 분배하던 시대, 근대는 자본가가 '자본을 내 것'으로 갖고 노동자와 노동계약으로 분배하던 시대라 할 수 있다. 물론 오늘날 법도 '내 몫, 내 것'을 분배하고 있다. 지금 우리를 규율하는 우리나라 법도 마찬가지다. 그렇다면 우리 법은 '내 몫'을 어떻게 분배하고 있을까? 지금 내가 가진 '내 것'은 정의로운 몫인가? '내 몫, 내 것'을 정한 현행법은 정의로운가?

이 책은 그 이야기다. 법이 내 것, 네 것을 결정한다는 이야기다. 법은 그 자체로 범접할 수 없는 대단한 무엇이거나 현실 삶과 별개로 동떨어진 별것이 아니라, 내 것 네 것을 분배하고, 보장하는 질서라는 이야기다. 그러니 내 몫이 올바른지 알기 위해서, 내 몫을 제대로 챙기기 위해서 법을 알고, 정의를 이해해야 한다는 것이 이 책의 골자다.

책의 구성은 이렇다.

먼저 법이 무엇인지를 간단히 살펴본다. 법, 의무, 자유, 정의, 질서 등 법의 기초 개념을 정리하면서, 법이 정의와 질서 두 기둥으로 이루어져 있음을 확인한다. 그리고 이 책은 정의 부분만 다룬다는 점을 밝힌다.

이어서 '정의'라는 가치가 무엇을 다루는 가치인지를 이해한다. 독자들이 아직도 의아해할 부분, 즉 정의 쟁점이 내 몫, 내 것 분배에 관한 것이고, 그 분배의 올바름을 정의라고 한다는 점을 이론적으로 설명한다.

그다음은 어떤 분배가 올바른 분배인지, 정의로운 분배인지를 찾아간다. 결국 그 결론은 인류 지성의 역사에 기댈 수밖에 없다는 것, 인류 지성의 지금까지의 결론이 인간은 절대적 정의를 인식할 수 없는 존재이고, 그런 불완전성에서 인간이 모색할 수 있는 정의는 황금률이라는 것, 그 황금률에 우리 헌법이 기초하고 있다는 것을 설명한다.

나아가, 이런 정의 이론이 실제 법적 정의와 어떻게 연결되어 있는지 살펴본다. 현실의 법은 분배 문제를 어떻게든 해결해야 했고, 지금까지 해 오고 있다. 법의 실제 분배 방식은 두 가지로 귀결되어 있다. 매매ㆍ임대차ㆍ고용 등 개인들이 서로 거래하는 방식으로 분배하는 것과 건강보험ㆍ기초생계비ㆍ형벌 등 국가가 일방적으로 분배하는 방식이다. 이 두 방식은 오늘날 사법과 공법의 구분과 일치한다. 또한 황금률과도 상통한다.

법의 역사는 분배의 역사, 정의의 역사였다. 따라서 이들 두 분배 방식의 역사였다. 군주가 신(神)을 끌어들여 제멋대로 일방적으로 분배한 고대의 역사, 영주와 농노가 소작계약 거래로 분배한 중세의 역사, 근대 자본가와 노동자가 노동계약 거래로 분배한 근대의 역사, 분배 문제를 두고 가진 자와 못 가진 자가 사법 거래와 공법 규율 속에서 서로 다투는 현대의 역사를 이야기한다. 역사의 흐름을 살펴보면서, 지금 이 나라에서 행해지는 분배, 지금 내가 가진 '내 몫'이 정의로운지를 가늠하자는 것이다.

이 글을 쓸 때, 가능하면 '개념'을 분명하게 드러내고, 결론 또한 명확하게 내려고 노력했다. 결론을 강요하고 싶어서가 아니라, 독자가 스스로 토론하고 대화할 대상을 선명하게 드러내 주고 싶기에. 모호하고 두루뭉술하게 설명한 책을 읽으면서, 생각을 중간에 끊거나 미루었던 아쉬움을 이 책에서는 반복하고 싶지 않았다.

더 좋은 결론이 있을 수 있음은 물론이다—더 좋은 결론은 후배들의 몫이라고 생각한다—. 그럼에도 대화의 소재, 대상은 분명하게 제시해야 한다고 생각했다. 독자가 스스로 대화하고 토론하고 비판하는 데 이 책이 그 소재 · 대상이 되길 바라는 것이다. 당연히, 독자의 질정과 채찍을 통해서 필자도 스스로 대화를 깊게 이어 가고 싶은 마음이다.

이 책을 쓸 때 도움을 주신 분들이 수없이 많다. 평소 메모를 하지 못했고, 기억력이 부족해서 일일이 감사의 말씀을 드리지 못하는 점이 미안할 따름이다. 기억나는 대로 몇 분께 감사 인사를 드린다.

먼저 가족들에게 고맙다는 말을 전한다. 기다리는 인내만큼 힘들고 아름다운 것도 없기에.

이 책을 쓸 때 직접 도움을 주신 분들께 감사드린다. 최고 저널리스트의 감각으로 글을 살펴 준 친우 양승욱 대표, 일반 독자의 관점에서 원고를 꼼꼼히 읽어 준 친구 강영호 사장, 단순 교정을 넘어서 내용의 피드백을 충실하게 전해 준 제자 김주영에게 특별히 감사한다.

그리고 삶과 학문에 관한 생각을 깊게 하도록 도와준 분들께 감사드린다. 특히, 칸트를 널리 이해할 수 있도록 꼼꼼히 번역해 주신 백종현 교수님, 대한민국의 안타까운 현실과 전 세계 각국이 얽혀 돌아가는 이야기를 나누면서 조촐한 소주잔으로 함께 마음을 달랬던 조시현 교수에게 한없이 고마운 마음을 전한다.

　누구보다도, 국어학 교수로서 이 책의 생각을 우리 글로 정확하고 아름답게 표현하도록 토씨 하나, 표현 하나를 일일이 세심하게 검토하고 메모를 붙여 줘서 필자에게 한글 글쓰기를 새롭게 접근하게 해 준 오재혁 교수에 감사한다.

　또한 출판에 도움을 주신 분들께 고마움을 표한다. 바쁜 시간에도 출판을 결정하고 일을 계획적으로 처리한 '열린생각' 출판사 황상원 대표와 그를 도와 함께 일하신 분들께 감사한다.

　마지막으로 독자님께, 죄송한 마음을 실어 머리 숙여 부탁드린다. 오자, 탈자가 꽤 있는, 매끄럽지 못한 거친 숨소리를 그래도 즐겨 주시길.

2022년 2월

생각이 정리될 수 있었음을 감사하며 **황도수**

차례

제1부

법, 정의, 질서

1. 법을 왜 지켜?

■ 의무의 질서

의무와 책임으로 이루어진 규범질서

법은 질서다. 사람들이 일정한 규칙에 따라 일정하게 행동하니, 예정된 일들이 일정하게 일어난다.

세상의 질서는 두 종류로 나눌 수 있다. 사실질서와 규범질서다. 이미 잘 알고 있듯이, 사실질서는 '지구가 동쪽으로 돈다.', '물은 섭씨 0도에서 얼고, 100도에서 끓는다.'처럼 '이다, 아니다'라고 사실을 설명하는 질서다. 사실질서는 자연적 인과관계의 법칙에 따른다. 일정한 원인이 있으면, 그에 따른 결과가 항상 일정하게 일어난다. 지구는 항상 동쪽으로 돌고, 물은 항상 100도에서 끓는 것처럼 말이다.

이와 다르게, 규범질서는 사람이 해야 할 것, 해

물은 100도에서 끓는다는 사실질서

서는 안 되는 것을 **'의무'**로 정하고, 사람들이 그 의무를 지켜서 형성되는 질서다. 예를 들어, '다른 사람을 폭행해서는 안 된다.', '도로의 오른쪽을 통행해야 한다.', '물건을 매도했으면, 그 권리를 이전해야 한다.'처럼 '해야 한다, 해서는 안 된다'라는 의무를 만들고, 사람들이 그 의무를 지켜서 생기는 질서다. 사람들이 의무를 지키는 일정한 행위를 반복하니, 사회에 그 행위들이 일정하게 일어나는 질서가 형성되는 것이다.

법은 규범질서다. 사람에게 일정한 의무를 정하고, 그것을 따르도록 하는 질서다. 법은, 사람들이 법이 정한 의무를 지킬 때 질서가 되는 질서다.

규범질서는 사람의 질서이니, 100%의 질서가 아니다. 사람들은 법을 따르기도 하지만, 아니기도 하기 때문이다. 사람들은 꽤 의무를 위반한다. 때로는 실수로, 때로는 고의로.

법을 지킬지가 고의·실수 등 사람의 마음에 달려 있다면, 법은 어떻게 질서가 될 수 있나? 사람들이 의무를 지키지 않으면, 질서가 될 수 없을 텐데.

법은 의무위반에 잘 대응해서 질서를 유지한다. 법은 의무를 지킬지, 않을지가 각 사람의 마음에 달려 있음을 안다. 다른 사람을 폭행하지 말라는 의무에 대해서, 실제 현실에서 의무가 그대로 지켜질 수도 있고(폭행하지 않음), 그 반대로 폭행 행위가 일어날 수 있음을 알고 있다.

이에 대해 법의 대비는 아주 탄탄하다. 법은 의무를 지키는 행위에 대해서는 상을 주고, 그 반대의 경우에는 벌을 주는 방식이다. 법이 실제로 상을 주는 경우는 드물다. 상훈법,[1] 국가보훈기본법 등은 그 드문 예다. 대부분의 경우, 사람이 의무를 준수하면 법은 아무런 변화 없이 예전처럼 자유롭게 살게 놓아둔다. 자유를 그대로 누리는 것, 그것을 넓은 의미의 상이라고 이해할 수 있다.

반면에 법은 의무위반에 대해서는 철저하게 대응한다. 의무를 위반한 사람에 대해서는 특별한 불이익을 가한다. 그 불이익을 '책임'이라고 한다. 예를 들어, 법은 사람들이 폭행 의무를 위반하면 징역이나 벌금이라는 벌을 준다. 이 징역과 벌금이 책임이다.

법은 책임제도를 아주 정교하게 체계화하고 있다. 의무위반 행위를 그대로 놓아두었다가는, 질서 자체가 무너질 수 있기 때문이다.

공법, 사법의 분류에 따라—나중에 이 분류를 자세히 설명한다—책임도 크게 민사책임과 공법책임으로 구분한다. 공법책임은 다시 크게 형사책임과 일반 공법책임(일반적으로 행정책임이라고 한다)으로 구분한다. 강제이행, 손해배상 등은 민사책임에 해당하며, 사형·징역·벌금 등 처벌은 형사책임을 묻는 것이고, 영업정지·운전면허취소·파면·해임 등은 행정책임에 속한다.

사람은 본성상 적어도 간섭 없이 살기를 원하고, 처벌 등 불리한 책임을 지기를 피하고자 한다. 따라서 사람들 대부분은 법이 정한 의무를 지킨다. 그러니 법이 정한 일들이 일정하게 일어난다. 이런 원리로 법은 질서가 된다.

---

1   대한민국에 공로(功勞)가 뚜렷한 사람에 대한 서훈(敍勳)을 정하는 법.

법은 의무와 책임으로 구현되는 규범질서라고 정리할 수 있다.

법이 있을 때 안전하고 자유로운 삶

법이 의무와 책임으로 이루어져 있으니, 사람들은 우선 법을 부담스럽게 생각하게 된다. 게다가, 책임제도가 정교하게 체계화되어 있으므로 사람들은 법을 생각할 때으레 처벌 등 책임을 먼저 생각하게 된다. 이렇듯 법이라하면 긍정적 인식보다 부정적 인식을 먼저 갖게 된다. '법!' 하면 혹여 벌받을 것부터 염려하는 것이다.

의무는 폭행을 방지한다.

그러나 법의 본질이 의무를 지우고, 책임을 추궁하는 것이라고 해서, 지레 법을 두려워할 필요는 없다. 법이 나에게 주는 의미의 장단점을 공정하게 바라볼 필요가 있다.

먼저, 의무와 책임이 존재하는 이유는 '모두'가 안전하고 자유롭고 행복하기 위해서다. 그 '모두'에는 나도 포함된다. 즉 '나'를 위해서 의무가 존재한다. 살인하지 말라는 의무, 폭행하지 말라는 의무가 있으니, 힘센 사람들이 '나'처럼 약한 사람들을 마구 살인하고 폭행하지 못한다. 만일 법·의무·책임이 없다면, 살인·폭행·절도·강도가 판치는 세상이 될 것이다. 그 와중에 나도 희생자가 될 수 있다.

피해를 주고 입는 문제만이 아니다. 만일 법이 우측통행 의무를 정하지 않았다면, 자동차들이 얽혀서 고속도로는 무용지물이 될 것이다. 이처럼 법은 '나'의 삶을 안전하고, 자유롭고, 행복하게 하는 역할을 한다.

둘째, '법은 사회적 약자에게 불리하게 규정되어 있다'라는 문제점을 부인할 수는 없다. 사회적 약자들이 현재 힘들게 사는 주된 이유는, 현행 법질서가 그들에게 불리하게 규정되어 있기 때문이다. 뒤에서 설명하듯이, 불완전한 사람들이 법질서를 만들기 때문에 피할 수 없는 현상이다.

빈익빈 부익부 양극화는 어느 법질서에서든 생기는 문제다. 그 심각한 정도가 쟁점일 뿐이다. 이 책 내용 대부분은 그 원리에 관한 설명이고, 그것을 어떻게 개선할지에 관한 인류 지성들과의 대화다.

그래서 많은 사람, 특히 사회적으로 약자들은 법·의무·책임이 자기들을 억압하는 도구라고 생각하면서 차라리 '법 없는 세상'이 좋겠다고 생각한다.그러나 그나마 그런 법이라도 있으니, 사회적 약자들이 지금 가진 생명·재산·신체라도 보호받는 것이다. 만일 법이 없는 세상이라면, 지금 가진 것마저도 힘 있는 사람들이 주먹과 권력으로 빼앗아 갈 것이다. 주변의 힘센 사람이 내 몸을 함부로 때리지 않고, 내 주거를 마구 침입하지 않는 것은, 그런 법이나마 있기 때문이다.

셋째, 그런 법이 계속 발전하고 있다는 점에 주목해야 한다. 오늘날 법은 사회적 약자를 대할 때, 과거와 같이 노예나 농노로 살게 놓아두지 않는다. 법은 소위 인치주의에서 법치주의로 발전했다. 고대나 중세의 인치주의 법은 오늘날 국민이 받아들이지 않고 있다. 오늘날 국민은 법치주의 법만 인정한다. 법치주의는 사회적 약자들도 함께 잘 살 수 있는 법이 되게 하는 원리다.

따라서 법이 없어졌으면 좋겠다고 생각하기보다는, 어떻게든 법을 더 좋은 내용으로 고치려고 노력하는 것이 바람직하다.

넷째, 법이 정한 의무와 책임을 너무 무서워할 필요도 없다. 특히 처벌 등 책임을 과다하게 두려워할 필요가 없다. 책임은 의무를 위반할 때만 생기는 부담이다. 사람들 대부분은 다른 사람에게 굳이 해를 끼칠 생각을 하지 않는다. 따라서 살면서 법적 책임을 질 일이 거의 없다.

어쩌다 의무위반으로 책임 문제가 생겼다고 하더라도, 너무 벌벌 떨지 않아도 된다. 오늘날 법적 책임은, 과거 군주가 제멋대로 책임을 부과하던 때와 다르다. 터무니없는 책임을 부과하지 않는다. 법이 미리 정한 책임만 지운다. 그 내용도 대부분 합리적이다.

예를 들어, 법은 고의와 과실(過失)을 구분한다. 고의는 알면서도 일부러 의무를 위반하는 것이고, 과실은 실수로 잘못해서 의무를 위반하는 경우다. 고의의 경우에는 엄격하게 책임을 지우나, 과실로 의무를 위반한 경우는 봐주거나, 책임을 감경한다.

게다가 피도 눈물도 없는 게 아니다. 법은 사람들이 때로 실수할 수 있다는 걸 잘 알고 있다. 처음부터 법을 위반해서 나쁜 짓을 하겠다고 계획하지 않는 한, 큰 처벌은 없다. 훈방도 있고, 기소유예도 있고, 집행유예도 있다. 그러므로 보통의 선한 사람들은 법을 너무 두려워하지 않아도 된다.

일단 이렇게 생각하자. 법·의무·책임은 많은 사람이 함께 **편리하게 생활하는 데 필요한 도구다.** 뒤에서 자세히 설명하겠지만, 법이 추구하는 정의가 바로 이것이다. 함께 잘 사는 것이 정의다.

그러므로 법을 무조건 두려워하거나, 부정하고 싶은 마음은 일단 어느 정도 누그러뜨리자. 그리고 법을 점점 알아 가면, 의외로 법이 '내 편'이라는 것을 느끼면서 더 친해질 것이다.

■ 자유의 질서

법은 오로지 사람에게만

법은 의무와 책임으로 이루어져 있다는 것은 누구나 아는 이야기다. 이제 그 개념들을 한 단계 더 깊게 분석해 보자. 법과 의무와 자유의 관계다. 법에 대한 이해가 완전히 달라지게 된다.

법은 오직 사람을 규율한다. 법이 정한 의무는 사람에 대한 것이다. 동물에게는 의무가 없다. 의무는 '하라, 하지 말라'는 걸 내용으로 하는데, 이때 '하라, 말라'는 대상은 사람의 행위다. 책상의 행위가 아니고, 동물의 행위도 아니다.

의무는 오직 사람에게만 가능한 개념이다. 의무는 사람이 해야 할 것과 하지 말아야 할 것을 정한 것이다. 다른 대상이나 사물은 의무의 주체가 될 수 없다. 동물에게는 의무가 적용되지 않는다. 고대에는 동물에게 의무와 책임을 부과하는 것처럼 써 놓은 법이 있었다. 성경에는,

> "소가 남자나 여자를 받아서 죽이면 그 소는 반드시 돌로 쳐서 죽일 것이요. … 소가 만일 남종이나 여종을 받으면 소 임자가 은 삼십 세겔을 그의 상전에게 줄 것이요, 소는 돌로 쳐서 죽일지니라(출애굽기 21:28~31)"

라는 규범이 있는데, 마치 소가 의무를 지는 것처럼 쓰여 있다. 그러나 그 실질은 소가 아니라 사람이 책임지는 것이다. 소의 임자가 어떤 경우에 책임을 지고, 어떨 땐 책임을 면하는지를 밝히는 내용이다. 소를 돌로 쳐 죽일 경우, 그 이해관계는 결국 그 임자에게 귀속되기 때문이다. 그 결국은, 사람이 소를 어떻게 관리할지 '행위'를 말하는 문제다. 위 규범도, 표현 방법이 달랐을 뿐, 역시 사람을 규율하는 규범이다.

자유의 존재만 의무를 진다

의무와 책임이 '오직 사람'을 향하고 있는 데는 그만한 이유와 근거가 있다.

법은 사람을 다른 사물이나 동물과는 완전히 다른 존재로 본다. 오직 사람만이 의무를 감당할 수 없다고 본다. 사람만이 의무 내용을 이해하고, 그것을 지킬지를 판단하고 행동할 수 있는 존재, 그리고 그것에 책임을 질 수 있는 존재라고 본다.

자동차·책상 등 무생물은 물론, 동물들의 행위·행동은 자연적 인과관계에 따라 기계적으로 움직이는 것으로 본다. 스스로 판단에 따른 의지적 행위나 행동은 없다고 본다.

최근 과학적 발견이 더해지면서, 동물도 사람과 유사한 지각(知覺)행위를 한다는 연구 결과가 보고되고 있지만, 법은 아직도 동물을 사람과는 완전히 다르다고 본다. 동물은 의지적으로 판단해서 행동할 수 있는 존재가 아니라고 보는 것이다.

즉, 동물에게 의무를 부과한들, 동물은 그 의무 내용을 이해한 뒤, 그걸 지킬지 말지를 스스로 결정할 수 있는 존재가 아니다. 법이 정한 의무는 동물에게 무의미하다. 동물에게 우측통행 의무를 부과한들, 어떤 동물은 그 본성에 따라 좌측으로만 가거나, 우측으로만 갈 것이고, 때로는 좌우를 구분하지 못한 채, 동물적 감각에 끌려 이리저리 갈 것이다. 그들은 자연적 인과관계에 매여 있는 존재일 뿐이다.

법이 보는 사람은, 동물과 달리 '자유'의 존재다. 스스로 자(自), 말미암을 유(由). 스스로 말미암는다는 의미다. 사람은 자연적 인과관계에서 벗어나서, 스스로 "새로운" 원인이 된다. 사람의 판단과 행동은 그 사람이 자기 스스로 만들어 낸 최초 원인이 된다. 주어진 여건 속에서 사람은 저마다 다른 판단과 다른 행동을 할 수 있다. 그 결정과 행동의 결과는 그 사람이 원인이 되어 나온 결과물이다. 그 결과로 우주의 질서는 새로운 변화를 맞게 된다. 사람의 행위는 자연의 인과관계 법칙에 따라 필연적으로 결정되지 않는다. 어떤 원인이 사람의 행위를 자동 결정하지 않는다.

예를 들어, 술집에서 말다툼이 벌어지는 상황에서, 사람은 각자 다른 행동을 한다. 어떤 사람은 주먹을 휘두르는 행동을 하지만, 어떤 사람은 상대방에게 차분하게 설명하거나, 때로는 조용히 피한다. 그 판단과 행동 여하에 따라 그다음 사태는 다르게 진전된다.

만일 폭행을 선택했다면, 싸움으로 번져서 경찰서에 가서 조서를 쓰고, 유치장에 들어가는 등의 결과가 이어진다. 반면 폭행을 피하고 조용히 다른 술집으로 옮겨 즐겁게 술을 마시면, 다음 날 정상적인 사회 활동을 할 수 있다.

이처럼 사람의 판단과 행동은 자기 자신, 사회, 크게는 우주의 질서에 다른 결과를 가져오는 새로운 원인이 된다. 다시 말하지만, 사람은 주어진 여건과 상황에 따라 기계적으로 반응하는 존재가 아니다.

만일, 사람이 자연적 인과관계 법칙에 기계적으로 행동한다면, 즉 주어진 여건에 따라 사람의 어떤 행위가 자동 필연적으로 일어난다면, 의무는 무의미하다. 의무가 있으나 없으나, 어차피 자연적 인과관계에 따라 행동할 것이기 때문이다.

또한 책임을 지울 수도 없다. 그 의무위반 행위는 그 사람이 스스로 판단, 결정해서 행동한 게 아니기 때문이다. 그 당시 상황의 여건이라는 원인이 그 사람을 그렇게 행동하게 만든 것뿐이다. 이런 경우 책임을 물어야 한다면, 그 행위의 원인이 된 그 여건에 책임을 물어야 한다. 이런 경우라면, 사람이 책임을 져야 한다는 말 자체가 성립할 수 없다.

한편, 사람의 자유는 신의 자유와도 다르다. 만일, 사람이 신(神)의 의지를 가졌다면, 즉 항상 올바르게 판단하고 행동한다면, 또한 의무는 무의미하다. 의무가 있으나, 없으나 어차피 항상 올바른 행동만 할 것이기 때문이다. 의무위반의 문제가 발생할 여지가 없다.

정리하면, **의무와 책임의 근거는 '사람의 자유'다.** 법이 질서가 될 수 있는 원리는, 사람이 자유를 가진 존재하는 데 근거한다. 법은 의무를 정해서 사람이 그렇게 행사하도록 요청하는 방법으로 질서를 형성한다. 사람은 의무 앞에서 이렇게도, 저렇게도 결정할 자유를 가진다. 법 앞에서의 자유이고, 의무 앞에서의 자유다. 법을 위반하는 것도 자유고, 법을 지키는 것도 자유다. 그 자유에 책임이 따르는 것이다.

사람은 자유롭기에 의무의 주체가 된다. 그리고 사람은 자유롭기에 책임의 주체가 된다. 법·의무·책임이 존재할 수 있는 근거는 사람이 자유를 가졌다는 점이다.

인간이 이성적 존재라는 철학과 법

자유가 법·의무·책임의 기초라는 생각에는 철학적 배경이 있다. 사람이 단순히 자연적 인과관계에 종속된 존재가 아니라는 생각, 사람이 스스로 생각하는 존재, 소위 이성적 존재라는 철학 말이다.

블레즈 파스칼(Blaise Pascal, 프랑스 철학자, 신학자, 1623~1662)의 유고집 『팡세(Pensees)』(1670)의 표현을 빌려 보자.

> 인간은 연약한 한 줄기 갈대일 뿐이다. 그러나 그 갈대는 생각하는 존재이다. 인간을 없애기 위해 전 우주가 무장할 필요는 없다. 한번 뿜은 증기, 한 방울의 물이면 인간을 죽이기에 충분하기 때문이다. 그러나 우주가 인간을 없앤다 하더라도, 인간은 인간을 죽인 우주보다 더 고귀하다. **인간은 자기가 죽는다는 것을, 그리고 우주가 자기보다 우월하다는 것을 알고 있기 때문이다.** 하지만 우주는 아무것도 모른

다. 이러한 까닭에 우리의 모든 존엄성은 사유(思惟)로부터 나온다. 우리가 스스로 높여야 하는 것은 사유이지, 우리가 채울 수 없는 공간과 시간이 아니다. 그러니 올바르게 사유하도록 힘쓰자. 이것이 곧 **도덕의 원리이다.**[2]

임마누엘 칸트(Immanuel Kant, 독일의 철학자, 1724~1804)는 사람이 자유를 갖고 있기에, 세상의 다른 사물과 구별된 존재임을 가장 논리적으로 설명했다. 그는 사람은 이성을 갖고 있으므로 목적 그 자체일 뿐, 수단이 될 수 없다고 했다.

인간은 전적으로 동물적이지만은 않다. **인간은 이성(理性)을 갖고 있다.** 이성으로 선과 악을 함께 고려할 뿐만 아니라, 선과 악을 신체감각의 행복과 완전히 구별하고, 그것을 행복의 최상조건으로 삼는다.[3]

비록 인간이 완벽하게 신성한 것은 아니지만, 그러나 그의 인격에서, 인간성은 그에게 신성하지 않을 수 없다. 세상의 모든 피조물은 한낱 수단으로 사용될 수 있다. 그러나 인간만은 목적 그 자체이다. **인간은 곧 그의 자유의 자율적 힘에 의한, 신성한 도덕법칙의 주체이기 때문이다.**[4]

2   Pascal, Blaise, (1670), 이환 역, 팡세(Pensée), 2003, 213쪽.
3   Immanuel Kant, (1788), 백종현 역, 실천이성비판(Kritik der praktischen Vernunft), 2002, A108. (일부 중략, 일부 번역을 바꿨다)
4   같은 책, A155, 156. (일부 중략)

우리 헌법은 이들 인류 지성들의 생각을 받아들여 법질서의 기초로 삼고 있다. '인간의 존엄과 가치'가 그 모토이다.

> 헌법 제10조 **모든 국민은 인간으로서의 존엄과 가치를 가지며,** ….

인간으로의 '존엄과 가치'는 사람이 동물이나 다른 자연 사물처럼 기계적이지 않다는 의미에 기초한다. 스스로 가치를 판단하고 행동하는 존재라는 의미다. 그런 점에서 인간은 존엄하고 가치 있는 존재다. 칸트가 말하는 '자유의 자율적 힘'을 가진 존재다.

자유는 법질서 구조의 기초다

법·의무·책임 개념이 사람이 자유로운 존재라는 점에 근거한다면, 법·의무·책임은 우리에게 완전히 다른 의미로 다가온다.

법·의무·책임은 무조건 강제를 의미하지 않는다. 의무는 무조건 지켜야 한다는 준법정신 이념은 고정관념일 뿐인 게 된다. 준법정신은 의무와 자유의 관계를 고려하지 않은 편견이 된다.

의무는 자유 앞에서의 의무다. 자유 없이 의무 없다. 이 말은, 사람은 의무를 앞에 두고, 의무를 지킬 수도, 위반할 수도 있다는 뜻이다. 이제 의무는 사람의 자유 앞에 놓인 선택지다. 의무는 무조건 지키는 것이 아니다. 이것이 법질서의 기본 구조다.

의무가 자유 앞에서의 선택지라는 이론은, 법이 의무뿐만 아니라 항상 책임도 함께 규정하는 현실을 원리적으로 설명할 수 있게 한다. 법은 의무와 책임을 필연적으로 연결시키는데, 그 이유는 사람이 의무 앞에서 위반을 선택해서 행동할 가능성이 있다는 점 때문이다. 사람들이 의무를 위반하면, 법은 의무 내용대로의 질서가 될 수 없게 되는데, 그 해결책이 책임 제도다. 의무위반을 선택했으니, 그에 대해서 불이익을 받게 하는 것이다[5] 책임의 근거는 자유다. 자유를 매개로 '의무와 책임'은 법의 기본 체계가 된다. 책임 없는 의무는 없다.

이처럼 **법은 의무와 책임을 연결해서, 의무 앞에서 사람들이 준수와 위반을 선택하게 한다.** 준수할 때의 결과와 위반할 때의 결과를 고려하게 하는 구조다.

실제 법조문에서 그 구조를 확인해 보자. 폭행에 관한 형법 조항이다.

> 형법 제260조(폭행, 존속폭행) ① 사람의 신체에 대하여 **폭행**을 가한 자는 2년 이하의 징역, 500만 원 이하의 벌금, 구류 또는 과료에 처한다.

위 조항은 한 문장이지만, 법논리에 따르면 두 개의 규범으로 나눠진다. 의무설정에 관한 규정과 그 위반에 관한 규정이다.

---

5   이 불이익의 본질은 뒤에서 자세히 설명하겠지만, '불리한 내용의 새로운 의무'이다.

1. [의무] 누구든지 사람의 신체에 대하여 폭행을 가해서는 안 된다.

2-1. [의무위반] 폭행을 가한 사람은 2년 이하의 징역, 500만 원 이하의 벌금, 구류 또는 과료에 처한다.

명시적으로 표현되어 있지는 않지만, 논리적으로 숨어 있는 명제도 있다. 의무준수에 관한 요건효과 규정이다.

2-2. [의무준수] 폭행을 가하지 않은 사람은 형벌을 받지 않는다.

논리상으론 법이 의무를 정할 때, 의무준수의 결과와 의무위반의 결과를 모두 정해야 한다. 의무위반에 대해서 형법 제260조를 규정하였듯이, 의무준수에 대해서는 아무런 불이익이 생기지 않는다는 규정을 두어야 한다.

그러나 실제의 법은 의무준수에 대한 그런 규정을 굳이 두지 않는다. 왜냐하면, 폭행하지 않은 사람에게는 특별히 "새로운" 법적 효과를 부여하지 않겠다는 것이 그 내용이기 때문이다. '새롭게 변화되는 법적 효과'가 없으니, 굳이 규정을 둘 필요가 없다. 폭행하지 않은 사람은 그냥 그대로, 평소대로 자유롭게 생활하면 된다. 그래서 규정을 두지 않는다.

이런 점에서 법은 책임을 정하는 조항에 대해서는 철저하지만, 의무준수에 관한 조항은 거의 두지 않는다.

만일 법이 책임 없는 의무를 정했다면, 그 입법은 무책임한 입법이다. 의무를 위반해도 아무런 책임이 뒤따르지 않으니, 의무를 따라도 되고, 안 따라도 된다는 의미이기 때문이다. 지키지 않아도 될 의무를 법으로 정한 것은, 법조문에 미사여구를 하나 붙여 놓은 것에 불과하다.

민법 조항도 같은 구조이다.

> 민법 제750조(불법행위의 내용) 고의 또는 과실로 인한 위법행위로 타인에게 손해를 가한 자는 그 손해를 배상할 책임이 있다.
> 제751조(재산 이외의 손해의 배상) ① 타인의 신체, 자유 또는 명예를 해하거나 기타 정신상 고통을 가한 자는 재산 이외의 손해에 대하여도 배상할 책임이 있다.

위 조항을 폭행과 관련해서 생각하면, 위 조항은 '타인에게 폭행을 가해서 손해를 가하면 손해를 배상해야 한다'라는 뜻이다. 이를 법적으로 정리하면 다음과 같다. 물론 의무설정과 의무위반에 관한 규정이다.

> 1. [의무] 누구든지 폭행(고의로 인한 위법행위)으로 타인의 신체에 손해를 가해서는 안 된다.
> 2-1. [의무위반] 고의 또는 과실로 인한 폭행행위로 타인에게 손해를 가한 자는 그 손해를 배상할 책임이 있다.

물론, 논리적으로 숨어 있는 명제도 있다.

> 2-2. [의무준수] 고의 또는 과실로 인한 폭행행위로 타인에게 손해를 가하지 않은 자는 손해를 배상할 책임이 없다.

법은 인과관계의 논리 체계

이런 의무와 책임의 논리 구조를 조금 더 일반화하면, 법의 논리 구조의 기본을 이해할 수 있다.

위에서 **법이 의무를 사람의 자유 앞에 놓는다는 건, 그 준수와 위반에 대해서 책임을 지우는 논리를 인과관계로 구성함을 의미한다.** '의무위반'을 원인으로, 처벌 등과 같은 '책임'이 결과로 발생하는 관계, '의무준수'를 원인으로 특별한 법적 결과가 발생하지 않는 관계 말이다.

이런 인과관계 논리 구조가 인간의 사고 범주에 맞춘 구조라는 점은 이미 많은 철학자가 밝혀내었으므로,[6] 그것이 인간의 행동이론, 사회이론으로도 타당하다는 점에 대해서는 여기서 굳이 설명하지 않는다.

법은 이런 인과관계 논리를, 단지 '의무-책임'의 경우에만 사용하는 게 아니다. 법은 인과관계 논리를 법의 모든 영역에서 사용한다. 법은 법의 내용이 명확하면 명확할수록 효용성이 크므로, 이해 명확성에서 뛰어난 인과관계 논리를 법의 기본 원리로 채택하고 있다.

따라서 '의무-책임'의 관계뿐만 아니라, 의무가 발생하고, 소멸하거나, 법이 제정되거나, 폐지되는 등 법·의무·책임에 관련된 모든 변화에 인과관계 논리를 사용한다.

이때 법은 그 인과관계를 표현하는 용어를 따로 사용한다. 법이 모든 법적 문제를 인과관계로 구성할 때, 법에서는 그 용어를 인과관계라고

---

6   같은 책 참조.

하지 않고 '요건(또는 법률요건, 법적 요건)', '효과(또는 법률효과, 법적 효과)'라고 표현한다. 즉, 의무위반이 원인이 되어, 그 결과로 책임을 지는 경우, 의무위반을 요건으로 책임이 효과로 발생한다고 표현한다.

'요건-효과'는 규범적 인과관계를 표현하는 용어다. 이런 요건효과의 논리 구조를 통해서 법은 무엇이 법인지, 그리고 의무가 어떻게 발생하고, 어떻게 소멸하는지, 그리고 그 위반에 대해서 어떤 책임을 지는지 등을 명확하고, 객관적으로 밝히고 있다.

위에서 설명한 '의무위반-책임'의 관계를 요건효과로 정리하면, 다음과 같다.

요건	⇒	효과
폭행	⇒	2년 이하의 징역, 벌금, 구류 또는 과료
폭행	⇒	손해배상
폭행하지 않음	⇒	'새로운' 효과 없음

의무가 발생할 때도 '요건효과'로 정리한다.

민법 제563조(매매의 의의) 매매는 당사자 일방이 재산권을 상대방에게 이전할 것을 약정하고 상대방이 그 대금을 지급할 것을 약정함으로써 그 효력이 생긴다.

제568조(매매의 효력) ① 매도인은 매수인에 대하여 매매의 목적이 된 권리를 이전하여야 하며 매수인은 매도인에게 그 대금을 지급하여야 한다.

요건　⇒　효과

매매　⇒　권리 이전 의무

　　　　　대금 지급 의무

법을 제정할 때도 '요건효과'의 논리에 따른다.

헌법 제40조 입법권은 국회에 속한다.

제49조 국회는 헌법 또는 법률에 특별한 규정이 없는 한 재적의원 과반수의 출석과 출석의원 과반수의 찬성으로 의결한다.

제53조 ①국회에서 의결된 법률안은 정부에 이송되어 15일 이내에 대통령이 공포한다.

요건　　　　　　　　　　　　　　⇒　효과

국회의 법률안 의결 + 대통령의 공포　⇒　법률 제정

법학은 요건효과를 가르는 학문

그런데 법조문을 보면, '요건효과'를 서로 화살표로 연결하는 방식으로 쓰여 있지 않다. 법은 문장으로 표현되어 있다. 하지만 법의 모든 내용은 '요건-효과'의 논리로 체계화할 수 있다. 모든 법조문은 요건-효과를 문장으로 써 놓은 것이다.

따라서 법을 이해한다는 것은 문자와 문장으로 쓰인 법조문을 기억한다는 것이라기보다는, 그것을 '요건-효과'로 분석해서 이해함을 의미한다. 이런 이해를 체계화한 학문을 **법해석학**이라고 한다. 일반적으로 법학이라고 말할 때는 법해석학을 말한다. 법과대학, 로스쿨에서 주로 배우는 것도, 변호사시험의 문제도 주로 법해석학에 관한 것이다.

법해석학에 맞대응하는 학문은 입법학이다. 입법학은 '요건-효과'의 논리를 어떻게 문장으로 명확하게 표현할 것인지를 연구하는 학문이라고 볼 수 있다. 이런 점에서, 입법자들은 자기들이 조문화하는 법조문이 어떤 내용의 '요건효과'를 나타내려는 것인지를 명확히 알고 있어야 한다. 물론 입법학에서는 법을 만드는 절차, 목적, 방법 등도 연구한다.

그 밖에 입법정책을 연구하는 법정책학, 법의 역사를 연구하는 법사학, 법의 원리를 연구하는 법철학 등도 법학의 한 분야다. 그러나 법학이라고 하면, 우선 법해석학을 의미한다. 법을 요건효과에 따라 논리적으로 이해하는 게 법을 이해하는 기초이기 때문이다.

의무 앞에서 요건-효과를 생각한다

다시 '의무' 이야기로 돌아가자.

법 논리의 관점에서, 의무가 있다는 것은, 사람의 자유 앞에 '요건-효과'가 놓였다는 의미가 된다. 즉 '의무준수 요건 ⇒ 새로운 효과는 없다는 효과'와 '의무위반 요건 ⇒ 새로운 불리한 책임이 발생한다는 효과'가 제시되었음을 말한다.

사람들은 의무 앞에서 의무와 연결된 요건효과를 보게 된다. 의무를 지킬지 말지를 결정한다는 것은, 어떤 효과를 자유롭게 선택한다는 의미다. 사람들은 법·의무 앞에서 어떻게 행동할지를 결정하고 행동할 때, 의식적·무의식적으로 책임 등 효과를 고려한다. 그리고 그 효과를 받아들일 생각으로 행동한다.

영악한 사람들은, 규범적 인과관계뿐만 아니라, 책임을 실제로 추궁 당할 '현실적 가능성'까지도 고려한다. 예를 들어, 국가의 수사기관에 들킬 가능성까지도 고려한다.

이런 법 원리는, 법·의무를 무조건 지키라는 준법정신 주장과 배치된다. 법의 원리는 사람들에게 '무조건' 지키라고 말하지 않는다. 준법정신을 요구하지 않는다. 지키면 좋고, 지키지 않으면 책임지면 된다고 하면서, 선택의 자유를 부여할 뿐이다.

예측이 가능한 자유의 질서

이처럼 요건효과의 논리는, 법과 자유, 의무와 자유의 관계와 직접적으로 관련되어 있다. 법이 의무를 사람의 자유 앞에 놓을 때, 사람에게 결과를 생각하면서 판단하란 의미다.

그렇다면, 법 앞에서의 자유는 제멋대로의 자유가 아니다. 의무 앞에서 사람은 의무위반과 준수를 마구잡이로 선택하지 않는다. 사람들은 법·의무 앞에서의 법이 정한 요건효과, 특히 효과(결과)를 고려한다. 이런 점에서, 의무 앞에서의 자유는 의무와 관련된 상벌을 선택하는 자유가 된다. 제멋대로 방종할 수 없는 자유다. 사람은 자기가 선택한 행위의 결과로 부가되는 법적 효과를 생각하게 된다.

요건효과 앞에서 대부분 사람의 선택은 거의 비슷하고, 따라서 유사하게 행동한다. 좋은 효과는 일어나길 바라고, 나쁜 효과, 즉 책임은 피하려는 사람의 성정이 비슷하기 때문이다. 따라서 의무 앞에서 대부분 사람은 유사한 행동을 한다. 그 행동들이 모여서 사회적으로 일정한 행동 패턴이 생긴다. 이 패턴은 규범이 만드는 현실의 사회질서가 된다. 규범이 질서가 되는 원리다.

이런 질서 속에서 이제 사람들은 다른 사람들이 법 앞에서 어떻게 판단하고 행동할지 예측할 수 있다. 즉, 법을 보면, 사람들은 다른 사람들이 어떤 선택과 행동을 할지 합리적으로 예상할 수 있고, 기대할 수도 있다.

비록 자연의 원리와 같은 사실질서처럼 100%의 질서는 아니지만, 사람들의 행동 패턴에 의한 규범 질서 속에서 이제 법은 보편적으로 기대하고, 예측할 수 있는 질서가 된다.

정리하자. **법은 그냥 강제로 이뤄진 질서가 아니다. 자유 속에서 질서를 수립한다.** 법은 '무조건 강제'하는 구조체가 아니다. 법은 동물의 것이 아니다. 사람의 것이다. 의무 자체가 바로 질서가 되는 게 아니라, 의무에 대해 사람들이 일정한 형태의 판단과 행동으로 일관될 때 질서가 된다.

의무의 효율성은 자유!

많은 사람은 법질서의 핵심 개념은 준법정신이므로, 사람은 그 의무를 그냥 무조건 준수해야 하고, 그럴 때 사회가 정의로울 수 있다고 생각한다.

하지만 그런 생각은 오늘날 법의 원리에 배치(背馳)되는 생각이다. 옛날 군주국가 시대의 생각이다. 군주가 명령하면 무조건 따라야 한다는 구태의연한 생각일 뿐이다. 오늘날 사람은 누구라도 노예가 아니다. 인간으로서의 존엄과 가치를 지닌 존재다. 동물도 함부로 끌고 다니면서 제멋대로 할 수 없는 세상인데 하물며.

무조건 준법정신을 강조하는 이론에 따르면, 법과 의무는 주체이고, 사람들은 그 객체다. 그러나 오늘날 법은 무조건 준법정신을 기대하지 않는다. 의무를 앞에 두고 사람들이 판단하고 선택할 수 있는 자유를 가진다는 점을 인정하고 있다. 오늘날 법과 의무는 사람의 자유 앞에 놓인 선택지 대상일 뿐이다. 오늘날 법에서 주체는 사람이다.

하나의 사건에 여러 요건효과가 동시에 별도로 적용된다

이즈음에서, 요건효과와 관련된 법적 상식 하나를 늘려 보자. 사람들이 많이 헷갈려하는 법 논리다.

위에서 폭행에 대한 '의무-책임'의 요건효과를 살펴봤는데, 그 요건효과가 한 개가 아니라, 두 개인 것을 볼 수 있다. 형법으로도 요건효과가 있고, 민법적으로도 요건효과가 있다. 형법적으로는 '의무위반 ⇒ 처벌'이라는 요건효과가, 민법적으로는 '의무위반 ⇒ 손해배상'이라는 요건효과가 있다.

여기서 질문이 생긴다. **폭행이라는 사실은 하나인데, 그 사실을 요건으로 하는 요건효과 세트가 두 개일 경우, 도대체 어떤 요건효과가 적용**

될 것인지의 의문이다. 이런 경우, 법은, 특별히 정한 별도의 규정이 없으면, 두 개의 요건효과가 각자 별도로 적용된다는 논리를 전개한다. 어떤 사람이 폭행하면, 법이 정하는 대로 두 개의 의무위반이 생긴다.

즉, 형법이 정하는 의무위반으로 생기는 요건효과, 그리고 민법이 정하는 의무위반으로 생기는 요건효과가 동시에 적용된다. 따라서 그 가해자로서 동시에 두 책임을 모두 진다. 형사적으로 처벌받아야 하고, 민사적으로 피해자에게 손해배상을 해 줘야 한다. 두 책임은 별도의 법으로 따로 규정되어 있고, 별도로 규율된다. 형사책임을 졌다고 해서 민사책임이 없어지지 않는다. 그 반대도 마찬가지다.

그런데 실생활에서는, 민사책임을 다하면 형사책임을 줄여 준다는 이야기를 많이 듣게 된다. 그 말은 사실이다. 그런 데는 이유가 따로 있다. 위에서 말했듯이, 형법에 그렇게 줄여 주라는 조항이 별도로 규정되어 있기 때문이다.

> 형법 제51조(양형의 조건) 형을 정함에 있어서는 다음 사항을 참작하여야 한다.
> 1. 범인의 연령, 성행, 지능과 환경
> 2. **피해자에 대한 관계**
> 3. 범행의 동기, 수단과 결과
> 4. **범행 후의 정황**

반대로, 형사책임을 다했다고 해서 민사책임이 줄어들지는 않는다. 민법에는 그렇게 하라는 별도의 조항이 따로 없기 때문이다.

이처럼 별도의 특별 규정이 없는 한, 법은 개개 법률이 각각 정한 요건효과에 따라 효과를 따로 발생시킨다. 어떤 경우에는, 하나의 행위에 서너 개의 법률이 정한 요건효과가 발생하기도 한다.

■ 준법이냐, 정의냐

의무위반이 무조건 부정인가?

지금까지 법과 의무가 자유 없이 존재할 수 없다는 점을 살펴보았다. 그리고 법과 의무 앞에서 사람들이 자유롭게 선택할 때, 사람들 대부분 의무준수를 선택하리라는 것도 설명했다.

그렇다면, 준법정신을 강조해서 의무를 지키나, 자유롭게 선택해서 의무를 지키나, 의무를 지키기는 마찬가지 아니냐는 의문이 생긴다. 사실, 우리들 대부분은 절대적 준법정신을 일반 상식(?)처럼 생각하고 있다. 우리는 '법은 무조건 지켜야 한다, 의무는 무조건 지켜야 한다'라는 말을 수없이 많이 듣고 살고 있다.

이제 **두 논리를 비교해 보자.** 의무를 지킬 때 지키더라도, 무조건 준법정신의 논리에서 지키는 것과 '의무가 자유 앞에 놓인다'라는 논리에서 지키는 것과 어떤 차이가 있는지를 비교해 본 뒤 지키자는 생각이다.

> **논리 1** : 의무 = 무조건 준수　　⇒　　질서
>
> **논리 2** : 의무 = **자유 - 선택과 행동**　⇒　　질서

논리 1에 따르면 법적 의무를 무조건 지킬 것을 강요한다. 사람들에게 의무를 무조건 지키라고 으르렁거린다. 의무를 지키지 않으면 잡아먹을 태세다. 의무를 지키지 않으면 질서가 없어진다고 으름장을 놓는다. 질서가 훼손되면 정의가 무너진다고 말한다. 그런 일련의 사태가 벌어질 경우, 그 원인을 의무위반자들 때문이라고 돌리며 비난한다. 그런 자들에게 책임을 강력하게 지워야 한다고 목소리를 높인다.

논리 2에 따르면, 법은 준법·의무 준수 여부에 대해서 오히려 쿨(cool)하다(미련을 두지 않고, 거슬리는 것 없이 시원시원하다). 의무는 강제가 아니라, 사람의 자유 선택이라고 본다. 지키고 안 지키고는 각자의 자유다. 사람들이 법을 지키면 법이 옳으니 지킨다고 생각하고, 위반하더라도 그에 따른 책임을 지우면 된다고 본다. 의무를 반드시 지키라고 강요하지 않는다. 만일 의무를 위반하더라도 책임을 추궁하면 질서가 유지된다고 생각한다.

굳이 의무위반자를 비난하지도 않는다. 어차피 그는 그에 상응한 책임을 질 것이기 때문이다. 책임 내용은 위반에 상응하는 것이니, 정의로운 내용의 한 형태이기 때문이다. 그리고 의무위반 여부는 처음부터 선택이고 자유였기 때문이다.

또한 의무위반이 많아져서 질서가 크게 훼손되면, '요건-효과', '의무-책임[7]'의 세트가 잘못된 곳에서 그 이유를 찾기 시작한다. 한두 명이 아니라 많은 사람이 의무를 위반하면, 법이 정한 요건-효과 규정에 문제가 있는지를 반성하고, 그 원인을 찾아 그 부분 '요건-효과'를 새롭게

---

7 '의무-책임'은 의무위반을 요건으로, 책임이 효과로 부과된다는 '요건-효과'의 한 형태다.

바꾼다. '요건-효과'의 체계는 많은 국민이 정의롭다고 생각하는 방향으로 더 합리적으로 변경되고 진화한다.

의무와 책임의 불균형, 요건과 효과의 불균형

두 논리를 구체적으로 비교해 보자. 환경에 관한 법은 좋은 사례가 될 수 있다. 법은 환경침해 금지의무 규정과 그 위반에 대한 책임으로 처벌 규정을 두고 있다.

> 요건   ⇒   효과
> 누구든지[8]   ⇒   환경침해 금지의무
> 환경침해(=의무위반)   ⇒   처벌(=책임)

예를 들어, 책임으로 정한 처벌의 크기가, 위반으로 얻는 이익(경제적 이익)보다 작은 경우를 생각해 보자. 실제로 환경법에서는 그런 경우가 종종 있다.

이때, 오로지 준법정신만이 정의라는 논리 1이 지배하는 사회라면, 사람들은 환경침해 금지의무를 위반한 사람을 매우 나쁘다고 비난하면

---

8   법은 요건효과를 정한다. 어떤 법은 '모든 사람 각자'를 요건으로 하는 요건효과를 정하기도 한다. 예를 들어, "헌법 제12조 ① 모든 국민은 신체의 자유를 가진다." "형법 제250조 ① 사람을 살해한 자는 사형, 무기 또는 5년 이상의 징역에 처한다." 이들 두 경우, 요건은 '누구든지'다.

서, 의무위반(준법정신 훼손)이 환경침해의 원인이라고 말한다. 단속을 강화해야 한다면서 추가 비용을 투입한다. 의무위반과 책임 사이의 불균형이 환경침해의 주된 원인이라는 점에는 주목하지 않는다.

이런 경우, 환경 훼손은 줄어들지 않는다. 환경 훼손으로 경제적 이득이 발생하는 현실이 법이 정한 결과물이고, 그것을 노리는 사람들이 있기 때문이다. 그들에게 환경침해와 위반책임의 불균형은 경제적 이득을 발생시키는 돈주머니일 뿐이다. 그들은 그 처벌 수위를 수익의 크기보다 가볍다고 생각하므로, 처벌을 감수하면서 환경침해를 거듭할 것이다. 결국, 환경 훼손은 극심한 상태에 이를 것이다.

반면, 논리 2에 따라 법을 자유·선택이라고 생각하는 사회라면, 많은 사람이 환경을 훼손하고 책임지겠다는 행동을 선택할 것이다. 의무를 위반하고 책임을 지는 것이 경제적으로 이득이기 때문이다. 일시적으로 환경 훼손은 심각해질 것이다.

이런 현상을 보면서, 법은 곧바로 많은 사람이 환경을 훼손하는 이유를 찾기 시작하고, 그 원인이 '요건-효과', '의무-책임'의 불균형에 있음을 발견할 것이다. 이후 법을 개선해서 의무위반과 책임 사이에 균형이 형성되면, 환경보호를 위한 진정한 정의가 자리 잡을 것이다.

비단 환경문제에서만 이런 문제가 발생하는 것은 아니다. 의무와 책임, 요건과 효과 사이의 불균형이 정의를 훼손하는 경우는 우리 사회에서 흔하게 볼 수 있다.

법은 환경 훼손을 결정한다.

최근, 많은 국민이 분개하는 대규모 금융사기 사건이 좋은 예다. 많은 서민의 삶을 망가뜨린 사기꾼이 법이 부과한 징역·추징금·벌금 등 모든 법적 책임을 다한 뒤, 금융사기 수익금으로 버젓하게 풍요로운 생활을 한다.

공무원 범죄가 대부분 그렇다. 공무원이 뇌물을 받으면, 그로 인해서 발생하는 국가적 손해는 엄청나다. 물론 그 손해는 대부분 뇌물을 준 사람에게 간다. 그런데, 뇌물 받은 공무원의 법적 책임은 대부분 쥐꼬리만 하다. 법원은 공무원들이 그 사건이 있기 전까지는 열심히 공무를 수행했다는 이유 등을 대면서, 그들의 책임을 축소하는 재판을 한다. 그러나 국가의 손해는 엄청나고, 뇌물을 준 사람의 수익 또한 엄청나다.

국민은 법적 책임이 위와 같이 불공정하게 규정된 데에 분노를 느낀다. 그 분노는 단지 범죄자에 대한 분노가 아니다. '의무−책임'을 부정하게 정한 법에 대한 분노가 더 크다. 사기꾼이 위법하게 취득한 재산 모두를 국가가 환수하거나, 피해자들에게 되돌려주는 실질적 '요건−효과'가 마련되길 바라는 것이다. 그리고 범죄자의 통장에 29만 원밖에 없으니, 강제집행을 할 수 없다고 포기하고 있는 법을 바꿔서 국가가 범죄수익을 끝까지 추적해서 **빼앗아** 내길 바라는 것이다.

징벌적 손해배상제도를 전면적으로 도입하기를 꺼리는 국회의원들에 대한 국민의 실망감도 같은 맥락이다. 현행의 일반 손해배상제도는 고의로(알면서, 일부러) 사람들에게 손해를 입히고 그것으로 부자가 된 사람들이 배상하는 금액과, 과실로(모르는 상태에서, 어떤 결과의 발생을 미리 내다보지 못한 부주의로) 손해를 입힌 사람이 배상하는 금액이 똑같다. 손해배상제도는 '피해자가 입은 손해'를 배상하면 된다는 논리다.

과실의 경우라면, 그 손해액이 타당하다고 본다. 사람이 살아가면서 어쩌다 실수할 수 있다는 것을 서로 양해해야 하기 때문이다. 예를 들어 자동차를 운전하다가 잘못해서 사고를 내는 경우가 그런 경우다.

> 민법 제750조(불법행위의 내용) 고의 또는 과실로 인한 위법행위로 타인에게 손해를 가한 자는 그 손해를 배상할 책임이 있다.

그러나 고의로 손해를 가한 경우까지 손해액을 손해배상의 기준으로 하면 안 된다. 고의로 타인에게 손해를 가한 가해자는 피해액보다 더 큰 수익을 노리고 있을 것이기 때문이다. 이런 경우에는, 범죄 수익금을 손해배상 기준으로 삼는 것이 정의롭다.

다른 사람을 해치면 수익이 더 커지는 상황에서, 선량한 보통 사람들은 다른 사람을 해치면서까지 돈을 벌겠다고 생각하지 않는다. 그러나 이기적이고 나쁜 사람은 다른 사람의 고통을 아랑곳하지 않고 돈을 벌려고 한다.

징벌적 손해배상제도가 없다면, 이기적이고 나쁜 사람이 부자 되는 것을 조장하게 된다. 선량한 사람은 손해를 입고, 가난하게 된다. 우리 사회가, 다른 사람을 고의로 해친 나쁜 사람들이 부자가 되는 세상이어서야 되겠는가? 이런 사회가 정의로운가라는 질문을 하게 된다. 고의로 다른 사람에게 손해를 가하면서 얻은 이득 모두를, 오히려 손해입은 피해자들에게 돌려주는 것이 정의 아닌가? 우리 법이 정한 '요건-효과'의 불균형을 정의롭게 바꿔야 하는 것 아닌가?

준법만이 정의를 세우는 건 아니다

논리 1과 논리 2는 정의를 대하는 관점이 다르다. 논리 1에서는 단순히 의무를 지키는 것, 즉 준법만 정의라고 말하는 데 반해서, 논리 2에서는 정의 개념이 의무와 자유의 관계에서 다면적으로 정리된다.

논리 1은 사람이 법 앞에서 정의를 판단할 여지를 주지 않는다. 법이 정한 내용대로 질서가 이뤄질 때 정의가 수립된다는 논리다. 국민이 준법 행동을 하는 것만이 정의라고 가르친다. 의무위반은 무조건 부정이므로, 어떤 국민이 법의 내용이 부정하다고 생각(양심)하더라도, 그 국민은 '법 위반 자체가 부정한 것'이라는 논리 1의 논리 앞에서 자기 양심을 버리고 무조건 준법 행동을 해야 한다. 어떤 때는, 양심도 준법도 아닌 이러지도 저러지도 못한 상태에서 헤매기도 한다.

> **논리 1** : 의무 = 무조건 준수 ⇒ **질서** : **정의**
>
> : 의무 ≠ 위반 ⇒ **무질서** : **부정**

그러나 논리 2는 법이 정한 질서(의무) 앞에서 국민 각자가 그것이 정의인지를 판단하는 자유를 인정한다. 이는 법이 정한 것이 정의일 수도 있지만, 부정할 수도 있다는 점을 고백하는 것이다. 그리고 그 법을 지킬지를 국민이 각자 '정의의 관점에서' 자유롭게 판단한 뒤 행동할 것인데, 대부분 국민이 그 법을 지키리라고 예상될 정도로 '정의롭게' 법을 만들어야 한다는 논리다. 논리 2에서는 국민이 법을 지키는 것도 자연스러운 것이지만, 법을 위반하는 것도 또한 자연스러운 것이다.

논리 2의 관점에서는, 국민이 정의를 세우는 방법이 다면화된다. 의무를 지키는 것도 정의이고, 의무를 위반하고 책임지는 것도 정의이고, 부정한 법에 저항하는 것도 정의가 된다.

첫째, 법은 의무를 정할 때, 그 내용이 정의롭다고 판단해서 그렇게 정한다. 따라서, 일단 법이 정한 의무는 정의를 위한 것이라고 볼 수 있다. 예를 들어, 형법은 사람의 생명과 재산을 지키는 것이 정의라고 생각해서, 타인을 살해하지 말라, 절도하지 말라는 의무를 정한다.

> 형법 제250조(살인, 존속살해) ① 사람을 살해한 자는 사형, 무기 또는 5년 이상의 징역에 처한다.
> 제329조(절도) 타인의 재물을 절취한 자는 6년 이하의 징역 또는 1천만 원 이하의 벌금에 처한다.

이 의무 앞에서 어떤 사람이 살인 금지의무, 절도 금지의무가 옳다고 판단해서 지키는 것은, 생명 존중, 재산권 보장의 정의를 실현하기 위해서 스스로 지키는 것이다. 그 결과 생명 존중, 재산권 존중의 질서가 수립된다.

> **논리 2-1**
> 의무 = 자유로운 준수 행통 ⇒ 의무 내용의 **질서 : 정의**

사기 금지의무, 폭행 금지의무도 마찬가지다. 사기 금지 조항이 없다면 사기꾼들이 득실댈 것이고, 폭행 금지 조항이 없다면 주먹이 판치는 세상이 될 것이다. 나는 사기·폭행 금지의무가 정의롭다고 판단하므로, 그 의무를 지킨다. 내가 의무를 지키는 것은, 법이 정했으니 무조건 지킨다는 의미가 아니라, 법이 정한 대로 행동하면 나도 편하고 다른 사람도 편하기 때문이다. 그리고 다른 사람들이 의무를 지킴으로써, 내가 자유로운 것이다. 즉, 정의로운 것이니, 지키는 것이다.

오늘날, 거의 모든 법은 그 내용이 정의롭다. 수천 년을 이어 오면서 다듬어져 왔기 때문이다. 따라서 일단 의무준수는 정의를 실현하는 것이라고 볼 수 있다.

둘째, 법적 정의는 거기에서 그치지 않는다. 법은 의무위반에 대해서 그에 상응한 책임을 부여한다. 이때 책임은, 의무위반을 의무에 대한 부정(否定)[9]으로 보고, 그 부정에 대한 부정(否定)으로 부여한다. 부정에 대한 부정을 통해서 다시 정의를 세운다는 의미다. 그런 점에서 책임을 지는 것은 정의를 세우는 하나의 행동이 된다.

> **논리 2-2**
> 의무 = 자유로운 위반 행동 ⇒ 책임의 질서 : 정의

살인한 경우, 위 형법은 살인 금지의무 위반에 대해서 그에 상응한 5년 이상의 징역, 사형의 책임을 지우는 게 정의라는 생각에서 법을 정한 것이다. 그 책임이 의무위반에 '상당'하니, 사회 전체로서의 정의가 유지

---

9   否定, 그렇지 아니하다고 단정하거나 옳지 아니하다고 반대하다.

된다고 보는 것이다.

다른 예로, 자동차 사고를 낸 경우, 우리나라 법은 피해자에게 손해를 배상하고, 벌금·징역 등의 처벌을 받고, 운전면허가 정지·취소되는 민사상·형사상·행정상 책임을 지게 규정되어 있는데, 이는 그런 책임을 질 때 사회정의가 실현된다는 생각을 표현한 것이다.

극단적이지만, 실제 가능한 사례를 생각해 보자. 어렸을 때부터 의붓아버지에게 성폭행당한 여성이 성인이 되어 자기 삶을 돌아보게 되었다. 어른이 된 지금까지도 계속 성폭행을 자행하는 의붓아버지를 보고, 이런 결심을 할 수 있다. '이런 노예의 삶을 더 참을 수 없다. 차라리 인간답지 않은 의붓아버지를 살해하고, 살인죄의 책임을 지는 것이 낫겠다.' 이런 결심은 자유롭고, 떳떳하다. 그리고 의무위반에 대해서 책임을 지겠다고 하니, 법적으로도 정의에 서 있다고 평가할 수 있다.

물론, 책임을 졌다고 해서, 의무위반 자체가 정의롭게 변하는 것은 아니다. 다만, 부정을 부정함으로써 법은 사회의 정의를 세운다는 의미에서의 정의다. 위법행위는 '의무를 부정하는 행위'인데, 그 부정한 행위를 다시 부정하기 위해 책임을 지움으로써, 정의를 회복한다는 의미다.

이미 말했듯이, 책임을 추궁해서 세우는 정의는 의무이행 여부를 사람의 자유에 맡겨 놓은 데 근거한다. 각자의 자유를 존중하고, 그 위반에 대해서 책임을 지우는 것이다.

셋째, 법적 정의는 주어진 의무에 대해서 준수냐, 위반이냐를 넘어서는 다른 차원의 정의를 제시한다. 위에서 살펴보았듯이, 사람들은 법이 사람들 앞에 놓인 '요건-효과', '의무-책임'을 보면서, 그 합리성을 생각한다. 즉, 사람들은 요건-효과의 내용 자체가 정의로운지를 생각한다.

논리 2-3
의무 = 자유로운 질문: '의무 효과'의 인과관계는 합당한가?

이런 정의 논의는 법이 정한 모든 '요건-효과' 내용을 대상으로 적용된다. 우리가 정한 법의 요건효과가 정의롭냐, 합리적이냐는 질문이다.

특히, 의무위반과 책임의 요건효과를 정하는 조항에 대해서는 손쉽게 정의의 잣대를 갖다 댈 수 있다. 위에서 보았듯이, 만일 경제범죄에 대한 처벌이 미약하다면 경제범죄가 판을 칠 것이고, 환경 범죄에 대한 책임이 미약하면 환경이 심하게 훼손될 것이다.

너무 미약한 책임만 문제시되는 것은 아니다. 과다한 책임도 정의롭지 못하다. 과거에 흔했던 책임, 예를 들어 능지처참(팔다리와 어깨, 가슴 등을 잘라 내고 마지막에 심장을 찌르고 목을 베어 죽이는 형벌)이 정의롭냐는 질문이다. 오늘날 이런 책임제도는 사라졌다. 너무 비인간적인 처벌이므로, 정의롭지 않다고 평가되었기 때문이다. 이런 경우, 정의는 '요건-효과' 법 내용을 정의롭게 변경하는 것으로 세우게 된다.

오늘날 법은 스스로 불완전하다는 점을 인정하고 있다. 법은 법이 정한 의무가 정의롭지 않을 수도 있고, '요건-효과'가 불균형적일 수 있음을 겸허히 받아들이고 있다. 국회가 법을 끊임없이 고치고, 헌법재판소가 종종 위헌결정을 선고하는 것이 바로 그 예다. 오늘날 법적 정의는 법을 끊임없이 개선할 것을 전제로 세워져 있다.

오늘날 법은 모두 논리 2에 기초하고 있다. 모든 법이 요건효과의 형태로 규정된 것 자체가 논리 2에 기초한다는 의미다. 논리 1은 과거 군주국가에나 있었던 논리다.

법이 정의를 세우는 방법에 여러 선택이 있음을 깨닫게 되면, 사람들은 그 여러 정의 중에서 어떤 정의를 세울지를 선택하는 자유를 갖게 된다. 정의롭게 산다는 것은, 법 앞에서 무조건 법 · 의무를 지키는 것을 의미하지 않는다. 법 앞에서 어떤 정의를 세울지는 각자의 판단 몫이 된다.

이제 법 앞에서 사람들은 법을 기준으로 사는 것이 아니라, 정의를 기준으로 살게 된다. 법을 무조건 따르는 게 아니라, 정의를 기준으로 법을 당당하게 평가하게 된다.

법 앞에 당당하게 서게 된다. 심리적으로 법 · 의무에 구속받지 않게 된다. 준법정신을 절대로 지켜야 한다는 생각에 갇혀서, 법 · 의무에 무조건 겁을 내거나 빚진 마음을 가질 필요가 없다. '요건–효과', '의무–책임' 앞에서 인간답게 자유의 방패를 들고 주체적으로 판단하게 된다.

시민 불복종

준법정신 이론을 벗어나면, 법과 정의의 관계를 새롭게 정리하게 된다. 법과 정의는 항상 일치하는 개념이 아니다. '법=정의'일 수도 있고, '법 · 정의'일 수도 있다. 현행법에는 정의로운 부분도 있지만, 정의롭지 않은 부분도 있다.

법에 정의롭지 않은, 즉 부정한 부분이 있다면, 그로 인해 어떤 국민의 생명·신체·정신·재산 등이 옥죄고 불이익·불공평한 상황에 놓이게 된다는 의미다. 그것을 제대로 바로잡지 못하면, 그들은 부정한 법 속에서 희생을 강요당하게 된다.

따라서 법을 무조건 지켜야 한다는 준법정신의 강요는 정의를 세우기는커녕, 오히려 정의를 무너뜨리고 누군가의 삶을 짓밟는 것일 수 있다. 법을 개선해서 사회가 정의로운 방향으로 나아가는 것을 가로막는 것일 수도 있다.

이런 현실을 생각하면, 우리 헌법이 시민 불복종(civil disobedience)을 허용하는 이유를 이해할 수 있다. 시민 불복종은 법·권력의 명령 등이 부당하다고 판단했을 때, 이를 공개적으로 거부하는 행위다. 정정당당하게 의무위반에 나서고, 진정한 정의를 이야기하자는 것이다. 현행 법률보다 더 높은 가치를 수호하기 위해서, 처벌을 감수하는 행위를 높이 평가하겠다는 것이다.

정의에 대한 저마다의 평가를 존중하고 대화·토론하겠다는 생각이다. 정의에 관한 생각이 사람마다 다르니 현행법을 그대로 지키는 사람, 의지적으로 위반하고 책임지는 사람, 법을 개선하고 바꾸자는 사람이 있을 수 있다. 그런 역동적 정황 속에서 법이 발전하리라는 것이 헌법의 생각이다.

이런 점에서, 의무위반을 무조건 잘못되었다고 못 박을 수는 없다. '법을 무조건 지키는 것'만 정의라고 생각하는 것은 법적 정의의 한쪽 면만 보는 것이다. 의무를 위반하고 당당하게 그 책임을 지는 것도 '또 다른 정의'이고, 법이 정한 '요건-효과', '의무-책임'의 구조에 반대 의견을 제시하는 것도 '또 다른 정의'다.

법을 지키지 않았다고 무조건 잘못했다고 비난할 수도 없다. 오히려 부정한 내용의 법을 거부하는 경우라면 그러한 법에 저항하는 것이 정의를 세우는 일이다.

이런 관점을 갖는다면 **이제는 법을 위반하는 사람들을 다르게 볼 수 있다.** 어떤 사람의 의무위반을 무조건 비난하기에 앞서, 그 사람의 자유, 그 사람의 판단, 선택을 고려하고 살펴봐야 한다. 그가 처한 상황과 처지를 돌아봐야 한다.

큰 그림에서 보면, 의무위반이 오히려 정의일 수도 있다. 의무를 위반하는 것이 사회에 더 좋은 결과와 유익을 가져올 수도 있다. 이런 경우라면, 의무위반을 무조건 비난하는 사람들이 오히려 정의를 방해하거나 부끄러운 처신을 하는 예가 될 수 있다.

실제로 어떤 사람들은 큰 그림의 정의를 부르짖기 위해서 현행법 위반과 그에 따르는 책임을 일부러 감수하기도 한다. 법의 내용이 정의롭지 못함을 알리기 위해서, 기꺼이 현행법을 거스르고 그 책임을 감수하기도 한다. 자기희생으로 큰 정의를 세우는 것이다.

전태일 청년은 1970년 당시 근로기준법 집행이 노동자의 권리를 제대로 보호하지 못하고 있는 부정한 현실을 고발하기 위해서 집회 및 시위에 관한 법률을 위반했다. 현행법으로 금지된 집회 및 시위에 관한 법률을 위반하는 시위를 통해 자기 몸

노동운동가 전태일(1948~1970)

에 석유를 뿌리고 불을 붙인 채 "근로기준법을 준수하라! 우리는 기계가 아니다!" 등의 구호를 외치면서 죽어 갔다. 부정한 법과 그 집행 앞에서 생명을 담보로 하는 책임을 지고 당시의 정의롭지 못한 법과 현실을 고발한 것이다.

1979년 박정희 대통령을 살해한 김재규 사건을 보자. 그는 살인 금지 의무를 위반하였고, 그 책임으로 형장의 이슬로 사라졌다. 그에 대한 평가는 사람마다 다르다. 어떤 사람은 구국의 영웅으로 보고, 어떤 사람은 살인자로 치부한다. 그를 구국의 영웅으로 보는 사람은 김재규의 선택과 책임지는 행동을 정의롭다고 생각한다.

그에 대한 평가는 각자의 몫이고, 역사의 몫이다. 다만 그가 단지 살인 금지의무를 위반했다고, 그리고 준법정신을 어겼다고 무조건 비난받을 일은 아니라는 것이다. 현행법 규정과는 별도로 그의 판단, 선택, 행동을 두고 판단할 일이다.

누구를 비난할 것인가?

의무가 나에게 자유와 선택권을 주고 있듯이, 의무가 다른 사람에게도 자유와 선택권을 주고 있음도 인정할 수 있다. 다른 사람의 의무위반을 비난하는데 서두를 이유는 없다. 위반했으니, 책임을 물으면 된다. 그리고 정의의 관점에서 그가 처했던 상황과 그의 판단을 보면서 그의 진정한 목소리를 이해하도록 노력할 수 있다. 자기 이익을 위해서 다른 사람을 해친 것인지, 정의를 위해서 부정한 법을 부정하는 것인지를.

자칫, 국민이 준법정신으로만 무장되어 있을 때, 그리고 그 고정관념이 사회를 지배하고 있을 때, 부정한 법 속에서 신음하는 사람들의 삶은 되레 비난 속에 파묻힐 수 있다. 준법정신이 거만하게 내뱉는 침을 얼굴로 받아 내며 고독하고 비인간적인 삶의 자리로 밀려갈 수 있다. 전태일 청년의 가쁜 숨소리를 들어 보자.

> 철조망, 그것은 법이다. 질서이다. 규범이며 도덕이며 훈계이다. 그리고 어떤 의미에서는 억압이다. 겹겹이 철조망을 둘러치고 그 속에서 무엇인가를 지키려고 하는 사람들은, 철조망을 넘어서는 사람을 짓밟고 그 쓰러진 얼굴 위에다 침을 뱉는다. 쓰러져 짓밟힌 인간의 이지러진 얼굴 위로 고통스런 죄의식의 올가미가 덮어씌워진다. 그리하여 철조망을 넘는 과정은 무뢰한으로 전락하는 과정, 법과 질서의 테두리 밖으로 고독하게 추방되는 과정, 양심과 인륜을 박탈당한 비인간으로 밀려 나가는 과정이다.[10]

법이 '요건-효과', '의무-책임'의 논리로 인간의 자유를 존중하고 있다는 관점에서 보면, 정작 비난할 대상은, 의무를 위반했다는 행위 자체가 아니라, 오히려 의무를 위반하고도 책임을 지지 않는 행위라고 볼 수 있다. 법이 정한 책임을 교묘하게 회피하는 자들, 법이 정한 책임제도의 작동을 방해하는 자들—위증하는 사람들, 유전무죄 무전유죄, 전관 비리에 눈감는 사람들—이다. 이들은 법을 위반할 뿐만 아니라, 정의 앞에서 비겁한 자들이다. 법이 정한 '요건-효과', '의무-책임'의 균형을 깨뜨

---

10   조영래, (2009), 전태일 평전, 45쪽.

리는 자들이다. 법이 세운 정의를 무너뜨리는 자들이다.

우리가 법원 재판의 정의가 무너진 것을 개탄하는 이유다. 누구에게는 가벼운 책임이, 누구에게는 무거운 책임이 부여되는 차별적·불공정한 재판에 분노하는 이유다.

정리하자. 사람이 법에 대할 때 진정한 태도는 무조건 준법정신이 아니다. 법이 정한 '요건-효과', '의무-책임' 앞에 당당하게 자유인으로 서는 일이다. 법이 정한 의무 앞에서, 법이라는 인간 작품을 정의의 잣대로 평가하는 것이다.

법이 세우고자 하는 정의와 대화하면서, 그것을 함께 세우려고 노력하는 것이다. 그 법이 정의로우면 그 법을 세울 것이고, 그 법이 부정하면 그 법을 저항하는 것이다. 정의는 올바른 판단을 위한 지혜와 진정한 정의를 세우려는 용기를 덕목으로 요구한다.

■ 정의와 질서

—

정의와 질서는 어떤 관계인가?

지금까지 논의를 통해서 얻은 결론이 있다. '법=정의'가 아니다. **법과 정의는 별개의 개념이다.** 정의는 법이 정의로운지를 평가하는 기준이다. 법은 정의를 추구하지만, 법이 정했다고 해서 그 내용이 모두 정의인 건 아니다.

법을 제대로 알기 위해서는, 법이 규범질서로서 현실에서 질서가 되

정의의 여신상

는 작동 원리도 알아야 하지만, 법이 정하는 내용이 정의로운지를 평가할 수 있는 능력도 필요하다. 법이 정했다고 해서 무조건 정의라고 인정하는 어리석음 속에서 법을 이해할 수는 없다.

정의 없이 법을 말할 수 없다. 정의를 빼놓고 법을 이해할 수 없다. **한 손에는 천칭을, 다른 한 손에는 칼을 들고 있는 정의의 여신상이 보여 주는 것처럼.** 정의의 여신상을 조각한 조각가의 통찰력에 감탄하게 된다. 정의의 여신상은 강제력 질서의 칼만 가지지 않았다. 균형의 천칭, 정의를 함께 들고 있다. 이때 '정의'는 법의 내용이 정의롭다는 것을, '질서'는 법의 내용을 현실에서 실제의 질서가 되게 하는 원리를 의미한다.

준법으로 질서가 유지되는지와 그 질서 내용이 올바른지는 별개의 쟁점이다. 질서 내용이 부정한 것이어도 질서는 유지될 수 있다. 노예제도가 온당치 않은 제도라 해도 고대 국가 질서가 유지되었고, 카스트제도가 부적절하고 사악해도 인도의 국가 질서가 유지되었다. 이처럼 질서가 유지된다고 해서 법의 내용이 올바른 건 아니다. 법의 내용이 부정하다면, 법은 부정을 강제하는 것이 된다. 이런 경우, 법은 부정한 폭력이 될 뿐이다.

조직폭력배의 강제력과 법의 강제력이 다른 점이 있다면 그것은 정의 여부다. 법은 강제와 질서만으로는 자신을 내세울 수 없다. 법은 자기가 강제하는 내용이 왜 올바른지를 설명해야 한다.

정의 없는 법은 핸들 없이 폭주하는 자동차다. 정의는 법에서 뗄 수 없는 필수 요소다. 하지만 법 자체로 정의가 되는 건 아니다. 법이 정의로울 때, 법은 비로소 진정한 법이 될 수 있다. '악법도 법'이라는 말은 박제 호랑이를 호랑이라고 말하는 것과 같다. 호랑이라고 부르나, 진정한 호랑이는 아니다. 법은 정의로울 때 법이다. 악법은 악일 뿐이다. 없애야 하는 법이다. 지켜야 하는 법이 아니다.

법은 정의와 질서라는 두 기둥으로 세워져 있다.

정의와 질서라는 두 기둥

이제 우리는 법을 이해하기 위해서 두 가지 질문을 피할 수 없게 된다. 하나는 법이 규범질서로서 어떻게 작동하는지의 질문이고, 다른 하나는 법을 평가할 수 있는 잣대로서의 정의는 무엇이며 법은 어떤 정의를 세워야 하는가이다.

'정의가 무엇인가?'란 질문 앞에서 사람들은 일단 위축된다. 수많은 도덕철학, 정치철학, 규범철학, 사회철학 학자들의 견해에 압도당하기 때문이다.

그러나 사람은 법을 포기할 수 없듯이, 정의 또한 포기할 수 없다. 법 질서의 존재가 피할 수 없는 현실이듯, 현실의 법은 정의의 이름으로 사람들의 삶에 법적 강제력을 행사하고 있기 때문이다.

사람들이 정의가 무엇인지에 관한 생각을 포기하는 순간, 법은 누군가 기득권층의 먹잇감이 된다. 아리스토텔레스가 말하듯, 서민 대중은 '각자의 그의 것'을 준법정신 속에서 빼앗기게 된다. 그러므로 적어도, 법이 세우는 '정의'가 어떻게 세워지는지는 이해해야 한다. 법이 그런 정의를 세운 원리, 배경은 알아야 한다.

'질서의 원리'를 사람들이 이해하는 것도 만만치 않다. 많은 사람은 이미 설명한 '의무와 책임'의 논리로 질서가 형성된다는 정도의 이해에 머물러 있다. 그 정도의 이해는 '준법정신'의 논리에 머무른 수준이다.

조금 더 깊게 들여다보면, 많은 쟁점이 드러난다. 이미 설명했듯이, 의무 개념에는 자유가 전제되어 있다. 법의 질서는 자유의 질서다. 법이 자유의 질서이면, 질서의 원리는 준법정신의 원리를 넘어서게 된다.

질서에 관한 질문은 꼬리를 잇게 된다. 법이 정한 의무는 어떤 형태인가, 의무는 어떤 절차와 방법으로 만들어지는가, 법과 의무는 어떤 관계인가, 의무와 책임의 관계는 어떻게 형성되는가 등이다. 이들 질문이 소위 인치주의냐, 법치주의냐의 질문이다. 왜 법치주의가 바람직한지, 그것이 역사적으로 어떻게 발전됐는지를 묻는 것이다.

이 책에서는 정의가 무엇인지를 찾아 나선다. 질서에 관해서는 다른 책에서 다룰 예정이다.

■ 악법도 법인가?

준법이 정의인가?

정의가 무엇인지를 본격적으로 살펴보기 전에, 지금까지 논의에서 밝혀진 점, 즉 법이 곧 정의가 아니라는 점을 조금 더 생각해 보자. 특히, '악법도 법'이라는 주장을 비판적으로 검토해 본다. 이 설명은 부수적이므로, 독자에 따라서는 그냥 지나쳐도 좋으리라.

안타깝게도, 우리 사회는 지금까지 법을 이야기할 때 준법정신을 특별히 강조하면서, 준법만이 정의를 수호하는 것이란 논리를 전개해 왔다. 법을 비판하거나, 위반하는 것은 혼동을 조장하는 것이고, 정의를 훼손하는 것이라고 했다.

제헌절 축사는 대표적 사례다. 늘 준법정신만 강조했다. 국민이 법을 따를 때 질서가 확립되고 나라가 발전한다는 내용 일색이다. 국민이 모두 공정하고 행복하기 위해서 법질서의 '내용'을 더 공평하게 개선하자는 축사는 거의 없었다. 내용이야 어떻든, 국민은 법을 지키기만 하면 된다는 식이다.

때로는 '정의(正義)' 개념 자체를 다른 의미로 왜곡해서 정의(定義)되기도 한다. 질서가 존재하지 않으면, 정의가 존재할 수 없으니, 질서 유지 자체가 곧 정의라는 궤변도 있었다. 이런 견해에 따르면, 현행법 내용을 비판하는 것 자체가 사회질서를 교란하는 것이고, 정의를 훼손하는 것이 된다.

　이런 주장 뒤엔, 보수와 진보의 이해관계 대립이 숨어 있음은 물론이다. 현행법을 그대로 유지하려는 보수, 있는 자, 가진 자들과 현행법을 고쳐서 새로운 분배질서를 수립하려는 진보, 없는 자, 못 가진 자들의 대립이다.

　때로는 '악법도 법'이라는 주장도 서슴지 않았다. 법의 내용이 부정하더라도 법을 무조건 준수해야 한다는 것이다. 법으로 규정됐다는 사실 자체가 이미 정당함을 의미한다는 투였다.

　이때 소크라테스도 종종 원용됐다. 소크라테스가 '악법도 법'이라고 말하면서 독배를 마셨다는 것이다. 위대한 철학자도 법을 무조건 준수했는데, 보통 사람들이 악법 여부를 따질 필요가 없다는 식이다. 그리고 학생들에게 악법도 법인지에 관해 토론하라 하면서, 은근히 '악법도 법'이라는 결론을 유도하는 지도자도 있었다. 그게 더 현실적인 정의(?)라는 묵시적 강요였다.

소크라테스는 '악법도 법'이라고 말하지 않았다

　과연 소크라테스가 '악법도 법'이라고 말했던가? 평생 올바른 것을 추구했던 소크라테스가 죽음을 앞두고 과연 '악법도 법'이라고 말했을까? 정의롭지 않더라도 일단 법이기만 하면 무조건 지켜야 한다고 사람들에게 설교했을까?

　먼저 소크라테스의 기본 생각부터 살펴보자. 당시 세상은 자칭 지혜롭다고 잘난 척하는 사람들이 무언가 안다고 떠들면서 그것으로 돈을 벌고 나름 행세를 하는 세상이었다. 소크라테스의 첫걸음은 그들을 만나서 지혜를 구하는 것이었다. 그러나 그가 얻는 결론은 다음과 같았다.

> **분명히 저 사람도 나도 아름다움과 선한 것에 대해 제대로 모른다.** 그런데 저 사람은 자기가 모른다는 사실을 모른다. 그러나 나는 내가 모른다는 사실을 알고 있다. **내가 모른다는 것을 분명히 알기 때문에 저들보다는 지혜로운 것이 아닐까? 저 사람은 나보다 더 지혜롭지 못하다.**[11]

위 문구를 보면, 소크라테스가 '너 자신을 알라'고 말한 이유를 이해할 수 있다. 제대로 알지도 못하면서 잘난 척하면서 세상을 오도하지 말라는 뜻이다. 이런 그의 생각은 당시 사회의 '모순된 행동, 모순된 질서, 악법인데도 정법인 것처럼 효력을 발휘하는 질서'와 부딪칠 수밖에 없었다.

플라톤이 쓴 『소크라테스의 변명』에서 보여 주는 소크라테스의 행적은 셋으로 나눠 볼 수 있다. 첫째 청년들을 가르치는 장면, 둘째 형사재판에서 변론하는 장면, 셋째는 독배를 받아들였던 장면이다. 세 장면 모두에서 소크라테스는 같은 판단을 반복한다. 악한 질서를 거부하고, 진실·올바름·정의를 좇아 결정하고 행동한다.

---

11   Plato,(기원전 390년경), 강윤철 역, 소크라테스의 변명/파이돈/크리톤/향연(소크라테스의 변명 부분), 2013, 30쪽.

첫째 장면에서, 당시 다른 교육자들은 진리보다는, 개인적 이익을 추구하는 데 관심을 두었다. 반면, 소크라테스는 대화식 교육으로 허위를 들춰내고 진리를 추구하도록 청년들을 일깨웠다. 그를 따르는 많은 청년은 소크라테스 방식으로 다른 교육자들에게 질문하고 토론을 요구하기 시작했다. 그들이 소크라테스를 눈엣가시 내지는 걸림돌로 생각하는 것은 당연했다.

그래서 그들은 소크라테스가 청년들을 타락시켰다고 하면서 '신성모독과 청년 선동'이라는 죄목으로 소크라테스를 고발했다. 당시 나쁜 교육 질서를 올바르게 고치려고 했던 소크라테스의 노력은 되레 그를 재판정의 피고인으로 만들었다.

둘째 장면에서, 당시 형사재판 질서는 공정하게 잘잘못을 가리기보다는, '되도록 많은 동정을 얻으려고 눈물을 흘리고, 집안사람들을 동원해서 재판관들에게 호소해서 무죄를 받아 내는' 게임이었다. 소크라테스는 재판관에 부당하게 청탁·청원하는 것을, 옳지 못한 것, 수치스러운 것으로 생각했다. 그는 재판정에서 눈물로 애원하지 않았다. 올바른 법에 따라 당당하게 변론하면서 공정한 재판이 행해지길 소원했다.

이런 당당한 변론 태도는, 비굴한 모습을 기대했던 당시 재판관과 시민들에게 반감을 일으켰다. 그 결과, 소크라테스는 사형을 선고받게 되었다.

셋째 장면에서, 당시 횡횡하던 감옥 관행은 '간수를 돈으로 매수한 뒤, 도주하는 것'이었다. 소크라테스는 그렇게 탈옥하는 것이 옳지 않다고 생각했다. 그런 방법으로 탈옥하면 자신의 목숨이야 구할 수 있었겠지만, 그런데도 그는 그런 부정한 탈옥을 거부했다. 끝까지 올바름을 선택했고 담담히 독배를 마셨다.

소크라테스의 삶 전체를 관통하는 원리를 찾자면, 그의 삶은 당시 악법 질서를 거부하고 선한 것, 올바름을 찾아가는 것이었다. 올바름을 위해 행동하면서, 그것 때문에 사회가 불이익을 주더라도, 그것을 기꺼이 감수하는 것이었다. 그런 그가 죽음 앞에서 '악법도 법'이라고 말했다고?

『크리톤』[12]에서 독배는 딜레마 상황이었다

플라톤의 다른 책『크리톤』은 소크라테스가 사형을 앞두고 독배를 마실 것인지, 간수를 매수해서 도주할 것인지를 선택하는 과정을 그리고 있다. 그 요지는, 소크라테스가 자신을 태어나게 하고 길러 준 조국(祖國)을 저버리지 않기 위해서 독배를 마시는 것이 '옳다'고 논증한 뒤, 그에 따라 독배를 마셨다는 것이다.

어떤 이는『크리톤』에 '악법도 법'이라는 문장이 직접 나오지는 않지만, 소크라테스가 조국을 근거로 독배를 마시기로 했고, 위법한 사형선고를 순순히 받아들였으니, 소크라테스가 '조국의 법질서는 무조건 지켜야 한다. 그것이 악법이어도 법은 무조건 지켜야 한다. 악법도 법이다.'라고 말한 것이나 다름없다고 주장한다.

---

12 플라톤이 쓴 대화편 중 하나다. 소크라테스의 친구 크리톤이 소크라테스에게 탈옥을 권유하고 그에 대해 소크라테스가 정의와 법의 관점에서 논변하는 내용이다.

그러나 『크리톤』을 그렇게 단편적으로 이해할 것은 아니다. 『크리톤』에 표현된 소크라테스의 생각과 행동을 찬찬히 살펴봐야 한다.

먼저, 소크라테스 앞에 놓인 쟁점은 처음부터 딜레마였다.

첫째, 독배는 위법한 재판, 즉 악법 질서의 결과물이었다. 따라서 독배를 마신다는 것은 악법을 준수한다는 의미로 해석될 수 있다. 소크라테스가 독배를 마신 것을 무조건 준법정신으로 해석하는 사람들이 강조하는 부분이다.

둘째, 당시 형무소 행정의 관습 질서는 '간수를 매수해서 도망갈 수 있다'라는 것이었다. 그런 질서가 부정한 악법 질서임은 두말할 나위 없다. 만일 소크라테스가 도주한다면, 그는 악법을 따르는 셈이 된다. 결국 『크리톤』에 설정된 상황은, 소크라테스가 어떤 선택을 하더라도 '그는 악법을 따랐다'라고 평가될 수밖에 없는 딜레마 상황이었다.

이런 딜레마 속에서도 소크라테스는 '올바름'을 논증했고, '올바름'에 따라 행동했다. 그가 말하는 내용을 따라가 보자.

먼저, 그는 쟁점을 정리했다. 자신이 논증하고자 하는 대상을 분명하게 밝혀서, 자신이 딜레마 속에서 오해될 위험성을 제거했다. 그는, 쟁점 자체를 '간수를 매수해서 도망갈 수 있다'라는 관습 질서가 올바른가의 문제로 한정했다. 사형선고가 옳았는지, 재판 절차가 옳았는지는 쟁점에서 제외했다.

쟁점을 정리한 뒤, 소크라테스는 '올바름'에 대한 판단 기준을 세웠다. '세상의 평판', '현실의 질서'는 기준이 아니었다. 그의 논증은 분명했다. '조국(祖國)'이었다. 조국이라는 큰 가치에서 볼 때, 도주 관습법은 '올바름(正義)'이 아니라는 것이다. 사형 집행을 피해서 도망가는 현실 법질서는 부정하다는 것이다. 조국을 저버려서는 안 되니, 도망가지 않는 것이 올바르다는 것이다. '법'이 도망가지 말라고 정했기 때문에 도망가지 않는 것이 아니라, '조국'이라는 올바름의 관점에서 도망가지 않음이 옳다는 것이다. 소크라테스는 도주할 수 있다는 당시 '악법'을 거부했고, 도주하지 말라는 조국의 '올바름'을 선택한 것이다.

특히 '조국' 논증은 많은 사람을 헷갈리게 하는 부분이다. 어떤 사람은 조국이라는 말을 손쉽게 '현행의 국가 질서'와 같은 개념으로 이해한다. 그리고 '조국을 위해서'라는 말을 '현행 법질서의 유지를 위해서'라고 설명한다.

그러나 소크라테스는, 탈옥할 수 있는 개별 악법(관습 질서)과 대비해서 조국 개념을 사용하고 있다. '현행 국가 질서'로서의 조국이 아니라, 현행 국가 질서에 대비되는 '올바른 가치'로서의 조국 개념이다. 법을 '정의와 질서(현실)'의 체계로 이해할 때, 소크라테스가 말한 조국은 현실 질서로서의 조국이 아니라, '정의'로서의 조국이었다.

'악법도 법'이라면, 소크라테스는 두 번 죽는다

만일 소크라테스가 '악법도 법'이라고 생각했다면, '간수를 매수해서 도주'하는 악법(관습법)을 준수했을 것이다. 그 법에 따라 돈을 써서 도주했을 것이고, 독배를 마시지 않았을 것이다.

만일 그가 '악법도 법'이라고 생각했다면, 재판 절차에서 되도록 많은 동정을 얻으려고 눈물을 흘렸을 것이고, 집안사람들을 동원해 재판관들에게 호소했을 것이다. 그랬더라면 그는 유죄판결도 받지 않았을 것이고, 사형선고도 받지 않았을 것이다.

만일 그가 '악법도 법'이라고 생각했다면, 당시의 교육 질서에서, 아는 체하면서 세상의 명예와 부를 추구했을 것이다. 그랬더라면, 그는 피고인으로 재판정에 서지도 않았을 것이다.

소크라테스는 청년들을 가르칠 때부터 독배를 마실 때까지 '올바름'을 추구했다. 이런 그의 삶을 이해하면, 그가 현행의 악법 질서를 유지하기 위해서 독배를 마셨다는 이론은 그의 철학과 정면으로 배치되는 일이다. 실제로 『크리톤』에는, 조국(祖國)이 소크라테스에게 말하는 방식으로 소크라테스가 자신을 정의롭다고 위로하는 부분이 나온다.

> "자네[=소크라테스]의 목숨, 자식, 그 밖의 어떤 것도 정의보다 앞서는 것이 될 수 없네. … 지금 자네가 이 세상을 떠난다면, 그것은 우리 전체 법질서에 의해서가 아닌, 인간들이 누명을 씌웠기 때문에 떠나는 걸세."[13]

이런 소크라테스를 두고, 그가 '악법도 법'이라고 말했다고 선전한다면, 그것은 소크라테스를 두 번 죽이는 것이다. 소크라테스의 정체성 자체를 부인하는 것이기 때문이다. 그의 삶에서 '올바름과 진실'을 빼앗으면 그는 존재할 수 없기 때문이다.

이처럼 소크라테스의 생각이 분명한데도, 소크라테스가 '악법도 법'이

---

13   Plato, (기원전 390년경), 강윤철 역, 같은 책, 225쪽, crito, 45c.

라고 말했다는 궤변이 우리 사회에 버젓이 통용되는 이유는 무엇일까?

무조건적 준법정신으로 이득을 얻는 누군가가 그럴듯하게 크리톤의 내용을 왜곡하는 '소설'을 만들어 냈고, 이후 무책임한 사람들이 검증 없이 퍼서 날랐기 때문이다. 기득권적 이기심으로 소설을 만든 사람도 문제이고, 그 소설을 무분별하게 퍼 나른 사람들도 문제다. 욕심과 무책임의 합작품이다.

기시감(旣視感·deja vu)이라고나 할까? 소크라테스가 거부하고자 했던 욕심과 무책임이 난무했던 당시 사회와 별반 다를 바 없어 보이는 우리 사회 또한 반성 없는 몰지각, 사실 왜곡 등으로 이런 일을 양산하고 있다.

군이 사족을 붙인다. 필자가 학교에서 소크라테스에 관한 수업을 마치면, 학생들의 질문이 유난히 쏟아졌다. 그 답변 과정에서, 정의와 진리에 대해서 더 깊게 생각하는 통찰과 계기를 마련하곤 했다. 우리 삶에서 끊임없이 반복되는, 삶의 본질, 가치관에 관한 물음이기 때문이다. 본문과 중복되는 부분도 있지만, 본문에서 다루지 못한 부분이 포함되어 있다는 점에서, 이 장의 끝부분에 그 문답 전문을 싣는다.

악법은 재판으로 제거할 수 있다

소크라테스 이야기를 한 뒤에는, 질문이 생긴다. "그럼, 악법은 지킬 필요가 없겠네. 안 지키면 될 텐데, 실제로 안 지키면 어떻게 되나? 제재가 따르잖아. 오지도 가지도 못하는 상황이잖아. 어떻게 해야 하는 거지?"

법에 악법과 정법이 있다면, 악법을 남겨 둘 필요가 없다. 악법은 없애는 것이 정의이고 옳은 일이다. 그래서 실제로 오늘날 많은 국가는 악법을 제거하는 제도를 두고 있다. 우리나라도 마찬가지다. 악법 제거에는 재판을 통한 방법(사법·司法), 법을 개정하는 방법(입법·立法)이 있다.

먼저 재판을 통해서 악법을 없애는 제도를 알아보자. 법은 상하 위계질서를 갖추고 있다. 법은 위에서부터 헌법, 법률, 명령·규칙, 조례·규칙으로 체계화되어 있다. 이 체계는 '하위법은 상위법에 위반될 수 없다'라는 의미다. 법률은 헌법에 위반될 수 없고, 명령·규칙은 헌법이나 법률을 거스를 수 없고, 조례·규칙은 헌법, 법률은 물론 명령·규칙에 반하는 내용을 규정할 수 없다.

법의 위계와 규범통제제도

위 논리에 따라, 하위법은 상위법에 위반되면 효력이 없다. 상위법에 위반된 악법이니 법으로 인정하지 않는 것이다. 사람들은 이런 악법이 효력 없음을 공식적으로 확인받을 수 있다. 그런 재판제도를 '규범통제'라고 한다. 규범통제는 재판기관이 하위법이 상위법에 위반되는지를 판단해서 상위법에 위반된 하위법의 효력을 상실시키는 재판제도다. 즉 하위법이 악법이라고 선언하는 것이다.

규범통제제도는 통제 대상 규범에 따라 구분된다. 위헌법률심판제도는 '법률'이 헌법에 위반되는 여부를, 명령규칙위헌위법심사제도는 '명령 또는 규칙'이 헌법이나 법률에 위반되는 여부를, 조례규칙심사제도는 '조례 또는 규칙'이 헌법·법률·명령·규칙에 위반되는 여부를 재판한다.

우리나라는 모든 형태의 규범통제를 갖추고 있다. 헌법재판소는 위헌법률심판권을 행사하고(헌법 제111조), 법원은 명령규칙심사권과 조례규칙에 대한 규범통제권을 행사한다(헌법 제107조 제2항, 지방자치법).

법의 상하 체계에 따르면, 어떤 법이 악법인지를 가리는 마지막 판단 기준은 헌법이다. 만일 헌법이 정법이라면, 법률 등 하위법에 포함된 악법은 규범통제로 없앨 수 있다는 의미다. 이런 점에서 헌법이 정의로운지는 우리나라 법질서가 정의로운지를 알 수 있는 최종 쟁점이다.

우리 헌법은 '인간의 존엄과 가치'와 '국민주권'을 주춧돌로 하고 있다. 이 주춧돌은 우리 법체계가 정법에 기초하고 있음을 분명하게 보여 준다. 이런 점에서 **우리는 악법을 없애면서 살 수 있다.** 문제는 내가 인간의 존엄과 가치와 주권을 가진 주체답게 생각하고 행동하는지다. 악법을 보았을 때 어떻게 행동하는지다.

입법으로 악법을 없앤다

이미 말했듯이, 법질서는 상하로 체계화되어 있다. 헌법이라는 주춧돌 위에 법률, 명령·규칙, 조례·규칙이라는 기둥, 벽, 지붕이 세워져 있다. 우리 삶이 정의롭기 위해서는, 주춧돌이 튼튼한 것만으로는 부족하다. 헌법이라는 주춧돌이 든든하게 놓인 것만으로 집이 완성되는 것은 아니다. 그 기초 위에 올려진 기둥, 벽, 지붕이 제 역할을 하며 자리 잡아야 좋은 집이 될 수 있다.

이런 점에서, 규범통제만으로는 한계가 있다. 규범통제는 상위규범에 비추어 '있어서는 안 될' 악법만을 솎아 낼 뿐이다. 적극적으로 좋은 집을 건축하는 제도는 아니다. 규범통제로는 '바람직한 하위규범'을 적극적으로 만들 수 없다.

바람직한 법을 만드는 제도는 따로 있다. 입법제도다. 좋은 법을 만드는 것은 입법기관(立法機關)의 몫이다. 비록 상위법에 위반되지는 않더라도, 나쁜 법, 불합리한 법, 부족한 법을 고쳐서 정법으로 바꾸는 것이다. 우리 삶의 게임 규칙을 끊임없이 바람직한 방향으로 개선하는 것이다.

법을 만들 때 가장 난제는 무엇이 정법, 올바른 법, 좋은 법, 바람직한 법이냐는 것이다. 절대적인 정답이 없으니, 민주주의 절차가 중심에 서게 된다. 국민 한 사람 한 사람이 주체가 되어 법을 만드는 데 참여하자는 생각이다. 입법은 우리 삶의 게임 규칙, 즉 '내 몫, 내 것'을 결정하는 질서를 국민이 모두 함께 결정하자는 것이 골자적 의미다.

이런 점에서, 민주 절차의 형태는 중요한 쟁점이 된다. 국민이 어떻게 법을 만들지, 그 방법론을 정하는 것이기 때문이다. 민주주의는 크게 간접민주제와 직접민주제로 제도화된다. 우리나라는 간접민주제를 원칙으로 정하고 있다. 그래서 법률은 국회가, 명령·규칙은 대통령, 대법원, 헌법재판소 또는 각 부 장관이, 조례·규칙은 지방자치단체의 의회 또는 단체의 장이 만든다. 안타깝게도, 국민이 직접 법률을 만드는 경우(직접민주제)는 거의 없다.

간접민주제는 하나하나의 법을 만들기 위해서 5천만 인구가 매번 투표해야 하는 번거로움을 해소하고, 대표로 뽑은 엘리트들의 아이디어를 활용할 수 있다는 장점이 있다. 그러나 그 대표들이 국민의 뜻을 저버리고 자기들 이익에 부합하는 법을 만들 위험도 있다. 고양이에게 생선을 맡기는 위험처럼 말이다.

주권자 국민은 이런 간접민주제의 한계와 위험을 알고, 대표자들이 법을 잘 만들도록 늘 주시해야 하고, 통제할 수 있는 제도를 갖춰야 한다. 그런 제도를 갖추고 있을 때만 주권자로 남아 있을 수 있다. 예를 들면, 국민투표제, 국민소환제라는 직접민주제를 확보해야 한다.

그러나 우리 현실은 그렇지 못하다. 자칫 국민이 주체성, 주권자의 지위를 잃어버릴 처지에 있다. 이런 현실을 어떻게 타개할 것인지 구체적인 방안은 나중에 살펴본다.

소크라테스에 관한 학생들의 질문과 필자의 답변

〈○○ 학생의 질문〉

소크라테스에 관한 점입니다.

소크라테스가 '악법도 법'이라는 말을 한 적이 없다는 것은 100% 인정하고, 법에서 정의를 눈감고 강제요소만을 강조하면 안 된다는 점에 대해서는 완벽히 공감하고 이해하였습니다. 하지만 소크라테스가 '그런 생각을 한 적이 없다'는 점은 쉽사리 동의하기가 힘듭니다.

1. 아무리 이상적이고 현명한 사람이 정치를 하더라도 그도 인간이므로, 철인정치나 귀족정치에서 악법이 생길 확률이 민주정치에서보다 높을 것 같다는 것이 제 생각입니다.

2. 당시 사회가 진리를 제대로 모르면서도 진리를 꿰고 있는 것처럼 젊은이들을 오도하고 있었는데, 그것을 소크라테스가 고치고자 하였다고 알려져 있습니다. 그는 인간이 지식을 잘 모를 수밖에 없는 한계를 가진 것임을 깨닫고 '너 자신을 알라'고 말하였다고 합니다. 그런데, 과연 소피스트 철학자들이 진리를 제대로 모르고 있었다고 섣불리 판단할 수 있을까요? 이해가 안 됩니다.

애초에 '악법도 법'이라는 문구가 생겨난 것은 소크라테스를 고소한 것이 악법이라는 생각을 전제로 하고 있다고 생각합니다. 저는 소크라테스를 고소한 법이 악법이라고 생각하지 않습니다. 정의에 대해 생각해 봐도 소크라테스가 딱히 정의를 위해서 비판했다고는 생각이 안 듭니다.

오늘날에도 언론의 자유가 인정되고 있지만, 국가체제를 위협하는 경우, 즉 반국가단체인 북한을 찬양한다든지, 체제에 반하는 이야기를 하면 법적 제재가 있지 않습니까? (이 부분은 정확히는 모르겠습니다. 그 당시 그리스 관점에서는 소크라테스를 간첩이라고 생각할 수도 있지 않았을까요) 당시의 법규범이 정의롭지 못하다고는 생각되지 않고, 소크라테스의 죽음이 정의로운 위대한 죽음으로 묘사되는 것도 와닿지 않습니다.

3. 소크라테스가 만약 '악법도 법'이라는 생각을 하지 않았다면, 죽었으면 안 됐다고 생각합니다. 소크라테스는 최소한 재판에서 자신을 적극적으로 변호했어야 합니다. 적극적으로 변호를 해서 '악법을 무조건 따를 것이 아니라 개선할 수 있다'라는 점을 사람들에게 생각하게 했었어야 한다고 생각합니다.

만일 그가 적극적으로 변호를 해서 사형을 면했다면, 그의 언변과 배심원들의 민주적 투표를 통해서 권리를 회복하고 구제받을 수 있다는 적극적 법의식을 국민에게 인식하게 할 수 있지 않았을까요? 그는 배심원들을 충분히 설득시킬 능력이 있었는데도 충분히 설득하지 않았습니다. 소크라테스는 적극적인 변명은커녕 해학적으로 배심원들을 가르친 뒤에 사형을 당합니다. 자승자박이라고 생각합니다.

저는 소크라테스가 스스로 '악법도 법'이라는 문구가 나오도록 빌미를 주었다고 생각합니다. '그를 두 번 죽이는 일'이라는 의견에 동의할 수 없습니다. 『소크라테스의 변명』을 보면 소크라테스는 자신이 고소당한 것을 악법으로 생각한 것이 분명합니다. 그리고 소크라테스는 그 법을 따르면서도 자신을 살리는 방법(배심원들의 판결)이 있었음에도, 그 확률과는 관계없이, 시도조차 하지 않았습니다.

따라서 그는 '악법도 법'이라고 생각하지 않았다고 할 수는 없을 것 같습니다. 자포자기하고 죽음을 맞이하는 그의 태도가 '악법도 법'이라고 말한다고 생각합니다. 그의 제자들과 지인들이 교도관을 매수하고 소크라테스가 빠져나오게 할 수 있을 정도로, 그는 사람이 많았고 '권력'도 있었습니다. 배심원 판결에서 충분히 변호하거나, 탈옥까지도 할 수 있었습니다. 그런데 그는 둘 다 하지 않고 그냥 죽었습니다.

결론적으로, 죽으려면 악법이라 비난하지 말고 죽었어야 했고, 살려면 변호를 하든 권력을 이용해서 탈옥하든, 악법에 무조건 복종해서는 안 된다는 것을 관철해서 그것을 '권위'로 만들었어야 했다고 봅니다. 그랬다면 그리스의 민주주의가 더 빨리 발전하지 않았을까요?

악법이라 비난은 해 놓고 제대로 변호도 하지 않은 채 죽어 버린 소크라테스는 무책임했다고 봅니다. 그리고 체념과 순응으로 표현할 수 있을 만한 그의 죽음은 악법으로 이득을 볼 사람들에게 좋은 빌미를 주지 않았나 생각이 듭니다.

〈답변〉

○○ 학생, 선생님은 학생의 질문을 다음과 같이 요약하였다네.

1. 군주제나 철인정치에서 악법이 만들어질 가능성이 민주정치에서보다 훨씬 큰가?

2. 인간이 진리와 정의 여부를 판단할 수 있는가? 소크라테스는 진리와 정의를 알면서 당시 사회를 비판하였는가?

3. 소크라테스의 태도는 이율배반적이거나, 무책임한 것 아니었나?

위 질문에 대하여 선생님은 다음과 같이 생각하고 있다네.

1. 군주제나 철인정치보다 민주주의가 합리적인 제도라는 학생의 생각은 선생님의 생각과 같네.

2. 진리와 정의 일반에 관한 질문을 생각해 보겠네.

진리를 인간이 인식할 수 있는가? 정의와 부정의를 구분할 수 있는가라는 질문은 인간 삶에 있어서 가장 본질적인 질문이라네. 이 질문은 종종 사람들이 올바른 것에 관한 생각을 중도에 '포기'하도록 하는 질문이기도 하네. 왜냐하면 인간이 진리를 인식하는 데 '한계'가 있고, 정의와 부정의를 '명확히' 구분할 수 있는 절대적 기준을 아직 찾아내지 못하였음은 분명하기 때문이라네.

많은 경우, 안타깝게도 '완전한 진리를 알 수 없다면, 그리고 정의와 부정의를 구분할 수 있는 절대적 기준이 없다면' 현재의 질서에 순응하는 것이 최선이라는 현실 타협적 결론에 이르기 쉽다네. '어차피 모를 바에야 현재 질서 속에서 잘 먹고, 잘 사는 것'이 최선이라는 생각에 끌려가는 것이라네. 실제로 그렇게 살아가는 사람들을 우리 주변에서 흔히 찾아볼 수 있네. 사실 서글프게도, '기득권자들'은 가능한 한 많은 사람이 그런 생각 속에서 살아가도록 유도하고 있다고 보네.

그러나 그런 가치관도 인간이 가질 수 있는 여러 인생관 중 '하나'일 뿐이라는 생각은 해 보지 않았나? 인간이 가질 수 있는 다양한 가치관 중에서 하필 그런 허름하고 잡스러운 가치관을 가져야 하는가에 대하여 고민해 보지 않았나? 이 고민이 바로 소크라테스 등 많은 선배 선각자가 했던 고민이었다고 보네.

학생은 이미 위에서 가장 중요한 가치판단을 나에게 보여 주었네. 즉, 민주주의가 철인정치나 군주제보다 좋다는 가치판단이었네. 그 결론은 어디에서 얻었는가? 그 결론을 얻게 한 '이성의 합리성'—비록 완벽하지는 못하지만—을 우리 인간이 가지고 있다면, 다른 것에 관한 올바른 가치판단도 '하나씩, 하나씩' 해 나갈 수 있지 않겠는가? 물론 모든 사물 전체에 대한 포괄적인 진리 인식은 먼 훗날에나 가능할 수 있겠지만…. 올바른 것, 진리에 관한 판단 자체를 처음부터 포기할 필요는 없다고 보네. 무엇이 그렇게 두려워서 올바른 것, 참된 것 찾아가기를 모두 포기해야 하는가라는 생각이 드네.

이왕 진리·정의에 관해 이야기를 시작하였으니, 이 쟁점을 두고 우리 사회가 가진 '편견', '고정관념'에 대해 말하고 싶네. 일반적으로 이 쟁점에 대해 많은 사람이 '이분법 함정'에 빠져 있음을 본다네. 진리에 관해서 '그렇다'와 '아니다'로만 구분하고, 정의에 관해서 '올바른 것'과 '그른 것'으로만 구분하는 '이분법'이라네.

'논리적'으로는 두 경우만 있을 수도 있네. 그런데 수업 시간에 여러 번 설명하였듯이, 우리 인간의 인식은 '완전한 것'이 아니라네. 그리고 '인간 이성이 불완전하다'라고 말할 때, 그 의미는 인간이 완전히 무지하다는 것을 의미하는 것도 아니라네. 그런데 이분법은 우리에게 완전히 알거나 완전히 모르는 것 중 하나를 고르라고 강요하고 있다네.

인간은 진리를 모른다고 해서 완전히 모르는 것이 아니고, 정의를 모른다고 해서 완전히 모르는 것이 아니라네. 천동설보다는 지동설의 설명이 합리적이고, 군주제보다는 민주제가 타당하다는 생각은 우리가 대부분 동의하고 있는 것 아니겠는가? 그렇다면, 인간은 전지(全知) 또는 완전 무지가 아니라, '나름 합리적으로 생각할 수 있는 범위'를 가지고 있다고 보아야 하네. 인간 인식의 한계를 부인할 수는 없지만, 그 한계 속에서 나름대로 합리성을 추구하는 과정에 있는 존재가 인간이라고 보는 것이 타당하지 않겠는가? 칸트가 『순수이성비판』이라는 책을 쓴 이유가 바로 그것이라네. 인간의 이성으로 합리적으로 생각할 수 있는 것은 어디까지이고, 이성의 판단이 허황되게 전개되는 부분이 어디부터 시작되는지를 '비판'적으로 구분하고자 했던 것이었네.

이러한 생각에 이르게 되면 '불완전한' 인간 앞에 놓여 있는 선택지는 '완전 진리이냐, 완전 무지이냐', '완전 정의냐 완전 부정의냐'라는 이분법이 아니라, 아는 부분, 모르는 부분, 그리고 제3의 영역으로서 '잘 모르는 부분'이 있고, 잘 모르는 부분에 대하여는 앞으로 더 찾아가고 노력해야 하는 '선택지'가 있다고 보는 것이 타당하지 않겠나? 이런 생각은 우리 사회가 물들어 있는 '이분법'과는 다른 생각이라네. 우리 인간은 잘못을 비판하고, 반성하고 개선하는 과정에서 살아가는 존재라고 보는 것이네.

이러한 관점에서, 우리는 인간의 역사를 살펴보고, 그리고 그 속에서 합리적 지혜를 추구하면서 살아간 인생 선배들을 만나면서, '아는 것'과 '아직 모르는 것', '잘된 것'과 '잘못된 것'을 구분하는 노력을 지속할 수 있다고 보네. 불완전한 인간들이 함께 모여 사는 사회에서 '대화와 타협'이 중시되는 이유이기도 하네. 학생도 동의하는 바와 같이, 민주주의가 군주제나 철인정치보다 바람직하다는 결론에 이른 방법이었기도 하네.

3. 소크라테스의 태도에 관해서는 다음과 같이 생각한다네.

『소크라테스의 변명』이라는 책을 자세히 살펴보면, 소크라테스는 자기 입장을 배심원들에게 상세히 설명하고 있음을 볼 수 있다네. 그의 변론보다 더 잘할 수 있는 법정 변호는 거의 없다고 보네. 소크라테스 변론의 목적은 '올바른 자기 생각'을 배심원들에게 전달하는 것이었지, 무죄를 받거나 사형을 면하기 위해서 읍소하는 것이 아니었다고 보네.

소크라테스는 사회에서도 올바른 생각을 전파했는데, 법정에서도 똑같이 행동하고 있었던 것이네. 자신이 옳다고 생각하는 바를 위해서 평생 살아왔던 소크라테스가 법정에 들어서자, 자신의 생명 보전을 위해서 자기 생각을 바꿔서 배심원들의 입맛에 맞춘 변명을 하는 것이 올바른 태도였을까? 소크라테스가 그런 비굴한 법정 태도를 자신에게 허용할 수 있었을까?

한편, 배심원들은 '당시 사회의 분위기, 사회의 고정관념'이라는 '하나의 기준'으로 소크라테스를 판단하고 있다네. 소크라테스가 말한 내용이 진리일 수도 있고, 아닐 수도 있네. 중요한 점은, 그의 주장에 대해서, 사회가 대화와 토론의 마음을 열어 주지 않고 있다는 점이네. 소크라테스가 자신의 주장을 폭력으로 관철하려는 것이 아니었음은 분명하네. 그런데도 소크라테스를 적대시하고 배척한 당시 사회의 태도는 '사회 주류의 독재 또는 편견' 아니었겠는가?

소크라테스가 처음부터 비판하고자 했던 대상이 바로 그 편견, 불통 아니었는가? 소크라테스가 법정에 설 수밖에 없었다는 점은, 당시 사회가 이미 지혜자 소크라테스와 대화할 여지를 가지지 않았음을 보여 준다네. 소크라테스가 떠들고 다니는 것이 '그 사회의 질서'를 흔들 뿐이라고—소크라테스가 폭력을 행사한 것이 아니었음에도—생각하였던 것이라네. 여기에서 그들이 말하는 질서는 좋은 말로 '사회의 질서'이지, 실질은 그 사회질서를 통해서 얻고 있던 '기득권'의 질서 아니겠는가?

참고로, 최근 우리나라에서 재심 재판 절차를 통해서 무죄선고를 받는 사람들을 많이 보게 된다네. 박정희 군사독재 시절 민주화운동을 한 것이 '당시 국가사회 질서' 긴급조치를 위반했다고 해서 사형 또는 징역형을 선고받았던 사람들이라네. 그들 중 많은 사람이 당시 법정에서 변호·변론을 제대로 못 해서 유죄의 실형 선고를 받았겠는가? 그 사람들 또는 그들의 변호사들이 아무리 훌륭하게 변호·변론하는 것과 상관없이, 당시 기득권자들의 이해관계에 따라 그들에게는 이미 사형 또는 징역형 선고가 결정되어 있었다고 보는 것이 더 설득력 있는 설명 아니겠는가? 이 모든 것이 '사회의 분위기, 편견, 고정관념' 아니겠는가?

소크라테스가 사형에 처하게 된 핵심 이유는 결국 그의 주장이 '당시의 사회적 기준'에 맞지 않았다'라는 것으로 귀결된다네. 이는 민주주의 본질의 관점에서 볼 때, 극히 주의해야 할 부분이네. 현실에서 있을 수 있는 민주주의의 위험성이네. 민주주의의 본질은 다원성이고, 그 다원성의 본질은 '다른 생각'에 대한 대화와 타협을 위한 '열린 문'이라네. 소크라테스가 '폭력과 독재'를 주장하지 않았음이 분명하다면, 그의 주장이 진리인지, 다른 소피스트들의 주장이 진리인지에 관한 토론과 대화가 이어지도록 할지언정, 소크라테스를 사형에 처할 이유는 없었다고 보아야 하네.

당시 사회기득권자들은 그들의 이해관계를 해치는 소크라테스의 주장이 괘씸해서 그를 사형에 처하도록 시민들을 선동하였고, 시민들은 민주적으로 소크라테스의 죽음을 결정했다네. 민주주의라는 자랑스러운 이름이 선각자를 죽음으로 몰아갔다네.

여기에서 우리는 민주국가에서 국민의 주권 의식이 얼마나 중요한지를 깨우쳐야 한다고 보네. 민주주의의 성패는 결국 국민의 교양에 달려 있네. 소크라테스의 주장을 민주적으로 받아들이지 못한 채, 민주주의의 이름으로 소크라테스를 사형에 처한 시민들의 결정은 당시 민주주의 수준을 말한다네. '법 없이도 살 수 있다'라고 자위하는 사람이 적지 않은 우리나라도 결코 건강한 민주주의라고 평가하기는 어렵네. 앞으로 우리가 함께 해결해야 할 과제라네.

  정리하면 이렇네. 소크라테스는 '악법도 법'이라고 말한 적이 없었네. 소크라테스가 추구했던 올바른 태도는 우리에게 숙제를 남기고 있네. 다수 국민이 오판하는 상황 속에서 '올바름을 지키겠다'라는 몇몇 사람의 목소리를 어떻게 귀담아듣게 할 것인가의 질문이네.

  론 학생이 제기했던 질문, 즉, '스스로 작은 위법행위'를 함으로써 커다란 사회정의를 실현할 수 있다면, 위법행위를 행하는 것이 더 바람직한 것 아닌가라는 질문도 남아 있네. 이들 질문에 대해서도 다양한 의견이 있을 것이고, 결국 개인의 역사관·가치관에 따라 결론을 얻게 되겠네.

  다만 역사의 큰 흐름을 살펴보면, 소크라테스와 같은 인류 선배들의 생각이 후대에 영향을 미쳐서, 인류 역사가 더 공정한 사회로 점점 진행하고 있다는 것이 선생님의 생각이라네. 학습에 도움이 되길 비네.

〈△△ 학생의 질문〉

  소크라테스가 '악법도 법이다'라고 말하지 않은 것, 평소 그의 언행들 또한 그러한 의미임은 잘 알고 있습니다. 그러나 죽음을 앞두고서 그가 왜 다음과 같은 말을 했는지 궁금하여 질문합니다. 즉, 소크라테스가 하는 다음과 같은 반문에 대하여, 우리는 뭐라 대답할 것인가는 질문입니다.

"그럼 이렇게 생각해 보게. 가령 이곳에서 도망할 작정으로 있는 우리에게로, 법률과 시민 공동체가 다가와 막아서고서는 우리에게 다음과 같이 묻는다고 말일세. '소크라테스여, 말해 다오. 그대는 무엇을 하려고 하고 있나? 그대는 그대가 하려는 이 일로써 우리 법률과 온 나라를, 그대와 관련되는 한, 망쳐 놓으려고 생각하는 거 아니겠나? 혹시 그대가 생각하기엔 이런 나라가, 즉 나라에서 일단 내려진 판결들이 아무런 힘도 쓰지 못하고 개인들에 의해 무력화되고 손상되었는데도, 그런 나라가 전복되지 않고서 여전히 존속할 수 있을 것 같은가?'"(『크리톤』, 50a~b)

〈답변〉

△△ 학생, 성실하게 수업에 참여하고, 더구나 소크라테스를 깊게 논의해 줘서 먼저 고맙게 생각하네.

『크리톤』 중에서 학생이 언급한 '부분'만 보면, 소크라테스가 마치 '당시 시행되는 법률과 나라의 질서'를 무조건 지키는 것이 옳다고 말하는 것처럼 오해할 소지가 있는 것은 사실이네. 그러나 『크리톤』 전체 맥락속에서 살펴보면, 위 '부분'이 '악법도 법'이라고 말하기 위한 것이 아님을 알 수 있다네.

먼저, 소크라테스가 말하는 의미를 살펴보겠네.

일반적으로는 사람들은 조국과 법을 같은 개념으로 간주하는 경향이 있네. 그러나 소크라테스가 말하는 '조국'과 '법'은 동등한 개념이 아님에 주의해야 한다네. 즉 조국은 하나의 공동체로서 변하지 않는 것이라면, 그 조국의 법은 시대와 상황에 따른 현실의 법을 의미한다네. 현실의 법은 늘 정법으로만 구성되는 것은 아니네. 악법을 포함할 수도 있다네. 따라서 법은 모두가 악법이거나 모두가 정법이 아니라, 어떤 법은 악법이고, 어떤 법은 정법이라고 보아야 하네.

소크라테스가 조국을 말할 때는 이런 개념 구분을 전제로 한 것이었다네. 소크라테스는 개별적인 악법을 거부하는 것이 조국의 전체 질서를 보전하는 '올바른 방법'이라고 말하는 것이네. 학생이 질문한 '부분'은, '국가의 법이기만 하면, 비록 악법일지라도 지켜야 한다'는 의미가 아니라, '조국이라는 사회정의, 올바름에 해를 끼쳐서는 안 된다'는 의미라네.

논의를 보다 구체적으로 살펴보겠네.

먼저 『크리톤』의 전체 체계이네. 『크리톤』의 주제는 "간수를 매수하면 사형수도 도주할 수 있다."라는 당시의 사회 관습법(사회질서)이 올바른 것인지에 관한 논의라네. 소크라테스는 "내가 아테네 사람들의 허락 없이 여기에서 나가는 것이 '옳은지 그른지' 살펴보세."라고 쟁점을 분명하게 정리하고 있다네. 그 쟁점에 관하여 어떤 행동이 올바른 것인지에 관한 해답을 찾고 있다네.

소크라테스는 올바른 것은 '어떤 경우에도 부정을 저질러서는 안 된다.'라는 논리에 서 있네. 이때, 학생이 언급한 부분을 포함한 '조국' 수호 부분은 올바름을 논증하는 전제 부분이라네. 이어서 '돈으로 매수해서 도주하는 것', '불의를 불의로 갚을 수 있다.'라는 당시의 사회적 관습법이 조국이라는 올바름의 관점에서 부정하다는 논증을 전개하는 것이었다네. 따라서 그는 탈옥하는 것보다는 죽음을 선택하는 것이 올바르다고 판단하였던 것이네. 결론적으로, 소크라테스는 부당하게 죽게 되는 상황 앞에서 당시의 사회관습법(돈을 써서 도망갈 수 있다는 질서)을 '악법'에 대해서, '올바름'의 입장에서 그것을 거부하고 있는 것이라네.

이런 올바름은 소크라테스 생애 전반을 흐르고 있다네.

첫째는, 자신이 잘 모르는 것을 숨기고 아는 체하면서 "어떻게 하면 더 많은 재물을 얻을 수 있을까? 명예와 지위를 얻을 수 있을까?"에만 마음을 기울이고 있는 당시 사회질서(악법)를 거부하고 그들에 대해서 '너 자신을 알라'고 말하면서 진리와 정의를 추구할 것을 외친 것이라네.

둘째는, 재판에서 승소하기 위해서는 온갖 청탁·눈물·로비를 동원해야 하는 당시의 재판 관행(악법)을 거부하고, 자신의 잘잘못을 정정 당당하게 밝히기 위해서 그의 생각과 행적을 법정에서 소상하게 설명하는 방법으로 변론을 진행함으로써, 오히려 사형선고마저도 감수한 것이라네.

셋째는 그 불의에 의하여 사형 집행을 당하고 있는 상황에서 '간수를 매수해서 도주할 수 있다.'는 당시의 사회적 관습법(악법)을 또다시 거부하고 죽음을 선택한 것이라네.

학생이 지적하고 있는 부분에서 소크라테스가 하고 싶었던 말은 개별 법을 무조건 준수하는 것이 아니라, '조국'이라는 '올바름', '정의'의 관점에서 올바른 일을 행하는 것이 옳다는 것이라네. 당시 시행되던 개별 법 조문을 모두 따르라는 의미가 아니라네. 소크라테스는 당시 조국에서 시행되고 있던 법 중에서 '정법'은 따르고, '악법'은 이를 철저히 거부하면서 '올바름'을 따라가고 있었던 것이네.

이러한 점에서 소크라테스가 '악법도 법'이라고 말했다고 주장하는 사람들은 『소크라테스의 변명』이나 『크리톤』에서 보여 준 소크라테스의 생각과 행적을 정확히 이해하지 못한 것으로 보이네. 그래서 선생님이 수업 시간에 그런 주장을 하는 사람들에 대해서 '소크라테스를 두 번 죽이는 짓'이라고 비판했었던 것이라네.

마지막으로, 소크라테스의 삶을 잘 표현하고 있는 그의 말을 그대로 옮기네. "옳은 것과 옳지 못한 것, 아름다운 것과 추한 것, 선한 것과 악한 것에 관련해서 우리는 대중의 판단을 따르고 그들의 비평을 두려워할 것인가? …… 존중해야 할 것은 '진리 자체의 말'이라네."[14]

도움이 되면 다행이겠네.

---

14   Plato, 강윤철 역, 같은 책, 211쪽.

제2부

법적 정의

1. 정의는 무엇을 다루나?

■ 사회와 정의

—

법이 말하는 정의란 무엇인가?

도대체 옳음, 정의란 무엇인가? 정의는 어디에서 찾을 수 있나? 신, 하나님인가? 이성, 과학인가? 사람의 생각인가? 사람이 정의를 찾아야 한다면, 그것을 찾는 원리는 있는가?

이런 질문들 앞에 서면 누구나 막연해진다. 사실 막연히 정의가 무엇인지를 묻게 되면, '선이 무엇인가?'라고 질문하는 것처럼 느껴진다. 갑자기 모래만 보이는 끝없는 사막 위에 선 듯하다. 단순히 추상적으로 좋은 것은 다 정의인가? 선과 정의는 어떤 점에서 차이가 있는가? 美(아름다움)나 眞(진리)과 정의는 무엇이 다른가?

다행스러운 것은, 이 책의 과제는 "법이 정하는(정해야 하는)" 정의가 무엇인가라는 점으로 한정되어 있다는 점이다. 법적 정의에 관한 질문은 막연히 추상적으로 정의가 무엇인지를 묻는 것이 아니다. 법이 현실 세계에서 실제로 정하는 정의가 무엇이냐는 질문이다. '법이 추구하는 정의라는 가치가 무슨 쟁점을 두고 다투는 가치인가? 그 정의는 어떤 내용의 가치를 다루는가?'의 질문이다.

법적 정의가 쟁점이 되면, 질문은 훨씬 더 구체적으로 접근할 수 있게 된다. 법은 규범질서를 만들 때, 왜 '정의'를 필요로 하는가, 법이 규율 내용을 마구잡이로 만들지 않는 이유는 무엇인가, 그 원리는 무엇인가, 법에서 정의는 어떤 역할을 하는가 등이 질문이 된다. 이 질문들을 정리하면, 법이 존재하는 이유, 목적, 역할이 무엇인가의 쟁점으로 귀결된다.

이 질문은 자연스럽게 다음의 질문으로 이어진다. **사람들은 왜 법을 만들었나,** 왜 사람들은 '하라, 하지 말라'라는 규범질서를 만들게 되었나, 사람들이 부담스럽게 느끼는 의무와 법을 굳이 만든 이유는 무엇인가, 법·의무는 어떤 목적에 사용되나 등이다. 그리고 이들 질문의 뿌리는 "법은 왜 생겼는가" 하는 것이다.

사람 나고 법 났다

법은 왜 생겼을까? 사람들은 왜 규범질서를 만들었나? 뭐 좋은 게 있다고? 법, 의무, 질서, 그것이 '나'에게 좋은 게 뭔데?

이런 질문 앞에서, 법의 개념 요소를 분석해 본다. 법은 규범질서이므로, 그 핵심 요소는 '의무'다. 의무 개념에는 상대방이 존재한다. 누군가에게 지키라고 요구하는 것이고, 누군가에 대해서 지키는 것이다. 누군가는 지켜야 하고, 누군가는 그것을 강제하는, 사람들 사이의 '관계'가 전제되어 있다.[1] 즉, 법의 의무 개념 속에는 적어도 두 사람 이상이 함께 하고 있다. 의무는 사람이 함께 살아갈 때 생기는 개념이다. 의무는 사회 개념이다.

사람이 혼자 살 때는 법이 필요 없다. 어떤 사람은 '혼자 살더라도 스스로 규범질서를 만들어 살기도 하는데….'라고 의문을 표시할 수 있다. 아침에 몇 시에 일어나서, 몇 시간 운동하고, 몇 시간 참선하고, 몇 시간 책을 읽는 등 규범을 스스로 만들 수 있다는 생각이다. 하지만 그런 질서는 법이라고 하지 않는다. 이처럼 스스로 정한 자기 규범은 도덕이라고 한다. 도덕은 자기 규범이므로 굳이 사회를 전제하지 않을 수 있다. 그러나 법은 자기에 대한 규범이 아니다. 사람과 사람 사이의 규범이다. 사회 속에 존재하는 규범이다.

법이 사회를 전제로 하면, 질문은 이어진다. '사람들이 함께 살 때, 왜 질서가 필요하지? 함께 살면, 뭐가 문젠데?', '사회에서 질서가 필요한 이유가 무엇인가?' 등이다. 그 질문의 핵심은 '사람들은 왜 함께 살까?'라는 질문이다.

사회의 본질을 설명하는 이론은 수없이 많다. 사회의 연원·발생을 묻기도 하고, 사회의 이념을 찾기도 한다. 여기에서는 그 많은 생각과 이론을 살펴보지 않는다.

여기에서는 그냥 적나라하게 나 자신에게 스스로 묻는 것으로 시작해

---

1   의무의 형태에 대한 이론이 역사적으로 관계 구조로 발전되어 온 점도 이와 관련이 있다고 본다. 나중에 설명한다.

보자. 왜 산속에서 혼자 살지 않고, 다른 사람과 함께 살까? 굳이 의무를 지켜 가면서 다른 사람과 함께 사는 이유는 무엇인가?

이 질문에 대해서는 누구나 단도직입적으로 대답할 수 있다. **'혼자 사는 것보다 나으니까'. '다른 사람들과 함께 살 때 더 풍요로운 삶을 살 수 있으니까'.**

사람은 홀로 살아갈 때는 생존에 급급하다. 산속에서 혼자 사는 자연인들을 상상해 보면 된다. 의식주를 근근이 해결할 뿐이다. 그들에게 오늘날 우리가 일상적으로 누리는 삶의 풍요는 언감생심이다. 혼자서 어떻게 컴퓨터를 만들고, 인터넷망을 구축하고, 비행기를 제조할 수 있겠는가? 어떻게 암을 치료하고, 부러진 다리를 수술해서 원래대로 재활할 수 있겠는가? 다양한 양념이 가미된 맛있는 음식, 화려한 의류, 쾌적한 주택, 즐거운 오락거리, 안전한 의료, 신속한 운송, 편리한 통신, 다채로운 교육 등 우리 일상의 편리는 다른 사람과 함께 살 때 비로소 가능하다.

이 대답은 단순히 자기 자신의 개인적 대답이 아니다. 우리 헌법이 선언하는 대답이기도 하다. 우리 헌법은 전문에서 사람들이 함께 사는 의미를 다음과 쓰고 있다.

> "우리 대한국민은 … **우리들과 우리들의 자손의 안전과 자유와 행복을 영원히 확보할 것**을 다짐하면서"

헌법은 법질서를 만든 이유를 분명하게 밝히고 있다. 안전하고 자유롭고 행복하기 위해서 함께 산다. 한마디로, 더 풍요롭고, 더 잘 살기 위해서 모여 산다. 모두가 이런 생각으로 함께 모여 산다. 즉, 분업이다.

함께 더 잘살기 위해 협동하는 분업

사회는 분업 공동체

 사회 속에서의 풍요로운 삶을 체계적으로 설명하는 개념이 '분업(分業)'이다. 우리가 초중고교에서 익히 배웠던 사회의 원리다. 이 원리가 사회를 가장 정확히 설명할 수 있는 이론이다.

 분업은 사람이 함께 살면 더 잘 살 수 있는 논리적 근거다. 일을 나눠서 협동하는 힘이다. 누구는 사냥감을 몰고, 누구는 기다렸다가 잡는다. 적성을 좇아 각자 잘할 수 있는 일을 맡아 처리한다. 능률이 오른다.[2] 새로운 기술이 개발된다. 업무의 전문성이 높아지고, 대규모 생산도 가능하다. 사람이 함께 누릴 수 있는 좋은 것[3]이 훨씬 많이 생산된다. 분업은

---

2   Platon, (기원전 380년경), 이환 편역, 국가론(Republic), 2009, 68쪽.
3   철학적으로 '좋은 것'은 선(善)이라는 용어로, '나쁜 것'은 악(惡)으로 표현한다.

사람들이 사회에서 더 잘 사는 방법임이 틀림없다.

사회는 서로가 원윈(win-win, 함께 노력하여 모두에게 유리하다) 하기 위해서 존재한다. 나를 중심으로 생각해도 그렇다. 나에 대한 사회의 의미는 '나의 삶'이 더 안전하고 행복해진다는 데 있다.

플라톤(Plato, 고대 그리스 철학자, BC 427~BC 347)의 말이다.

> "국가는 사람들의 필요에서 생겨났다고 보네. 홀로 세상을 살아가기는 너무 어려웠을 테니까 말이네."[4]

분업에는 분배가 뒤따른다

사람이 모여 살고, 분업으로 생산력이 높아지니, 사회를 이루고 살면 모두가 더 좋은 삶, 행복한 삶을 누려야 마땅하다. 그러나 **사회 속의 개인들을 살펴보면 모두가 풍요로운 건 아니다.**

간단한 예로 군주사회를 보자. 풍요로운 사람들은 군주와 귀족뿐이었다. 군주국가의 국민총생산(GDP)이 아무리 높아져도 노예는 노예의 삶을 살아갈 뿐이었다.

유발 하라리(Yuval Noah Harari, 예루살렘 히브리대학교 교수, 1976~)는 그의 책 『사피엔스』에서 다음과 같이 말한다.

---

4   Platon, (기원전 380년경), 같은 책, 67쪽.

> **"농업혁명**[5] 덕분에 인류가 사용할 수 있는 식량의 총량이 확대된 것
> 은 분명한 사실이다. 그러나 여분의 식량이 곧 더 나은 식사와 더 많
> 은 여유시간을 의미하지 않았다. 평균적인 농부는 평균적인 수렵 채
> 집인보다 **더 열심히 일했는데 대가로 더 열악한 식사를 했다.** 농업혁
> 명은 안락한 새 시대를 열지 못했다. 그러기는커녕 농부들은 대체로
> 농업혁명 이전의 수렵 채집인들보다 더 힘들고 불만스럽게 살았다.
> 농업혁명은 역사상 최대의 사기(詐欺)였다."[6]

여기서 한 가지 질문이 생긴다. 모두 함께 잘 살려고 모여서 사회를
만들었고, 실제로 생산량이 많이 증대되었는데, 왜 모두가 다 함께 잘살
지는 못할까? 일부 사람들만 풍요롭고, 다른 사람들은 왜 더 힘들게 살
까? 왜 이런 차별 문제가 발생하나?

분업 개념을 분석해 보자. 첫째는 업무를 분리해서 여럿으로 나누고,
각자는 그 일부 업무에만 일한다는 분업(좁은 의미의 분업 개념) 부분이
고, 둘째는 분업을 통해서 사람들이 생산한 재화와 서비스를 서로 함께
나눠 갖는다는 분배 부분이다. 분업과 분배 두 요소가 동전의 앞뒷면으
로 붙어 있다. **분업에는 반드시 분배 문제가 따른다.**

그러나 분업의 내용과 분배의 내용이 항상 일치하는 건 아니다. 생산
량 증대를 위해 업무를 어떻게 나누냐는 분업 문제와 분업을 통해서 증
대된 생산량을 어떻게 나누느냐는 분배 문제는 자동 연결되어 있지 않

---

5   신석기 농업혁명을 말한다. 농사 분업에 기초한 생산력 향상으로 인류는
     무리 사회에서 부족사회, 부족국가로 발전했다.
6   Yuval Noah Harari,(2011), 조현욱 역, 사피엔스, 124쪽.

다. 누가 어떤 일을 얼마나 분업할지의 문제와 분업으로 생산된 생산물을 누가 얼마나 나눠 가질지의 문제는 별도로 결정된다.

분업은 정의로운 분배로 이어질까?

물론 분배할 때 분업의 내용을 고려할 수는 있다. 하지만 각자의 분배 몫이 분업의 내용에서 바로 결정되지는 않는다. 사람의 일을 숫자로 표현할 수 없기 때문이다. 일의 양, 일의 강도, 일의 능률, 일의 난이도, 일에 필요한 준비 기간, 일의 숙련도는 수치로 측정할 수 없다. 비행기 만드는 일, 사무실에서 기획하는 일, 의료서비스와 재판하는 일을 어떻게 비교 측정하겠는가?

그리고 분배할 때는, 분업 이외의 사정도 고려해야 한다. 실제 생산량이 '0(제로)'인 사람들이 있다. 말하자면 학생들은 공부해야 하니 당장 생산량이 없다. 노약자의 생산도 미약하다. 임산부도 생산에 직접 참여하기 어렵다. 이들에게 분업에 참여하지 않았으니 분배에도 참여하지 말라고 결정하는 것이 타당한가? 병으로 인해 또는 장애가 있어서 일하지 못한 사람에게는 어떤 분배가 가능할까?

오늘날처럼 사회분업이 고도화되면 분업과 분배의 연결 고리는 더 복잡해진다. 어떤 사람은 비행기를 만들고, 어떤 사람은 농사를 짓고, 어떤 사람은 가게에서 물건을 팔고, 어떤 사람은 교육을 하고, 어떤 사람은 법정에서 일하고, 어떤 사람은 공부하고, 어떤 사람은 집에서 가사를 돌본다. 어떻게 분배하는 것이 타당할까?

사람들은, 분업으로 더 풍요로운 삶을 함께 누리자는 대원칙에는 모두 쉽게 동의하지만, 생산물을 어떻게 분배할 것인지에 대해서는 일치점을 쉽게 찾지 못한다. 사람마다 가치관이 다르기 때문이다. 또한 각자 원하는 것이 달라서다. 어떤 사람은 먹는 것을, 어떤 사람은 입는 것을, 어떤 사람은 사는 집을 더 중요하게 생각한다. 게다가 다른 사람보다 더 많이 갖고 싶은 욕망은 공정한 분배를 더욱 어렵게 한다. 이런 욕망을 단지 특별한 몇 명만이 가지고 있는 것이 아니니 말이다.

심지어 공정 분배라고 대부분 생각하는 의견들 사이에도 결론을 내기 어렵다. 예를 들어 모두 적게 일하고 적게 분배받자는 의견과 모두 많이 일하고 많이 분배받자는 의견이 대립할 때 어떤 의견이 더 합리적인지는 쉽게 결론을 내릴 수 없다.

분배의 올바름 문제가 정의 문제

이처럼 분배의 기준과 방식이 다양하니, 그것을 둘러싸고 구성원들 사이에는 다툼이 생기게 된다. 게다가 분배 문제는 네 것, 내 것을 가리는 문제이니, 때로는 생존의 문제가 되기도 한다. 이처럼 분배 문제는 '분업=협업', 즉 사회에서 피할 수 없는 쟁점이 된다.

여기서 질문이 생긴다. 합리적인 분배는 무엇인가, 어떤 분배가 공정한가, 올바른가, 공평한가, 올바른 분배 기준은 무엇인가 등. 사람이 함께 사는 한 피할 수 없는 질문이 고개를 드는 것이다. 이런 질문은 사회의 본질적 질문이다.

이 **'분배의 올바름'에 관한 생각이 "정의(正義)"다.** 분업으로 증대된 생산물을 어떻게 분배하는 것이 합당한지에 관한 논의다. 물론, 이때의

'분배' 개념은 각자가 어떤 분업에 참여할지를 포함한 개념이다. 내가 맡아야 할 업무가 무엇인지 쟁점도 크게 보면 분배 문제이기 때문이다. 업무분배 말이다.

분배가 정의 문제라고? 정의가 분배 문제라고 말하면 많은 사람이 의아해한다. 왠지 '정의'라는 고결한 개념에 못된 짓을 한 느낌이다. 천상에 있는 고상한 그 무엇을 흠결 많은 속세로 내동댕이치는 것 같은. 정의라고 하면 세상의 어둠과 불의를 밝히는 고상한 가치, 진리와 짝하는 고정불변의 선, 절대적이며 본질적인 것, 진선미의 한 축과 같은 것이라는 고정관념이 있기 때문이리라.

정의에 대한 그러한 관념과 느낌이 전혀 근거 없는 건 아니다. 일상용어로서의 정의 개념이 종종 그런 의미로 사용되기 때문이다. 어떤 경우, 정의는 인간의 미덕·선행·덕목 중 하나로 인식된다. 일상생활에서 정의는, 소신과 강단을 가진 어떤 국회의원이 정의롭다거나, 편파적 판결을 일삼는 아무개 판사는 정의롭지 못하다거나, 질 나쁜 사람이 완력으로 여성을 괴롭힐 때 용감하게 나서서 말리는 시민의 행동을 정의롭다고 말하는 식이다. 그런가 하면 어떤 법에 대해 정의롭다고 말하기도 한다.

그 밖에 정의 개념은 '올바르다'라는 개념을 넘어서, '바람직하다, 좋다, 선하다'라는 의미로도 널리 사용된다. 그러하기에 정의는 중용, 용기, 절제, 예의 바름, 아름다움, 선함, 긍지, 진실성, 온화함, 합리성 등의 개념과 혼동되어 사용되기도 한다. 사람들은 정의를, 그런 덕목들이 어우러진 것이라고 어렴풋이 생각한다. 이런 연유로 사람들은 대체로 멋있고, 훌륭하고, 아름답고, 용기 있고, 빛나는 무엇으로 정의를 개념화하고 이미지화한다.

그러나 분명하게 정리하고 넘어가자!
'사회'에서의 정의 개념, '법'에서의 정의 개념은 "분배의 올바름" 여부를 의미한다. 이 부분에 대한 이해는 매우 중요하다. 그렇지 않으면, '정의' 개념만 헷갈리는 게 아니라, 법이 무엇인지 그 자체도 헷갈리기 때문이다. 결국 법질서 속에서 전개되는 내 몫도 제대로 챙기지 못하게 된다.

정의가 분배의 올바름 문제라는 생각은 단지 필자만의 생각은 아니다. 이미 오래전부터 이어 왔다. 특히, 인류 지성들의 생각이 그랬다. 먼저, 플라톤의 말이다.

> 판결의 기준이 무엇일까? 국민 각자가 자신의 역할에 충실한지 충실하지 않은지, 남의 것을 넘보고 **빼앗는지** 그렇지 않은지를 근거로 삼아야 할 것 아닌가? 그렇다면, 자신의 것을 잘 지키고 자신이 맡은 바 일을 잘 수행하는 것이 정의라는 것에 합의를 본 셈이네.[7]

아리스토텔레스(Aristoteles, 고대 그리스 철학자, BC 384~BC 322)는 정의 개념의 초석을 놓은 철학자다. 그는 정의가 분배 문제임을 명쾌하게 밝혀 놓았다. 그는 재화와 서비스 등을 포함하여, 사람들이 좋아하는 것을 선(善)이라고, 싫어하는 것을 악(惡)이라고 말하면서, 사회구성원

---

7   Platon, (기원전 380년경), 같은 책, 132쪽.

각자에게 선과 악을 어떻게 공평하게 분배할 것인지가 정의 문제임을 분명히 했다.

> 정의 문제가 무조건 올바른 것을 의미하는 것이 아니라, 우리의 이웃에 대한 관계에서 생각해야 한다.[8]
>
> **정의는 함께하는 사람들 사이에서 나눌 수 있는 것들의 분배에서 성립한다.** 이러한 분배에서는 한 사람이 다른 사람과 동등하지 않은 몫을 가질 수도 있고, 동등한 몫을 가질 수도 있기 때문이다.[9]

그는 부정(不正)에 대해서도 말한다. '부정한 사람은 욕심이 많으므로 자신을 위한 선에만 마음을 쓴다. 이런 사람이 이득을 본다는 것은 다른 사람이 손해를 보고 있다는 것을 의미한다. 사람들 관계에서 그 행동을 부정하다.'라고 하였다.[10] 그에게 정의는 동등한 분배 문제였다.

아리스토텔레스

---

8   Aristotle, (기원전 330년경), 최명관 역, 니코마코스 윤리학, 1990, 1129b.

9   Aristotle, (기원전 330년경), 강상진 역, 니코마코스 윤리학, 2011, 1130b.

10   Aristotle, (기원전 330년경), 최명관 역, 같은 책, 1130a.

> 정의로운 것은 중간이자 동등한 것이다. … 당사자들이 동등함에도
> 동등하지 않은 몫을, 혹은 동등하지 않은 사람들이 동등한 몫을 분배
> 받아 갖게 되면, 바로 거기서 싸움과 불평이 생겨난다.[11]
>
> 부정의를 행하는 것은 너무 많이 가지는 것이며, 부정의를 당하는
> 것은 너무 적게 가지는 것이다. 정의로운 사람은 사람들 사이에서 분
> 배할 때, 비례에 따라 동등하게 배분한다.[12]

이후 정의 철학자, 윤리 철학자들은 모두 사회의 분배가 정의 문제라
고 보고 그 문제를 풀기 위해서 노력했다.

자유방임주의(시장지상주의)는 시장의 가격을 기준으로 '분배'하는 것
이 최상의 분배이므로, 시장을 지키는 것이 정의라는 이론이고, 공리주
의는 '최대 다수의 최대 행복'이 될 수 있도록 분배하자는 생각이고, 공
산주의는 시장에서 자본가들이 생산수단 독점을 무기로 프롤레타리아
서민 대중을 부르주아 계급의 노예로 만들었다고 하면서, 시장의 전제
인 사적 소유제도를 파괴하고 '공동 생산 공동 분배'하는 것이 정의라는
체계를 세웠다.

오늘날 대표적인 정의 철학자 존 롤스(John Rawls, 철학자, 미국 하버
드대학교 교수, 1921~2002)는 그의 책『정의론』에서 구성원들이 원초적
으로 평등한 상황(무지의 장막, veil of ignorance)에서 모두가 동의할 수
있는 분배원칙을 탐구했다. 정의의 제1원칙은 평등하고 자유롭게 거래

---

11   Aristotle, (기원전 330년경), 강상진 역, 같은 책, 1131a.
12   Aristotle, (기원전 330년경), 강상진 역, 같은 책, 1133b, 1134a.

하는 방식으로 분배하는 자유의 원칙이고, 제2원칙은 사회적 약자에게 혜택이 돌아가게 분배하는 차등의 원칙이라고 말했다. 위에서 본 자유시장주의를 원칙으로 하면서도, 자유시장주의가 초래하는 시장의 모순을 해결하기 위해서 제2원칙, 즉 차등 원칙이 필요하다는 생각이다.

이처럼 정의는 사회에서의 분배의 올바름 문제를 다루는 가치다. 사람들 사이에서 어떤 분배가 올바른지를 판가름하는 것이 정의다. 사람들이 함께 살면서 생기는 '분배 갈등'을 어떻게 해결할 것인지가 쟁점이다. 무엇이 '내 것'이 되는 것이 옳고, 무엇이 '네 것'이 되는 게 정당한지를 정하는 게 정의 문제다.

법과 정의

정의가 무엇을 다루는 가치인지를 아는 것은, 사회질서의 쟁점이 무엇이고, 법이 다루는 쟁점이 무엇인지를 이해하는 것이고, 법을 이해하는 기초가 된다. 이 부분에 대한 이해가 흔들리면, 법체계 전반이 흔들린다.

가령 많은 사람이 생각하듯이, 선악의 행위를 정하는 게 법적 정의라고 생각하면, 법과 정의를 위해 무엇이 선한 행동이고 무엇이 악한 행동인지를 정할 수 있는 기준을 찾아 나서야 한다. 그리고 아름다움이나 고상함 등 추상적인 어떤 가치가 정의 문제라고 생각한다면, 법은 정의를 세우기 위해서 그 가치의 기준을 찾아 나서야 한다.

만약 그런 출발점에서 법을 찾기 시작한다면, 그 사람은 법을 선악으로, 아름다움으로 설명할 것이다. 물론 법이 선악과도 연결되어 있고,

어느 정도 아름다움에도 연결되어 있으니, 그럴듯한 설명이 있을 수는 있다. 그러나 법의 실질을 제대로 설명하는 데는 한계에 직면하게 될 것이다. 법이 내 삶을 좌우하는 이유를 분명하게 설명하지 못할 것이다.

다시 강조한다. 법적 정의의 핵심은 '사람들이 함께 분업하고 분배하는 문제'를 해결하는 데 있다. 이 부분 쟁점을 잊는 순간, 법은 우리를 미궁으로 끌고 다닐 것이다.

■ 정의와 국가

만인의 투쟁에 질서가 없다면?

정의의 쟁점이 '사회에서 올바른 분배가 무엇인가'라는 질문으로 정리된다고 해서, 사회가 바로 정의롭게 되는 건 아니다. 그 질문에 대한 대답으로 사람들이 일치된 의견을 가져야 한다.

그러나 그 의견은 간명하게 정리되지 않는다. 정의·분배의 올바름에 관해 사람마다 각기 다른 가치 기준을 갖고 있기 때문이다. 게다가 정의는 분배 문제, 즉 '내 것, 네 것 분배'의 문제, 즉 '내 몫, 네 몫'을 결정하는 문제이니, 내 몫을 더 차지하고 싶은 욕망이 개입된 문제다. 개인적 욕심에 기초한 이해관계가 얽힌 문제다.

사람들은 정의를 둘러싸고 대립·분쟁·충돌할 수밖에 없다. 누군가는 '네 것'을 빼앗아 더 많이 가지려 하고, 누군가는 '내 것'을 빼앗기는 형국이다. 그 과정에서 관계 당사자들은 불만과 분노를 느끼게 된다.

부정을 배제하고 바로잡아서 올바른 분배를 이루겠다는 마음 또한 인간 본성 중 하나임은 분명하다. 울분·분노·화냄·수오지심(羞惡之心) 등과 연결된 의지적 감정을 누구나 느낄 수 있다. 이런 '정의의 감정(感情)'이 있으니, 정의는 이론 싸움으로만이 아니라, 감정싸움으로도 손쉽게 번진다.

정의 싸움은 극단의 상황을 연출하기도 한다. '내 것' 싸움이니, 사람들이 목숨을 걸기 때문이다. 살인, 강도 행위의 대부분 동기는 결국 내 것을 더 갖겠다는 욕망에서 시작된 것이다.

정의 다툼은 종종 전쟁으로 비유된다. 사회가 전쟁터라는 말이다. 이런 상태에 이르면, 사람들이 함께 잘살기 위해 시작했던 분업과 분배의 원래 의미는 오간 데 없고 개인들의 이기적인 생존경쟁만 남게 된다.

홉스(영국의 철학자, 1588~1679)의 말이다.

> 인간은 경쟁 때문에 이익 확보를 위한 약탈자가 되고, 불신 때문에 안전보장을 위한 침략자가 되고, 공명심 때문에 명예 수호를 위한 공격자가 된다. … 그들 모두를 위압하는 공통의 권력[13]이 존재하지 않는 곳에서는 전쟁상태에 들어가게 된다. 이 전쟁은 **'만인에 대한 만인의 투쟁'**이다.[14]

---

13 국가를 의미한다. 홉스는 리바이어던이라고 표현하였다.
14 Hobbes, Thomas, (1651), 진석용 역, 리바이어던 1, 2008. 171쪽.

홉스는 그의 책 『리바이어던』에서 이 전쟁 상태를 극복하는 이론을 설명했다. 개인들이 국가 군주에게 모든 권력을 넘겨줘야 한다는 게 그의 결론이었는데 그 결론 부분은 오늘날 귀담아들을 필요가 없다고 본다. 다만, 당시 시대 상황에서 신이 아니라 인간을 중심으로 사회를 설명했다는 점에서 그의 이론을 역사적으로 높이 평가할 뿐이다.

질서란 분업의 분배기준

홉스가 설명한 '만인에 대한 만인의 투쟁' 상황을 완전하게 해결할 수 있는 정의 이론은 없다. 그러나 명징한 이론이 아직 정립되지 않았다고 해서, 현실의 분배 문제가 사라지는 것도 아니고, 그대로 놓아둘 수 있는 것도 아니다. "그 내용이 어떻든, 정의라는 질서", 즉 "어떤 형태이든 분배질서"가 있어야 한다. 그래야 질서 없는 혼돈, 즉 전쟁을 어떻게든 피할 수 있기 때문이다.

이런 현실적 필요에서, 사람들은 그 기준이 불완전하지만 어떻든 일정한 형태의 분배질서를 수립하고 수긍한다. 일단, 질서 자체가 평화와 안전을 의미하기 때문이다.

그 질서 수립의 배경은 다양하다. 구성원 대부분이 분배기준을 정당하다고 받아들일 때도 있지만 어떤 사람이 인격적 권위로 다른 사람을 복종시키거나, 때로는 폭압적 권위지가 폭력으로 다른 사람을 굴복시킬 때도 분배질서가 수립된다.

사람들 사이에 분업 분배의 질서가 생기면 그 사람들 모임은 뿔뿔이

흩어진 개개인이 아니라, 공동체라고 말할 수 있는 형태가 된다. 이런 사람들 모임, 즉 공동체를 '**사회(社會)**'라고 한다. 사회는 일정한 분배질서를 가진 사람들의 모임이다. 내 것, 네 것을 둘러싼 분쟁을 체계적으로 정리하는 힘을 가진 집단이다. 사회는 어떤 형태로든 정의 문제를 해결하고 있는 집단이다.

사회가 성립되면 구성원들은 질서를 따르게 된다. 구성원은 개인이라는 각자의 지위와 함께, 사회 속에서 사회의 구성원이라는 지위를 겸한다. 개인적 불만이 있어도 사회의 분배질서에 자기의 욕망과 의지를 포기해야 한다. 사회질서는 사회에서 개인의 욕망·판단·선택·행위를 규율하는 규칙, 룰(Rule)이다.

나는 동시에 여러 사회에 속해 있다

사회의 형태는 다양하다. 사람의 모임이 단지 국가 단위로만 형성되는 것이 아니라는 뜻이다. 국가뿐만 아니라, 가족사회, 학교사회, 회사사회, 폭력조직사회, 종교사회도 특정한 성격을 띤 각각의 사회다. 각자 나름의 질서로 구성원들을 규율하는 사회다.

각 사회는 각자 다른 형태의 질서를 갖고 있다. 질서의 내용, 강제 방식이 각기 다르다. 즉, 각각 스스로 만들어 낼 의무와 책임의 질서를 갖고 있다. 사회 규모, 구성원들의 속성, 구성원들의 관계, 분배 방식 등에서 특징이 제각각이다.

예를 들어 가족사회는 부부와 자녀의 사랑에 기초해서 사랑과 존경으로 분배하는 질서를, 회사는 투자계약, 고용계약 등으로 서로의 이익을

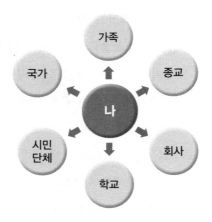

나는 동시에 여러 사회 속에 존재한다.

추구하는 분배질서를, 종교사회는 신적 권위로 사제와 신도들에게 분배하는 질서를, 비밀결사는 은밀한 목적에 대한 헌신을 기초로 분배하는 질서를, 조직폭력사회는 욕구를 폭력적으로 실현하는 분배질서를 갖고 있다.

이처럼 사회는 각자의 질서 속에서 다양하게 공존한다. 같은 공간에 동시에 여러 사회가 존재한다. 나 자신을 돌아보자. 나는 기본적으로 가족사회의 구성원이다. 동시에 국가사회, 종교사회, 학교사회 또는 회사사회의 구성원이다.

같은 공간에 여러 사회가 공존하면, 자연스럽게 문제가 발생한다. 사회질서의 내용이 각자 다르기 때문이다. 질서가 서로 충돌할 수밖에 없다. 예를 들어, 일요일에 공무원 선발시험을 치르는 국가 질서는 같은 날 예배를 드리는 종교 질서와 충돌한다. 중세 유럽에서 있었던 '카노사의 굴욕(Humiliation of Canossa)[15]은 성직자 임명권을 군주가 가진다는 국가 질서와 교황이 가진다는 교회 질서가 충돌한 사건이었다.

이처럼 사회와 사회가 서로 충돌하는 현상은 개인과 개인이 충돌하는 '만인에 대한 만인의 투쟁'보다 더 위험하다. 집단 대 집단의 투쟁이기 때문이다. 때로는 전쟁을 의미한다.

국가는 최고의 사회

이런 사회 충돌을 피할 수 없는데도, 오늘날 우리의 삶이 평온한 이유는 무엇일까? 대답은 의외로 간단하다. 여러 사회 중에서 어떤 특별한 사회가 "최고의 힘"을 갖고 있기 때문이다. 일정한 영역에 동시에 여러 사회가 존재하지만, 그중 어떤 한 사회가 다른 모든 사회를 제압하고 있기 때문이다.

일정한 영역 안에서 최고 질서를 성립시킨 사회를, 국가사회라고 한다. 줄여서 간단히 '국가(國家)'라고 한다. 국가는 그 영토 내에 있는 모든 사람, 모든 사회를 제어한다. 국가영역에 있는 다른 사회, 조직, 집단 또는 개인을 모두 국가 강제력에 복속시킨다. 가족사회, 조직폭력사회, 학교사회, 회사사회, 종교사회가 각자 자기 질서를 갖고 있지만, 그 질서는 국가 질서가 허용하는 범위 내에서의 질서일 뿐이다.

15　카노사의 굴욕은 1077년 신성로마제국의 하인리히 4세가 자신을 파문한 교황 그레고리오 7세를 만나기 위해 이탈리아 북부의 카노사성으로 가서 용서를 구한 사건을 말한다.

2010년 헌법재판소 결정을 보자. 위에서 이야기했던, 일요일에 공무원 선발시험을 실시하는 문제였는데, 이 결정의 쟁점은 종교사회 질서와 국가 질서의 충돌이었다. 이 결정은 국가의 권력이 우선함을 잘 말해 준다. 국가가 공익을 위해서 질서를 정했으니, 종교인과 종교사회는 그것을 따라야 한다는 것으로 결론이 났다.

> 청구인이 믿고 있는 기독교의 교리에 따르면 일요일을 주일로 지키고 예배에 참석하는 등으로 거룩하게 지켜야 한다는 것인바, 이 사건 시험을 일요일에 치르도록 한 이 사건 공고에 따라 청구인으로서는 일요일 시험 응시를 하려면 위와 같은 교리에 위반할 수밖에 없다고 할 것이므로 청구인의 종교의 자유가 제한된다고 할 수 있다. [그러나] 이처럼 일요일을 주일로 지키고 예배에 참석하는 등으로 거룩하게 지켜야 한다는 교리에 따라 생활할 자유는 종교적 행위의 자유에 속하는 영역인데, 종교적 행위의 자유는 절대적 자유가 아니므로 질서 유지나 공공복리를 위하여 필요한 경우에 한하여 제한할 수 있는 것이다. … 수많은 수험생들의 응시상의 편의와 시험장소의 마련 및 시험 관리상의 편의 등의 공익에 이바지하는 바가 크기 때문에, 청구인의 종교의 자유를 침해한 것이라고 할 수 없다.[16]

한편 국가와 조폭사회의 긴장 관계는 국가의 힘을 극명하게 보여 준다. 이들 두 사회는 서로 늘 긴장할 수밖에 없다. 조폭사회는 주먹과 폭

---

16 헌법재판소 2010. 11. 25. 2010헌마199 결정.

력을 내세워서 그들의 이익을 추구하는 질서를 갖고 있는 반면, 국가사회는 안전과 자유와 행복을 추구하는 질서를 갖고 있기 때문이다. 존재의 기본 개념상 서로 정면충돌할 수밖에 없다. 이때 국가 질서가 우선함은 물론이다. 그리고 국가 입장에서는, 조폭사회란 폭력으로 언제든 국가 질서를 파괴할 수 있는 위험성을 가진 집단이다. 국가가 눈을 부릅뜨고 조폭사회를 감시하고 통제하는 이유다. 조폭 구성원이 교도소에 유난히 많이 들어가 있는 이유이기도 하다.

주권은 최고의 힘이자 국민의 힘

이처럼 **일정한 공간 속에서 최고 질서를 성립·유지하는 국가사회의 힘을 '주권(主權, sovereignty)'이라고 한다.** '주권'은 국가가 최고 사회임을 뒷받침하는 힘이다. 헌법의 첫째 조문 제1조에 등장하는 '주권'이 바로 그것이다.

> 헌법 제1조 ② **대한민국의 주권은 국민에게 있고,** 모든 권력은 국민으로부터 나온다.

주권은 국가의 의사를 최종적으로 결정하는 권력으로서 '대내 최고, 대외 독립'의 힘이다. 이때, '대내 최고'는 위에서 설명한, 일정한 공간에서 질서를 유지하는 최고의 권력, 최고의 힘을 의미한다. 그 힘이 최고이므로, 그 공간에 어떤 개인이나 사회도 그 힘을 거스르거나 이길 수 없다. 복속된 상태다.

'대내 최고'란 논리적으로 같은 공간에 두 개의 주권이 공존할 수 없다는 뜻이다. 만일 같은 공간에 여러 주권이 공존한다고 말하는 것은 각자 최고인 것이 동시에 존재한다는 의미이니, 이는 논리적 모순이다. 같은 공간에서 서로를 복속시키지 못했다면 대내 최고라고 말할 수 없기 때문이다.

이런 점에서 대내 최고라는 개념의 이면에는 주권이 지배하는 공간 너머에는 다른 '주권'이 그 공간을 지배하고 있음을 의미한다. 당연하게도 이들은 각자 최고다. 최고 주권이 서로 양립하는 것이다. 이런 상태를 '상호 독립'이라고 한다. '대내 최고'는 '대외 독립'과 동전의 앞뒷면이 된다. 주권을 '대내 최고, 대외 독립'이라고 명명하는 이유다.

오늘날 주권은 국민에게 있다. 국민주권주의가 그것을 말하는 이념이다.

법은 국가사회의 질서

'법(法)'은 국가라는 사회의 질서에 붙이는 이름이다. 법은 국가 주권에 의한 질서다. 따라서 법은 일정한 영역에서 최고의 질서다.

법은 최고의 질서다. 국가의 주권적 질서다. 따라서 다른 사회질서와 확연히 구분된다. 다른 모든 사회질서를 제어할 수 있기 때문이다. 그런 점에서 법은 다른 사회규범과 비교해서 사람들 삶 전반에 가장 강력한 영향력을 행사하는 규범이다.

즉, 법은 사람들의 분업과 분배 문제를 근본적으로 해결하는 최고의 힘이다. 법은 사람이 살아가면서 어떤 직업을 가질까, 어떤 것들이 내

것일까, 무엇을 먹을까,
무엇을 입을까, 어디에서
잘까, 누구와 결혼할까,
어떤 직업을 가질까, 누구
와 거래할까, 어떤 배움을
가질까 등 인생 전반을 좌
우한다. 노예로 살 것인
지, 주인으로 살 것인지,
투표권을 가질지, 남녀 차

법은 국가의 질서로 가장 강력한 영향력을 행사한다.

별, 인종 차별이 허용될지, 거리에서 자유롭게 데모할지, 데모하다가 총
알받이로 죽을지, 빈부 격차로 양극화된 사회에서 살지, 공정한 사회에
서 살지를 결정한다. 실로 사람들의 삶 전반을 결정한다.

법이 실제로 그렇게 막강한 영향력을 가졌다고? 그렇다. 조금만 생각
해 봐도 바로 이해할 수 있다. 어떤 사람, 누군가가 한국에 태어났는지,
미국에 태어났는지, 나이지리아에 태어났는지에 따라 그가 다른 삶을
살 수밖에 없음은 명약관화하지 않은가?

물론 다른 사회도 사람들의 삶에 영향을 미친다. 회사사회는 직업과
경제활동에, 종교사회는 양심과 종교활동에, 가족사회는 주거와 기본인
성에, 시민단체 사회는 언론·집회·결사 등의 질서에 관련된다.

그러나 국가 이외의 사회는 법이 정하는 테두리 안에서의 질서를 유
지할 뿐이다. 그리고 대부분 한정된 영역에서만 영향력을 가진다. 국
가와 법이 사람의 삶에 미치는 영향력에 비교하면 부분적이고, 부수적
이다.

이런 점에서, 사회질서, 정의, 분배를 논의할 때 다른 사회규범보다 '법'을 집중적으로 연구하게 되는 것이다. 국가 질서가 최고 질서이니, 국가 질서의 이름인 '법'은 사회질서, 사회 규범을 의미하는 일반명사가 되었다. 그래서 사람들은 국가가 아닌 다른 사회 규범에도 법이라는 명칭을 사용한다. 국제법, 교회법 등은 대표적인 사례이다.

그러나 이들 규범에 '법'이라는 이름이 붙었다 하더라도 이들은 국가 질서가 아니다. 국제법은 국제사회의 규범이고, 교회법은 교회 사회의 규범이다. 이름에 '법'이 붙었다고 해서 모두 국가 질서로 혼동해서는 안 된다.

■ 분배 정의로서의 법

선악인가? 분배인가?

지금까지, 정의 개념이 무엇을 다루는 가치인지, 정의와 법이 어떻게 연결되는지를 살펴봤다. 요지는 이렇다.

> 1. 사람들은 더 잘살기 위해서 모여 산다.
> 2. **분업**은 더 잘살기 위한 원리다.
> 3. 분업은 분배 문제로 이어지는데, '올바른 분배가 무엇인가'의 문제가 **정의** 문제다.
> 4. 사람들은 정의 문제를 두고 다투는데, 다툼을 정리하는 **질서**를 수립한 사람 모임을 사회라고 한다.

5. 사회는 여러 형태인데, **국가**는 주권을 가진 사회다.

6. **법**은 국가의 규범질서다.

　그 핵심은 정의가 분배 문제라는 점이다. 정의는 분배 문제를 다룬다는 점에서 다른 가치들, 즉 선악·아름다움·용기·관용 등의 미덕과 엄격히 구분된다.

　이런 설명에도 불구하고, 많은 사람은 아직도 의심을 떨치지 못한다. **법적 정의가 분배 문제라고?** 폭행을 금지하는 것, 그리고 폭행한 사람에게 책임으로 벌을 받게 하는 것, 이런 의무·책임이 모두 법적 정의 문제일진대, 어찌 이것이 분배 문제인가라는 의구심 말이다. 오히려 법은 선한 행위와 악한 행위를 구분해서, '하라, 말라'고 하는 것 아니냐는 질문이다.

　이런 의심과 질문은 자연스럽다고 본다. 일반적으로 분배·분업 개념을 연상하면, 생산물, 즉 '물질과 물건'만을 분배 대상으로 떠올리기 때문이다.

분배에는 사람도 그 대상

　법적 정의가 분배 문제의 해결이라는 걸 이해하는 요점은, 법이 사회에서 일어나는 모든 사건을 분배 형태로 인식한다는 데 있다. 법에서 말하는 분배 개념은 공장 분업과 그 생산물 분배를 넘어선다. 법은 사람들이 다투는 모든 것, 즉 사람들이 '내 것'으로 갖고 싶어 하는 모든 것을 분배 문제로 해결한다.

아리스토텔레스가 세상의 모든 것을 사람들이 좋아하는 것(선 · 善)과 싫어하는 것(악 · 惡)으로 나눈 뒤—여기에서의 선악 개념은 일상용어상의 선악, 즉 착함과 나쁨 개념과는 상이한 개념이다—사람들이 좋은 건 더 가지려 하고, 싫어하는 건 덜 가지려 한다는 원리로 정의를 설명한 것과 같다.

법은 물건만 분배하는 게 아니다. 사람이 살아가는 데 필요한 모든 것, 사람이면 누구나 좋아하는 모든 것, 사람이 '내 것'으로 보장받기 바라는 것 모두를 분배 대상에 넣고 있다. 우리가 소중하게 여기는 자기의 생명, 신체, 자유, 명예, 초상, 사생활, 행복 등도 법은 네 것, 내 것 분배 문제로 풀어 간다.

법은 왜 내 물건을 훔쳤냐를 법적인 분배 문제로 처리하듯이, 왜 사람을 죽였냐, 왜 때렸냐, 왜 명예를 훼손했냐는 다툼도 분배 문제로 해결한다. 내 생명인데, 내 신체인데, 내 명예인데, 즉 '내 것'인데, 왜 '내 것'을 침범했느냐의 문제로 접근하는 것이다.

신체도 구체적 분배 대상

예를 들어, 신체를 생각해 보자. 우리는 누가 날 때리면, '왜 때리냐?'라고 강하게 항의한다. 내 몸은 '내 것'인데, 왜 함부로 마구 대하냐는 항변이다. 누구나 이런 사고를 생각을 의식적 · 무의식적으로 갖고 있다.

법이 내 몸을 '내 것'으로 보장하고 있으니, 만일 내 몸을 건드리면 법에 근거하여 벌받게 하겠다는 생각이다. 법적 책임을 묻겠다는 것이다. 이때 내 몸을 '내 것'으로 생각하는 것은, 법이 내 몸을 '법이 보호하는 대상'으로 나에게 분배했다는 이론이다.

실제로 우리 헌법 12조는 그 분배를 정한 조항이다. 그 표현이 '자유' 로 되어 있을 뿐이다. 그 법적 의미는 '다른 사람들은 내 몸을 함부로 침해해서는 안 된다.'라는 의무다. 내 몸은 내 것이니, 누구라도 함부로 침해해서는 안 된다는 의미다.

> 헌법 제12조 ① 모든 국민은 **신체**의 자유를 가진다.

누구든지 내 신체를 함부로 침해할 수 없다는 의무는, 나는 내 신체를 '내 것'으로 보장받는다는 뜻이다. 그 의무로 보장받는 법적 상태를 '권리'라고 한다.

법적으로 정리하면, 내가 가진 '내 것' 신체 자유에 대해 권리를 갖고 있고, 그에 대응해서 다른 사람들은 내 신체를 침해해서는 안 된다는 의무를 진다는 것인데, 이것이 '내 것' 보장의 기본 원리다.

신체 보장을 '내 것' 분배의 보장으로 이해할 수 있다면, 법적인 모든 다툼은 모두 '내 것' 분배 문제로 정리할 수 있다. 법은 재산은 물론, 나의 생명 · 신체 · 정신 · 사생활 · 인격을 '내 것'으로 보장하는 것이다.

다음 조문들이 무엇을 말하는지 생각해 보자.

> 형법 제250조(살인, 존속살해) ① 사람을 **살해**한 자는 사형, 무기 또는 5년 이상의 징역에 처한다.
> 민법 제750조(불법행위의 내용) 고의 또는 과실로 인한 위법행위

로 타인에게 손해를 가한 자는 그 손해를 배상할 책임이 있다.

제751조(재산 이외의 손해의 배상) ① 타인의 **신체, 자유 또는 명예**를 해하거나 기타 **정신상 고통**을 가한 자는 **재산** 이외의 손해에 대하여도 배상할 책임이 있다.

생명 · 신체 · 자유 · 명예 · 정신 · 재산이 '내 것'으로 보장되는 것을 의미한다.

실제로 눈을 들어 자기 자신과 주변을 돌아보자. 지금 둘러보고 있는 모든 물건은 물론, 사람들마저도 누군가가 '이건 내 거야'라고 말할 수 있는 것들이다. 세상 모든 것이 '내 것' 또는 남의 것이다. 우리는 저것이 내 것인지, 남의 것인지를 바로 알 수 있다. 바로 그 인식이 바로 법의 인식이다. 우리의 인식은, 어렸을 때부터 법이 우리를 가르쳐 놓은 것으로 이미 가득 차 있다.

책임도 분배 문제

법이 의무와 책임으로 이루어졌다고 하니, 의무가 분배라면 책임도 분배 문제인가라는 질문이 생긴다. 물론 그렇다. 법은 책임 문제도 '내 것' 분배 문제로 처리한다.

만일 누군가가 의무를 위반해서 '내 것' 신체를 침해하면, 법은 그에게 책임을 묻는다. 이때 책임의 내용은 의무위반자에게 그가 싫어하는 '분배'를 만들어 주는 것이다. 즉, 의무위반자에게 나쁜 '새로운 분배'를 만들어 준다. 그것이 책임이다.

우리 형법 조항을 보자.

> 형법 제257조(상해, 존속상해) ① 사람의 신체를 상해한 자는 7년 이하의 징역, 10년 이하의 자격정지 또는 1천만 원 이하의 벌금에 처한다.

상해 범인에게 그의 신체의 자유를 국가가 7년간 빼앗는다는 새로운 '분배'를 정하고 있다. 국가가 7년 동안 '범인의 것'을 관리하겠다는 것이다. 의무위반자(가해자, 범인)의 '내 것 신체'를 빼앗아 국가의 것, 즉 국가가 관리하는 것으로 이전하는 새로운 분배를 뜻한다. 가해자 범인으로선 달갑지 않은 분배다.

민법(私法)은 신체 침해를 어떻게 처리할까?

> **민법** 제750조(불법행위의 내용) 고의 또는 과실로 인한 위법행위로 타인에게 **손해**를 가한 자는 그 손해를 배상할 책임이 있다.
> 제751조(재산 이외의 손해의 배상) ① 타인의 **신체**, 자유 또는 명예를 해하거나 기타 정신상 고통을 가한 자는 재산 이외의 손해에 대하여도 배상할 책임이 있다.

예를 들어, 가해자가 피해자의 신체 '내 것'을 다치게 해서 치료비로 100만 원의 손해를 가했다면, 가해자는 피해자에게 손해배상으로 100만 원을 줘야 한다. 이를 손해배상책임이라고 한다. 손해배상책임은 가해자의 '내 것' 100만 원을 피해자의 '내 것'이 되게끔 재분배해야 한다는 의미다.

이즈음에서 상식으로 알아 두면 좋다. 민법은 손해를 금전으로 배상
하라고 정하고 있다. 곤장을 때릴 수 없다.

> 민법 제763조(준용규정) 제393조, **제394조**, 제396조, 제399조의
> 규정은 불법행위로 인한 손해배상에 준용한다.
> 제394조(손해배상의 방법) 다른 의사표시가 없으면 손해는 **금전으**
> **로** 배상한다.

법은 분배를 권리의무로 규율한다

결론적으로, **법은 세상 모든 것을 분배 문제로 정리한다.** 세상의 복잡
한 사물 전체를 '분배'라는 간단한 원리로 체계화하고 있다.

이처럼 분배 개념은, 법이 세상을 규율하는 형식이다. 법이 분배 형식
으로 세상을 규율하게 되면, 법의 쟁점은 단 두 가지로 정리된다. 하나
는 분배된 '내 것'을 마음껏 누리게 보장하는 것이고, 다른 하나는 내 것
이 네 것이 되고, 네 것이 내 것이 되게끔 변동하는 방법에 관한 것이다.

보장과 변동, 이들 두 개념 이외의 다른 개념은 굳이 필요 없다. 그리
고 법은 의무와 책임으로 규율하는 규범질서이므로, 결과적으로, 법은
이 두 쟁점에 대해서 의무와 책임으로 규율하는 규범질서가 된다.

먼저, 보장을 살펴보자. 사람들이 분배하는 이유는 분명하다. 분배받

은 '내 것'을 마음껏 누리기 위함이다. 따라서 법이 그것을 위한 규율을 마련해야 하는 건 필연이다.

이때 법의 과제는 그런 보장을 위해 적합한 의무와 책임의 형태가 무엇인지를 찾는 것이다. '내 것' 보장을 위해서 오늘날 우리나라 법은 '누구든지 내 것을 침해해서는 안 된다.'라는 의무 형태를 마련하고 있다. 예를 들어, A가 자동차를 분배받아 '내 것'이 되면—즉, 소유자가 되면—다른 사람들은 그 자동차를 함부로 침해해서는 안 된다는 의무를 지게 된다.

오늘날 법이론에서 주목할 점은, 그 의무의 형태가 과거 군주국가 시대와는 다르게 발전해 있다는 점이다. 다른 사람들이 '단순히 의무를 진다'라는 게 아니라, 'A에 대해서 의무를 진다'라는 형태로 되어 있다.

즉, 오늘날 법은 의무를 'A : 다른 사람'의 관계 형태로 정하고 있다. B가 A에 의무를 지고, C가 A에 의무를 지고, D가 A에 의무를 진다는 식으로 A:B, A:C, A:D 등등의 개별적 관계 형태로 의무를 만들고 있다. 이런 관계 속에서, 자동차 '내 것'을 두고, A는 의무이행을 요구하는 주체가 되고, 다른 사람들은 각자 A에 의무를 부담한 주체가 된다.

여기에서 A가 다른 사람 각자에게 의무이행을 요구하는 법적인 힘을 '권리'라고 하고, 이 권리에 대응해서 다른 사람이 일정한 행위를 해야 하는 부담(여기에서는 함부로 침해해서는 안 된다는 부담)을 '의무'라고 한다. 권리는 의무에 대응된 힘이다. 권리의 주체를 '권리자'라고 하고, 의무의 주체를 '의무자'라고 한다. 이렇게 **의무와 권리를 매개로 엮인 두 주체의 관계를 '법률관계(法律關係)'라고 한다.** 법률관계는 권리의무관계다. 법률관계는 주체:주체의 관계이므로, 1:1의 관계로 정리된다.

여기서 한 가지 질문이 생긴다. 이처럼 의무 형태를 1:1 법률관계로 정리하면, A가 자동차를 내 것으로 보장받기 위해서 몇 개의 법률관계가 필요할까?

즉답하자면, A가 가진 1개의 자동차 '내 것'과 관련해서, 세상 사람들 숫자가 80억 명이라면, 80억 개의 법률관계가 성립된다. 나도 A의 자동차를 깨뜨려선 안 되는 의무를 지고, 내 옆의 B도 A의 자동차를 깨뜨려서는 안 되는 의무를 진다.

우리나라 사람뿐만 아니라, 외국인도 A의 자동차를 깨뜨려서는 안 된다는 의무를 진다. 그래야 A가 자동차를 '내 것'으로 보장받게 된다. 만일 어떤 외국인이 한국에 와서 A의 자동차를 부숴 버린 경우, 그 외국인도 A에 손해배상책임을 지게 된다.

법률관계가 80억 개가 성립되는 데는 이유가 있다. 만일, 법률관계 80억 개가 성립되지 않고 1개의 법률관계가 성립되어 있다고 한다면, B가 A의 자동차에 흠집을 내는 사고가 났을 때, 그 사고와 무관한 내가 B와 더불어 그에 대한 책임을 같이 져야 한다는 문제가 생긴다. B가 A의 자동차를 깨뜨렸을 때는 B만 A에 대해서 의무를 위반한 것이고, 따라서 B만 책임지면 된다. 이를 위해서는 A와 B 사이의 권리의무관계가 나와 A 사이의 법률관계와 별도로 성립되어 있다고 설명하는 게 합리적이다. 따라서 '내 것'마다 80억 개의 법률관계가 존재한다는 이론이 수월한 것이다.

둘째로, 변동이다. 법이 분배 문제를 다루는 또 다른 쟁점은 내 것이 네 것이 되고, 네 것이 내 것이 되게 변동하게 하는 것이다. 분배한다는 개념 자체가, 내 것이 네 것이 되고 네 것이 내 것이 되게 하는 변동을 의미하므로 법이 '변동'을 어떻게 이룰 것인지에 관해 규율해야 하는 건 필연이다.

이때 법의 과제 또한, 그런 변동을 위해 적합한 의무와 책임의 형태가 무엇인지를 찾는 것이다. 그에 관한 자세한 설명은 나중에 다른 책에서 하기로 한다. 조금 복잡한 설명이 필요하다. 공법과 사법이 엄격히 구분되는 부분이기도 하다.

우선, 한 가지만 기억하자. 법은 모든 걸 '내 것, 네 것'으로 규율한다는 점이다.

세상의 모든 것은 누군가의 것

법이 분배 형식으로 모든 사물을 규율한다고 이해하면, 법의 원리에 대한 이해가 쉬워진다.

우선, **헌법이 기본권 보장에서부터 법질서를 세우는 이유를 이해할 수 있다.** 일정한 기본적인 '내 것' 보장을 기초로 시작해서, 그 위에 '변동과 보장'의 법질서를 쌓아 가겠다는 생각이다.

헌법은 제10조부터 제36조까지 사람들에게 필요한 기본적인 사항을 일일이 '내 것'으로 분배한 뒤, 보장하고 있다. 기본으로 보장하는 권리라는 의미에서, '기본권'이라고 부른다.

조문 몇 개를 예시한다.

헌법 제12조 ① 모든 국민은 **신체**의 자유를 가진다.

제15조 모든 국민은 **직업선택**의 자유를 가진다.

제16조 모든 국민은 **주거**의 자유를 침해받지 아니한다.

제19조 모든 국민은 **양심**의 자유를 가진다.

제20조 ①모든 국민은 **종교**의 자유를 가진다.

제21조 ①모든 국민은 **언론·출판**의 자유와 **집회·결사**의 자유를 가진다.

제23조 ① 모든 국민의 **재산권**은 보장된다. 그 내용과 한계는 **법률**로 정한다.

제36조 ① 혼인과 **가족생활**은 개인의 존엄과 양성의 평등을 기초로 성립되고 유지되어야 하며, 국가는 이를 보장한다.

헌법의 기본권 내용을 보면, 사람들이 무엇을 '내 것'으로 보장받길 원하는지, 무엇을 '내 것'으로 보장받을 때 삶을 유지할 수 있는지, 궁극적으로는 사람이 살아가는 데 무엇이 필요한지를 알 수 있다.

법은 세상의 모든 것을 사람과 물건으로 구분한다. 사람은 존엄과 가치를 존재로서 다른 물건과 엄격히 구분한다. '나'라는 사람을 기준으로 세상을 보면, 세상은 '나'라는 사람, '타인'이라는 사람, 그리고 물건으로 구분된다.

기본권조항은 이 분류에 기초하고 있다. '나'를 내 것으로 보장하는 기본권, 타인을 내 것으로 보장하는 기본권, 물건을 내 것으로 보장하는 기본권으로 분류한다. 인권, 신분권(가족권), 재산권이 바로 그것이다.

인권은 다시 정신과 신체에 관한 것으로 세분화한다. 보장의 정도와 방법을 세분하기 위해서다. 정신에 관련된 인권, 신체, 생명에 관련된 인권이다.

헌법 제23조와 제36조를 보면, 재산권과 신분권은 법률로 정하거나, 국가가 보장할 때 보장되도록 하고 있다. 실제로 민법이라는 법률은 재산권, 신분권을 세분화해서 정하고 있다. 자세한 설명은 다른 책에서 한다.

이들 기본권조항을 통해서, 기본적인 '내 것 권리'의 보장이 이루어지면, 그것을 기초로 법은 분배의 변동과 보장을 끊임없이 수행할 수 있게 된다. 그 방법은 나중에 설명한다.

재판도 분배 갈등 해결 제도

분배가 법의 중심 개념이라는 데에 아직도 의문을 가질 수 있다. 예를 들어 법이 세상 사물을 네 것 내 것으로 분배한다고 해도, 법이 정한 '모든' 규정이 분배 문제를 다루는 것이냐는 질문이다.

법조문을 보면, 어떤 조문은 분배를 규율하는 것으로 쉽게 이해할 수 있지만, 어떤 조문은 '무엇을 하라, 하지 말라, 할 수 있다, 할 수 없다'라는 형식으로 행위를 규율하는 것으로만 보일 뿐, 네 것, 내 것을 분배하는 내용으로 보이지 않기 때문이다.

이런 의문에 대해서는 재판제도가 어떤 역할을 하는지 살펴보라는 게 좋은 대답이 된다. **재판제도는 법의 '모든' 조항이 결국 분배 문제로 연결된다는 점을 극명하게 보여 준다.**

법치국가에서, 세상의 모든 분쟁은 궁극적으로 재판으로 해결된다. 국가는 재판을 거부할 수 없다. 국가는 그 형태와 내용이 어떻든 모든 다툼을 재판으로 해결해야 한다.

그리고 법치국가에서 재판은 사법권의 행사이므로 '오로지' 법으로만 분쟁을 해결해야 한다. 사법은 말 그대로 맡을 사(司), 법 법(法)이다. 즉, 법으로만 재판한다는 뜻이다. 정치나, 도덕이나, 행정 목적 등 다른 어떤 가치판단은 재판의 기준이 아니다. 민사재판·공법재판·형사재판을 가리지 않고, 재판은 오로지 법이 정한 대로만 판단한다. 이때 '법이 정한 대로'란, 재판의 결론에 관련된 모든 법조문에 따라 재판됨을 의미한다.

주목할 점은, 재판의 결론이 모두 '내 것, 네 것'을 가리는 것이라는 점이다. 재판의 결론은 강제집행과 연결되어 있다는 점은 이를 잘 말해 준다. 강제집행은 국가가 강제 권력으로 법적 의무의 이행을 실현하는 것이다. 강제집행은 '내 것'이어야 할 의무를 실제로 내 것이 되게 실현하는 것이고, '네 것'이어야 할 의무를 실제로 네 것이 되게 실현하는 권력 행사다. 강제집행의 내용이 이런 것인 이유는, 법이 정한 의무가 결국 모두 '내 것, 네 것'을 정하는 것으로 귀결되기 때문이다.

이미 언급했듯이, 여기에서 주목할 점은, 재판에서 원용되는 조문이 특정되어 있지 않다는 점이다. 당사자들은 재판을 이기는 데 필요하다면, 그 형태와 내용을 가리지 않고 어떤 법조문이든 원용할 수 있다. 결국 모든 법조문이 재판의 결론을 위해서 존재한다는 뜻이다.

결론적으로, 모든 법조문이 재판의 결론, 즉 '내 것, 네 것'의 결정에 연결되어 있다.

민사재판은 개인들끼리의 분배 다툼

먼저 민사재판을 보자. 민사재판은 원고에게 권리가 있는지, 피고에게 의무가 있는지를 판단하는 재판이다. 법적으로 '내 것'이니, 실제로 '내 것'이 되게 해 달라는 신청에 관한 판단이다.

소를 제기하는 사람들은, 돈을 지급해 달라거나, 자동차를 이전해 달라거나, 부동산등기의 명의를 바꿔 달라, 내 저작권을 침해하지 말라, 내 주거를 침해하지 말라는 등 '내 것'을 실제로 내 것으로 누리게 해 달라는 것이다.

이렇게 소를 제기하는 사람들이 요구하는 결론 부분을 '청구취지(請求趣旨)'라고 한다. **청구취지의 내용은 모두 '내 것'을 실제로 내 것이 되게 해 달라는 것이다.** 청구취지는 재판의 '주문(主文)'과 대응된다. 주문은 재판 절차가 끝나면 법원이 내리는 결론이다. 청구취지에 대한 답변이다. 원고가 승소한 경우, 청구취지와 주문은 똑같다.

따라서 주문을 보면, 법원이 하는 재판으로 무엇을 하는지, 재판이 무엇을 위해서 존재하는지, 재판에서 법으로 무엇을 하는지, 법이 재판에서 무엇을 하는지를 알 수 있다. 주문의 내용은 모두 어떤 사물이 '내 것'이라거나, 실제로 '내 것'이 되게 해 달라는 것임을 알 수 있다.

- 피고는 원고에게 금 **50,000,000원**을 지급하라.
- 피고는 원고에게 서울 ○○구 △△로 12 지상 벽돌조 슬라브지붕 단층 **점포 1층** 30㎡를 명도하라.
- 피고는 원고에게 '제작회사 ○○○회사, 고유번호 dw-235-14, 소재지 주소' **아이씨선반 1개**를 인도하라.

- 피고는 서울 ○○구 △△로 120 대 **100㎡**에 출입하여서는 안
  된다.
- 피고는 원고에게 서울 ○○구 △△로 130 대 **500㎡**에 관하여
  2019. 3. 1. 매매를 원인으로 한 소유권이전등기절차를 이행하라.
- 원고의 청구를 기각한다.

주문이 '내 것' 여부를 결정한다는 것은, 재판에서 원용되는 법조문 전
부가 분배 문제 해결에 연결되어 있음을 의미한다. '법대로' 사법의 원리
에 따라, 원고나 피고는 승소하기 위해서 법적 근거로 온갖 법조문을 주
장하고 원용한다. 그들이 재판에서 원용하는 법조문은 궁극적으로 재판
의 결론, 즉 '내 것'을 가리기 위해서 사용되는 수단들이다.

이때 원고나 피고가 법원에 판단해 달라고 주장하는 법률조항은 어떤
조항으로 특정되어 있지 않다. 그들은 승소하는 데 필요하다고 생각하
는 조항을 모두 주장할 수 있다. 네 것, 내 것을 가리는 데 바로 써먹을
수 있는 매매계약 조항뿐만 아니라, 일반조항·권한조항·절차조항·
조직조항도 원용된다.

실제로 훌륭한 변호사들은 구석구석에 숨어 있는 법조문, 일반·추상
적인 법조문을 적절히 잘 활용한다. 다음과 같이 추상적인 조항들도 종
종 재판에서 원용된다.

민법 제103조(반사회질서의 법률행위) 선량한 풍속 기타 사회질서
에 위반한 사항을 내용으로 하는 법률행위는 무효로 한다.
제2조(신의성실) ① 권리의 행사와 의무의 이행은 신의에 좇아 성

실히 하여야 한다.

아무튼, 재판에서 모든 법 조항이 원용되고, 그것들은 모두 직·간접적으로 '내 것' 분배 결론을 내는 데 사용된다. 이는 법 조항 전부가 정의·분배에 관한 것이라는 뜻이 된다.

내 신체를 분배하는 형사재판의 징역

민사재판만 분배 문제를 다루는 건 아니다. 공법도 분배 문제이기는 마찬가지다. 사법과 공법의 차이는 분배냐 아니냐가 아니라, 개인 대 개인 사이의 분배 문제냐, 개인 대 국가 사이의 분배 문제냐다.

공법은 국가와 국민 사이에서 '내 것, 네 것'을 분배하는 법이다. 도로교통법, 식품위생법, 집회 및 시위에 관한 법률, 환경정책기본법—형법도 공법이다—등 대부분 법이 모두 공법이다.

예를 들어, 도로교통법이 우측통행 의무를 정하면, 나는 좌측통행할 수 있는 신체의 자유가 '내 것'이 아닌 게 된다. 또 음주운전을 하면 경찰서장이 내 운전면허를 3개월간 정지할 수 있는데, 이 경우 나는 3개월 동안 자동차를 몰고 신체를 이동할 수 있는 자유가 '내 것'이 아닌 게 된다.

이런 공법 법률관계에서 다툼이 생기면, 헌법재판·행정소송·형사소송 등 공법재판으로 해결된다. 공법재판은 크게 둘로 구분된다. 형사재판과 좁은 의미의 공법재판이다.[17] 좁은 의미의 공법재판은 헌법재판과 행정소송 등을 말한다.

먼저 형사재판을 살펴보자. 형사재판이 '내 것' 분배 문제를 다룬다는 건 쉽게 이해할 수 있다. 형사재판의 결론이 피고인의 '내 것' 문제임이 분명하기 때문이다. 그 결론은 형벌 부과 여부인데, **형벌의 내용은 모두 '피고인의 내 것'을 국가의 것으로 재분배하는 것이다.**

형법 제41조는 형벌의 종류를 특정하고 있다. 우리나라에는 이를 제외한 다른 형벌은 없다. 우리나라에 태형(곤장)은 존재하지 않는다.

> **형법 제41조(형의 종류)** 형의 종류는 다음과 같다.
>
> 1. 사형　　　 2. 징역　　　 3. 금고
>
> 4. 자격상실　 5. 자격정지　 6. 벌금
>
> 7. 구류　　　 8. 과료　　　 9. 몰수

형벌의.내용은 모두 피고인의 '내 것'에 관한 것이다. 사형은 피고인의 생명을, 징역 · 금고 · 구류는 신체를, 자격상실 · 자격정지는 공무담임과 직업의 자유를, 벌금 · 과료 · 몰수는 재산을 국가가 빼앗는 것이다. 피고인이 좋아하는 것(善)을 빼앗아서 국가가 관리하겠다는 것이다.

형사재판도 사법이므로, 법대로 재판한다. 죄형법정주의가 적용되니 더욱 엄격하다. 엄격하게 법대로 재판한다. 법관, 검사, 피고인은 승소

17　이렇게 둘로 구분하는 데는 법리적인 이유가 있다. 적법절차다. 나중에 설명한다.

를 위해서 모든 법조문을—그 내용과 형태를 가리지 않고—원용할 수 있다. 형법, 형사소송법은 물론 그 밖에 승소에 필요한 모든 법률조항을 원용한다. 예를 들어, 형법에 쓰인 다음 조문들이 모두 궁극적으로 형벌에 연결된다.

> 형법 제16조(법률의 착오) 자기의 행위가 법령에 의하여 죄가 되지 아니하는 것으로 오인한 행위는 그 오인에 정당한 이유가 있는 때에 한하여 벌하지 아니한다.
> 제53조(정상참작감경) 범죄의 정상(情狀)에 참작할 만한 사유가 있는 경우에는 그 형을 감경할 수 있다.

겉보기에는 내 것 분배와 관련되지 않은 것처럼 보이지만, 이들 조문은 궁극적으로 형벌 여부로 귀결된다. 결과적으로 피고인의 '내 것' 분배를 결정하는 데 사용된다.

공법재판도 내 것의 분배 분쟁

좁은 의미의 공법재판(행정재판, 헌법재판)도 마찬가지다. 이 공법재판은 공권력의 행사 또는 불행사로 개인의 권리, 즉 '내 것'이 침해됐을 때 그 구제를 위해서 행해진다. 공권력이 위법하게 '내 것'을 침해했으니, '내 것'을 회복시켜 달라는 재판이다.

예를 들어, 옥외집회 금지 통고처분은 '내 것' 집회의 자유를, 내부공사 중지명령, 건축허가 불허가처분, 보훈보상대상자유족등록 거부처분은 '내 것' 재산권을, 정보공개거부처분은 '내 것' 알 권리를 제한 또는 침해하는 것이다.

공법재판이 '내 것' 분배 문제를 다루는 것인지는 공법재판의 주문을 보면 알 수 있다. 다음은 행정재판 주문의 예시다.

> - 피고 부산지방경찰청장이 원고에 대하여 한, 2010. 2. 3.자 **옥외집회** 금지 통고처분을 취소한다.
> - 피고가 2006. 3. 10. 원고 유한회사 삼성장례식장에 대하여 한 별지 목록 기재 건물의 **내부공사** 중지명령을 취소한다.
> - 피고 성남시장이 2012. 8. 8. 원고들에 대하여 한 **건축**허가 불허가 처분을 취소한다.
> - 피고가 2017. 6. 1. 원고에게 한 **보훈보상대상자유족등록** 거부처분을 취소한다.
> - 피고가 2013. 11. 21. 원고에 대하여 한 **정보공개** 거부처분을 취소한다.

법치주의 국가이니, 공법재판도 오로지 법에 따라 재판한다. 그리고 당사자들은 재판에서 승소하는 데 필요한 법조문을 모두 원용할 수 있다. 내 것임을 직접 선언하는 기본권조항뿐만 아니라, 국가의 권한에 관한 조항, 국가기관의 설치, 조직과 직무 범위 · 선거 · 임명 등 국가조직에 관한 조항, 그리고 공권력 행사를 위한 요건 · 절차 · 한계에 관한 조항 등을 모두 재판의 승소를 위해 원용한다. 이들 조항은 공법재판의 결론, 즉 '내 것' 여부를 결정하는 데 사용된다.

정리하자. 재판의 결론은 '내 것, 네 것' 분배 문제를 해결하는 것이고, 모든 법조문은 재판에서 승패에 연결되어 있다. 이처럼 재판제도는 법이 무엇을 하는지를 확실하게 보여 준다. 법은 세상의 모든 것을 '내 것, 네 것'으로 분배하고, 보장한다.

공기는 누구의 것인가?

법리적으로 조금 까다로운 부분도 생각해 보자. 법이 세상의 '모든 것'을 내 것, 네 것으로 분배한다고 하면, 공기라는 물건을 생각하면서 공기는 누구 것인가 하는 의문을 떠올릴 수 있다. 누구나 해수욕을 즐기는 강과 바다에 대해서도 같은 의문이 생긴다. 공기나 바다는 어느 개인의 것이 아니니, 즉 누구의 것도 아니니, 그것은 법에서 벗어나 있는 것 아니냐는 의문이다.

'내 것' 중에는 특별한 것이 있다. '국가의 것' 개념이다. 국가에는 특별히 고권(高權 · supremacy) 개념이 있다. 고권은 영토고권과 대인고권으로 설명된다. 영토고권은 영역 · 공간을 기준으로 국가영역 안에 존재하는 사람과 물건 모두를 국가가 지배하는 최고의 힘을 의미하고, 대인고권은 사람을 기준으로 자국민이 국내에 있거나 외국에 있거나를 막론하고 국가가 통치하는 힘을 말한다.

영토고권에 의하면, 국가영역 안에 있는 모든 사물은 영토고권의 대상이 된다. 영토고권을 벗어난 사물은 존재하지 않는다. 논리적으로 국내에 있는 모든 물건은 모두 영토고권의 대상이다. 그 물건에는 자동차, 건물, 토지뿐만 아니라, 공기, 바다 등도 모두 포함된다.

이제 이렇게 이해하면 좋다. 세상의 물건 중에서 특별히 개인들이 '내 것' 권리로 보장받을 수 있는 물건을 법이 따로 정하고 있다고. 민법 98조가 그것이다.

민법 제98조(물건의 정의) 본법에서 물건이라 함은 유체물 및 전기 기타 관리할 수 있는 자연력을 말한다.

공기는 국가가 관리한다.

개인들은 이들 물건에 대해서만 내 것으로 분배받을 수 있다. 이 물건들을 제외하고는, 개인들은 '내 것'으로 가질 수 없다. 이처럼 개인이 내 것으로 가질 수 없는 물건은 영토고권의 대상만 된다. 즉, '국가의 것'이 될 뿐이다. 공기·강·바다가 그것이다. 이들 물건에 대해서는 국가와 국민 사이에 고권 의무 관계라는 공법적 법률관계만 생긴다.

예를 들어, 대기환경보전법은 국가가 공기에 대해서 고권을 행사하는 형태이다. 그 법 제16조는 배출허용기준으로 '의무'를 정하고 있다. 물론, 이 의무는 '국가'에 대한 공법적 의무다.

> 대기환경보전법 제16조(배출허용기준) ① 대기오염물질배출시설(이하 "배출시설"이라 한다)에서 나오는 **대기오염물질**(이하 "오염물질"이라 한다)의 **배출허용기준은** 환경부령으로 정한다.

> 제34조(조업정지명령 등) ② 환경부장관 또는 시·도지사는 대기오염으로 주민의 건강상·환경상의 피해가 급박하다고 인정하면 환경부령으로 정하는 바에 따라 즉시 그 **배출시설에** 대하여 **조업시간의 제한이나 조업정지**, 그 밖에 필요한 조치를 명할 수 있다.

어떤 물건을 개인들이 '내 것'으로 분배받을 수 있는지는 나라마다 다르다. 법으로 정하기 나름이다. 우리나라 법은 위에서 말한 공기·바다·하천 등을 제외하고는 대부분 물건을 개인들이 '내 것'으로 보장, 변동할 수 있게 규정하고 있다. 이런 정의질서(분배질서)를 채택한 국가를 자유주의, 복지주의 국가라고 말한다.

규제도 규율, 자율도 규율

아직도 의문이 있을 수 있다. 우리 삶 중에는 법이 분배한 것으로 보이지 않는 생활 영역이 있다는 의문이다. 예를 들어 **종교나 가족생활이 그렇다. 법으로부터 자유로운 영역처럼 느껴지기 때문이다.**

이제 '규율(規律)' 그리고 '규제(規制)'와 '자율(自律)' 개념을 생각해 볼 때다. 규율은 일정한 규범으로 질서를 유지하는 것이고, 규제는 규율방식 중 사람들이 일정한 행위를 하지 못하게 하거나, 한도를 넘지 못하도록 억제하는 방식이다. 의무를 부과하고, 행위를 제한하고, 한정하고, 억압하는 형태의 규율이다.

규율에는 규제 형태 이외에도 사람들이 자유롭게 행동하도록 보장하는 자율 형태도 있다. 예를 들어, 공기에 대한 규율을 보자. 공장은 매연을 뿜어내서는 안 된다는 규제를 받고 있다. 반면에 사람이 숨 쉬는 것에 대하여는 아무런 규제가 없다. 모든 사람이 자유롭게 숨을 쉴 수 있도록 자유를 보장하는 자율 형식의 규율이다. 자율은 '일정한 영역의 자유를 법적으로 보장하는 방식으로 규율하는 것'이다.

법이 '내 것'으로 보장하는 영역은 모두 자율이다. 나의 생명권, 신체의 자유, 사생활의 자유, 소유권 등은 모두 자율 영역이다. 내가 마음껏 사용 · 수익 · 처분하면서 누리면 된다. 사용하지 않고, 수익하지 않고, 처분하지 않는 것도, 누리는 방법의 하나다. 그러니 자율이다.

또한 국가의 것인데, 국가가 국민에게 자유롭게 누리게 한 것이 있다. 그것도 자율 영역이다. 누구든지 설악산을 등산하면서 마음껏 누릴 수 있다. 등산을 좋아하지 않는 사람은 설악산을 가지 않을 것이다. 자율이다.

규율을 규제와 자율로 구분한다고 할 때, 질문이 있을 수 있다. 법이 자율로 규율해서 자유로운 것과 규율이 없어서(규율영역을 벗어나서) 자유로운 것과 무슨 차이가 있냐는 질문이다. 어차피 자유롭기는 마찬가지 아니냐는 의문이다.

결론부터 말하면 그 차이는 엄청나다. 만일 법적 규율이 없다면 자유로운 것이 아니라 위태로운 상태가 된다. 법적 규율이 없다는 것은 법으로부터 자유롭게 됨을 의미하는 것이 아니라, 법이 그것을 법적으로 보장하지 않는다는 것을 의미한다. 누구든지 침해해도 좋다는 것을 의미한다.

예를 들어, 종교와 가족생활이 법의 영역에서 벗어나 있다면, 어떤 악한이 누군가의 종교나 가족생활의 자유를 침해할 때 그 피해자는 법적으로 구제를 받을 수 없게 된다. 반면에 법이 그 자유를 자율 방식으로 규율한다면, 어떤 악한이 그 자유를 침해할 경우, 피해자는 자유권 침해를 이유로 법으로 구제받아 자유를 회복할 수 있다.

우리가 종교와 가족생활에서 자유를 느끼는 것은 그 영역이 법의 규율에서 벗어났기 때문이 아니라, 법이 자유를 보장하는 자율 방식으로 규율하고 있기 때문이다.

이처럼 법적 규율은 규제일 수도 있고, 자율일 수도 있다. 분명한 것은 법은 모든 사물을 하나도 빠짐없이 규율하고 있다는 점이다.

규제는 악법이자 나쁜 것인가?

이왕 자율과 규제 개념을 살펴보았으니, 그 이야기를 조금 더 이어 가자. 쟁점은 이렇다. **규제는 나쁜 것이고, 자율은 좋은 것인가?**

개인적으로 보면 규제는 억제·금지·통제를 의미한다. 자유를 본성으로 하는 인간에게 달갑지 않다. 그래서 규제는 나쁜 것이고, 자율은 좋은 것이라는 느낌을 누구나 갖게 된다.

그러나 사회 전체의 관점에서는 물론, 개인들 자신에게도 규제가 반드시 나쁜 것은 아니다. 사람들이 달가워하지 않는다는 것을 알면서도 법이 규제하는 데에는 그럴 만한 이유가 있기 때문이다. 규제가 없을 때보다 규제가 있을 때 사람들의 삶이 더 풍요롭고 자유로워질 수 있기 때문이다.

예를 들어, 도로교통법은 우측으로 통행하라고 규제한다. 원래 좌측 · 우측 모두를 자유롭게 통행할 수 있는 신체의 자유를 제한한 것이다. 만일 이 규제가 없다면 도로교통은 마비될 것이고, 사람들은 심각한 불편에 빠질 것이다.

환경규제도 마찬가지이다. 공기 · 물 · 토양 등에 규제가 수없이 많다. 만일 이런 규제가 없다면 환경침해를 통해서 돈을 버는 사람들은 환경을 마구잡이로 파괴할 것이고, 국민과 인류의 삶은 위험에 빠질 것이다.

규제는 무조건 불편하게 하거나 나쁜 것이 아니다. 규제는 많은 사람의 삶을 안전하고 자유롭고 풍요롭게 하는 도구다. 필요한 규제는 반드시 있어야 한다. 없어져야 할 것은 '불필요한 규제', '불합리한 규제'일 뿐이다.

그런데 어떤 사람들은 규제는 무조건 나쁘다고 선동하면서, 규제철폐 · 규제개혁을 주장한다. '규제'라는 단어가 사람들에게 주는 본능적 거부감에 호소하기도 하고, 인간의 자유와 자율을 원칙으로 채택한 헌법의 자유주의 원칙을 들먹이기도 한다. 이런 선동에 많은 사람은 막연히 규제철폐에 동조하기도 한다.

그러나 **규제철폐 주장을 감정적으로 무조건 옹호할 것은 아니다.** 위에서 보았듯이, 필요한 규제들이 있다. 따라서 규제를 철폐할 때는 규제철폐가 가져올 실제 결과를 세심하게 검토해야 한다. 그것을 철폐할 때, 누가 어떤 혜택을 받게 되는지, 누가 어떤 손해를 입는지를 따져야 한다. 규제를 만든 원래의 취지를 돌아봐야 한다. 그 규제가 불필요한 것인지, 불합리한 것인지를 냉철히 판단해야 한다.

예를 들어 인체에 해로운 물질 판매규제를 철폐하면, 그 판매회사는 엄청난 돈을 벌어들일 것이다. 반면에 많은 국민은 생명과 신체에 손상을 입게 될 것이다.

독과점규제도 마찬가지이다. 그 규제를 풀면 시장의 독과점 사업자들은 큰 수익을 낼 것이다. 반면에 중소기업자와 소비자는 독과점 가격, 카르텔 가격 속에서 경제적 손해와 고통을 당할 것이다.

우리나라 국민건강보험제도는 의료시장의 관점에서 보면 엄청난 규제다. 국민 전체, 의료인 전체가 국민건강보험제도라는 규제에 갇힌 형국이다. 그러나 이런 규제는 전 세계 국민이 부러워하는 규제다. 누군가 의료보험 규제를 풀어서 자유시장 민영화 자율 세계를 이뤄야 한다고 말한다면, 그는 서민 대중에게 피해를 주면서 독과점 이윤을 꿈꾸는 사욕이 가득한 자임이 분명하다.

'규제는 나쁜 것이고, 자율은 좋은 것'이라는 느낌에 호소하는 선동에 현혹돼서는 안 된다. 나쁜 규제는 불필요한 규제, 불합리한 규제일 뿐이다. 실제로는 우리 삶을 이롭게 하는 유용한 규제들이 더 많다.

■ 정의의 값어치

사회 양극화는 부정한 법질서의 결과

지금까지 법적 정의란 분배 문제라는 것, 법이 분배 문제를 해결하는 질서라는 점을 설명했다.

정의가 분배 문제라면 '내 것', '네 것'의 문제이므로, 언뜻 보기에 사회구성원들 개인 간의 문제로만 보인다. 즉, 사회 내부에서 개개인들이 서로 자기 걸 다투는 문제로 생각되기 쉽다.

그러나 **정의 문제는 단순히 개인이 내 것을 얼마나 챙기냐는 문제를 넘어선다. 정의는 사회 전체의 문제다. 사회 존속, 사활의 문제다.** 사회의 큰 그림에서 분배를 보면, 사회 전체 재화나 재물을 누가 얼마나 더 갖고 있느냐, 그 분배가 지나치게 한쪽으로 치우쳤느냐가 보이기 때문이다. 아리스토텔레스의 말대로 사회 전체의 중용을 이뤘느냐의 문제 말이다.

> 부정의를 행하는 것은 너무 많이 가지는 것이며, 부정의를 당하는 것은 너무 적게 가지는 것이다. 정의로운 사람은 사람들 사이에서 분배할 때, 비례에 따라 동등하게 배분한다.[18]

---

18 Aristotle, (기원전 330년경), 강상진 역, 같은 책, 1133b, 1134a.

요즈음 종종 논의되는 사회 양극화(social polarization) 쟁점이 바로 정의 문제다. 양극화는 잘못된 분배, 정의롭지 못한 분배로 인해서 사회 불평등이 얼마나 진행되어 있는지, 그래서 구성원들 간의 분배상태가 얼마나 어그러지고 심화되어 있는지가 쟁점이다. 특히 중간계층이 줄어드는 대신, 있는 자들이 더 많이 가지고, 없는 자들이 더 못 갖는 사회 현상을 말한다.

사회 양극화를 말할 때, 일반적으로 많은 사람은 단지 경제환경의 문제로 치부하는 경향이 있다. 제조업·서비스업 등 업종 사이에서의 양극화, 대기업·중소기업 사이에서의 양극화, 소득과 자산에서의 양극화, 고용에서의 양극화 등으로 세분화하면서, 양극화의 원인을 경제환경의 급변과 산업 고용구조의 취약성, 글로벌화, IT 등 기술의 진보 등에서 찾는다. 사회 양극화 문제를 물질적이고 경제적인 문제로만 접근하는 것이다.

그러나 사회 양극화의 핵심은 있는 자 지배계층과 없는 자 서민 대중 사이의 괴리가 심화하는 것에 있다. 사회의 분업·분배의 질서에 따라 이루어지는 결과로서의 분배의 불균형이 본질이다. 이때 사회 분배는 법질서에 따라 이루어지므로, 사회 양극화는 법질서가 정의로운지의 결과물이다.

만일 법이 정한 분배질서가 정의롭다면, 양극화 현상이 발생하지 않는다. 정의로운 법은 '우리들과 우리들 자손의 안전과 자유와 행복을 영원히 확보'할 것이므로, 계층 간 괴리와 갈등이 미미할 것이고, 양극화 문제는 생길 여지가 없다. 사회 양극화는 법질서가 부정하다는 것을 말하는 핵심 증표다.

양극화 사회의 비효율성

정의의 관점에서, 양극화 현상은 특별히 주목해야 하는 위험 요소다. 양극화는 정의의 왜곡으로 야기되는 국가사회 전체의 비효율을 보여 주는 것이기 때문이다.

이미 말했지만, 정의는 사회분업이 전제된 개념이다. 누가 무엇을 분업하고, 누가 무엇을 분배받는지의 문제다. 정의는 아무렇게나 이루어지는 분배가 아니라, 사회 전체가 분업과 분배를 통해서 '우리들과 우리들 자손의 안전과 자유와 행복을 영원히 확보하는' 결과를 가져오는 분배를 의미한다.

이런 분배는, 우리 헌법이 명시하고 있듯이, "정치, 경제, 사회, 문화의 모든 영역에 있어서 각인의 기회를 균등히 하고 능력을 최고도로 발휘케" 할 때 가능하다. 개개 국민이 각자 인간으로서의 존엄과 가치를 인정받으면서, 각자에게 '그의 것'이 정당하게 분배될 때 가능하다.

양극화의 위험성은, 그 자체로서 비효율이고, 부정하다는 점을 넘어선다. 일단 사회 양극화가 진행되면, 양극화는 양극화를 증폭시키는 그 방향성이 더 큰 위험이다.

양극화가 이루어지면 시장의 독과점이 형성되는데, 그 독과점은 있는 자 권력자들에게 손쉬운 이익을 가져다준다. 따라서 권력자들은 사회 전체의 정의를 추구하는 것보다, 독과점의 손쉬운 사적 이익을 얻어서 일신의 영달을 누리겠다는 유혹에 쉽사리 빠져든다.

그들은 정의질서가 사회 전체의 분업과 분배질서라는 관점, 공정한 정의질서가 수립될 때 사회 전체의 자원 분배가 합리화되고, 그것을 통해서 사회가 지속 성장·발전할 수 있다는 점, 그래서 '우리들과 우리들 자손의 안전과 자유와 행복을 영원히 확보'할 수 있다는 점을 무시한다. 소아(小我)적이고 이기주의적인 이해관계에서 자기 자식의 편익에만 치중한다. 그들의 근시안은 부의 대물림과 빈곤의 대물림에 집중한다.

이를 공고히 하기 위해서, 그들은 소위 음서제를 하나씩 제도화한다. 음서제의 원래 의미인 관직에서의 음서제뿐만 아니라, 국민 각자의 "능력을 최고도로 발휘케" 하는 공정 경쟁을 회피하고, 인력·재력·권력을 이용한 부정한 분배를 제도화한다. 예를 들어, 공정한 학력고사에 의한 대학 입시—우리 헌법은 제31조에서 '능력에 따라 균등하게' 교육받을 것을 정하고 있다—나 공개채용에 의한 회사원 채용을 뒤로한 채, 그 기준이 모호한 수시입학 또는 수시채용이라는 제도 등을 고안해 낸다. **음서제가 횡행하면, '각자에게 그의 것'이 아니라, 혈연·학연·지연을 기준으로 분배가 이루어진다.** 원래 각자의 능력으로 분배받아야 정의로울 것을, 혈연 등 다른 기준으로 분배받으니, 분업과 분배에 비효율이 초래될 수밖에 없다.

그 결과, 없는 자 서민 대중은 아무리 유능하더라도 교육과 노동의 기회를 얻어서 자기 능력을 발휘할 기회를 상실한다. 반면에 권력자들과 혈연·학연·지연으로 연결된 무능한 사람들이 음서제에 힘입어 사회의 중요한 결정권을 담당하게 된다.

무능한 사람들이 회사의 미래사업 의사를 결정하고, 국가의 정치·경제·사회·문화 정책을 결정하니, 그 결정 오류의 가능성은 커지고, 사회는 비효율적인 결정으로 가득 차게 되어 국가경쟁력은 상실된다. 정의로운 분배, 공정 경쟁은 점점 더 사라지고, 양극화의 폐해만 드러나게 된다. 국가사회의 미래 동력은 사라지고 만다.

국가의 인적 자원이 불합리한 방법으로 훼손되는 것이다. 국민다운 국민이 5천만 명이 아니라, 음서제도로 혜택받는 50만 명으로 줄어든 상태가 된다. 당연히 국제 경쟁력은 심각하게 저하되고, 국가의 운명은 바람 앞의 촛불처럼 흔들리게 된다.

사회 양극화로 공정성이 사라지면 서민 대중의 불만은 증가하게 된다. 이 불만은 사회를 불안하게 하는 요인이 된다.

이런 불만에 대해서 음서제를 지지하는 지배계층은 사회정의를 회복하기는커녕, 서민 대중의 우민화에 집중한다. 서민 대중이 사회정의에 눈뜨지 못하게 하는 전략에 집중한다.

예를 들어 사회 양극화 문제를 사회정의의 문제가 아니라, 단지 경제 문제로만 보게끔 유도한다. 양극화를 경제 문제로만 보는 경우, 양극화는 여러 경제 현상 중 하나인 게 된다. 그리고 없는 자 서민 대중은 자기가 경제적으로 무능력해서 부자가 되지 못했다고 자기를 비난할 뿐이다. 양극화의 원인을 사회 문제로 인식하지 않는다. 특히, 법질서가 정한 분배 내용이 왜곡됐다는 생각에는 미치지 못한다. 양극화 문제는 경제전문가의 문제이고, 국민의 문제가 아닌 것처럼 생각하게 된다. 양극화 문제는 국가가 적극적으로 나서서 해결해야 할 문제가 아닌 게 된다. 국가의 경제정책 문제 정도로 느끼게 된다.

실제로 많은 사람은 정의 문제와 경제 문제가 서로 연계되어 있다는 생각을 쉽게 하지 못한다. 정의는 사회 가치·올바름의 문제로 받아들이고, 경제는 객관적 지표·수치 또는 학문적 분석 대상으로 받아들인다. 정의는 국민들 문제이고, 경제는 전문가들 문제로 본다.

만일 사람들이 사회 양극화 문제를 법질서의 정의 문제로 인식하게 되면, 적게 분배받은 사람들은 정의 감정이 발동하게 된다. 구성원으로서 함께 사회분업에 참여했고, 그것도 최선의 노력을 다했는데, 왜 나만 쥐꼬리만 한 분배를 받고, 누구는 엄청난 부자가 되어 있냐는 불만이 생긴다.

예를 들어 자영업자로서 죽어라 일해도 간신히 자기 인건비 수준의 소득을 얻기도 힘든데, 세를 받는 건물주는 가만히 앉아서 내가 벌어들인 소득의 많은 부분을 빼앗아 가니 말이다. 사회 법질서가 부정해서 양극화가 생겼다고 생각하면, 사람들은 사회에 대한 불만을 쌓게 되고, 급기야 사회에 대한 신뢰를 저버리게 된다. 사회의 불안은 걷잡을 수 없게 증폭된다. 양극화의 위험성은 국가 내부에서는 가진 자, 못 가진 자, 있는 자, 없는 자, 지배계층, 서민 대중의 갈등 문제이기도 하지만, 대외적으로는 국가의 사활을 결정하게 되고, 궁극적으로는 지배계층의 사활을 결정하게 된다.

정의의 몰락과 국가의 몰락

정의의 관점이 아니더라도, 양극화와 그것을 증폭하는 음서제도는 서민 대중의 의식에 엄청난 타격을 입힌다. 그들로부터 삶의 희망 자체를 빼앗아 가기 때문이다. 음서제도가 초래하는 부정한 현실을 보면서 서민 대중은 국가에 대한 자부심을 상실한다. 국가라는 사회 자체에 대한 신뢰를 저버리게 된다. 더 이상 국가사회의 일원으로 함께 잘 살아야겠다는 생각을 포기하게 된다. 각자도생의 자기 길을 갈 수밖에 없다. 양극화와 음서제도 속에서는 자기가 인간으로 대우받지 못하는데 자식이 인간으로 대우받으리라는 기대를 할 수도 없다. 자식에게 희망 없는 삶을 부여할 수 없다는 생각에서 자식 낳기를 포기한다.

이런 경우, 국제 관계는 더욱 심각해진다. 어차피 인간으로 대우받지 못할 것이니, 굳이 국가를 위해서 국방의 의무를 다할 이유를 찾지 못한다. 국방에 대한 의지를 포기한다. 이제 전쟁이 발발하더라도 국가는 목숨을 내놓을 서민 대중을 찾을 수 없게 된다. 있는 자 지배계층은 자기들 개인 이익에만 물들어 있으므로 더욱 전쟁에 참여하길 거부한다. 참여한다고 하더라도 그들 숫자만으로는 국가의 주권을 지킬 수 없다.

결국 국가 주권은 손쉽게 넘어갈 것이고, 주권을 차지한 다른 국가는 지배계층이 가진 '내 것'을 또한 손쉽게 빼앗을 것이다. 지배계층은 자기의 모든 걸 한순간에 잃어버릴 것이다.

정의롭지 못한 국가는 지속될 수 없다. 양극화 질서는 지배계층에게 일시적으로 좋을(?) 수 있다. 그러나 곧 그들에게도 패망의 지름길로 다가올 뿐이다.

조선의 몰락은 정의의 몰락이었다

우리나라 조선의 역사는 이를 잘 보여 준다. 조선은 고려 말의 극심한 양극화 문제를 지목하면서 그걸 해결하겠다고 새로운 나라를 세웠다. 당시 정도전은 고려 말의 토지 상황을 '토지제도가 무너지면서 세력 있고 강한 자는 남의 토지를 겸병에서 농토가 끝도 없이 이어졌지만, 가난한 자는 송곳 꽂을 땅도 없게 되었다.'라고 개탄했다.

　나라를 세우면서 조선 초기 국왕들—태조, 태종, 세종—은, 비록 군주국가라 하더라도 공정한 정의질서를 수립했다. 토지를 독점한 고려 귀족과 불교를 혁파한 뒤, 토지제도는 과전제로 바꾸면서 생산물의 10%만 전조로 받도록 했고, 과거제를 실시해서 각계의 유능한 인재를 공정하게 등용했다.

　정의로운 분배질서는 백성 한 사람 한 사람이 존중받는 민본정치를 일궜고, 세종 시기에는 정의의 꽃을 활짝 피웠다. 집현전을 중심으로 많은 인재가 골고루 등용되었고, 그 인적자원들은 능력을 최고도로 발휘할 수 있었다. 그 결과 훈민정음이 창제되고, 해시계·물시계·측우기·금속활자 등이 발명되었다. 당시 핵심 산업인 농업의 경우, 세종 때의 경작 면적은 과거 고려와 비교해서 3배 이상 증대된 150만~170만 헥타르에 이르렀다.

　하지만, 조선은 거기까지였다. 위 경작 면적 수치는 이후 조선 시대 내내 뛰어넘지 못하는 수치였다. 1424년(세종 6년)부터 토지매매가 허용되면서[19] 힘 있는 지주들이 토지를 차곡차곡 집중시키는 방향으로 사회 양극화가 진행됐다. 양극화는 당시 생산수단인 토지를 중심으로 진행되었는데, 급기야 15세기 말경 과전법은 완전하게 붕괴했다.

　이후 양극화는 음서제도로 강화되면서 양극화를 심화시켰다. 병작반수(竝作半收)의 봉건 소작제도가 자리 잡았고, 양반 지주들은 소작계약

19　http://encykorea.aks.ac.kr/Contents/Item/E0030257 [한국학중앙연구원, 한국민족문화대백과사전, 소작제도](2021. 12. 21. 검색)

으로 소작인들을 노예처럼 부렸다. 이런 소작계약이 2대·3대 지속되면서, 양반과 상민으로 구분된 지배·복종의 신분사회가 형성됐다. 이후 혈연·학연·지연에 기초한 음서제도와 당파투쟁이 경제뿐만 아니라 정치·사회·문화 각 분야에서 조선을 지배했다.

이후 **무능과 사욕에 사로잡힌 조선의 지배계층은 오직 자기 것을 챙기기에만 사로잡혀 있었다.** '국가 전체의 정의로운 분업과 분배를 통한 효율적 생산체계'라는 큰 그림은 그릴 수 없었다. 결국 조선은 국정 운영 한번 제대로 해 보지 못한 채 400년을 비실대다, 19세기 중반 국제사회의 급물살에 휩쓸려 제대로 저항 한번 못 한 채 일본에 주권을 내줬다.

지배계층의 사고능력이 국력이다

양극화 폐해의 심각성을 보면서 주목할 부분이 있다. 양극화 문제, 부정한 분배질서 문제를 해소할 사람이 누구냐는 질문이다.

이론적으로는 국민 전체가 그 난제 해결을 위해 책임을 져야 한다. 국가의 분업·분배에 참여한 사람들로서 분배질서를 정의롭게 유지해야 할 의무 또한 국민 자신에게 있기 때문이다.

그러나 위에서 보았듯이, 음서제도는 양극화를 증폭하는 핵심 요인이다. 누가 음서제를 고안하겠는가? 음서제는 가진 자, 있는 자, 지배계층이 고안한 산물이다. 서민 대중이 그런 제도를 고안해서 시행할 리는 없다.

그렇다면 양극화의 증폭을 방지하고, 공정한 정의질서를 회복하는 데 책임을 져야 할 사람이 누구인지 분명하게 드러난다. 가진 자, 있는 자, 지배계층이다.

그렇다. 지배계층의 생각, 문제의식은 국가생산력을 결정하고, 국가의 운명을 결정한다. 국가의 분업과 분배질서를 정의롭게 유지할지, 음서제로 변형할지는 지배계층이 결정한다. 지배계층의 생각이 소아(小我)에 빠져 있으면, 국가의 미래를 설계할 수 없다. '우리들과 우리들 자손의 안전과 자유와 행복을 영원히 확보'할 수 없다.

여기에서 다시 조선을 돌아본다. 조선 초기에는 정의로운 질서가 가능했는데, 왜 조선 중기·후기에는 정의가 무너졌는가? 왜 조선 초기의 정의질서가 중기·후기에는 사회 양극화로 몰락했는가? 왜 조선 초기에는 없었던 음서제도가 조선 중기·후기에 그렇게 횡행했느냐는 질문이다.

그 대답은 하나다. 사람들은 생각하는 만큼 살아간다. 사람들의 생각이 사람들의 삶이다. 특히, 지배계층의 문제의식·생각·사고 수준이 그 나라 국민의 삶을 결정한다.

조선을 개국할 때, 개국 공신들은 오직 하나만 생각했다. 고려 말의 양극화를 해소하고 정의로운 질서를 수립하겠다는 일념이었다.

이후 조선이 국가로 확립되어 세대가 2세대·3세대로 넘어가면서, 개국 당시의 초심은 서서히 사라졌으리라. 배부른 2세대·3세대 지배계층은 개국 당시 선조들의 문제의식을 공유하지 않았다. 사회 전체의 분업·분배의 생산체계의 효율성보다는 개인적 부를 누리는 것에 안일하게 빠져들 뿐이었다.

사회 전체의 공정성과 효율성에 대한 문제의식이 없으니, 다른 국민을 분업·분배의 동료로 보지 않고, '내 것'을 빼앗아 가는 적(敵)으로만 보게 된다. 저들을 개돼지 취급해서 고개를 들지 못하게 하는 게 지배질서 확립의 첩경이라고 생각했으리라.

지배계층의 자녀 교육

이처럼 생각·문제의식·사고방식이 세대를 지나면서 변할 수 있다는 점을 고려하면, 국가의 정의·생산력·경쟁력·건전성을 유지하는 닻과 돛이 어디에 있는지를 가늠할 수 있다. 지배계층의 자녀 교육이 그것이다.

지배계층은 자녀들에게 자기의 부를 대물림하겠다는 유혹에 손쉽게 빠질 수 있다. 그러나 그런 소아적인 이해관계는 전체의 몰락을 초래할 수밖에 없다. 오히려 사회정의를 세워서 국민 전체가 정의로운 질서 속에 살게 하고, 그 질서 속에서 자기 자녀들이 정의를 누릴 수 있게 하는 큰 그림을 그릴 수 있어야 한다. 국가의 정의, 국가생산력이 증대될 때, 자기 자녀들이 누릴 수 있는 파이가 커질 수 있다는 큰 그림 말이다.

인간이 세상에서 완벽한 정의를 찾을 수 없다는 점에서, 어느 사회에서나 양극화는 피할 수 없는 현상이다. 군주국가뿐만 아니라, 봉건사회, 군주국가, 근대 자유주의국가, 오늘날 복지국가에도 양극화는 존재한다.

양극화가 피할 수 없다고 해서 양극화를 그대로 받아들여야 한다거나, 양극화를 음서제로 증폭해서 양극화를 누려야 한다는 뜻은 아니다. 위에서 보았듯이, 양극화는 분배질서의 부정·비효율·비능률뿐 아니라 사회의 몰락을 의미하기 때문이다.

　사람들은 양극화 현상에 대해서 그것을 대하는 태도·생각·문제의식을 결정할 수 있다. 그 생각과 태도가 국가의 정의를 세우고, 국가의 미래를 결정한다.

　한 국가로 모인 사람들이라면, '우리들과 우리들 자손의 안전과 자유와 행복을 확보해서' 함께 잘살겠다는 정의의 근본 원리를 잊지 않아야 한다. 오늘날 성취한 개인이 성취한 부가 그 개인 홀로 이룬 것이 아니라, 분업과 분배에 의한 것임을 잊지 않아야 한다. 다른 동료 국민의 분업 참여 없이 나와 국가의 발전이 있을 수 없음을 깨달아야 한다. 마땅히 국가는 분업에 참여한 국민들에게 정당한 '그들의 것'을 분배해야 하고, 그것을 통해서 더 유능한 인적자원이 분업에 참여할 수 있는 선순환의 구조를 형성해야 한다.

　이런 점에서, 지배계층은 양극화와 음서제도로 얻는 달콤한 유혹에 빠져서는 안 된다. 지배계층은 국민 전체의 미래를 위해서―그 국민 속에 지배계층의 자손도 물론 포함된다―법질서의 정의를 세우는 주역이어야 한다.

　노블레스 오블리주(noblesse oblige)는 프랑스어로 '귀족은 의무를 진다'라는 의미다. 양극화의 관점에서, 노블레스 오블리주의 내용은 분명해진다. 지배계층이 소아적 사고를 벗어나는 걸 의미한다. 국가 전체의 정의, 생산력, 경쟁력, 공정성을 확립하고 유지하는 것이다. 그것이 곧

'우리들과 우리들 자손의 안전과 자유와 행복을 영원히 확보'하는 책임을 다하는 것이다.

이런 책임을 게을리할 경우, 단지 서민 대중만 피폐해지는 게 아니라, 지배계층 자신 또한 곧 몰락할 수 있다는 각성이 그 책임의 내용이다. 다시 말하지만, 국민 전체가 모두 함께할 때만 국가는 국가로서 국가답게 존재할 수 있다.

■ 법, 종교, 도덕

법, 종교, 도덕의 개념 정리

지금까지 법적 정의가 사회에서의 분배 문제라는 점을 설명했다. 그 과정에서 다른 사회와 국가가 어떻게 다른지에 관한 설명이 일부 나왔다. 이왕 국가와 다른 사회의 관계에 대해 언급했으니, 그 부분에 관해 몇 가지 설명을 보탤 필요성을 느낀다.

이런 질문이 종종 언급되기 때문이다. **법은 다른 사회규범, 즉 가족 규범, 회사 규범, 시민단체 규범, 종교 규범, 도덕 등과 구체적으로 어떤 관계인가** 하는. 그리고 특히 '법보다는 도덕'이라고 생각하는 사람들이 많이 있기에.

이 설명은 부수적이므로, 독자에 따라서는 그냥 지나쳐도 좋다.

먼저 법, 종교, 도덕의 개념을 정리해 본다.

법과 종교의 개념 구분은 쉽게 정리할 수 있다. 사회 형태를 기준으로 하면 된다. 법은 국가사회의 규범이고, 종교는 종교사회의 규범이다. 서로 다른 사회이니, 각자 자기의 규범을 따로 가진 것이다. 이들 규범의 상호 충돌 문제는 주권 개념으로 처리하면 된다. 주권을 가진 국가의 규범이 종교 규범에 우선한다는 원리로 해결되리라.

이런 관점에서 보면, **도덕은 어떤 사회의 규범인가**라는 질문이 생긴다. 도덕은 여러 의미로 사용되나, 일반적으로 다음과 같이 설명된다. 사회의 구성원들이 양심, 사회적 가치관 등에 비추어 스스로 마땅히 지켜야 할 행동 준칙, 규범의 총체라고.

그러나 그것을 위반할 때 외적 강제력을 행사하는 조직된 사회가 별도로 존재하지 않는다. 도덕은 각자 내면적 원리에서만 작용한다. 도덕은 '스스로 형성한 자기 규범'이다. 각자가 수립한 행동 준칙이다. 가령 도덕은, 아침 몇 시에 일어나고, 매일 몇 시간을 공부한다거나, 걸인을 반드시 돕기로 한다 등 자기 자신의 삶을 규율하는 것을 포함할 뿐만 아니라, 동물을 함부로 해쳐서는 안 된다거나 노인을 공경해야 한다는 등 타인에게 어떤 행동을 요망하는 것도 포함한다. 이런 사회적 규범이 도덕에 포함되어 있다고 하더라도, 도덕은 어디까지나 개인의 자기 규범일 뿐, 사회 전체가 합의한 규범은 아니다.

도덕의 가치 기준은 개인 스스로 설정하지만, 그 내용이 사회적인 것이면, 도덕은 다른 사회의 규범과 충돌하는 문제를 생기게 된다. 예를 들어 무신론자의 도덕은 다른 종교 규범과 충돌할 가능성이 있다. 마찬가지로 사이코패스의 도덕이 국가 규범, 즉 법과 충돌하게 되리라는 것은 쉽게 예상할 수 있다.

사회도덕과 법의 구분?

도덕 개념과 관련해서, 사람들이 많이 헷갈리는 부분을 되돌아보자. **많은 사람은 도덕을 마치 사회의 규범인 것처럼 의식한다.** 그 사회가 어떤 사회인지는 구체적으로 언급하지 않은 채. 어렴풋이는 국가를 말하거나, 국가와 유사하게 병행해서 존재하는 사회를 연상하는 듯하다. 후자의 경우 국가 규범인 법과 대비해서 사회 규범으로서의 도덕이 있다는 듯한 이미지 말이다.

어떤 사람들은 이런 이미지에 연결해서, 사회와 국가를 개념적으로 구분하기도 한다. 예를 들어, 한반도에 사람들이 모여 사는 사회가 따로 있고, 그 동일한 한반도 영역에 대한민국이라는 국가가 따로 있다는 듯 설명한다. 그러면서 그 사회의 규범을 사회도덕이라고 하면서, '법보다는 도덕'이라는 이름으로 국가 규범(법)보다 더 소중하다고 말한다.

그러나 첫째, 국가와 사회를 개념적으로 구분할 때, 그 사회에 속한 구성원은 누구인가? 국민 아닌가? 국민이라면, 국가라는 사회를 의미하는 것 아닌가? 국민과 구분되는 별도의 사회구성원이 따로 존재하는가? 그것이 실제로 구분될 정도로 의미가 있는가?

국가 자체가 사회 아닌가? 국가와 사회를 구분하겠다는 이론은 국가는 사회가 아니라는 생각을 전제로 하는 것 아닌가? 그렇다면, 국가는 어떤 형태의 존재인가?

그리고, 국가의 3대 요소를 국민·영토·주권이라고 한다면, 국가가 '사회'의 한 종류라는 점은 분명하지 않은가? 국가사회와 개념적으로 구분되는 존재한다는 사회는 어떤 종류의 사회인가? 불분명하고 모호한 그 어떤 것 아닌가?

둘째, 국가와 사회를 개념적으로 구분하려면, 국가의 규범과 사회의 규범을 내용으로 구분할 수 있어야 한다. 일반적으로 국가에는 법이 있지만, 사회에는 사회도덕이 있다고 말한다.

그러나 그런 '사회도덕'은 존재할 수 없다. 먼저, 개념 자체가 모순이다. 도덕은 사람들 각자의 규범이다. 그 기준은 각자 다르다. 나의 도덕은 흉악 살인범 ○○○의 도덕과는 완전히 다른 게 분명하다. 그러니 개개인 각자의 도덕을 비교 분석해 본들, 그 사회라는 구성원 전체에 일치된 내용은 찾을 수 없다. 즉, 구성원 전반에 일치되는 도덕은 찾을 수 없다.

그 최소한을 찾으려 해도 그 최소의 기준을 설정할 수도 없다. 무엇이 최소한인지조차 모호한 개념이기 때문이다. 살인을 밥 먹듯 하는 사이코패스의 양심과 보통 사람들의 양심이 어떻게 도덕적으로 같겠는가? 그들 사이에 어떤 최소한을 찾을 수 있겠는가?

사회도덕이 '그 사회'의 규범이 될 수 없다면, 국가와 사회를 어떤 기준으로 구분하겠는가?

결국, 사회도덕이 존재한다는 명제, 국가와 사회가 구분된다는 명제 자체가 허상이다. 불분명하고 모호한 그 어떤 것일 뿐이다. 이런 허상, 모호한 존재는 사람들을 헷갈리게 할 뿐이다. 이런 허상은 국가의 법을 무시하게 하거나, 국가의 법에 관해서 관심을 끄게 만들거나, 무지하게 만들 뿐이다. 오늘날 사회를 살아갈 때, '법보다는 도덕'이라는 말이 웬말인가?

법, 종교, 도덕의 영역?

개념이 정리되었으니, 이제 이들의 관계를 살펴본다.

많은 사람은 법, 도덕, 종교가 적용되는 영역이 다르다고 생각한다. 종교나 도덕은 초월적인 정신 영역이고, 법은 범상하고 세속적인 영역이라고 어렴풋이 이해한다.

영역 구분 이론은 크게 둘로 나눠 볼 수 있다. 첫째, 법, 종교, 도덕이 서로 겹치지 않는다는 생각이다. 수학적으로 말하면, 이들의 공통부분(교집합)이 없다는 생각이다. 둘째는, 법과 도덕의 관계에서 주로 논의되는데 '법은 도덕의 최소한'이라는 생각이다. 법은 도덕 중에서 반드시 지켜야 할 부분을 모은 것이라는 이론이다. 수학적으로 표현하면, 법은 도덕의 부분집합이라는 것이다.

먼저 법과 종교의 영역이 서로 겹치지 않는다는 생각을 돌아본다. 종교라고 해서 반드시 형이상학적 영역, 즉 영혼이나 사후 세계에만 머무르지 않는다. 종교는 사람의 실제 삶에 깊게 관여한다. 현세가 과거나 미래와 연결되어 있다는 가르침과 교리가 그 예다. 따라서 과거와 미래가 함께 영향을 미친다는 전제 아래, 현실 세계에 선악의 기준을 제시하고 행동의 준거를 마련한다.

예로 든다면 불교는 중생을 사랑하여 기쁨을 주는 것을 자(慈)라 하고, 중생을 가엾이 여겨 괴로움을 없애 주는 일을 비(悲)라 하면서[20] 중

---

20   법정, (1976), 무소유, 2003쇄, 156쪽.

생에 대한 하나의 행동 규범을 제시한다. 기독교는 사랑을 중심으로, 다른 사람을 해치지 말라, 남의 것을 도적질하지 말라, 네 부모를 공경하라 등 사회생활을 규율한다.

이처럼 종교가 현실 세속에 규범 기준을 세우면, 그 규범은 법과 중복되거나, 충돌하게 된다. 절도 금지는 종교와 법의 규제가 겹치는 경우이고, 간통 금지는 종교와 법이 정면충돌하는 모습이다. 예를 들어 이슬람교나 몰몬교(Mormonism)는 일부다처제를 허용하는 데 반해 우리나라 법은 일부다처제를 엄격히 금지한다. 만약 우리나라에서 그 종교를 가진 어떤 사람이 종교적 규범과 신념에 따라 둘째 셋째 아내를 들인다면 중혼을 금지하는 법에 정면으로 배치하게 된다.

민법 제810조(중혼의 금지) 배우자 있는 자는 다시 혼인하지 못한다.

같은 원리는 도덕과 법의 관계에도 적용된다. 도덕과 법은 그 내용이 서로 중복되거나 어떤 경우 충돌한다. 많은 경우 '살인 금지'는 겹치지만, '이중매매(매도인이 하나의 부동산을 둘 이상의 매수인에게 이중으로 매매계약을 체결하는 것)'에서는 충돌한다. 법은 이중매매를 건전한 경쟁의 한 형태로 보고 적극적으로 금지하지 않는 데 반해, 많은 사람의 도덕 감정은 이중매매는 도의적으로 옳지 않은 일종의 배신행위로 간주·비난하면서 스스로 절제한다. 법은 전쟁에서 살인을 허용하지만, 어떤 사람의 도덕은 집총을 거부한다.

법, 종교, 도덕의 관계

이런 점들을 고려해 보면, 법, 종교, 도덕을 영역으로 분리하기는 어렵다는 점은 분명하다. 그렇다면 이들 관계를 어떻게 정리하는 것이 합리적일까?

필자는 규범의 관계를 그걸 만든 각각의 사회를 기준으로 정리할 것을 제시한다. 종교 규범은 특정 종교사회가 만든 규범이고, 가족 규범은 각자의 가족사회가 만든 규범이고, 회사 규범은 개별 회사사회가 만든 규범이고, 도덕은 개인이 각자 스스로 세운 자기 규범—물론 위에서 설명했듯이, 도덕은 어떤 실제 사회를 전제로 하지 않는다—이다. 법은 국가가 만들어서 강제하는 규범이다.

각 사회는 자기의 규범을 만들어서 각자 자기 구성원을 규율한다. 확장해서 설명하자면 종교 규범이라고 해서 모두 똑같지는 않다. 종교마다, 종파마다 사회를 따로 형성했으니 그 질서가 각자 다르다. 옆집의 가족 규범은 우리 집 규범과 다르고, 이 회사는 저 회사의 규범과 다른 규범을 갖고 있다.

이렇게 보면, 우리의 삶은 수많은 각기 다른 규범이 공존하는 상태에서의 삶이다. 개개인들은 국가의 구성원이자, 동시에 가족사회, 종교사회, 학교사회, 회사사회 또는 시민단체의 구성원이다. 따라서 거의 모든 사람은 동시에 복수 규범의 규율 속에 놓인다. 동시에 여러 규범이 한 사람에게 적용된다.

법은 법이고, 종교는 종교이고, 도덕은 도덕이다. 각자 독립된 규범이다. 따라서 이들 사이에 어떤 논리적 연관 체계성은 없다. 어떤 부분은 종교에서만, 어떤 부분은 도덕에서만 규율하기도 하고, 어떤 부분은 겹치기도 하고, 충돌하기도 한다.

예를 들어, 절도 금지는 국가 형법뿐만 아니라, 가족 규범, 학교 규범, 회사 규범이 모두 규율한다. 내용이 같더라도 각 규범은 별도로 적용된다.

위반에 대한 책임추궁도 사회마다 별도로 진행된다. 예를 들어 절도의 경우, 국가는 손해배상과 처벌의 책임을 지우고, 종교사회는 지옥의 형벌을 경고하고, 학교사회는 정학·퇴학을 명하고, 가족사회는 호되게 야단을 치고, 도덕은 깊은 후회와 반성을 요구한다.

어떤 한 사회에서 책임추궁이 끝났다고 해서 다른 사회의 책임이 당연히 면제되는 것도 아니다. 예를 들어, 학교에서 퇴학당했다고 해서 국가의 처벌이 당연히 면책되지 않으며, 도덕이 부과하는 양심의 가책은 스스로 거둘 때까지 계속된다.

이처럼 법, 도덕, 종교는 별개의 규범이다. 각자 다른 사회의 각자의 규범이다. 그것이 서로 중복되거나 충돌되는 것은 각 사회가 각자 해결할 문제가 된다.

법은 최고의 규범

법·종교·도덕·직장·학교 등 다양한 규범이 있지만, 우리가 특별히 주목해야 할 규범이 있다. 법이다!

법은 국가, 즉 주권을 가진 사회의 규범이기 때문이다. 일정한 영토에

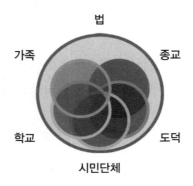

법은 모든 사회규범 위에 존재하며, 모든 사항을 규율한다.

서의 최고 규범이므로 그 영토에서 생기는 문제를 반드시 모두 해결할 수 있어야 한다. 그렇지 않으면 주권적 질서를 유지할 수 없기 때문이다. 법이 해결할 수 없는 문제가 있다면 그 문제를 다른 사회규범이 해결한다는 것을 뜻하는데, 이는 주권 상실을 의미할 수도 있다.

실제로 법은 국가사회의 "모든" 문제를 규율하고 있다. 이것의 분명한 근거는 '재판을 거부할 수 없다'라는 법언이다. 법은 사람들이 제기한 모든 문제를 법으로 해결해야 한다.

그렇다고 법이 세상의 모든 일을 일일이 이래라저래라 명령하는 방식으로 규율하는 것은 아니다. 법은 어떤 문제는 사람들이, 또는 다른 사회가 스스로 해결하게 놓아두는 방식, 즉 자유와 자율의 방식으로 규율하기도 한다. 즉, 개인들이 넘을 수 없는 행동 한계선을 설정한 뒤, 그 속에서는 각자 또는 다른 사회가 스스로 자기 문제를 해결하게 하는 방식이다. 그 한계선을 넘는 행위에 대해서만 규제하는 방식으로 다른 사회를 제어한다.

이런 점에서 법은 국가 내의 다른 모든 사회규범 위에 있다. 다른 사회규범은 법을 위반할 수 없다는 법적 통제 아래에 놓인다. 그렇다고 다른 사회규범이 없어지는 것은 아니다. 다만 법 아래에서, 자신의 질서를 규율하는 규범으로 존재할 뿐이다. 이것이 주권의 의미다.

예를 들어, 어떤 사회는 그 구성원이 절도했는지 진실을 밝히는 절차를 별도로 만들어서 시행할 수는 있다. 이때 그 사회가 필요한 경우 구성원을 고문할 수 있도록 규범을 만들 수 있을까? 우리나라에서는 불가능하다. 우리나라 헌법은 어떤 경우에도 고문할 수 없도록 정하고 있기 때문이다.

> 헌법 제12조 ① 모든 국민은 신체의 자유를 가진다.
> ② 모든 국민은 **고문**을 받지 아니하며,

다른 사회는 주권 사회인 국가가 정한 법에 정면으로 위반되는 규범을 만들 수 없다. 법을 위반하면, 국가는 그 사회에 법적 책임을 묻고, 규제를 가한다. 이것이 주권의 힘이다.

법은 도덕의 최소한인가?

한 걸음 더 나가서, '법은 도덕의 최소한'이란 말을 검토해 보자.
많은 사람은 도덕은 양심에 따라 사회생활에서 지켜야 할 도리인 데 반해서, 법은 양심 위반은 물론 그것을 넘어서는 '더 나쁜 행위'를 규제하는 것으로 생각한다. 예를 들면, 효도나 노인 공경 등은 인간이 마땅히 해야 하는 도덕의 문제인데, 법은 존속폭행죄와 같이 특별히 사악한 경우만을 금지할 뿐이라는 인식이다. 그런 점에서 법은 도덕 중에서 반드시 지켜야 하는 최소한을 정한다고 생각한다.

겉보기에 위 생각이 그럴듯해 보이나, 그 생각은 심각한 문제를 발생시킨다. 하나하나 살펴보자.

먼저 법은 도덕으로 판단할 수 없는 사항도 규율한다. 도로교통법이 정하는 우측통행 의무를 보자. 통행에서 우측인지, 좌측인지는 도덕과 아무런 상관이 없다. 만일 우측통행이 도덕적이면, 좌측통행을 하는 영국·일본·호주 등은 부도덕한 나라란 말인가. 이는 도덕적으로도 받아들일 수 없는 결론이다. 이 사례만으로도 법이 도덕의 최소한이 아님이 분명하다.

> 도로교통법 제8조(보행자의 통행) ③ 보행자는 보도에서는 우측통행을 원칙으로 한다.
> 제13조(차마의 통행) ③ 차마의 운전자는 도로(보도와 차도가 구분된 도로에서는 차도를 말한다)의 중앙 우측 부분을 통행하여야 한다.

둘째, 위에서 살펴보았듯이, 도덕은 각자가 생각하는 자기 규범이다. 각자가 가진 자기 세계의 규범이다. 국민 모두의 도덕이 한결같을 수는 없다. 5천만 국민의 도덕은 5천만 가지라고 할 수 있다. '사회도덕'이라는 공동체가 합의한 하나의 사회적 개념은 존재할 수 없다.

또한 도덕의 최소한에서 사용되는 '최소한'이라는 개념 자체도 모두가 동의하는 방식으로 정리되지 않는다. 5천만 도덕의 최소한을 찾을 수도 없는데, 어떻게 법이 도덕의 최소한일 수 있겠는가?

　도덕은 각자의 것일 뿐이고, 법은 법일 뿐이다. 위에서 설명했듯이, 각자는 동시에 법에도 규율되고, 도덕에도 규율된다. 법과 도덕이 충돌할 때, 각자는 스스로 선택에 따라 행동할 뿐이다. 법을 위반하고 국가에 책임을 지든, 자기 규율인 도덕을 위반하고 양심의 가책을 받든, 오직 각자의 몫이다.

　셋째, 이 문제점은 사회적 폐해와 관련된다. **'법은 도덕의 최소한'이라는 말은 법에 대한 무관심과 회피를 조장한다.** '나는 도덕적으로 착하니, 법을 모르고 살아도 된다.'는 생각, 즉 법에 대한 무관심을 조장한다. '나만이라도 착하게 살면 돼.'라고 생각하게 만들어, '내 몫'을 잘못 분배하는 국가사회의 규범(법)에 대한 문제의식과 관심을 꺾어 버린다.

　이러한 생각은 내 몫을 부당하게 정하는 법을 보면서도, 도덕군자는 세속 일을 따따부따 따지지 않는 것이 미덕이며, 그래서 법 따위엔 관여하지 않는다는 것을 핑계로 은근히 국가사회의 문제 개선에 참여를 거부하게 만든다. 정당한 내 몫을 위해서 법을 더 정의롭게 개선해야 하는 의지의 싹을 스스로 꺾는다.

　법에 대한 이러한 무관심은 현행법으로 이득을 얻는 기득권자들을 배불리고 그들의 삶을 유리하게 만드는 건 물론이다. 많은 도덕군자들은 법적 분쟁 자체를 꺼리므로, 부정한 현실 앞에서 '나만 도덕적으로 고상하면 된다.'라는 생각으로 법적 투쟁을 포기한다. 부정한 방법으로 돈을 번 기득권자들의 부정 축재가 정당화되는 순간이다. 결국 사회의 부정을 부추기는 형국이다. '법은 도덕의 최소한'이라는 말은 기득권자들의 말장난일 뿐이다.

거듭 말하지만, 도덕은 도덕이고, 법은 법이다. 둘은 서로 다른 별개의 규범이다. 어떤 법이 올바른지를 판단하고 고쳐 가는 것과 내가 도덕적으로 깨끗하게 살아가는 것은 별개의 문제다. 도덕적으로 깨끗하게 살아가면서, 동시에 법을 정의롭게 바꾸는 데 적극적으로 참여할 수 있어야 한다. 법을 고치는 것은 단지 나만의 문제가 아니다. 내 후손의 문제이고, 나아가 인류 전체 삶의 문제다.

관습 규범의 자리

많은 사람은 어렴풋이 관습 규범을 법, 도덕, 종교와 대등한 규범처럼 생각한다. 초중고교 교과서에서 법을 설명할 때, 도덕 · 종교 · 관습을 하나의 도표로 비교하는 것을 학습했기 때문이리라.

그러나 관습 규범은 가족 · 회사 · 종교 · 국가 규범과 같이 특정 사회와 연결된 규범이 아니다. 어떤 특정 사회의 규범이 아니다. 관습 규범은 '규범이 성립되는 방법'을 기준으로 분류되는 규범의 종류 개념이다.[21] 관습 규범은 일정한 관행이 반복돼서, 사람들이 그것을 규범으로 믿게 됨으로써 성립하는 규범이다. 따라서 관습 규범은 어떤 사회에서든 성립될 수 있다. 종교사회에는 종교관습이 있고, 마을에는 마을관습이 있고, 회사에는 회사관습이 있다. 그리고 국가의 관습 규범을 관습법

---

21   이 부분은 뒤에서 법원(法源)을 설명하면서 자세히 다룬다.

이라고 부른다.

우리나라 법에는 유명한 관습 규범이 있다. '대한민국의 수도는 서울이다.'라는 관습 헌법이다. 관습법이니, 그 규범은 헌법 조문에서 찾아볼 수 없다. 헌법재판소는, 조선 창건부터 시작해서 지금까지 수백 년 이어 온 관행, 그리고 국민 사이에 폭넓은 믿음이 형성되어 있다고 하면서, 그것을 관습 헌법으로 인정했다.[22]

관습법은 국민 사이에 그 믿음이 사라지면 함께 사라진다. 그리고 국회가 법을 개정해서도 바꿀 수 있다. 관습법이 헌법일 경우에는, 물론 헌법을 개정해야 한다.

22   헌법재판소 2004. 10. 21. 2004헌마554 결정.

2. 정의에 관한 인류 지성

■ 정의는 사람의 작품

어떤 분배가 올바른가

지금까지 정의 개념이 어떤 쟁점을 다루는 가치인지를 살펴봤다. 정의는 사람들이 함께 살면서 생기는 문제, 즉 사회에서의 분배 문제를 어떻게 올바르게 처리할 것인지를 다루는 것이다. 정의는 선악을 구별하거나, 아름다움을 판단하거나, 용기를 칭송하는 문제가 아니다.

법은 사람·물건을 가리지 않고 세상 모든 사물을 분배한다. 법에 명시된 모든 조항은 결국 분배 문제로 귀결된다.

이제 쟁점이 분명하게 정리되었으니, '정의'를 어떻게 찾을 것인지의 질문에 한결 쉽게 접근할 수 있게 된다. 질문은 이렇다. "어떤 분배가 올바른 분배인가?"

법과 정의는 신의 소관인가

먼저 정의를 빌미로 거짓 선전, 기망, 허상 덧씌우기부터 짚어 보자.

많은 사람은 법으로 '정의'를 정한다는 말을 들을 때, 정의라는 말 자체에 현혹된다. 정의라는 말의 고상함 때문에 법을 무조건 신성하다고 착각하거나, 고결하고 완전무결한 신, 하나님으로부터 비롯될 거라고 생각한다. 이런 어렴풋한 느낌으로 인해, 많은 사람은 신, 하나님이 정의를 정한다는 믿음을 갖게 된다. 그 착각과 믿음을 이용해서, 왕 등 지배 세력들은 신으로부터 권한을 위임받았다고 하면서—법의 내용이 실제로는 부정한 데도—'법이 바로 정의'라고 백성들을 세뇌한다.

실제로 그런 일은 역사 속에서 반복되었다. 기원전 1776년 바빌로니아 제국의 함무라비 법전 서문을 보자.

아무, 엔릴, 마르두크 신[1] 이 함무라비 왕에게 **정의(正義)가** 지상에서 널리 퍼지고 사악하고 나쁜 것을 폐지하며, 강자가 약자를 억압하는 것을 방지하는 임무를 준다.

정의는 신이 주관한다고 쓴 함무라비 법전
(기원전 1792~1750)

위 서문을 보면, '정의'는 신이 주관한다. 신들이 함무라비 왕에게 정의의 임무를 주었다고 한다.

1   당시 메소포타미아 신들의 이름.

신이 권력을 부여하였으니, 왕이 만든 법전은 신성한 것이 되고, 국민은 법에 절대복종할 의무를 지게 된다.

그러나 법의 내용을 자세히 살펴보면, 차별과 불공정으로 가득 차 있었다. 신분 차별, 남녀 차별이 공공연하게 문자화되어 있다. 서문에 선언된 '정의'와는 정반대 내용이다. 사악하고 나쁜 내용이고, 강자가 약자를 억압하는 내용이었다. 몇몇 조문을 보자.

> 제8조 사람이 소나 양이나 나귀나 돼지나 배(선)를 훔쳤는데 그것이 **신전이나 궁전의** 것이면 30배를, **평민의** 것이면 10배를 물어야 한다.
>
> 제196조 평민이 **귀족의** 눈을 쳐서 빠지게 하였으면, 그의 눈을 뺀다.
>
> 제198조 귀족이 **평민의** 눈을 쳐서 빠지게 하였으면, 은 1mina를 치러야 한다.
>
> 제199조 귀족이 **노예의** 눈을 쳐서 빠지게 하였으면, 그의 값의 2분의 1을 그 주인에게 물어야 한다.
>
> 제200조 귀족이 자기와 **같은 계급의** 사람의 이를 빠뜨렸으면, 그의 이를 빠뜨린다.
>
> 제201조 귀족이 **평민의** 이를 빠뜨렸으면, 그는 은 1/3mina를 물어야 한다.
>
> 제141조 사람의 아내가 외출이 심하고, 어리석은 행실을 하고 가산을 낭비하고, 그를 멸시하면, 그녀에게 이것을 확증한 다음, 그는 '나는 그녀와 이혼한다.'라고 말하고 그녀에게 여비, 이혼금 등 아무것도 주지 않고 그녀를 내보낼 수 있다. 그가 '나는 그녀와 이혼한다.'라고 말하지 않으면 그는 다른 여자를 아내로 얻을 수 있고 그녀는 남편의 집에서 여종으로 살아야 한다.

위 조항에 따르면, 절도 책임이 궁전 것이냐, 평민 것이냐에 따라 차별적이다. 상해 책임도 귀족의 눈이냐, 평민의 눈이냐, 노예의 눈이냐에 따라 차별적이다. 이런 차별적인 법, 불공정한 법이 신으로부터 만들어졌을 리가! 자비로 가득한 신이 이런 법을 만들 리가 없다. 신이 인간을 누구는 왕으로, 누구는 평민으로, 누구는 노예로 살도록 처음부터 정해서 세상에 내보냈다면 그런 존재를 과연 신이라 할 수 있을까?

신이 인간을 차별이 아닌 '다름'으로 구분하려고 한다면, 더 세심하게, 즉 각자의 개성과 특성에 맞춰서 구분할 것이지, 왕족 · 귀족 · 평민 · 노예로 나눠야 할 필연적 이유가 있을까?

그렇다면 저 법은 누가 만들었나? 그 법은 함무라비 왕과 귀족층이 만들었다. 법의 내용이 그 사실을 그대로 반영한다. 한 조문, 한 조문이 모두 왕과 귀족에게만 유리하다. 평민과 노예는 차라리 저 법이 없었다면 그나마 덜 비참하고 덜 처절하게 연명할 수 있었을 것이다.

그럼 함무라비 법전에서 신은 어떤 존재이며 어떤 쓰임을 갖는가? 신존재는 권력층의 지배 질서를 공고화하기 위한 단순한 선전 선동의 핑계이자 빌미였다. 당시 백성들에게 그 법을 무조건 지킬 것을 주입하기 위해 왕과 귀족이 끌어들인 허상이었다. 법이 정의라고 착각하게 만드는 '사람이 만들어 낸 가짜 권위'였다.

실제로 신 · 하나님이 있는지, 어떤 존재인지는 아무도 모른다. 인간 사고의 인식 대상이 아니다. 이런 결론을 논리적으로 정리한 인류 지성이 있다. 임마누엘 칸트다.

그는 당대까지의 철학적 연구 방법을 넘어서서 방향을 완전히 바꿨다. 칸트는『순수이성비판』서문에서 자기 철학이 철학에서 코페르니쿠스적 전환의 의미가 있다고 썼다. 신이 누구인지, 신이 무엇을, 어떻게 정의로 내려 주는지 등 사물의 본질·진리를 묻는 '본질' 문제에서 벗어나, 그러한 본질에 대해 생각하고 묻는 인간의 인식을 탐구했다.

만일 사람의 인식 능력이 완벽하지 않고 불완전하다면, 일정한 범위에 갇혀 있다면, 사람이 본질이라고 생각하는 자체도 '완벽'하지 못한 것이다. 인간이 완벽한 존재로 '생각(인식)'하는 신조차도, 적어도 인간들에게는 불완전한 것이 된다. 즉, 인간이 생각해 낸 본질은—그 이름과 달리—본질이 아닐 수밖에 없게 된다.

이런 문제의식에서 칸트는, 인간은 무엇을 어떻게 할 수 있으며, 안다면 얼마나 완벽하게 알 수 있는지, 인간이 안다고 하는 범위는 어디까지인지 그 한계를 물었다. 소위 '인식'에 대한 탐구로 철학적 과제 자체를 돌렸다.

연구 결과, 그는 1781년『순수이성비판』에서 인간의 인식에 한계가 있음을 논리적으로 밝혔다. **인간은 3차원 공간과 시간의 형식으로만 인식하며 누구도 그것에서 벗어날 수 없다는 것이다.** 그에 의하면, 누구도 3차원 공간을 벗어난 다른 형태의 공간을 알 수 없다. 따라서 사람은 시간과 공간을 초월해서(넘어서서) 존재한다고 하는 신을 제대로 인식할 수 없다. 신이 시공간을 초월해서 실제로 존재하는지는 다음 문제고, 일단 사람은 그런 신을 제대로 '인식'할 수 없다.[2]

---

2   칸트는 신의 존재와 그 정의(본질)가 없다는 것이 아니라, 있는지 없는지 모른다고 고백했다. 신을 믿는 것과 신을 인식하는 것은 별개의 문제라는 것이다.

어떤 사람이—인간 직관이 아닌—특별한 직관으로 신을 인식했다고 하더라도, 그가 다른 사람들에게 신의 모습과 내용을 설명할 때는 시간과 공간 형태로 말할 수밖에 없다. 그런 경우 이미 그 신은 찌그러진 모습이다. 사람들이 소통할 때, 신 존재는 결국 공간과 시간 형식으로 변형될 수밖에 없고, '말하는 그 사람'의 생각으로 변형된 것일 수밖에 없다.

이런 관점에서 볼 때, **신은 법과 정의를 만드는 주체가 아님이 분명하다.** 우리 헌법은 이런 인류 지성의 발전을 받아들이고 있다. 오늘날 종교는 개개인 각자의 믿음의 문제일 뿐이다. 서로 권장하고 제안할 수는 있으니, 강요할 것은 아니다. 종교는 종교일 뿐, 국가에 간섭해서는 안 된다고 선언하고 있다. 국가권력의 근거가 되거나, 국가권력으로 강제할 것은 아니다.

> 헌법 제20조 ① 모든 국민은 종교의 자유를 가진다.
> ② 국교는 인정되지 아니하며, 종교와 정치는 분리된다.

그런데 아직도 세상에는 종교가 국가 질서를 좌지우지하는 나라를 많이 볼 수 있다. 인류 지성의 발전에 대해 무지한 국민들이 그것을 무심코 받아들이고 있는 것은 아닌가?

인간이 신이나 사물의 본질을 완벽하게 인식해서 서로 소통해서 공유할 수 없다면, 세상의 법과 정의는 완벽한 게 있을 수 없다. 어떤 내용이든 세상의 법과 정의는 모두 흠결투성이다. 어떤 사회이든, 양극화되어 있다는 현실은 그 모순과 흠결을 잘 말해 준다. '전지전능'한 신이 만든 법과 정의의 결과가 정의롭지 못한 현실을 만들어 낼 수는 없지 않겠는가? 명백한 모순이다.

신은 부정한 법질서를 옹호하기 위한 선전도구, 마약이었을 뿐이다. 양극화 속에서 배부른 지배계층을 위한 시녀였다. 결국 법과 정의는 어차피 사람의 작품일 수밖에 없다. 법은 처음부터 사람이 만들었고, 지금도 사람이 만들고 있다. 이것이 '정의가 어딘가 있을 것이다'라는 막연한 허상을 벗어나는 첫걸음이다.

신성한 이성과 과학이 법의 기초인가?

지배계층이 부정한 법을 옹호하기 위해, 법 내용이 신성하고 정의롭다고 국민·백성들을 착각하게 만들 때, 항상 신(神)을 끌어들인 건 아니다. **신·하나님 대신에 이성과 과학을 불러내서 부정한 법을 정의롭다고 칭송하기도 했다.**

근대국가 국민혁명 이후 종종 일어나는 사태다. 법의 내용이 이성의 합리성, 과학적 정합성에 근거한 것이니, 법을 무조건 따르기만 하면 사회질서가 모순 없이 합리적으로 유지된다고 선전 설득했다. 이성·과학이 신을 대신해서 등장한 것이었다. 그러나 이성·과학적 사고를 바탕으로 만들었다고 칭송되었던—아직도 그것을 칭송하는 사람도 있다—법과 정의가 얼마나 비참한 현실을 초래했는지 돌아보면, 그것이 얼마나 불완전했던 것인지를 알 수 있다.

예를 들어, 1789년 프랑스대혁명 이후 채택된 프랑스 인권선언(인간과 시민의 권리선언), 1776년 미국 독립선언과 헌법은 이성과 자유를 신성시했다. 인간의 이성과 자유가 완전하다고 떠들어 댔다. 그것이 완전하니, 모두가 평등하게 잘 살 수 있다고 선전했다. 그리고 20세기 들어서 공산주의 국가는 공산주의가 가장 과학적인 사회 이념이라고 말하면서 온 세계를 공산화해야 한다고 떠들었다.

그러나 근대자유주의 국가와 공산주의 국가의 현실은 극심한 빈익빈 부익부, 차별, 불공정으로 가득 차 있었다. 자본가만 부자였고, 공산당원만 권력과 부를 차지했다. 자세한 내용은 뒤에서 근대 역사를 다루면서 살펴본다.

근대자유주의와 공산주의가 모두 허상이었던 이유는 분명하다. 인간 이성이 완전하지 못하기 때문이다. 절대적인 이성, 절대적인 과학은 존재하지 않는다. 위에서 칸트가 밝혔듯이, 과학을 생각하는 사람의 이성·사고(思考)·생각 자체가 이미 '시간과 공간' 그리고 '사고의 범주'에 갇혀 있기 때문이다. 사람의 이성은 어느 정도의 범위 내에서 합리성을 가질 뿐, 세상의 모든 이치를 완벽하게 밝히는 합리성은 아니다.

만일, 사람의 이성이 완벽하다면 인간의 과학은 이미 완성됐어야 한다. 그런데 아직도 수많은 대학에서 유수의 학자들이 연구를 지속하고 있지 않나?

정리하자. **인간의 법에 절대적인 정의는 존재할 수 없다.** 절대성을 이야기하는 모든 이론과 사상은 허상이다. 그 이름이 신이든, 하나님, 이성, 과학이든, 절대적인 정의는 인간이 인식할 수 없다. 인식할 수 없으니, 법으로 만들 수 없다. 신, 하나님, 과학, 이성을 핑계 삼아 법질서가 완벽하다고 선전하는 국가일수록, 그 현실은 더 불공정하고 차별적이었다.

　확실한 것은, 법은 사람의 작품이라는 점이다. 불완전한 존재인 사람들이 만든다. 법과 정의는 사람들 아이디어의 산물이다. 어떤 '요건-효과', 어떤 '의무-책임'이 합리적인지, 공평한지, 정의로운지는 사람들이 결정한다. 살인범을 능지처참하는 것이 정의로운지, 5년 이상의 징역에 처하는 것이 정의로운지는 사람들이 정한다. 노예제를 유지할지 폐지할지, 흑인 차별·여성 차별을 그대로 둘지 철폐할지, 건강보험을 어떤 형태로 정할지, 최저임금을 얼마로 결정할지 등은 모두 사람이 결정한 것이다.

　신이 결정하지 않는다. 이성, 과학은—도움은 되지만—절대적 기준이 될 수 없다. 법적 정의는 사람들이 대화하고 논쟁한 결과물이다. 사람의 문제이며 사람의 일이다.

실상은, 사람이 법을 만든다

　실제로 오늘날 법 중에서는 신탁(神託)으로 만든 법은 없다. 또한, 어딘가에 있는 이상, 절대 이론, 절대 과학을 인간이 그대로 내려받아 만든 법도 없다. **오늘날 법은 모두 사람들이 만든다.**

　우리나라의 경우, 법은 모두 사람이 만들도록 설계되어 있다. 법은 성문법과 불문법으로 나뉜다. 성문법은 문자로 표현되고 문서의 형식을 갖춘 법이다. 국회처럼 법적으로 법을 제정할 권한을 가진 기관이 문장 형식으로 법을 만들어서 공식적으로 관보에 게재한다.

　불문법은 성문법 이외의 법을 말한다. 문장 형식으로 법전에 기재되어 있지 않다는 의미에서 '불문'이라고 한다. 공식적인 법제정기관이 없지만, 법으로 인정되는 법이다. 우리나라의 경우, 관습법과 조리(자연법)가 불문법으로 인정된다.

성문법은 위에서 설명했듯이 입법권(법을 제정할 수 있는 권한)을 가진 국가기관이 만드는데, 그 국가기관을 구성하는 것은 사람이다. 따라서 성문법은 사람이 만든다. 성문법은 상하 관계로 구분되는데, 위로부터 헌법, 법률, 명령(규칙), 조례, 규칙 순이다. 헌법은 대통령·국회의원·국민이 참여해서 만들고, 법률은 국회의원들이 만들고, 대통령령은 대통령이, 조례는 지방자치 단체 의회가, 규칙은 지방자치단체장이 만든다. 모두 사람들이 만든다.[3]

불문법도 사람이 만든다. 관습법은 사람들이 관습적으로 계속·반복하는 행위에 근거해서 생긴다. 그 행위는 사람들이 하는 것이다. 조리나 자연법은 자연, 사람, 사회의 본질에서 도출되는 법이다. 이때 그런 관습이 있는지, 그런 자연법이 있는지는 최종적으로 법원이 확인한다. 법원을 구성하는 법관이라는 사람이 관습법·자연법의 여부와 내용을 결정한다. 결국, 법인지 아닌지는 사람이 결정한다.

세상의 모든 법은 사람들이 만들어 낸 작품이다. 법은 불완전한 존재

---

3   "어? 모든 법은 국회에서만 만드는 것 아닌가요?"라고 질문할 수도 있다. 물론 국회가 만든 법률이 가장 중요한 법이다. 그래서 많은 사람은 '모든 법은 국회가 만든다'라고 착각한다. 그러나 법의 형태는 다양하다. 법은 크게 성문법, 불문법으로 분류하는데, 성문법으로는 헌법, 법률, 명령(규칙), 조례, 규칙이 있다.

인 사람들의 생각에서 나온다. 물론 열심히 만들었겠지만, 법은 늘 불완전하다. 법으로 정했다고 해서, 정의의 가치판단이 끝난 게 아니다. 그래서 오늘날 우리나라 법은 계속 개선할 수 있도록 설계되어 있다.

무조건적 준법정신?

법이 사람이 만든 것이라면, 다시 준법정신을 돌아보게 된다. 법이 불완전하니, 법이 불공정한 결과를 초래하리라는 것은 당연히 예상해야 한다. 완벽하게 정의로운 법은 인간 사회에 존재할 수 없다.

따라서 무조건적 준법정신은 불공정을 무조건 받아들이는 셈이 된다. **법을 무조건 따르기만 한다면, 자칫 나는 불완전한 법의 종속물이 된다.** 누군가가 만든 법에 나의 삶을 복종시키는 셈이다. 누군가가 법을 올바르게 만들었다면 다행이지만, 그 누군가가 자기의 사적 이익을 위해서 만들었다면 법은 나에게 불행이 된다.

현실의 대부분 법은 특정 세력을 위해서 만들어진다. 사회가 양극화된 현실은 그것을 잘 말해 준다. 가진 자들이 사람들을 목적으로 대우하지 않고, 생산수단으로 이용해서 자기들의 이익을 증대하는 법질서를 만들어 낸다.

나 자신이 목적이 되기 위해서라도, 나는 법을 수단으로 볼 수 있어야 한다. 법을 무조건 지켜야 할 것이 아니다. 위에서 설명했듯이, 나는 의무 앞에서는 선택하는 주체로 서야 하고, 의무의 문제점을 발견하면 법을 바꿀 생각을 해야 한다.

이런 생각에 이르면 자연스럽게 나는 법이 공정한지 합리적인지를 생각하는 주체가 된다. 단순히 주어진 의무를 지키는 데 급급하지 않고, 법이 정한 '요건-효과'가 합리적인지 공정한지를 살피게 된다. 법이 정한 '요건-효과'가 나에게 유리한지 불리한지를 생각하게 된다. 나에게 불리하더라도 공정하고 합리적이면 받아들이겠지만, 그것이 불공정하고 불합리한 것이라면 그것을 어떻게 개선할지를 생각하기 시작한다.

그렇다면, 법을 무시할까?

이런 주체성을 잘못 해석하면 법에 대해서 고얀 생각이 떠오를 수 있다. 사람이 법을 만들었으니, 그래서 법의 내용이 신성한 정의라는 보장이 없으니, 이제 법을 무시해도 되는 것 아니냐는 생각이다.

먼저 주목할 점은, **내가 법을 만든다**는 점이다. 오늘날 법은 철저히 민주주의에 따라 만든다. 우리나라 헌법은 국민주권주의에 따라 국민이 모두 함께 법을 만들어야 한다는 이론에 기초하고 있다. 헌법은 국민투표로 결정되고, 법률·대통령령·조례·규칙은 국민이 직접 선출한 국회의원·대통령·지방자치단체 의원·단체장이 만든다.

국민은 직접·간접적으로 법을 만드는 참여자다. 이런 점에서 오늘날 법은 모두 국민의 작품이다. 즉, 국민으로서 내가 만든 법을 내가 스스로 지키는 것이다. 내가 만들었으니 존중하는 것이다.

다만, 이때에도 민주주의 절차에 관한 법이 완벽하지 못한 점에 주의해야 한다. 현재의 민주 절차가 과연 나의 의견을 제대로 반영하는지, 내가 제대로 참여할 수 있는 구조인지를 살펴야 한다. 필자의 관점에서 우리 민주주의는 국민의 생각을 제대로 반영하고 토론하게 하는 구조가 아니다. 오늘날 직접민주제가 큰 쟁점으로 떠오르는 이유다. 그 구조를 올바르게 고치도록 국민은 주권자로서 노력을 다해야 한다. 민주주의에 대한 문제의식과 해결에 관한 이야기는 나중에 따로 살펴본다.

지금까지의 논의를 정리하면, 우리는 법과 정의를 신, 하나님, 이성, 과학으로부터 바로 도출해 낼 수 없다. 원리적으로 그럴 수 없다. 그런 식으로 절대적 기준을 제시하면서 법·정의·질서를 옹호하는 모든 선전에 현혹돼서는 안 된다.

다만, 우리는 "불완전한 사람으로서" 법을 어떻게 정의롭게 만들 것인가의 쟁점 앞에 서 있을 뿐이다. 어떤 생각으로 법을 만들어야 그나마 정의로운 법을 만들 수 있을지를 고민해야 한다. 당장 진리·정답을 찾거나 추론할 수 없으니, 답답한 마음은 더욱 커진다.

다행스럽게, 이런 고민은 현재 우리만의 고민은 아니었다. 이런 고민은 사회·국가가 생기면서 필연적으로 생길 수밖에 없었다. 우리는 그 고민에 관한 다른 사람들의 생각들을 참조할 수 있다. 특히, 인류 선배들—더욱, 인류 지성들—이 어떤 생각을 했고, 어떤 노력을 했고, 그 결과로 현재 우리에게 어떤 내용을 전해 주는지를 살피는 것은 생각을 깊게 하는 주된 과제다.

■ 정의론의 분류

인류 지성의 분류

정의 · 분배의 올바름에 관한 인류의 고심과 노력은 실로 엄청났다. 생각을 거듭하며 수많은 이론적 · 철학적 논의가 거듭되었다. 물론, 의견 일치는 아직 없다.

인류 지성들이 설계했던 정의는 바라보는 관점도 다양하고, 가치관도 여러 형태였다. 기준을 설정하는 방법 자체도 달랐다. 분배의 결과? 분배 절차? 분배 방법? 분배 주체? 분배의 궁극적 가치? 분배의 근거? 그 밖에 분배의 본질, 형식 등 다양한 접근 방법이 시도되었다.

여기에서 그 인류 지성의 생각을 일일이 검토할 수는 없다. 그러나 이들의 아이디어를 크게 분류 · 정리해서 이해할 수는 있다. 물론 분류 기준 자체도 다양할 수 있다.

필자는 인류 역사가 고대 · 중세 · 근대 · 현대로 전개되어 온 변화, 그 변화와 연계된 인류 지성의 역사적 변환점을 이해할 수 있는 분류를 말하려 한다. 과거 절대주의 사고에서 오늘날 상대주의 사고로 넘어오는 과정을 중시한 분류다. 위에서 보았듯이, 칸트를 중심으로 인류 지성이 본질론에서 인식론으로 크게 전환된 점에 주목하는 것이다.

이런 관점에서, 정의에 관한 이론은 정의에 절대적인 기준이 있다는 이론과 절대적인 기준을 찾을 수 없다는 이론으로 크게 분류할 수 있다.

절대적인 정의는 존재하는가?

먼저 절대적 기준이 있다는 정의론을 살펴본다. 신, 이데아, 자연법, 인간 본성 등 인간의 생각 너머에 있는 그 어떤 본질적 정의가 있다고 말하면서, 현실의 삶에서 그것을 법으로 그대로 구현해야 한다는 이론이다. 이 이론은 대체로 신에 근거를 두는 경우와, 이데아·이성·본성·우주 등에 근거를 두는 경우로 나뉜다. 여기에서는 그 내용을 구체적으로 설명하기보다는 그 요지를 제시하는 것으로 충분하다고 본다.

〈신〉
- 만일 **신**이 아니라면 자연법을 인간의 법전에 규정한 자가 누구이겠는가?
- 자연법은 **신의 이성**의 표현이다.
- 실정법 역시 존재하는 모든 것과 마찬가지로 **신의 의욕**이며, 따라서 자연법이다.

〈이데아〉
- **이데아**만이 참으로 존재하고, 구체적 사물은 외견상으로만 존재한다. 둘은 대상이 거울에 비친 영상의 관계와 같다.
- **자연법**은 변하지 않는다. 자연법은 심지어 신의 명령에서도 변할 수 없다.
- 정의는 모든 경험적인 인간 인식을 넘어 존재하는 **초월적인 심급**으로부터 출발한다. 사람은 그 심급과 그 정의를 믿어야 한다.
- 모든 개인은 그의 **본성**에 따라 그에게 적합한 것, 즉 능력에 합치

| 되는 것만을 행해야 한다.

만일 이들 이론이 완벽했다면, 그리고 그 내용을 완전하게 실현할 수 있었다면, 이들 이론은 세상을 밝게 비출 수 있었을 것이다.

그러나 이와 같은 이론을 신봉하고 따랐던 세상은 한결같이 불평등·불공정·차별·부조리로 가득 찼다. 신이 명령했다는 함무라비 법전의 내용은 남녀·귀족·평민 차별로 가득했고, 하나님 이름으로 행해졌던 중세의 법은 마녀사냥, 면죄부 판매를 자행했고, 근세 왕권신수설로 설계된 절대왕정의 법은 앙시앵 레짐으로 귀결됐고, 과학적 공산주의로 무장한 공산국가는 모두 독재의 철권을 휘둘렀다.

이들 절대 이론들은 핑크빛 환상을 그리면서, 핏빛 현실을 만들어 냈다. 그 비극적 현실은 이들 이론 자체가 가진 위험성에 이미 내포되어 있었다. 이들 이론의 본질은 절대성이므로, 그 이론과 다른 생각·판단·행동은 절대적 악, 잘못된 것, 부정한 것으로 본다. 그리고 그런 악과 부정은 없애야 할 대상으로 치부된다. 그래서 그 악과 부정에 속한 사람들을 잔인하게 도륙하는 것을 정의의 이름으로 자행했다.

이미 여러 번 말했듯이, 1700년대 후반 칸트철학이 등장한 이후, 인간은 자기 생각의 한계를 논리적으로—물론 소크라테스는 이미 고대 사회에서 '너 자신을 알라'고 말하면서, 인간 인식의 한계를 설파했다—인식하기 시작했다.

이제 인간은 절대적인 무엇, 대상을 인식할 수 없는 존재라는 점은 누구나 받아들이는 공리(公理)가 된 상태다. 따라서 인간은 절대적 정의가 실제로 있는지 자체를 알 수 없고, 그것이 존재한다고 하더라도 인간의 인식 한계로 인해 그 내용을 명확하게 알 수 없다.

이미 말했듯이, 오늘날 우리 사회는 사람들이 신·이데아·절대 과학 등 절대적 가치를 인정하는 문제를 이성의 영역이 아니라, 종교의 영역으로 따로 분류하고 있다. 이성으로 인식하는 세계가 아니라, 믿음의 세계라는 의미에서다. 우리 헌법 조문을 다시 한번 쓴다.

> 헌법 제20조 ① 모든 국민은 종교의 자유를 가진다.
> ② 국교는 인정되지 아니하며, 종교와 정치는 분리된다.

상대성 속에서 아노미에 빠질 것인가?

절대적인 정의가 있다는 것을 부인하는 관점에 서게 되면, 정의에 대한 과제가 바뀐다. 더는 절대적인 정의가 무엇인지를 묻는 대신, **솔직히 정의가 무엇인지 잘 모르는 사람들로 이루어진 사회에서 어떻게 정의로운 사회를 이뤄 나갈 것인가가 쟁점이 된다.**

정의의 절대 내용을 잘 모르는 사람들이 함께 모여서 만드는 정의를 찾아야 한다고? 덜컥 사막 한가운데 서 있는 느낌이 된다. 인간이 아무리 발버둥 쳐도 정의를 찾을 수 없다는 비애감이 엄습한다.

이런 인간의 한계를 느끼기 시작하면 많은 사람은 종종 아노미 상태에 빠지거나, 절대적 가치상대주의—용어 자체가 모순이지만—에 빠지기도 한다. 급기야 어떤 사람은 정의를 찾겠다는 생각, 정의로운 삶 자체를 포기한다. 간단히 종교에 귀의하기도 한다. 때로는 어차피 정의를 알 수 없으니 그냥 '내 것'만 챙기자는 생각으로 살기도 한다. 생존을 핑계로 다른 사람에게 무자비하게 해를 끼치면서 살아가기도 한다.

그러나 과연 그런 포기의 삶이 바람직할까? 포기하겠다는 생각 자체
도 '하나'의 가치관일 텐데, 그런 가치관이 인간다운 것인가? 사람이 왜
함께 살게 되는지, 분배가 왜 필요한지, 법이 왜 필요한지를 한 번쯤 돌
아본다면, 굳이 포기의 순간에서 생각을 그칠 필요가 있을까? 절대적
기준을 알 수 없다고 하더라도, 사람들이 함께 살아간다는 현실은 남아
있는 것은 아닌가?

돌이켜 보면, 좋은 사회도 있었고 나쁜 사회도 있었다는 구분의 생각
이 있는데, 그런 구분에 관한 생각은 어디에서 온 것인가? 이런 문제의
식 속에서 어떤 가능성을 찾아 나설 수 있는 것은 아닌가? 절대적인 것
은 아니나, 상대적이나마 합리성 개념을 시도하는 도전은 할 수 있는
것 아닌가? 포기만 선택이 아니라 인간으로서의 용기도 가능한 선택
아닌가?

실제로 인간 이성의 상대성 앞에서, 학자들도 포기와 용기에 대한 두
이론을 모두 전개해 왔다. 한편으로는, 마땅한 정의 찾기를 포기하면서
정의 논의 자체를 비아냥거리거나, 현실 질서를 그냥 정의로 받아들여
야 한다거나, 현상의 어떤 것을 정의의 기준으로 삼아야 한다는 이론을
전개하는 학자도 있고, 다른 한편으로는 절대적 기준을 알 수 없는 인간
의 한계를 인정하면서도 '그런 사람들이 함께 살아가는' 올바른 정의 기
준을 찾겠다는 이론으로 무장한 학자도 있었다.

현실에 안주하는 상대주의

인간은 어차피 절대적인 정의를 찾을 수 없으니, 현실을 그대로 정의로 받아들여야 한다는 생각을 살펴보자.

정의를 현실 자체에서 찾는다는 점에서 현실주의 이론이라고 할 수 있다. 현실주의 이론은 사람들은 결국 현실에 얽매여서 정의를 결정할 수밖에 없다고 하면서, 인간이 현실에서 정의를 판단하는 요소가 무엇인지를 밝히는 데 집중한다.

이 이론은 굳이 올바름·정의 가치를 이론적으로 체계화하거나, 정의 기준을 찾는 논리를 개발하려 하지 않는다. 현재 현실에서 존재하고 있는 것을 정의로 인정한다. 인간의 현실적 성향, 경향, 본능, 감정 및 현실적 필요성, 실제 현실에서 반복되는 관행, 그리고 현실에서 실제로 존재하는 실정법 등이 결국 정의일 수밖에 없다고 설명한다.

> 〈현실〉
> - 정의를 인간의 **성향**, 경향, 본능, 인간의 이성이나 감정에서 찾는다.
> - 각자가 그의 능력에 따라 일하고, 각자에게 그의 **필요에 따라 분배**한다.
> - 과거부터 또는 **오랜 시간 동안** 서로 간에 행해 온 대로 서로 대접하라.
> - 자연법은 **실정법**을 포함하고 실정법은 자연법의 부분이다.

이 이론들은 '주어진 현실'에 주목한다. 무엇이 올바른 것인지의 추상적 당위 기준을 찾으려 하지 않는다. 당위와 사실을 굳이 구분하지 않는다. 사실이 정의를 결정한다고 한다. 성향·본능·능력·필요·관행·실정법 등 있는 것, 주어진 것이 정의 기준이 된다.

그 결국은, 인간의 현실적 욕망을 정의로 인정하는 셈이 된다. 개인들의 욕구, 욕망이 모여—그 욕구, 욕망 중에는 좋은 것, 나쁜 것이 공존할 텐데, 그 좋고 나쁨을 판단할 기준을 인간이 판단할 수 없다는 관점이다—실제 규범으로 형상화된 실정법이 현실이니, 그 실정법이 정의라고 한다.

황금률은 정의의 기초다

이에 대해, **상대성 속에서도 인간에게는 '합리적인 정의'를 찾아가는 능력이 있다**고 보는 이론이 있다. 이 이론은 사람의 불완전성 때문에 인간이 정의 개념을 포기하는 것을 논리적 결론이라고 보지 않는다. 인간 이성에 한계는 있지만, 사람의 생각이 완전히 무지한 것은 아니라는 데서 가능성과 희망을 발견한다. 거기서 출발하자는 것이다.

인간을 그냥 동물로 보지 않고, '이성을 가진 동물'로 여기자는 데서 시작한다. 인간은 비록 전지(全知)의 존재는 아니지만, 전혀 모르는 존재도 아니라는 것이다. 그렇다. 사람은 "전혀 모르는 게 아니라 잘 모르는 존재"다. 알고 있다고 생각했던 것도 오류라고 밝혀지기도 하지만, 어떤 것이 오류로 밝혀졌다고 해서 나머지 모든 것이 오류인 것은 아니라는 데 생각의 닻을 내린 후 부분적으로 알아 가면서 미래로 나아가는

존재로 본다.[4]

이런 인간의 양면성, 즉 인간이란 아는 부분과 모르는 부분을 모두 갖고 있다는 관점은, 정의 문제를 '그렇게 부족한 사람들'이 어떤 관계로 엮이는 것이 정의로운지의 문제로 접근할 수 있게 한다. 즉, **잘 모르는 존재로서의 사람들이 각자 인간으로서의 주체성을 서로 인정하면서 함께 공존할 수 있는 바람직한 분배 관계가 있다면 그것이 무엇이냐**, 서로 공존할 수 있는 올바른 분배 관계가 무엇이냐고 질문하는 것이다. 부족하고 모자라는 현실의 실제 상황을 받아들이면서도, 사람들이 합리적으로 찾을 수 있는 정의가 무엇인가를 묻는 것이다.

> 〈관계의 동등성〉
> - **남이 나에게** 하기를 원치 않는 것을 남에게 하지 말라.
> - **선을 행하는 자에게는 선을**, 악을 행하는 자에게는 악을 준다.
> - 정의는 실천이성에 의해 정립될 수 있다거나, 인간의 이성을 통해 발견될 수 있다. 네가 의욕할 수 있는 격률이 동시에 **보편법칙**이 되도록 행위 하라.
> - **자유의지**는 자신이 자유의지이기를 바라는 의지다.
> - 정당한 행위는 넘치지도 또 부족하지도 않은 **중용**이다.
> - 정의로운 것은 **중간이자 동등한** 것이다. 정의로운 사람은 사람들 사이에서 분배할 때, 비례에 따라 동등하게 배분한다.

---

4   헌법재판소가 채택하고 있는 이중기준의 원칙은 인간이 '잘 모르는 존재'라는 점을 전제로 전개되는 이론이다.

- 정의는 **정의감**이 지향하는 원칙이다. 정의감은 자기 자신과 타인에 대한 취급이 부당하다거나 정당한 것으로 여길 때 반응하는 불승인 또는 승인의 근원적 감정이다.

표현은 다양하지만, 이들 이론에는 공통된 특징이 있다. 첫째, 사람 각자가 존엄하고 가치 있는 존재임을 인정한다. 물론 완벽한 존재는 아니지만, 스스로 옳고 그름을 판단해서 행동하는 존재임을 받아들인다.

둘째, 사람들이 서로 동등하다고 본다. 인간이 단순히 동물처럼 자연법칙에 따라 힘의 서열에 따라 사회를 형성한 게 아니라고 말한다. 인간은 이성을 가진 존재로서, 서로 대등하게 올바른 관계를 생각할 수 있는 존재로 간주하며 그런 점에서 인간은 모두 동등하다고 본다.

셋째, 절대적 기준을 찾지는 않는다. 잘 모르는 사람들이 각자 다른 판단을 할 수 있음을 인정한다.

넷째, 그러면서도 공동의 목표에는 동의한다. 서로의 관계에서 함께 잘 살 수 있는 정의 개념을 찾겠다는 것이다. 우리 헌법 서문이 쓰고 있듯이, 함께 살면서 모두가 '안전과 자유와 행복'을 확보할 수 있는 관계가 무엇인지를 끊임없이 찾아 나선다.

이런 점에서, 이들 이론은 사람과 사람의 관계가 무엇인지를 묻는다. 동등한 사람들이 가질 수 있는 분배 관계의 올바름에 초점을 두고 있다. 이런 특징에 따라 이 이론에 이름을 붙이자면, '관계주의'라고나 할까?

■ 황금률

황금률은 인류 지성의 현재 결론

관계주의의 결론은 결국 하나로 귀결된다. '상대방을 나와 동등하게 대우하라'라는 것이다. 스스로 대우받고 싶은 만큼 다른 사람을 대우해야 한다는 동등의 원리다. 즉, '황금률'이다.

예수의 결론이고, 공자의 결론이고, 아리스토텔레스의 결론이고, 칸트의 결론이고, 헤겔의 결론이다. 황금률(관계주의)은 인류 지성이 현재까지 얻어 낸 최대의 성과다. 인간을 존중하면서 얻을 수 있는 도덕철학, 윤리철학, 정의철학, 사회철학의 정수다.

황금률에 대한 논거는 이론마다 다르다. 인간의 존엄성, 도덕법칙, 자유, 인과응보, 정의감 등 다양하다. 그러나, 이들 이론이 제시하는 정의의 결론값은 대체로 일치한다. '서로 존중하라'라는 것이다.

황금률은 특정한 완전성, 무오류성을 전제하지 않는다. 심지어 인간의 이성이 완벽하길 요구하지도 않는다. 비록 인간 이성이 불완전하더라도, 사람들이 함께 잘 살 수 있는 가치관이 무엇인지를 보여 준다. 이부분은, 황금률이 왜 '황금'이라는 이름을 얻었는지를 이해하게 한다.

황금률은 정의를 완성형으로 보지 않는다. 정의가 고정된 형태의 무엇이라고 생각하지 않는다. 끊임없는 노력의 형태로 본다. 정의는 결국 인간의 작품이라고 본다. 그리고 한두 사람의 작품에 기대하지도 않는다. 오히려 사람들이 서로 존중하면서, 함께 정의를 찾아가는 방법론에 주목한다. 그런 점에서, 황금률은 인간이 절대적 정의를 알 수 없는 상태에서도, 인간이 가질 수 있는 가치 질서가 무너진 상태가 아님을 알려준다. 인간이 다른 사람과 함께 인간답게 살아가는 길이 있음을 분명하게 제시한다.

황금률은 법과 정의에 관한 인류 지성의 발전 방향과 일치한다. 과거의 법이 절대주의 정의론에 따라 신의 이름으로 군주 명령을 정의로 선언하거나, 이성 · 과학의 이름으로 절대적 자유방임주의가 정의라고 선전했었다. 반면, 오늘날 법은 인간의 존엄과 가치를 기초로 사람들 각자가 주체가 되는 정의로운 질서를 모색하고 있다. 이는 '불완전한' 사람들끼리 서로 인간으로서 존중하자는 것이다. 황금률과 일치한다.

또한, 황금률은 한번 만들어지면 고정되어 그것으로 끝날 것으로 생각되지 않는 오늘날 법과 상통한다. 오늘날 법은 입법 절차를 통해서 끊임없이 개선하는 체계를 갖추고 있다. 이는 절대주의를 거부하고 있음은 물론이고, 또한 현실주의적 상대주의—즉, 현실의 입법 내용을 그대로 정의로 받아들이자는 이론—도 거부하는 것이다. 부족한 사람들이 모여서 끊임없이 정의를 토론하고 논의하면서 더 나은 정의를 추구하자는 것이다. 노자의 말 그대로다. 현재의 道(정의)가 올바를 수도 있고, 아닐 수도 있다—道可道非常道名可名非常名[5]—는 생각이다.

오늘날 법과 정의는 사람이 만들었으니, 때로는 과거의 것보다 못할

---

5   노자,(기원전 4세기경), 도덕경, 제1장.

수 있음도 인정한다. 그러면서도, 포기하지는 않는다. 더 나은 정의를 구현할 수 있다고 함께 나아가자는 것이다. 법과 정의는, 사람들이 꾸준히 좋은 법을 만들어 가는 과정의 형태가 된다.

오늘날 200여 국가 중 똑같은 형태의 정의질서를 가진 국가가 하나도 없다는 점은, 세상의 모든 법이 완성품이 아니라 과정임을 잘 말해 준다. 황금률은 정의·분배 올바름의 쟁점이 사람들이 꾸준히 노력하는 대상일 뿐이라는 선언이다.

시시포스의 운명을 피할 수 없는 인간

고역의 반복을 감수하며 돌을 굴려 올리는 시시포스

황금률에 따른 정의는, 서로 끊임없이 대화할 수밖에 없는 과정상의 정의일 수밖에 없다. 결론을 가진 정의가 아니다. 정의라는 산꼭대기로 커다란 바위를 밀어 올리지만, 산꼭대기에 이르면 바위는 다시 아래로 굴러떨어지니 고역을 영원히 되풀이하는 시시포스의 운명이라고나 할까?

시시포스의 운명이라고 해서 포기할 수도 없다. 현재의 법은 그 형태가 어떻든 불공정하고, 빈익빈 부익부 양극화를 초래할 수밖에 없기 때문이다. 이런 상황에서 만일 사람들이 더 좋은 법질서를 찾기를 그치면, 현재의 불공정은 계속되고, 양극화는 점점 더 심해질 것이다. 함께 잘 살겠다고 모인 사회가 누군가에게는 비참한 현실을 강요할 것이고, 그 비극의 주인공, 즉 서민 대중 속에 '나와 내 후손'이 포함되어 있을 수 있다.

판도라의 상자에서 마지막으로 나온 것이 희망이었던가? 인간은 궁극적 진리와 정의를 찾아 헤맬 수밖에 없고, 아직도 헤매고 있다. 굴러떨어질 수밖에 없는 불완전한 진리이지만, 희망 속에서 여전히 그 끈을 놓을 수 없고, 아직도 추구하는 게 사람의 운명이다. 사람은 끊임없는 진행형으로 살아갈 수밖에 없다.

인간은 '현재 이 상황'을 넘어서 나아갈 다음 정의질서가 무엇인지를 찾아가는 존재일 수밖에 없다. 실제 현실이 그렇다. 법은 끊임없이 정의를 실험해 왔고, 아직도 그 실험을 계속하고 있다.

법철학 논쟁을 황금률로 비판한다

정의론이 황금률로 귀결될 수밖에 없다는 결론은, 현재 진행되는 다양한 형태의 정의론에 날카로운 비판의 칼을 들이대는 힘을 제공한다. 그중 여기에서는 법철학에서 행해지는 논의 방식 하나를 비판적으로 살펴본다. 법철학이 정의에 접근하는 방식이다.

정의 논의는 법철학에서 가장 큰 과제다. 법의 존재 목적 자체가 정의이기 때문이다. 그런데 재미있게도, 법철학에서는 '정의가 무엇인지'를 직접 묻지 않고, '법이 정의의 근거를 어디에서 찾을지'를 질문으로 삼았다. 이 논제를 두고, 법철학은 특히 자연법과 실정법의 관계에 논의를 집중했다. 정의의 원천이 실정법인지, 자연법인지의 질문이다. 현실의 실정법과 대비되는 궁극적 자연법(예를 들어, 정의, 도덕,[6] 도덕법칙, 윤리)이 따로 존재해서, 그것이 정의의 원천이 되는가의 질문이다. 소위 자연법주의, 법실증주의 논쟁이다.

이 논쟁에서, 많은 법철학자는 해답을 양자택일적으로 구하는 집착을 보여 왔다. 실정법이 자연법에 맞을 때만 정의로운 것인지, 그렇지 않으면 정의는 어쩔 수 없이 단지 인간이 현실에서 만든 실정법에서 찾을 수밖에 없는지를 두고 양자택일의 답을 구하고 있었다.

6   도덕 개념은 다양한데, 개인적 양심에 의한 개인적 도덕을 의미하기도 하고, 모든 인간이 마땅히 지켜야 할 도리라는 의미에서 궁극적 당위를 의미하기도 한다. 법철학에서는 후자의 의미로 사용된다. 자연법, 칸트의 도덕법칙 등이 후자의 도덕 개념에 해당된다.

절대적 정의를 인정하는 자연법주의

자연법주의는 현실의 실정법에 앞서 이미 스스로 존재하는, 객관적 실체·본질로 인식할 수 있는 로고스·도덕·이상(理想)적 가치가 존재한다는 이론이다. 그 로고스 등을 자연법이라고 한다. 물론 이때 자연법은 절대적으로 정의로운 법을 말한다.

실정법과의 관계에서, 자연법은 이상(理想)적 존재이므로 불완전한 인간의 법(실정법)을 측정하는 척도가 된다. 실정법은 자연법에 합치할 때만 효력이 있다. 따라서 실정법이 자연법에 모순되면 그 실정법은 효력을 잃고, 그것을 대신해서 자연법을 적용해야 한다는 이론이다.

자연법이 실정법이 정의로운지를 판단하는 기준이 되면, 고대 군주의 폭거, 독일 나치스가 저지른 행위를 자연법에 위반된 만행으로 판단할 수 있다. 이런 판단이 서면, 그런 만행을 방지하거나 통제할 수 있고, 그래서 인간성 말살을 방지할 수 있다는 것이다.

예를 들어 독일 히틀러가 독재체제를 구축하고, 유대인 인종청소를 하고 세계대전을 일으킬 때, 당시 독일 의회는 그가 국가권력을 독재하고 그런 만행을 저지를 수 있게끔 실정법으로 뒷받침했다. 그래서 당시 그 만행은 모두 정의로운 것으로 치부되었었다. 만일 자연법주의를 따랐다면, 자연법은 그런 실정법을 무효라고 선언했을 것이고, 그것을 통해 비인간적 상황은 피했을 것이라는 생각이다.

도덕적 몽둥이로서의 자연법

그러나 **자연법주의는 항상 인간성과 자유를 보장하는 게 아니었다. 거꾸로 때로는 자연법이 인간을 말살하는 도구가 되기도 한다.** 자연법주의는 특정 가치를 궁극적 정의라고 선언하기 때문이다. 게다가 그것은 실정법을 무효화시킬 정도의 절대성을 가지고도 있다. 이런 절대주의는 다른 가치를 가진 사람들의 삶을 짓밟는 도구로 변질할 수 있다. 소위 '도덕적 몽둥이'가 되어, 다른 가치를 가진 사람들을 옥죄는 도구가 될 수 있다.

예를 들어, 중세의 자연법은 기독교 신이었는데, 그 신의 이름으로 마녀사냥이 자행됐다. 프랑스 절대왕정의 루이 14세는 '짐이 곧 국가'라는 왕권신수설을 절대시했는데, 그 사회는 소위 '앙시앵 레짐'이었고, 프랑스대혁명을 촉발했다. 2차 세계대전 이후 소련은 '과학적 공산주의'라는 미명하에 공산주의를 절대시했는데, 그 지도자 스탈린은 수백만 정적을 숙청했고, 농업을 개편하면서 천만 명을 굶겨 죽였으며, 3천만 명 이상의 주민을 강제 이주시켰다.

이론적 관점에서, 자연법주의는 절대주의 정의론의 한 형태다. 여러 번 이야기했듯이, 사람은 절대성을 서로 소통할 수 없는 존재다. 절대주의를 기초로 법질서를 형성한다는 생각 자체가 비현실적이라고 볼 수밖에 없다.

모든 실정법이 정의라는 법실증주의

　이런 자연법주의의 현실과 이론적 한계를 목도하면, 법은 자연법에 근거하는 게 아니라, 결국 인간이 만든 것일 수밖에 없다는 법실증주의에 이르게 된다.

　법실증주의는 인간 이전에 존재하는 절대적 가치 · 도덕 · 기준을 부인하고, 도덕 중립적 · 가치 중립적 법 개념을 표방하는 이론이다. 절대적 정의가 선험적으로 존재하는 게 아니므로, 법적 정의는 사람들이 현실에서 정(定)하는 것일 수밖에 없다. 따라서 정의(正義)는 실정법을 통해서 정의(定義)될 수밖에 없다고 한다.

　한 걸음 더 나아가서, 법실증주의는 실존하는 모든 실정법이 그 자체로 정의라고 말하기까지 한다. 실정법은 그 자체가 정의이니, 사람들은

정의의 이름으로 독재법을 만들어 강제했던 히틀러와 무솔리니

실정법을 무조건 준수해야 할 것이지, 그 옳고 그름을 판단할 것이 아니라고 한다. 따라서 실정법이 악법이라는 비판은 존재할 수 없다. 그것이 선인지, 악인지를 판단할 상위 기준이 없기 때문이다. 어떤 사람이 어떤 법을 '악법'이라고 비판하더라도, 그것은 그 개인의 생각일 뿐이다.

법실증주의에 따르면, '악법도 법'인 게 된다. 법으로 만들어지기만 하면, 그것은 그 내용과 상관없이 정의로 인정되게 된다. 어떤 법이 정의로운지를 판단할 수 있는 다른 기준이 없기 때문이다. 그 내용이 실질적으로 사람들에게 해악을 초래함이 명백해도, 그 법을 무조건 강제하는게 정의라는 결론에 이르게 된다. 법실증주의는 법의 이름으로 인간 말살을 자행할 위험에 노출되게 된다.

실제로, 독일 나치스의 히틀러가 그랬고, 이탈리아 무솔리니가 그랬다. 히틀러 독재의 경우, 국회는 히틀러에게 국가권력을 마음대로 행사하도록 입법권력을 위임했고, 국회로부터 위임받은 공식적인 권력으로, 그는 독재 권력을 행사했고, 전쟁을 일으켜 유대인 인종청소를 감행했다. 법 논리적으로 법에 근거한 권력 행사였으니, 절차와 방법은 적법한 것이었다. 그러니 정의로운 행동이었다고 말한다. 그러나 그 실질은 인간 말살이었다.

자연법주의와 법실증주의는 강요된 이분법

자연법주의와 법실증주의 논쟁은 전형적인 '이분법적 강요'다. 많은 학자는 스스로 함정에 빠져서 이 둘 이외에 다른 선택지는 없다는 것처럼 논쟁한다. 법적 정의의 근거는 자연법 또는 실정법 둘 중 하나일 수밖에 없다고 생각한다.

이런 선택지 제한은 그 자체가 잘못이다. 위에서 정의 이론을 분류하면서 살펴보았듯이, 인류 지성이 정의를 찾는 방법은 절대주의, 상대주의 두 분류를 넘어선다. 상대주의 속에서도 정의를 찾는 방법이 다시 분화하기 때문이다. 정의를 현실에 종속시키는 현실주의 성격의 상대주의도 있지만, 상대성 속에서 사람들의 합리적 관계 형성을 통해서 정의를 찾겠다는 관계주의 성격의 상대주의도 있기 때문이다.

관계주의 관점에서, 자연법주의와 법실증주의는 모두 비판의 대상이 될 뿐이다. 자연법주의는 인간 인식에 한계가 있다는 점을 놓치고 있다. 자연법으로 표방된 로고스, 이성, 절대정신, 사회유기체, 민족, 과학적 합리성, 공리의 요구, 공산이념이 아무리 좋은 것이어도, 그런 자연법이 과연 실재하는지 의문이다. 만일 실재한다고 하더라도 사람은 그것 자체를 인식할 수 없다. 사람은 절대적 객관성을 그대로 인식할 수 없는 존재다. 그런 점에서, 자연법은 사람들 모두가 공유할 수 있는 정의가 될 수 없다.

한편 법실증주의는 인간 존재의 불완전성을 핑계로 바람직한 정의, 합리적인 정의 개념을 포기하겠다는 속단의 오류를 범하고 있다. 모든 법은 사람의 작품이므로 불완전하다. 그런 법으로 '내 몫'을 분배하면, 사람들은 기득권층과 사회적 약자로 양극화될 수밖에 없다. 그런 실정법을 정의라면서 무조건 준법을 강요하면 사회의 부조리는 더욱 심해질 뿐이다. 법은 현재 기득권층의 이익을 옹호하고, 서민 대중을 억압하는 도구가 될 뿐이다. 법실증주의는 '법의 이름으로' 현실의 부조리를 강화하겠다는 이론이 된다.

이런 법실증주의의 결과는 **사람들이 함께 잘 살기 위해서** 법질서가 필요하다는 법의 본질에 정면으로 배치된다. 적어도 사람들이 함께 잘 살아야 한다는 사회의 본질은 법이 좋은지, 나쁜지를 평가하는 기준이 될 수 있어야 한다. 이런 기본적 가치판단조차 거부하는 법실증주의는 법이 '사람의 작품'이라고 말하면서, '사람을 말살하는 작품'을 받아들이는 셈이 된다.

이런 점에서 관계주의, 황금률 등 제3의 선택지를 배제한 채 논의하는 자연법주의, 법실증주의 논의는 인류 지성의 발전을 제대로 반영하지 못한 논의였다고 비판할 수밖에 없다.

황금률이 제시하는 새로운 지평

반면에 관계주의, 황금률 등을 고려하게 되면, 자연법주의와 법실증주의 논의는 새로운 지평을 얻을 수 있다.

관계주의 관점에서, 자연법주의는 새롭게 해석될 수 있다. '모든' 분배 문제에 절대적 기준이 있다는 '전체'로서의 자연법주의가 아니라, '인간의 존엄과 가치'가 절대적 가치이므로 이를 훼손해서는 안 된다는 내용의 "축소된 형태의 자연법주의"가 있을 수 있다. 최고 가치가 무엇인지에 관한 지금까지의 인류 지성의 성과가 '인간으로서의 존엄과 가치'였다는 점에서 절대적 가치라는 의미다.

이런 축소된 의미의 자연법은 인간 존엄을 해치는 실정법을 제거하는 합리적인 기준이 될 수 있다. 그리고 이런 경우의 자연법은 '모든' 분배 기준을 설정하는 것이 아니고, '인간의 존엄과 가치'만 자연법으로 받아들이므로, 자연법이라 해서 '도덕적 몽둥이'로 둔갑할 우려도 없다.

실제로 오늘날 우리나라 등 선진국 헌법이 모두 이런 형태의 자연법을 선언하고 있다. 헌법에 '인간의 존엄과 가치'를 최고 가치로 선언한 뒤, 그 가치에 위반되는 법률에 대해서 위헌을 선언하는 헌법재판제도를 갖추고 있는데, 이는 실정법(법률)이 헌법으로 선언된 자연법(인간의 존엄과 가치)의 최고 가치를 훼손하지 못하게 하기 위함이다.

이 인간의 존엄과 가치에 기초해서 우리 헌법이 설정한 대한민국 사회의 목표가 '우리들과 우리들 자손의 안전과 자유와 행복'이다. 이 목표는 대한민국의 북극성이다. 국가의 실정법이 정의로운지를 평가하는 핵심 지표다.

또한, 관계주의, 황금률은 '실정법이 정의'라는 왜곡된 이론에서 법실증주의를 해방시킬 수 있다.

원래 법실증주의는 경험과학, 즉 실증에 기초해서 법의 원리 · 논리를 정립함으로써 법이 권력자들의 손에 좌우되는 것을 방어하기 위해서 전개된 이론이다. 이런 점에서, 법실증주의는 사람들이 경험과학 · 실증에 관한 논의를 통해서 서로를 존중하는 법질서를 찾아가는 과정으로 이해할 수 있다.

이런 원래의 취지를 고려하면, **법실증주의는 과학적 실증주의, 과학적 법학 방법론, 객관화된 이론의 정립 등을 통해서 법과 제도의 합리성을 추구하자는 이념으로 이해될 수 있다.**

예를 들어, 법실증주의는 법 자체의 형식에 대한 올바른 원리를 찾아서 법의 논리구조·요건효과의 원리 등 객관화를 통해서 정립된 법만 정법으로 인정될 수 있다는 이념으로 법치주의 이론을 세우는 논의로 거듭날 수 있다. 개개인들 각자가 서로 주체로 인정하면서, 사람들의 법적 관계를 형성하는 기초 원리가 무엇인지를 객관적으로 찾아가는 이념 말이다.

이런 관점에서, 법실증주의는 현실의 법이 그대로 정의라고 옹호하는 이론이 아니라, 사람들 각자가 인간의 존엄과 가치를 서로 존중할 수 있게끔 설계된 법이론을 개발하는 원리로 재설정될 수 있다.

■ 방법론으로서의 법적 정의

오늘날 정의는 분배 방법론이 쟁점

지금까지 정의에 관한 인류 지성사를 간단히 살펴봤다. 그 과정에서 오늘날 타당하게 받아들일 수 있는 정의 개념이 관계주의, 황금률임을 확인했다. 각자가 주체가 되어 서로 동등하게 대우하는 것, 자기가 대우 받고 싶은 만큼 다른 사람을 대우하는 게 정의라는 것이다.

다행스럽게도, 황금률과 관계주의는 몇 가지 점에서 오늘날 우리나라 헌법이 선언한 철학과 일치한다.

첫째는 한 사람 한 사람 개인이 인간으로서의 존엄을 가진 주권자로 대우받으면서 올바른 분배질서를 만들자는 것이다. 정의를 실현할 때,

개개인이 주체가 된다는 의미다.

우리 헌법이 법질서의 기초로 선언한 국민주권주의가 바로 그것이다. 국가는 개개인들 각자가 주체가 되어 정의를 구현한다. 개개인들이 주체가 되어 분배질서의 내용을 이루는 법을 만들고, 그 법에 따라 주체가 되어 분배 내용을 스스로 결정한다.

둘째는 정의 내용에 관하여 절대적 기준이 없다는 점이다. 정의는 각자가 다르게 생각할 수 있다는 점이다. 우리 헌법이 인간 존엄성을 국가 질서의 기초에 놓은 것은, 각자가 다른 가치관을 가지지만 그 다름을 서로 존중하면서 함께 더 잘 살자는 의미다. 국가라는 사회에서 함께 잘 살자는 뜻은 공유하지만, 이 목적을 달성하는 방법과 내용에 관해서 국민 개개인은 각자 다른 가치관을 가짐을 인정한다는 의미다.

셋째는 정의의 절대적 기준은 없으나, 사람들이 함께 추구하는 정의의 목표가 있다는 점이다. 목표는 둘로 설명된다. 하나는, 황금률에 따라 서로가 주체로서 존중해야 한다는 정의가 질서로 구현되어야 한다는 것이다. 다른 하나는, 분배의 내용과 결과가 '우리들과 우리들 자손의 안전과 자유와 행복'을 국민이 함께 누리는 것이 되어야 한다는 것이다.

이런 점에서 오늘날 국가 질서는 아무렇게나의 질서가 아니다. 어떤 경우에도 흔들리지 않는 확실한 북극성이 있다. 국민 '모두'의 행복한 삶이 북극성이고 국가 질서, 경제 질서, 정치 질서의 기준이다.

이런 기초적인 생각은, 오늘날 정의의 쟁점 및 우리나라 국가 질서의 정의 쟁점이 무엇인지를 선명하게 드러낸다. **'어떤 분배 내용'이 정의로운지 본질을 묻는 게 아니라, '가치관과 생각이 다른 사람들이 각자 주체가 되어 분배하는 방법' 중 어떤 방법이 바람직하냐는 게 정의에 관한**

질문이 된다. 사람들이 주체가 되어 각자 분배하는 행동을 할 때, 어떻게 행동할 수 있게 하는 게 정의로운지에 대한 질문이다. 즉, 정의 쟁점은 내용론, 실체론—각자 무엇을 얼마나 분배받느냐는 질문—이 아니라, 개개인 각자가 스스로 주체가 되어, 상대방 개인들과 어떻게 분배 문제를 처리할 것인지의 방법론으로 전환된다.

주체와 방법론으로의 정의

이런 쟁점의 전환은, 법의 실제 현실과도 일치한다. 법은 처음부터 지금까지 언제나 현실의 실제 분배 문제를 다루고 있었다. 법의 실질은 언제나 '사람들 사이'에서의 분배 문제를 다루는 것이었고, 그 모든 논의는 사람들이 '주체로서' 분배를 결정하고, 사람들이 '주체로서' 분배받는다는 현실을 조금도 벗어나지 않았다.

누가 어떻게 법을 만드는가, 누가 어떻게 의무를 만드는가, 누가 어떻게 의무를 지는가, 그 의무위반에 대해서 누가 어떤 방법으로 책임을 추궁하는가 등이 모두 '사람들이 주체'로서 행동할 때의 질문이었다. 분배는, 결국 분배 내용에 관해서 "사람들이 결정할 때" 나오는 결론이었다.

물론 이 방법론적 질문은 궁극적으로 그 분배의 실질적 결과와 연결되어 있었다. 이때의 결과는, 결과적으로 누가 얼마나 더 많은 분배를 가져갔는지다. 그 결과를 고려하면서, 법은 분배 방법 관계를 설계했다. 사람들이 서로 동등한 지위에서 대등한 거래로 분배 결정하게 할지, 군주와 귀족이 특별한 지위를 가지고 분배를 결정하는 힘을 갖게 할지 등이다.

고대 군주국가의 법은 군주가 분배를 결정하고 군주가 모든 것을 다 가지는 질서였고, 근대 국민국가의 법은 국민 개개인이 거래로 분배를 결정하는(특히, 마음껏 독과점시장을 형성해서 분배할 수 있도록) 질서였다.

누가 어떻게 분배를 결정한 것인지의 '주체와 방법론' 논의는 실질적으로 사람들 사이의 밥그릇 싸움이었다. 신, 이데아, 이성, 과학 등 정의의 내용에 관한 이론들은 그 밥그릇 크기를 위해서 동원된 수단이었다. 이들 이론은 모두 '누가', '그리고 그가 어떻게' 결정하는 게 좋은지를 두고 근거·이유·핑계를 대는 시녀였다고 볼 수 있다.

이처럼 법에서의 현실적 쟁점은 '누가 어떻게' 분배를 결정할지였다. 물론 그 쟁점의 궁극적 목적은 그 분배를 누가 얼마나 더 가져갈지의 결과에 연결되어 있었다.

법질서란, 위 현실적 쟁점에 대한 논의를 전개하는 과정이었다. 오늘날 법도 역시 '누가 어떻게' 분배를 결정할지를 현실 쟁점으로 다루고 있다. 다행스러운 것은, 오늘날 법은 인간의 존엄성과 국민주권주의를 선언함으로써, '누가'를 확립하고 있다. '국민 각자(사람들)'가 주체가 되어 법질서를 형성한다는 기본 원칙 말이다. 분배의 주체는 국민 각자다.

적어도 오늘날 법은 '군주(신이 위임한 존재)'가 결정하는 것이 정의라는 허상, '이성(인간 이성은 합리적이므로 오류가 없다)'에 따라 결정하는 것이 정의라는 허상은 벗어난 상태다.

게다가 내용적으로 우리나라 헌법은 분배의 목표—올바른 분배 방법을 통해서 추구해야 하는 목표―도 분명하게 선언하고 있다. "우리들과 우리들 자손의 안전과 자유와 행복을 영원히 확보"하는 것이라고.

그렇다면 **오늘날 정의 쟁점은, 사람들 각자가 주체가 되어 어떤 분배 방법으로 분배하는 게 바람직한 결과(안전과 자유와 행복의 확보)를 가져올지다.** 각자가 주체가 되어 '자기 것, 내 것'을 분배받고 분배할 것인지를 어떻게 결정할 것인지의 문제다. 물론, 그 전제는 각자가 주체로서 다른 생각·가치관·판단을 갖고 있다는 것이다.

한마디로, 오늘날 법적 정의는 관계주의, 황금률의 관점에서 "국민 각자가 어떻게" 분배하는 게 정의로운지가 핵심 쟁점이 된다. 어떤 내용의 분배가 정의로운가, 어떤 결과의 분배가 정의로운가가 아니라, 개개인들이 주체가 되어 어떤 방법으로 분배하는 것이 정의로운지다.

분배 방법은 오직 두 가지뿐

정의에 관해서, 이처럼 분배 방법론으로 접근하게 되면, 정의론은 의외로 간단하게 정리된다는 점에 놀라게 된다. 분배의 '올바름' 자체가 무엇이냐는 쟁점에 대답은 어려워도, 사람들 각자가 주체가 되어 행할 수 있는 분배 '방법'이 무엇인지 질문에 대한 대답은 간단하다.

각자 자유로운 존재로서, 사람들이 사회에서 각자 주체가 되어 서로 존중할 사회 속에서, 서로 '내 것', '네 것'으로 분배하고, 그것을 분배받아서 '내 것'이 되게 하고, 그것을 다시 '네 것'이 되게 재분배하는 방법론은 두 종류일 수밖에 없다.

하나는 구성원 각자가 다른 사람을 상대로 서로 '내 것'을 어떻게 거래할지를 결정해서 분배하는 방법이고, 다른 하나는 구성원들이 공동체적으로 전체 의사를 결정해서 분배를 시행하는 방식이다. 전자는 분배의 내용을 각자가 결정하는 것이고, 후자는 분배의 내용을 공동체 전체의 의사로 결정하는 것이다. 전자는 개인들이 각자 거래해서 분배가 이뤄진다는 점에서 개인 거래 방식이라고 한다면, 후자는 공동체가 분배 내용을 결정해서 분배가 이뤄진다는 점에서 공동체 방식이다.

간단히, 태평양의 외딴섬에 사는 부족을 생각해 보자. 예를 들어, 남자들은 바다에서 고기를 잡고, 여자들은 농사를 짓는 분업이 이루어진다. 여기에서 분배가 이루어질 때, 각자 벌어들인 물고기와 농산물을 시장에 내놓고 물물교환을 한다면 이는 개인 거래 방식으로 네 것, 내 것을 분배하는 것이다. 반면에 부족장이 남자와 여자들이 벌어들인 물고기와 농산물을 모두 모아 놓고, 환자 가족, 아이들이 많은 가족, 노력을 더 많이 한 가족에게는 조금 더 주고, 다른 가족들에겐 나머지를 똑같이 나눠 준다면, 공동체 방식으로 네 것, 내 것을 분배하는 것이다.

아리스토텔레스의 정의 형태 분류도 이 두 방법과 일치한다. 그는 분배적 정의와 시정적 정의로 구분했는데, 분배적 정의는 '정치체제를 함께하는 사람들 사이의 분배', 시정적 정의는 '모두 동등한 사람으로 간주하는 당사자 사이의 상호 교섭을 통해서 성립하는 분배'라고 했다.[7] 분배적 정의는 공동체 방식이고, 시정적 정의는 개인 거래 방식이다.

---

7   Aristotle, (기원전 330년경), 강상진 역, 같은 책, 1130b, 1131a.

이 두 방법은 현실의 실제 분배 방법과도 일치한다. 실제의 모든 법은 지금까지 정의 실현 방법으로 이들 두 방법만을 사용해 왔다. 모든 법은 **사법과 공법** 둘로 분류된다. 사법은 개인들 사이의 법률관계를, 공법은 국가와 국민(개인) 사이의 법률관계를 규율하는 법이다.

사법은 개인들 서로의 법률관계를 규율한다. 사법은 개인들끼리 서로 네 것, 내 것을 보장하고(서로 침해하지 않고), 그것을 변동시켜서(네 것, 내 것을 거래) 분배를 실현하는 법이다. 특히 변동의 경우, 사법은 개인들이 서로 거래하는 방식으로 변동하는 방법을 채택하고 있다. 그래서 개인 거래 방식이라고 한다.

예를 들어, 자동차 소유자는 다른 사람들이 자동차를 침해하지 못하는 의무를 통해서 자동차 '내 것'을 보장받는다. 소유자와 다른 사람들의 관계다. 그리고 자동차 소유자 A는 다른 사람 B에게 자동차를 매매할 수 있다. 3천만 원에 사고팔기로 하는 두 당사자 각자의 분배 의사가 일치될 때, 내 것과 네 것의 주인이 바뀐다. 즉, 개인 거래로 자동차와 3천만 원의 주인이 바뀐다.

공법은 국가와 국민 사이의 법률관계를 규율한다. 공법은 국가가 국민의 것(예를 들어, 인권)을 보장하고, 그것을 변동시켜서(예를 들어, 우측통행) 분배를 실현하는 법이다.

특히 변동의 경우, 공법은 사법과 완전히 다른 형태인데, 그래서 공법과 사법은 엄격히 구분된다. 공법은 국가가 일방적 결정으로 국민의 것을 국가의 것이 되게 하고, 국가의 것을 국민의 것이 되게 변동하는 방법을 채택하고 있다. 그래서 단체적, 공동체적 방식이라고 한다.

예를 들어, 토지 소유자는 토지를 '내 것'으로 가진다. 국가는 그의 토지를 함부로 침해할 수 없다. 그런데 국가는 법률을 만들어서 국가 공동체의 이름으로 토지 소유자에게 부동산세를 부과한다. 세금을 부과할 때, 소유자와 계약하거나, 협의하지 않는다. 일방적으로 법률을 만들어서 세금을 빼앗아 간다. 예를 들어 세금 20만 원의 주인이 국가로 바뀐다.

그뿐 아니라, 국가는 공동체 이름으로, 예를 들어 고속도로를 만드는 데 필요하다는 이유로 토지를 수용할 수 있다. 이때, 국가는 토지 소유자와 계약하거나 협의하지 않는다. 일방적으로 법률에 근거해서 토지를 국가의 것으로 만든다.

오늘날 사회법 등을 설명하면서 그것이 사법이나 공법이 아닌 제3의 법역(法域)이라고 분류하는 학자도 있지만, 그 법역에 속한 법률관계는 모두 이론적으로 공법관계 또는 사법관계로 분류할 수 있다. 그렇다면 사회법은 이들 두 법률관계가 혼합된 것일 뿐, 새로운 형태의 법률관계를 형성하는 법역은 아니라고 보아야 한다. 특별한 사회적 역할을 담당하는 법 영역을 설명하는 개념 정도로 이해하면 될 것이다.

분배 방법 속에 정의 있다

분배 방법론은 단순히 방법론에 그치지 않는다. 위에서도 말했듯이, 방법론 쟁점은 그 분배의 실질적 결과와 직결되어 있었다. 사실, 방법론은 누가 얼마나 더 많은 분배를 가져갈지 결과를 결정하는 문제였다.

예를 들어, 군주가 신을 핑계로 자기가 결정하는 대로 분배하려고 할 때, 군주는 주권자로서 공동체 방법을 정의질서로 채택했다. 백성들이 자유롭게 거래하는 개인 거래 방법은 허용하지 않았다.

반면에, 중세 봉건영주나 근대 자본가들은 개인 거래 분배만으로 정의질서를 구성했다. 국가가 공동체 분배로 간섭하는 것을 배제했다. 국가라는 공동체가 가난한 국민을 위한 사업에 필요하다는 이유로 가진 자들에게 함부로 세금을 부과하는 것을 배척하기 위한 것이었다. 뒤에서 설명하는 역사를 살펴보면 내용을 자세히 이해하게 된다.

여기에서 질문이 생길 수 있다. **방법론은 두 종류밖에 없는데, 왜 정의 내용에 대한 이론은 수없이 다양한가, 어떻게 이들 두 방법론으로 수많은 나라가 시행하는 법질서의 정의 내용을 설명할 수 있는가**의 질문이다.

이유는 간단하다. 이들 두 방법론의 관계가 양자택일의 관계가 아니라는 점에 있다. 즉, 이분법으로 강요되는 관계가 아니다. 현실의 정의질서는 이들 두 방법을 혼용할 수도 있다.

예를 들어, 고대 군주국가는 군주의 공동체 방식만 채택했고, 근대 국민국가는 개인들의 개인 거래 방식만 중시했지만, 오늘날 복지주의 국가는 개인 거래 방식을 원칙으로 하고, 공동체 방식을 보충적으로 채택하고 있다. 그리고 두 방식을 모두 채택할 때도, 개인 거래 방식과 공동체 방식의 관계를 어떻게 설정하느냐에 따라 분배의 형태와 결과는 다양하게 분화한다.

이런 점에서 정의 구현 방법론은 두 종류뿐이지만, 이 두 방법론을 통해서 구현할 수 있는 정의 형태는 다양하게 분화될 수 있고, 그에 따라 법질서 형태 또한 다양할 수밖에 없는 것이다.

그렇다면 다시 질문이 제기된다. 이들 두 방법론 중 어떤 것이, 또는 어떤 형태의 조합(혼용)이 '올바른 결과'를 가져올 수 있는가의 쟁점이다. 물론 절대적 올바름이 아니라, 다수의 주체가, 즉 사회를 구성하는 사람들 대다수가 수긍할 수 있는가다. 이에 대답하기 위해서는 두 분배 방식이 가진 특성·의미·장단점을 조금 더 자세히 살펴볼 필요가 있다.

개인 거래 분배는 개개인의 결정

개인 거래 방식은 개인 각자가 스스로 분배를 결정하는 방식이다. 사회에서 개인 각자가 분업에 참여하였으니, 각자가 '내 것' 분배를 결정한다는 생각은 자연스럽다. 예를 들어, 각자가 자기에게 필요한 '내 것'을 갖기 위해 자유롭게 매매·대여·담보·고용·위임 등으로 다른 사람의 '내 것'을 주고받는 것이다.

이런 방식으로, 각자는 각자 필요로 하고 좋아하고 원하는 것을 자유롭게 얻는다. 개인 거래 방식은 각자의 기·취향·개성에 맞춰서 각자가 원하는 것을 개별적으로 얻을 수 있는 장점을 가진다.

사법(私法)은 개인 거래 방식을 구현하는 법이다. 민법, 상법, 주택임대차보호법 등이 사법이다. 민법이 규율하는 '매매'를 생각해 보자. 매매는 어떤 개인 매도인이 '내 것' 재산권(물건)을 상대방에게 이전하고, 상대방 매수인이 '내 것' 돈 대금(금전)을 매도인에게 지급하는 거래이다.

> 민법 제563조(매매의 의의) 매매는 당사자 일방이 **재산권을** 상대
> 방에게 이전할 것을 약정하고 상대방이 그 **대금을** 지급할 것을 약정
> 함으로써 그 효력이 생긴다.

매매를 통해서 매수인은 매도인의 '내 것', 예를 들어 학용품·자동
차·아파트 등 물건을 '내 것'으로 얻고, 매도인(파는 사람)은 매수인의
'내 것' 금전을 매도인 자신의 '내 것'으로 만든다. 개인 거래 분배의 형
태는 거의 무한하다. 사람들이 내 것을 주고받은 형태로 상상할 수 있는
모든 형태가 거래로 가능하다. 서로 합의만 하면 개인 거래는 성립된다.
두 사람 사이에서의 분배 거래이기 때문이다.

민법은 다양한 개인 거래 형태 중 대표적인 거래 형태를 예시적으로
정해 놓고 있다. 민법 조항을 보면, 개개인들이 각자 무엇을 주고받는지
를 확인할 수 있다. 물건의 소유권만 주고받는 게 아니라, 물건의 사용
권만 주고받기도 하고, 사람의 서비스도 주고받는다. 그런 것들이 각각
내 것, 네 것의 대상이기 때문이다.

> 민법 제596조(교환의 의의) 교환은 당사자 쌍방이 금전 이외의 재
> 산권을 상호이전할 것을 약정함으로써 그 효력이 생긴다.
> 제598조(소비대차의 의의) 소비대차는 당사자 일방이 금전 기타
> 대체물의 소유권을 상대방에게 이전할 것을 약정하고 상대방은 그와
> 같은 종류, 품질 및 수량으로 반환할 것을 약정함으로써 그 효력이
> 생긴다.
> 제618조(임대차의 의의) 임대차는 당사자 일방이 상대방에게 목적
> 물을 사용, 수익하게 할 것을 약정하고 상대방이 이에 대하여 차임을

지급할 것을 약정함으로써 그 효력이 생긴다.

　제655조(고용의 의의) 고용은 당사자 일방이 상대방에 대하여 노무를 제공할 것을 약정하고 상대방이 이에 대하여 보수를 지급할 것을 약정함으로써 그 효력이 생긴다.

　제664조(도급의 의의) 도급은 당사자 일방이 어느 일을 완성할 것을 약정하고 상대방이 그 일의 결과에 대하여 보수를 지급할 것을 약정함으로써 그 효력이 생긴다.

　제674조의2(여행계약의 의의) 여행계약은 당사자 한쪽이 상대방에게 운송, 숙박, 관광 또는 그 밖의 여행 관련 용역을 결합하여 제공하기로 약정하고 상대방이 그 대금을 지급하기로 약정함으로써 효력이 생긴다.

　주목할 점은, 이들 민법 조항은 개인 거래의 예시에 불과하므로, 사람들에게 이런 형태로만 거래하라는 의미가 아니라는 점이다. 사람들은 그 거래 형태를 응용해서 더 다양하고 복잡한 거래를 할 수도 있다. 이처럼 법은 항상 사람들에게 하라 말라는 강제 조항으로만 이루어진 게 아니라는 점도 기억해 두자.

자유주의는 개인 거래 분배

　개인 거래는 개인 각자가 스스로 직접 분배 내용을 결정한다는 게 핵심이다. 그리고 거래하는 개인은 각자 주체로서 서로 동등하다. 서로 동등하므로, 서로에게 일방적으로 강제할 수 없다. 개인들은 각자 자유로운 의사결정으로 거래한다. 거래할 것인지 말 것인지, 누구와 거래할 것인지, 어떤 내용으로 거래를 할 것인지를 각자 스스로 결정한다.

아무도 강제하지 못한다. 상대방을 설득할 수 있을 뿐이다. 개인 거래에서 개인은 자유로운 주체다. 두 당사자가 자유롭게 의사를 결정할 때만, 거래가 이루어진다. 개인 거래는 각자의 자유가 기초다. 이처럼 개인 거래는 각자의 자유를 존중하는 분배다.

이런 자유 존중의 가치에 주목해서, **개인 거래 방식에 따라 분배하는 것이 정의라고 받아들이는 이념을 '자유주의(自由主義)'라고 한다.** 이 책에서는 이 자유주의 개념을 뒤에서 다루는 '민주주의' 개념과 대조해서 사용한다. 자유주의는 '개인 거래 방식'으로의 분배를 의미하는 것으로, 민주주의는 공동체 분배를 의미하는 것으로 말이다.

일상용어로 자유주의 개념은 여러 층위로 사용되는데, 자유 개념 자체가 인간이 다른 동물과 달리 '자유로운 존재'라는 근본 의미에서 시작되기 때문이다. 이런 자유의 근본 개념에 기초해서 일반적으로 자유주의는 널리 개인의 자유를 보장하고 존중하는 이데올로기로 사용된다. 이런 자유주의 개념은 이 책에서 말하는 국민주권주의와 같은 개념이고, 이 책에서 말하는 자유주의와 민주주의 두 개념을 모두 포함하는 개념이 된다. 앞으로 이 책에서는 자유주의 개념을 공동체 분배를 의미하는 민주주의 개념과 대비되는 개념으로 주로 사용한다.

'거래가 이루어지는 곳'을 시장이라고 한다. 개인 거래는 시장에서 이루어진다. 그런 점에서 자유주의는 '시장주의'다. 자유주의, 시장주의, 자유시장주의는 같은 의미다. 다만, 자유방임주의라는 용어는 특별히 의미를 표현하는 데 사용한다. '오로지' 자유주의만 정의롭고, 민주주의에 따른 공동체 분배 방식은 허용되지 않는다는 주장을 표현할 때 사용한다. 즉, 공동체 분배를 배척하는 용어다.

거래의 자유가 구속의 자유로

개인 거래를 법으로 구현하는 제도가 '계약(契約)'이다. 계약을 법적으로 정의할 때, '의사표시의 합치를 요소로 하는 법률요건'이라고 표현한다. 그 개념 정의가 말하듯이, 계약은 '당사자 각자의 의사표시'가 있다는 것과 그것이 '합치'된다는 것이 요건이다. 각자 똑같은 내용으로 결정했을 때 거래가 이루어진다는 의미다. 각자의 자유로운 의사가 일치되었다는 뜻이다.

예를 들어 자동차 매매를 본다. 한쪽 당사자는 2천만 원에 자동차를 판다는 의사를 결정했고, 다른 당사자는 2천만 원에 자동차를 산다는 의사를 결정해서, 그 두 의사가 일치되니 계약이 성립되었다는 의미다.

> 민법 제563조(매매의 의의) 매매는 당사자 일방이 재산권을 상대방에게 이전할 것을 **약정하고** 상대방이 그 대금을 지급할 것을 **약정함으로써** 그 효력이 생긴다.

계약은 두 당사자가 표시한 의사 내용대로 효과가 생긴다. 위 자동차 매매에서 당사자들이 2천만 원과 자동차를 바꾸기로 했으니, 그 내용대로 법률효과가 생긴다. 새로운 분배가 일어난다. 매도인은 매도인의 '내 것' 자동차를 매수인에게 넘겨줘야 하고, 매수인은 매수인의 '내 것' 2천만 원을 매도인에게 넘겨줘야 한다.

계약의 효과는 서로 '내 것'을 상대방에게 넘겨줘야 하는 의무를 발생시킨다. 법적 구속을 만든 것이다. 만일 의무를 이행하지 않으면 상대방은 그 의무를 법적으로 강제할 수 있다.

이처럼 **계약은 각자 자유로운 결정으로 법적 구속을 만드는 제도다.** 계약은 각자가 자유롭게 결정하지만 일단 계약이 성사되면 그 약속을 지켜야 하는 법적 의무가 생긴다. 계약을 체결할지는 자유지만, 일단 체결되면 사람의 자유를 구속하는 힘을 만든다.

이런 점에서, 법적으로 자유주의는 자기의 자유를 통해서 스스로 자기를 구속하는 자유를 보장하는 것이라고 정리할 수 있다. 자유 개념이 자기 구속의 자유를 의미하게 되면, 자유주의는 이미 인간 구속의 문제점을 드러내게 된다.

자유주의 거래의 본질적 한계

많은 사람은 '자유', '자유주의'를 무조건 좋은 것으로 생각하는 경향이 있다. 다른 사람의 간섭 없이 스스로 선택하고, 결정하고, 행동할 수 있으니, 좋은 것, 바람직한 것으로 생각한다.

원칙적으로 자유주의는 사람들이 각자의 존엄성과 주체성을 인정하면서, 스스로 원하는 것, 필요로 하는 것을 자유롭게 거래하는 원리다. 이런 점에서, 기본적으로 '좋은 것'임에는 틀림없다. 그러나 위에서 보았듯이, 자유주의는 계약을 통해서 자기의 자유를 스스로 구속하는 자유를 보장하는 것이다. 계약 내용이 두 당사자 모두가 흔쾌히 원하는 것이라면 각자의 자유에 좋은 것이지만, 두 당사자 중 한쪽이 '생존에 급급해서 할 수 없이 체결하는 계약'이라면 계약은 어떤 사람의 삶에 비극을 초래할 수도 있다.

소작 계약은 좋은 사례다. 형식은 자유를 보장하는 계약이지만, 실질은 농노의 삶을 선택하는 것이다. 영주, 지주의 지시와 명령에 따라야 하는 구속을 의미한다.

자유주의는 두 사람을 모두 자유롭게 할 수도 있지만, 두 사람 중 어떤 사람에게는 삶의 굴레가 될 수도 있다. 이것이 자유주의의 본질적 한계다. 자유주의는 결국 개인의 이기적 본성, 개인의 이해관계를 인정하는 데에서 시작되기 때문이다. 자유주의만으로, 국방·치안·도로·통신 등 사회 공공재를 공급할 사람을 찾을 수 없다. 공급하더라도 개인은 독점 상태를 이용해서 공공재를 아주 비싼 가격으로 공급할 것이다.

결과적으로, 자유주의는 특히 사회적 약자들에게 큰 위험이 되게 된다. 자유주의 시장 대부분은 독과점시장인데, 독과점시장은 누군가가 가격을 결정하고 다른 사람들은 '사실상 강제'당하는 관계를 의미한다. 그 거래의 결과는 빈익빈 부익부, 양극화일 수밖에 없다. 그런데 우리의 삶은 대부분 독과점시장 속에 놓여 있다. 핸드폰 시장, 자동차 시장이 독과점시장이고, 백화점, 인터넷쇼핑 등 유통시장이 독과점시장이다. 노동시장도 독과점이다. 우리 사회에서 보는 양극화 현상은 자유주의의 필연적 결과다.

그렇다고, 독과점 자체를 모두 나쁘다고 오해해서는 안 된다. 우리 헌법은 어떤 독과점은 장려하기도 한다. 물론 좋은 독과점이다. 우리 헌법은 기술 개발, 시장 개척 등 바람직한 독과점을 통해서 개인과 사회의 발전을 꾀하고 있다. 자유주의가 가지는 최고의 장점을 북돋는 것이다.

> 헌법 제22조 ② 저작자 · 발명가 · 과학기술자와 예술가의 권리는 법률로써 보호한다.
> 제119조 ① 대한민국의 경제질서는 개인과 기업의 경제상의 **자유와 창의**를 존중함을 기본으로 한다.

한편 현실에는 나쁜 독과점이 수없이 많이 존재한다. 폭력, 기망, 시장지배적 힘, 기타 부당한 힘으로 조성된 독과점이다. 나쁜 독과점은 부정한 착취와 부정한 양극화를 의미한다.

이런 경우 자유와 계약은 지배 · 구속 · 착취 · 비참을 초래할 뿐이다. 여러 번 말했지만, 소작계약은 좋은 사례. 소작계약은 토지를 독점하고 있는 지주와 토지가 없는 소작인 사이에 행해지는 '계약'이다. 외형상으로는 자유로운 계약이지만, 지주는 주인이 되고, 소작인은 농노가 된다. '계약에서 신분으로'의 현상이 생긴다. 우리 헌법은 조선 중기, 후기, 그리고 일제에 경험했던 소작계약의 비참한 현실을 철저히 반성하고 있다.

> 헌법 제121조 ① ··· 농지의 소작제도는 **금지**된다.

이처럼 자유주의, 시장주의는 논리적으로, 그리고 현실적으로 태생적 한계를 갖고 있다. 공공재 공급이 왜곡될 뿐만 아니라, 독과점주체가 약자들에게 불공정한 거래를 강요하는 구조다. 정의의 관점에서 개인 거래 방식, 즉 자유주의, 시장주의를 무조건 찬양할 수는 없는 이유다. 그렇다면 자유주의의 문제점은 어떻게 해결할 것인가? 다른 분배 방식에 눈을 돌릴 수밖에 없다.

공동체 분배는 국가의 분배

공동체 방식은 국가(공동체)가 공공주체로서 구성원들의 분업과 분배를 일방적으로 결정하는 분배 방식이다. 공동체 분배는 사람들이 서로 개인적으로 거래하는 것과 대비되는 분배 방식이다. 국가가 국민 전체에 공통으로 적용되는 분배 내용을 일방적으로 결정해서 시행하는 방식이다.

공동체 방식은 개인 거래 방식으로는 얻을 수 없는 분배를 만들 수 있다. 즉, 도로, 공항, 국방, 치안, 환경보호 등 공공재를 공급할 수 있고, 사회적 약자에게 인간다운 생활에 필요한 기본적 재화와 서비스를 공급할 수 있다.

오늘날 공동체 분배의 사례는 수없이 많다. 주변을 돌아보자. 우리의 삶 곳곳에 국가의 공동체 분배가 널려 있다. 국가는 도로 · 항만 · 공항 · 교통 · 통신 · 국방 · 치안 등 사회 공공재를 직접 공급하고 있다. 국가가 국민에게 세금을 걷어서 재난지원금, 기초생활을 위한 최저생계비를 지급하는 것, 범법자를 징역에 처하는 것, 개인 토지를 수용해서 도로를 건설하는 것, 성인 남자에게 병역(서비스)을 강제하는 것, 도로에서의 우측통행, 신호 준수를 강제하는 것, 하천이나 공기의 오염행위를 금지하는 것이 모두 공동체 분배다.

공동체 분배는 국가가 개인의 '내 것'을 국가의 것으로 만들거나, 국가 것을 개인의 '내 것'이 분배하는 방법 이외에도, 개인 거래에 일정한 규제와 조정을 하는 방식으로도 행해진다. 국가가 일방적으로 최저임금법을 시행하면 모든 사용자는 근로자에게 최저임금액 이상의 임금을 지급해야 한다. 국가가 사법적 분배 형태를 일방적으로 강요하는 것이다. 만일 사용자와 근로자가 근로계약(개인 거래)으로 최저임금액보다 낮게 임금을 정하면 그 부분은 무효이고, 법이 정한 최저임금을 지급해야 한다. 그 밖에 국가가 지하철 · 버스 · 택시 · 통신료 · 의료비 가격을 규제하고 조정하는 것도 같은 유형이다.

우리나라 국민건강보험제도는 세계적으로 손꼽아 자랑할 만한 공동체 분배제도다. 국민건강보험제도에서 국민 개개인들과 개개 의료기관은 의료서비스와 의료비용을 개별적으로 계약하지 않는다.

법이 정한 대로 의료서비스와 진료비가 분배된다. 모든 국민은 건강보험에 자동 가입되고, 모든 의료기관은 강제로 건강보험의 요양기관으로 지정된다. 국민은 법이 정하는 보험료를 강제로 내지만, 그 대신에 의료기관에서 진찰 · 수술 등 의료서비스를 저렴하게 공급받는다. 의료기관은 의료서비스 제공을 거부할 수 없고 국가가 정한 진료비만을 받는다.

이런 제도 덕분에 우리나라에서의 맹장염 수술비는 30만 원 정도인데, 미국에서는 5백~1천만 원이다. 미국에서 맹장염에 걸리면 두세 달 월급이 날아간다. 미국에서 암에 걸리면 집안이 파산할 수도 있다. 미국 대통령 오바마는 우리나라 건강보험제도를 자국에 도입하려고 무진 노력했지만 결국 실패했는데, 의료계에서 독과점을 형성해서 이득을 보고

있던 의료인들, 제약회사, 사설 보험회사 등 기득권층이 방해했기 때문
이다.

공법은 공동체 분배를 규율한다

공법(公法)은 공동체 분배를 규율하는 법이다. 공동체 분배는 국가가
일방적으로 분배를 결정해서 강제하는 방식이므로, 위에서 말한 사법에
서 통용되는 원리와는 완전히 다르다.

개인 거래 분배는 개개인 각자가 자기의 자유에 근거해서 분배를 결
정하지만, 공동체 분배는 국가의 고권(우월한 힘, 공권력, 간단히 권력
이라고 한다)에 근거한다. 개인 거래에서는 상대방 개인이 거부하면 새
로운 분배가 이루어질 수 없으나, 공동체 분배에서는 국가가 일방적으
로 결정하면 상대방 개인은 이를 거부할 수 없다.

이런 점에서 공법과 사법은 대충 함께 비벼 낼 수 있는 법체계가 아니
다. 근본 원리가 완전히 다르기 때문이다.

물론 공법의 핵심 개념인 고권의 근거는 국민주권이다. 헌법 제1조는
이를 분명하게 쓰고 있다.

> 헌법 제1조 ② 대한민국의 주권은 국민에게 있고, 모든 권력은 국
> 민으로부터 나온다.

그래서 고권 행사는 공동체 분배가 된다. 주권자 국민이 공동체적으
로 결정한 힘이 고권이기 때문이다. 입법권, 행정권, 사법권이 모두 고

권인데, 이들 권력은 모두 국민이 민주 절차를 통해서 만들어 낸 것이다. 고권이니, 개인에 대해서 우월하다. 그래서 국가가 권력으로 일방적으로 결정한다. 예를 들어, 도로를 만들 때 일일이 개개인들 각자와 협상하고 거래가 성사되기 위해서 언제까지 기다려야 하겠는가? 우월한 것이 공동체 분배에서는 정의다.

이에 법은 공동체 분배에 알맞은 법체계를 따로 구성하고 있는데, 그것이 공법이다. 공법에서는 국가가 국민 전체의 이름으로 일방적(一方的)으로 공동체적인 분배 내용을 결정해서 분배를 형성·변경한다(일방적 구속력). 이때 '일방적'이라 함은, 상대방 국민과 개별적으로 협상해서 거래하지 않음을 의미한다. 두 당사자가 자유롭게 계약을 체결해서 분배가 이루어지는 사법과 대비된다.

예를 들어, 도로교통법 제13조와 그에 관련된 벌칙 조항을 본다.

> 도로교통법 제13조(차마의 통행) ③ 차마의 운전자는 도로(보도와 차도가 구분된 도로에서는 차도를 말한다)의 중앙(중앙선이 설치되어 있는 경우에는 그 중앙선을 말한다. 이하 같다) **우측 부분을 통행하여야 한다.**
>
> 제153조(벌칙) ② 다음 각 호의 어느 하나에 해당하는 사람은 100만 원 이하의 벌금 또는 구류에 처한다.
>
> 1. 고속도로, 자동차전용도로, 중앙분리대가 있는 도로에서 **제13조 제3항**을 고의로 위반하여 운전한 사람.

이 법조문은 국회가 일방적으로 만들었다. 국민 개개인들의 의사를 묻지 않았다. 그러나 일단 법이 제정되어 시행되는 순간, 국민은 좌측으로도 통행할 수 있는 국민의 '내 것'이 없어졌다. 그리고 만일 어떤 사람이 우측 동행 의무를 위반하면, 그는 '그의 것' 100만 원 이하의 돈을 벌금으로 국가에 빼앗겨야 한다.

공법적 분배의 특징은 일방성이다. 좌측통행의 '내 것'이 없어진 것은 국회가 입법권을 일방적으로 행사한 결과물이고, '내 것'을 벌금으로 내야 하는 것은 법원이 일방적으로 사법권을 행사한 결과물이다.

민주주의는 공동체 분배

공동체 방식은 고권 행사의 일방성에 기초하므로, 개인의 이해관계에 배치되는 경우가 많다. 예를 들어, 국가가 소득세법을 제정하면 개인은 내고 싶지 않아도 소득세를 무조건 내야 한다. '내 것'을 빼앗기고 싶지는 않으나 공동체적으로 결정하였으니 따라야 한다.

이런 '일방성'으로 무장한 공동체 분배는, 법질서로서의 강제성까지 부가되면, 국민을 해칠 위험성을 갖게 된다. 공동체적 분배도 결국 사람의 결정인데, 만일 그 사람이 잘못 결정하면 그 폐해는 심각할 수밖에 없다. 따라서 국민은 공동체 결정에 대해 늘 경계 태세를 늦출 수 없다. 자칫 국가가 공동체 결정으로 국민을 주체·목적이 아닌, 대상·수단으로 전락시킬 수 있기 때문이다.

이에 공동체 분배에서는 누가(어떤 대표자가), 그리고 어떻게 분배 내용을 결정할 것인지가 늘 쟁점이었다. 고대 군주국가에서는 군주가 결정하는 것이 신의 뜻에 합치한다고 주입했고, 귀족국가에서는 귀족들이 결정하는 것이 고상하다고 선전했다.

오늘날 국민주권 국가에서는 어떤 특정인, 특정 계급, 특정 집단이 결정하지 않고, 국민이 모두 참여해서 결정해야 한다고 선언하고 있다. 우리 헌법은 그 선언을 제1조에 두고 있다.

> 헌법 제1조 ② 대한민국의 주권은 국민에게 있고, 모든 권력은 국민으로부터 나온다.

공동체 결정이 반드시 국민으로부터 나와야 한다는 이념이 '민주주의(民主主義)'다.

민주주의에서 가장 중요한 쟁점은 '누가' 결정할지다. 크게 국민이 직접 분배 의사를 결정하는 직접민주제, 대표자를 뽑아서 결정하는 간접민주제로 나뉜다. 간접민주제를 구현하는 데는 입법권 · 행정권 · 사법권을 각각 다른 국민대표들이 결정하게 하자는 권력분립제 · 공화제가 주요한 쟁점이다. 자세한 논의는 뒤로 미룬다.

일상 용어로 민주주의 개념은 넓게는 국민주권주의(국민의 국, 주권의 주)를 의미하거나, 좁게는 국민이 국가 의사결정에 참여하는 민주 절차를 보장하라는 의미로 이해된다. 이 책에서는 민주주의 개념을 주로 위에서 말한 '자유주의'와 대조해서 좁게 사용한다. 개인 거래 방식이 아닌, 공동체 결정을 통한 분배 방식 말이다.

물론 공동체 분배 방식은 민주주의로만 행해지는 것은 아니다. 군주제, 독재, 과두제, 귀족제 등으로도 공동체 분배가 가능하다. 그러나 우리 헌법은 국민주권에 굳건히 서 있으므로, 반드시 민주주의에 따를 것을 정하고 있다. 오늘날 대부분 국가가 국민주권주의를 채택하고 있으므로, 이 책에서 공동체 분배 방식은, 특별한 설명이 없는 한 '민주주의'에 의한 공동체 방식을 의미하는 것으로 사용한다. 또 민주주의는 당연히 공동체 분배 방식을 의미하게 된다.

다만 민주주의를 표방한다고 해서, 현실의 공동체 분배가 항상 민주적으로 결정된다고 착각하면 안 된다. 민주주의라고 표방하면서 현실에서는 교묘하게 독재나 군주제로 공동체 분배를 시행하는 국가들이 세상에는 수없이 많다는 점을 잊어서는 안 된다.

개인 개성이 무시되는 민주주의의 위험성

사회의 본질이 분업 공동체라는 점을 고려하면, 분배 결정을 개인 이기주의에 맡기기보다 공동체적으로 결정하는 것이 더 정의로우리라고 생각해 볼 수 있다. 이런 점에서 때로 많은 사람은 민주주의를 무조건 좋은 이념이라고 생각한다. 그러나 민주주의는 그렇게 쉽게 믿고 안심할 만한 이념은 절대 아니다.

먼저, **민주주의는 공동체 결정이므로 개인이 각자 가진 성향·취향·선호·개성을 모두 반영할 수 없다.** 5천만 국민의 개성을 일일이 확인할 수도 없고, 확인했다고 하더라도 그것을 하나로 정리할 수도 없다. 예를 들어, 어떤 국민은 뱀을 애완동물로 좋아한다. 그걸 근거로, 국가가 각 가정에 뱀 한 마리씩을 주기로 결정한다면, 어떤 일이 벌어질까? 개인들의 취향·선호가 다르다는 점을 고려하면, 민주주의는 자유주의보다 우선할 수 없다. 자유주의와 민주주의를 대비해서 무엇이 우선이고 원칙이냐고 물을 때 민주주의는 원칙이나 우선이 될 수 없음은 확실하다.

또한 민주주의는 그 결정이 반드시 공정하고 정의롭다고 보장할 수도 없다. 민주주의는 공동체 결정을 위해서 국민 의사를 하나로 모은 결과물이다. 수많은 국민의 뜻을 하나로 모았다는 것은 그 하나의 의사가 모두를 만족시킬 수 없음을 의미한다. 시간과 여건에 쫓겨서 결정할 수밖에 없는 상황은 만장일치를 포기할 수밖에 없음을 의미하기 때문이다. 급한 대로 다수결에 따르게 되는데, 그 결정은 누군가에게는 유리하고, 누군가에게는 불리할 수밖에 없다.

게다가 국민의 숫자가 방대해지면 민주 절차가 복잡하고 다양하게 분화되게 된다. 그 절차의 진행 과정이 모두 합리적이라고 보장할 수 없으니 이는 공동체 의사가 왜곡될 가능성을 의미한다. 역사는 간접민주제가 왜곡되어 민주주의라는 이름으로 1인(또는 특정 집단) 독재를 자행했던 사례를 수없이 보여 준다. 공산주의, 파시즘 국가가 표방하는 이념은 모두 민주주의였다. 형식적으로는 민주적이나 그 실질은 권력자가 공동체 분배를 독재하는 것이었다. 독재자는 민주주의의 이름으로 국민을 착취하고 인권을 말살했다.

그리고 위에서 보았듯이 공동체 결정은 '일방성'과 '강제성'을 갖고 있다. 이 일방성과 강제성이 독재자의 독재 권력으로 변질되는 순간, 그 폐해가 어떨지?

위와 같은 민주주의의 한계와 위험성은 민주주의가 제대로 작동하기 위한 통제 제도를 요구한다. 공동체 결정이 일부 특정인이나 특정 세력을 위한 분배가 아니라, 국민 전체를 위한 분배여야 하기 때문이다. 민주주의를 통제하는 제도는 크게 둘로 나뉜다. 첫째는 법치주의이고, 둘째는 민주 절차 자체의 합리성을 확보하는 것이다. 나중에 더 살펴본다.

자유주의와 민주주의를 오가며 방황하는 역사

실제 법질서에서의 정의가 자유주의와 민주주의 둘뿐이라고 압축해도, 아직도 어려움은 있다. **각자 장단점이 있으니, 둘 중 어떤 주의가 더 바람직한가? 둘은 어떤 관계인가?** 서로를 혼합한다면 그 바람직한 모습은 어떤 것인가? 이 논의에 대해서도 사람은 구체적인 정답을 찾을 수 없다. 사람의 불완전성, 한계성 때문이다.

이 지점에서 '역사(歷史)'의 소중함이 새롭게 다가온다. 소크라테스, 칸트 등 인류 선배들이 말했듯이, 사람은 완전히 아는 존재도 아니고, 완전히 모르는 존재도 아니다. 아는 것도 있고, 모르는 것도 있는 존재다. 인간은 '잘 모르는 상태'에서 살아가면서 반성을 통해서 그 이해가 점점 깊어질 뿐이다. 경험과 반성은 인류 발전의 엔진이었다.

역사는 지금까지 인류가 행한 잘잘못을 보여 준다. 오늘날 받아들여서 이어받을 만한 것, 다시는 반복하지 말아야 할 것, 그리고 아직도 잘 모르는 것을 구분해 준다. 오늘날 우리는 절대적인 정의를 찾지 못해도, 적어도 어떤 잘못은 반복할 필요가 없다는 교훈은 가지고 있다. 몇 가지 교훈은 확실하다.

- 신이나 이데아로 표현된 절대적 정의는 모두 허구였다.
- 민주주의가 아닌, 군주, 독재자 1인(또는 특정 집단)의 공동체 분

배 결정은 국민 전체를 위한 게 아니었다. 그들 개인의 이해관계를 반영한 것뿐이었다.

- 근대 자유방임주의, 시장지상주의라는 절대적 이성은 허구였다. 사회의 최적화를 이루기는커녕, 빈익빈 부익부 양극화를 심각하게 초래했을 뿐이다.
- N분의 1로 분배한다는 공산주의는 1인(또는 공산당 집단) 독재의 분배로 귀결되었다.

이들 교훈을 통해서, 우리는 '힘이 법', '주먹이 법'이라거나, '법은 무조건 지켜야 한다'라거나, '어떤 신이 말하는 것이 정의'라거나, '자유시장주의가 절대적 정의'라거나, '공산주의가 평등'이라는 등 선전·선동을 단호히 거부하는 용기를 가질 수 있다.

또한 역사는 인류 지성들을 통해서 미래의 방향도 제시하고 있다. 인간의 존엄과 주체성을 기초로 한 황금률이 그것이다. 인간이 부족한 존재이지만, 이성적 존재로서 서로를 존중하는 미래를 건설할 수 있다는 가능성이다. 이런 비전은 '어차피 사람이 절대적 정의를 찾을 수 없으니, 정의 자체를 추구할 필요가 없다'라는 포기의식과 비애감을 극복하는 힘이 된다.

현재 진행되는 현대 국가사회 또한 역사의 흐름을 이어 가고 있는 중이다. 아직 절대적인 기준을 찾지는 못했지만, 그렇다고 방향타가 없는 흐름은 아니다. 지난 역사를 통해서 인류 지성들이 남겨 준 지혜를 통찰하면서 '이 시점, 이 상황'에서 바람직한 국가 질서를 추구할 수 있다.

현재 우리에게 남긴 역사의 편지를 보면서, '내 몫, 내 것'을 분배하는 정의질서를 어떻게 이어 왔는지, 특히 자유주의(개인 거래)와 민주주의(공동체 분배)가 역사 속에서 어떻게 전개했는지 돌아볼 수 있다. 인류가 어떤 정의 실험을 어디까지 진행했는지 살필 수 있다. 그 역사를 살펴보면서 현재 우리가 '그나마 동의할 수 있는 정의'가 무엇인지를 가늠해 볼 수 있다.

3. 고대 군주국가의 정의

■ 군주의 공동체 분배

군주제 정의는 공동체적 분배

> "군주는 천하의 권한이 모두 자기에게서 나오므로, 천하의 이익을 모두 자신에게 돌리고 천하의 손해를 모두 다른 사람에게 돌리는 것이 마땅하다고 생각한다. 따라서 천하 사람들에게 사적인 소유를 허락하지 않았고, 감히 개인의 이익을 추구하지 못하도록 했다."[1]

이 글은 황종희(黃宗羲, 중국 명말·청초의 사상가, 1610~1695)의 『명이대방록』에 나오는 내용이다. 군주제의 분배 형태를 잘 보여 준다. **군주제 정의질서는 군주 1인에 의한 공동체적 분배 방식이다.** 군주는 국가 질서의 주체이고, 백성은 객체다. 군주는 모든 사물을 일방적으로 분배한다. 분배 내용은 군주의 마음에 달려 있다. 따라서 군주제는 제도적으로 정의를 보장할 수 없다.

---

1 황종희,(명말청초), 강판권 역, 명이대방록(明夷待訪錄), 2010, 26쪽.

군주제는 부정한 정의질서인데도, 역사에서 가장 일반적인 분배 형태였다. 인류 역사 대부분은 군주제로 점철됐다. 악순환의 고리는 쉽게 끊어지지 않았다. 어떤 계기로 역성혁명이 일어나도 군주제가 새로운 국가체제로 다시 등장했다. 유럽은 18세기 근대 국민혁명까지, 동아시아는 유럽이 군주제를 무너뜨린 19세기 중반까지 그랬다.

오늘날에도 국민주권·민주주의 가면을 쓴 채, 군주제를 시행하는 사회가 많이 존재한다. 이런 점에서 18세기 유럽에서 국민주권주의가 성립된 것은 인류 역사에서 기적이었다고 볼 수 있다.

공법으로 규율되는 군주제

공동체적 분배였으니 그 정의질서는 공법으로 규율되었다.[2] 군주가 일방적으로 결정하는 방식이다. 토지제도, 관료제도, 조세제도, 사법제도(형벌) 등이 모두 공법으로 규율되었다. 즉, 모든 법률관계는 국가와 국민의 관계로 정리되었다.

법은 군주의 명령 아래에 있었다. 모든 의무는 군주의 명령으로 일방적으로 성립되었다. 군주의 고권은 모든 사람 및 물건을 지배하는 힘이었다. 그러나 군주는 법을 따르지 않아도 됐다. 군주에게는 법적 의무가 생기지 않았다. 법을 만드는 권력이 법을 지키는 것은 모순이라고 설명되었다. 또한, 군주는 원하기만 하면 법을 수정하고 변경할 권한을 가지

---

2   군주의 공동체적 분배라고 하더라도, 이론적으로는 사법관계를 형성할 수도 있다. 그러나 군주가 굳이 그렇게 할 필요는 없었다.

고 있었다.[3]

　법의 역할은 사람들 사이에서 분배를 올바르게 하기 위한 질서를 만드는 것이 아니라, 군주의 명령, 군주가 만든 의무 내용을 문서로 만들어서 백성에게 알리는 수단이었다. 백성에게 의무를 부과하여 복종시키고 강제하는 통치 수단이었다.

　군주제의 법질서가 모두 공법으로만 이루어졌다고 말하면, 의문이 생긴다. 사람들 사이에 '네 것, 내 것'이 있을 수밖에 없고, 따라서 절도죄도 있고 손해배상도 있을 텐데, 어떻게 개인들의 '네 것, 내 것' 문제를 공법으로만 풀어냈었느냐는 질문이다. 예를 들어, 『한서지리지(漢書地理志)』(전한(前漢) 왕조 1대의 역사를 기록한 한서 중의 한 편)에 전해지는 고조선 8조법금 조항은 마치 개인의 소유권을 보장하는 것처럼 보인다.

> ① 사람을 죽인 자는 사형에 처한다.
> ② 남에게 상해를 입힌 자는 곡물로써 배상한다.
> ③ 남의 물건을 훔친 자는 데려다 노비로 삼으며, 속죄하고자 하는
> 　 자는 1인당 50만 전(錢)을 내야 한다.

　자세한 것은 법사학자들이 밝히겠지만, 이 조항들은 공법이었던 것으로 정리할 수 있다. 이론은 이렇다. 사람이 '내 것' 본성이 있으니, 당시

3　Tamanaha, Brian Z., (2004), 이헌환 역, 법치주의란 무엇인가(On the Rule of Law), 2014, 28쪽.

백성들도 생필품 등 자신의 물건을 '내 것'으로 생각하고 살았다. 그러나 그것을 법적으로 보장하는 방식은 오늘날 '소유권' 형태가 아니다. 소유권은 개인 대 개인 사이의 법률관계다. 나는 '내 것'에 대해 권리가 있고, 다른 사람은 나에게 '내 것'을 침해하지 않아야 하는 의무를 진다는 두 사람 사이의 법률관계다.

그러나 고대 군주제는 백성들이 서로 관계를 맺는 법률관계를 인정하지 않았다. 어떤 사람이 다른 사람의 신체·재산을 침해하지 못한다는 의무는 그 다른 사람에 대한 의무가 아니라, 국가(또는 군주)에 대한 의무였다. 의무위반도 신체·재산의 피해자에 대한 위반이 아니라, 국가에 대한 위반이었다. 개인과 개인 사이의 법률관계가 없으므로, 피해자에 대한 위반이라는 개념이 성립될 수 없었다.

가해자는 국가에 대한 의무위반이므로 책임은 국가에 대해서만 성립됐다. 물론 그 책임 내용은 가해자는 피해자에게 배상하라는 것일 수 있었고, 그것으로 피해자는 그 덕분에 손해배상을 받을 수 있었다. 그러나 그런 손해배상 의무는 국가에 대해 지는 의무였다. 피해자 개인이 직접 가해자에게 '권리'가 있어서 가해자를 상대로 직접 배상을 받는 게 아니었다. 국가가 공법적으로 그렇게 해 준 것뿐이었다.

오늘날 형법과 비교해 보면, 쉽게 이해할 수 있다. 절도죄를 보자. 형법은 절도 금지의무를 규정한다. 이 의무는 국가에 대한 의무이지, 소유자에 대한 의무가 아니다. 이 의무는 민법이 따로 정하는, 소유자와 절도범인 사이의 의무와 비교된다. 형법과 민법 조문을 비교해 보자.

형법 제329조(절도) 타인의 재물을 절취한 자는 6년 이하의 징역 또는 1천만 원 이하의 벌금에 처한다.

민법 제211조(소유권의 내용) 소유자는 법률의 범위 내에서 그 소유물을 사용, 수익, 처분할 권리가 있다.

제213조(소유물반환청구권) 소유자는 그 소유에 속한 물건을 점유한 자에 대하여 반환을 청구할 수 있다.

예를 들어, A가 B 소유의 자동차를 훔친 경우를 생각해 보자. A는 자동차를 훔친 행위는 하나인데, 그 행위에 관해서는 여러 개의 법률관계가 형성될 수 있다.

형법의 법률관계는 국가와 국민 사이의 관계이다. 형법의 절도 조항은 국민 A와 국민 B의 법률관계를 정하는 조항이 아니다. 국민과 국가의 법률관계를 정하는 조항이다. 형법 의무위반은 국가에 대한 의무위반이므로, 범법자는 국가에 대해서 책임진다. 국가는 범죄자를 처벌한다. 절도 조항으로 실질적으로 보호받는 사람은 물건소유자 B이지만, 그 조항의 법률관계는 국가와 국민 A의 법률관계다.

반면 민법은 절도 범인과 피해자 사이의 개인들 관계를 정하는 법이다. 민법 제 211조는 소유권자와 절도 범인 사이에 법률관계를 정한다. 절도 범인 A는 소유권자 B에 대해서 그 소유 물건의 사용 · 수익 · 처분의 권리를 침해해서는 안 되는 의무를 진다. 만일 그 의무를 위반하면, 민법 제 213조의 책임이 발생한다. 이 책임은 소유권자 B에 대한 책임이다. 그 책임 내용도 절도 범인 A와 소유권자 B 둘 사이에 직접적이다. 절도 범인은 피해자의 물건을 점유하고 있으니, 직접 피해자에게 그 물건을 반환해야 한다.

한 걸음 더 나가서 군주주권 당시 공법상 법률관계는 오늘날과 같이 권리와 의무가 대응하는 관계가 아니었다는 점도 주목해 보자. 국민은 의무만 질 뿐이었다. 국민에게는 권리가 인정되지 않았다. 오늘날 공법이 개인들의 권리에 기초해서 국가와의 법률관계를 규율하는 것과 완전히 다른 형태다.

오늘날 국민은 권리를 가지고 있으므로 국가를 상대로 권리침해를 다툴 수 있다. 그러나 당시 개인들은 국가에 대해서 '권리'침해를 주장할 수 없었다. 사법적 권리도 없었는데, 하물며 공법에서랴. 권리가 없다는 것은 국가가 백성에게 잘못하더라도 백성이 국가를 상대로 '내 것'을 주장할 수 없었다는 것을 의미한다.

당시 재판제도는 법률관계가 공법관계였음을 잘 보여 준다. 일반적으로 형사재판과 민사재판이 구분되지 않았다고 표현하는데, 바로 그것이다. 만일, 사법(私法)관계가 별도로 있었다면, 민사재판이 반드시 따로 존재했을 것이다. 그러나 군주국가에서는 그럴 필요가 없었다. 모든 사건은 공법으로 처리되고 있었기 때문이다. 소위 원님 재판으로 충분했다. 원님은 공법으로 모든 사건을 처리했는데, 절도 범인을 형사적으로 처벌할 수 있었고, 피해자에게 배상하라는 내용의 공법적 의무를 부과할 수도 있었다.

빈익빈 부익부의 극치, 군주의 분배

어떤 국가가 실제로 정의로운지를 가장 확실하게 확인하는 방법은 '현실'이다. 각자에게 분배된 '내 몫, 내 것'이 상위 몇 퍼센트에게 얼마나 많이 집중되어 있는지를 보면, 그 사회가 정의로운지를 바로 확인할 수 있다. 분배의 올바름은 분배 몫이 N분의 1을 말하지는 않지만, 대다수 구성원이 받아들일 수 있는 정도의 차이가 이루어질 때 가능하기 때문이다.

군주사회 현실은 빈익빈 부익부 양극화의 극치를 보여 줬다. 국민이 모두 분업에 참여했는데, 국부는 거의 군주와 귀족들이 차지했다. 평민이나 노예는 생계를 유지하기에 급급했다. 피통치자, 피지배자, 피구속자, 예속물이었다.

유발 하라리의 글을 다시 보자.

> "농업혁명 덕분에 인류가 사용할 수 있는 식량의 총량이 확대된 것은 분명한 사실이다. 그러나 여분의 식량이 곧 더 나은 식사와 더 많은 여유 시간을 의미하지 않았다. 평균적인 농부는 평균적인 수렵 채집인보다 더 열심히 일했으며 대가로 더 열악한 식사를 했다. 농업혁명은 안락한 새 시대를 열지 못했다. 그러기는커녕 농부들은 대체로 농업혁명 이전의 수렵 채집인들보다 더 힘들고 불만스럽게 살았다. 농업혁명은 **역사상 최대의 사기(詐欺)**였다."[4]

오늘날 권리의 관점에서, 군주가 행한 분배 내용을 검토해 보자.

> - 군주는 특정 사람, 주로 귀족에게 농토를 하사하였고(재산권), 그

---

4   Yuval Noah Harari, (2011), 같은 책, 124쪽.

들은 그 농토를 농민들에게 소작시켰다(재산거래).
- 전쟁을 위해서 백성을 병사로 징집했고(신체의 자유), 군량 조달을 위해서 백성의 물건을 일방적으로 징발했다(재산권).
- 군주는 가족 형태를 모계사회, 부계사회, 일부일처제, 일부다처제로 일방적으로 결정했고, 친족 관계도 결정했다(성적 자기결정권, 사생활의 자유, 신분권).
- 군주는 으리으리한 궁궐을 짓기 위해서 백성으로부터 재산을 거뒀다(재산권).
- 군주는 수많은 궁녀를 두었다(신분권, 성적 자기결정권).
- 군주는 국가기관의 체계 및 형태, 그리고 누가 그 기관을 담당할 것인지를 스스로 결정하였다(참정권).
- 군주는 명령을 위반하는 사람을, 귀족이든, 평민이든, 제멋대로 감옥에 가두거나(신체의 자유), 능지처참 등 잔인한 형태로 사형에 처했다(생명권).

세습제도는 군주제 정의질서가 부정한 것임을 확실히 보여 주는 표지다. 인간의 혈연관계는 분배를 합리적으로 결정하는 능력과 아무런 인과관계가 없다. 어떤 군주가 성군이나 철인이었다고 해서, 그 아들이나 손자가 성군이라는 보장은 없다. 만일 성군·철인이라고 하는 군주가 세습제를 채택하였다면, 그는 스스로 불공정·불합리한 사람임을 자백한 것이라고 본다. '함께 분업하고 공정하게 분배하는' 공동체적 분배에는 아무런 관심이 없고, 오로지 개인과 혈연적 욕심으로 분배했다는 증거이기 때문이다.

노예제도는 군주제 정의질서가 부정함을 보여 주는 또 다른 명백한

노동에 투입된 백성을 그린 이집트 벽화

증거다. 노예는 분명히 인간인데도 불구하고, 그리고 사회분업에 참여하였음에도 자기 몫을 요구할 수 없었다. 노예는 사람으로서의 주체성을 인정받지 못했고, 물건으로, 즉 객체로 취급됐다. 사람을 사람 아닌 것으로 취급했다는 점에서, 노예제도는 그 자체로 '함께 살아가는 사람의 모임'이라는 사회의 본질에 정면으로 배치되는 것이다.

■ 반성과 교훈

결코 정의롭지 못한 군주제

정의의 관점에서 군주제는 분배의 올바름을 보장할 수 없다. 물론 성군이 있을 수 있다. 현자가 군주가 되어 구성원들이 모두 안전하고, 자유롭고, 행복한 삶을 누릴 수 있게 분배질서를 형성할 수 있다. 그러나 위에서 살펴본 것처럼, 군주제는 기본적으로 세습을 전제로 하는데, 인간의 혈연관계는 분배를 합리적으로 결정하는 능력과 아무런 인과관계가 없는 요소다. 앞서 언급했듯이 어떤 군주가 성군이나 철인이었다고 해서 그 아들이나 손자가 성군이라는 보장은 없다.

이런 점에서 군주제는 오늘날 국민이 허용해서는 안 되는 분배질서다. 정의를 보장할 수 없는 분배질서다. 군주제의 분배 현실은, 군주제가 사람들이 절대로 허용해서는 안 되는 국가 질서임을 분명하게 보여준다. 군주제의 결론적 현실은 세습제, 노예제다. 세습제는 아무런 노력 없이 국부를 누리는 구성원이 있음을 의미하고, 노예제는 수없는 노동력을 제공하고서도 죽기만을 기다려야 하는 그룹이 있음을 의미한다. 분업으로 함께 잘 살자는 정의라곤 찾아볼 수 없는 현실이다.

오늘날의 군주제

참고로, 군주제는 국가 질서에서만 생기는 현상은 아니다. 군주제는 다른 사회에서도 흔히 찾아볼 수 있다. 가족, 종교, 조폭, 회사, 학교사회 등에서도 찾아볼 수 있다. 가정폭력에 의한 가족 질서, 독점 재벌가에 의한 회사 질서, 대물림으로 세습하는 교회 질서, 폭력으로 실권을 장악하는 사찰 질서, 설립자 가족이 세습하는 사립학교 질서 등이 모두 그 사례다.

사회마다 특성이 있겠지만, 어떤 경우에도 군주제는 정답이 아니다. 어떤 사회든, 사회의 주인은 구성원들이기 때문이다. 군주제는 구성원 중 일부 사람들이 객체·대상·노예 취급받는다는 것을 의미하는데, 이는 구성원의 주체성을 부인하는 것이다. 오늘날 인간의 존엄이 존중되어야 하는 사회에서는 인정될 수 없는 분배제도다.

군주제 아래 백성들은 속았다

인류 역사에서 군주제가 그렇게나 오래 계속된 이유는 무엇일까? 분배질서가 불공정한데도 왜 계속되었을까? 사람들이 군주와 그 강제력을 두려워한 것도 이유이지만, 더 큰 이유는 당시 사람들이 정신적으로 그것을 받아들이고 있었다는 점이다.

당시 군주들은 사람들의 정신을 짓누르는 힘의 원리를 알고 있었다. 그 원리는 대부분 신(神)을 이용하는 것이었다. 군주는 신의 아들, 신의 수탁자이거나, 자신이 직접 신이었다. 이미 말했던 함무라비 법전은 좋은 사례다. 당시 아무, 엔릴, 마르두크 신이 함무라비에게 "정의가 지상에서 널리 퍼지고 사악하고 나쁜 것을 폐지하는" 임무를 주었다고 하면서, 함무라비 왕은 법 제도를 선포했다.

신은 오늘날 관점에서 아무것도 아닌 것, 허상에 불과한 것일 수 있지만, 당시 사람들에게 그야말로 신성한 것이었다. 많은 사람은 신이나 신의 수탁자 이름으로 설계한 법과 제도에 무릎을 꿇었다. 군주의 분배를 신성시했고, 정의롭다고 생각했다. 법과 제도가 신의 작품이 아니라, 사람의 작품이라고 생각하는 사람은 드물었다.

인도의 카스트제도를 보자. 최하위계급 수드라나 불가촉천민은 신이 자신의 신분을 결정했다고 생각하고, 그것을 마땅하다고 생각한다. 그들은 자신이 노력한 만큼, 분업에 참여한 '내 몫, 내 것'을 받아야 한다는 생각을 엄두도 못 낸다. 자신이 브라만이나 크샤트리아와 '똑같은 사람'이라고 생각하지 못한다. 사람이 누구나 '인간으로서 존엄과 가치'를 누려야 한다는 생각 자체가 없다.

이렇게 설명하면, 군주제 부정의 폐해는 결국 국민·백성의 무지에 기인하는 것이었고, 이어서 그 부정의 책임을 국민·백성에게 돌리기도 한다. 그러나 사람들의 생각을 형성하고 지배하는 것이 무엇인지를 생각해 봐야 한다. 법·제도·관습 등 현실적 여건이 사람들의 생각을 좌우한다. 그리고 그런 현실은 사회의 지배 세력, 엘리트 세력이 주도적으로 형성한다.

지배 세력이 만들어 낸 현실의 여건은 사람들의 삶을 옥죌 뿐만 아니라, 그 정신마저 틀어쥔다. 많은 사람은 현실 속에서 삶의 유지에 급급하고, 무엇이 올바른 분배인지를 돌아보고 생각할 여지는 없다. 노예제도가 역사적으로 꽤 오래 유지됐던 이유다. 노예들은 물건으로 취급당했지만, 생존에 급급했다. 당시 노예가 가질 수 있는 선택지는 둘뿐이었다. 죽음이거나, 연명을 위해서 노예의 삶을 받아들이는 것이었다.

그러나 인류는 노예제도도 없앴고, 군주제도 폐기해 버렸다. **아무리 생존에 급급해도, 생각은 자유에 기초하고 있었다. 이것이 사람의 힘이다.** 누구나 가진 힘이다. 인간이 무엇인지, 사회가 무엇인지를 생각하는 힘이다.

물론, 지배 세력은 사람들에게서 그 힘을 **빼앗으려고 한다.** 우민화를 통해서, 사람들이 갖고 있는 생각의 힘, 자유의 힘을 없애려 한다. 그런 가운데에서도 인류는 군주와 내가 똑같은 사람이라는 의식을 가졌고, 그것을 꿋꿋하게 실현해 나가고 있다.

군주제 폐해의 뿌리에 사람들 정신이 묶여 있었음을 이해하면, 오늘날 우리의 정신을 돌아보게 된다. 우리는 스스로 생각하고 있는지, 주체적으로 독립적으로 생각하고 있는지, 우민화된 상태에서 사는 것은 아닌지의 질문이다. 우리는 사람답게 살고 있는지, 우리는 어떤 사회에서 살고 있는지, 우리는 사회 속에서 주체로 대우받고 있는지를 건전하게 생각할 수 있는 능력을 갖췄는지, 그런 생각을 할 수 있게 교육받아 왔는지를 돌아보게 된다.

혹시 나는 사회의 지배자가 심어 놓은 어떤 고정관념, 편견 속에 빠진 상태는 아닌지, 대중 매스컴이 제공하는 사고에 붙들려 있는 것은 아닌지, 우리 현실이 그런 생각 자체를 못 하도록 삶을 옥죄고 있는 것은 아닌지를 돌아보는 문제의식이다.

그리고 오늘날에도 군주제가 부활할 수 있음—독재자가 등장할 수 있음. 실제로 북한은 군주제 국가로 분류할 수 있다—을 고려하면, 우리는 늘 자신의 주체성이 어디에 있는지를 의식해야 한다.

자신을 돌아보는 가장 좋은 방법은 인류 선배들과의 대화다. 고전을 통해서 자신을 비춰 보는 것이고, 그것을 통해서 스스로 생각하는 힘을 얻는 것이다. 자유의 존재로서의 인간의 존엄과 가치의 의미를 되새기는 것이다.

국민의 주권 의식에서 끊긴 군주제의 고리

아무튼 인류는 끈질겼던 군주제 고리를 끊었다. 국민 대다수가 신의 객체, 군주의 객체가 아니라, 스스로 주체라고 자각하기 시작하면서부터다. 그 자각은 인류 역사 6천 년 중 불과 6백여 년 전에 이루어졌다.

14세기 후반 이탈리아에서 신의 눈으로 인간을 보는 것이 아니라 인간의 눈으로 인간을 보기 시작했다. 그 생각의 열매가 1789년 프랑스혁명으로 대표되는 근대 국민혁명으로 열렸다. 드디어 왕권신수설에 기초한 군주주권 국가는 무너졌고, 국민주권, 즉 개개인이 주체가 되는 국가 질서를 탄생시켰다.

그러나 군주제가 완전히 사라진 것은 아니다. 오늘날에도 수많은 국가가 군주제로 운영된다. 가까운 북한도 국가통치자를 벌써 3대째 세습하고 있다. 주민의 삶을 옥죄는 북한의 현실은 북한의 군주제가 정의롭지 못함을 증명하고 있다. 이처럼 오늘날에도 군주제가 존재할 수 있다는 점을 생각하면 국민은 군주제의 발흥을 항상 경계해야 한다는 교훈을 얻게 된다. 군주제는 단순히 과거의 역사가 아닐 수 있다는 점을 기억해야 한다.

앞에서도 이야기했지만, 인류 역사에서 군주제라는 정의 체제(국가체제)가 없어진 것은 기적이었다고 본다. 군주제의 고리는 끈질긴 것이었다. 사람들의 정신을 바꾸는 지난한 과정이었다. 한 사람 한 사람이 인간으로서 존엄하다는 인식은 하루아침에 형성된 것도 아니었고, 그 생각이 싹을 터서 뿌리를 내리고 꽃을 피우는 과정도 한순간에 이루어지지 않았다. 인간들이 흘린 땀과 피가 자양분이 되었고, 열매를 맺기까지 많은 시간이 필요했다.

그 과정을 잘 숙성시켜 온 지역이 유럽이었다. 오늘날 우리나라 국민이 특별히 유럽의 역사에 주목해야 하는 이유다. 그 역사에서 배운 경험들이 고스란히 우리 헌법의 정의질서에 녹아 있기 때문이다. 유럽 역사가 조선 시대의 경국대전보다 더 소중한 이유다. 우리의 현재 삶을 설명하고 있기 때문이다. 그런데, 우리의 초중등교육에서 세계사 교육이 빠져 있는 것은 어찌 된 일인가? 지배 세력의 우민화 정책 아닌가?

이제 인간이 군주와 신을 버리고 스스로 존엄하게 되는 역사 이야기를 더 이어 간다. 그 이야기의 첫머리에 로마라는 특별한 군주국가가 있다.

■ 로마제정의 예외

사법(私法) 체계를 정립한 로마

로마는 군주국가였으나, 다른 고대 군주국가와는 확연히 다른 군주국가였다. 로마제국(Roman Empire)은 BC 8세기~AD 476년 이탈리아반

사법관계를 형성했던 로마의 시장(市場) 트라이아노(Mercati di Traiano)

도, 유럽, 지중해, 북아프리카, 페르시아, 이집트까지 지배하였던 고대 최대의 군주국이었다. **로마를 특별히 주목하는 이유는, 정의의 관점에서, 군주국가였음에도 사법(私法) 체계가 존재했다는 점 때문이다.**

로마는 왕정, 공화정을 거쳐서 제정으로 발전했다. 로마의 발전 과정에 공화정이 포함된 것이 신의 한 수였다고 볼 수 있다. 공화정은 원래 의회 등 합의체 기관이 국가 최고기관이 되는 정치형태, 또는 다수의 기관이 국가권력을 분립해서 관장하는 형태를 의미한다. 군주·황제·대통령과 같은 독임제기관, 1인의 최고 권력자가 국가 분배질서를 결정하는 군주제 독재 정치형태와 대비된다. 공화제의 핵심 내용 중 하나는, 원로원 등 합의체 기관이 최고기관이라는 것인데, 이는 1인이 아니라 다수의 사람이 주체로 인정받는다는 것을 의미한다.

따라서 공화제에서는 국민─적어도 국민 중 일정한 숫자─이 군주의 객체가 아니라, 각자 주체로 인정받게 된다. 이는 개인들이 주체가 되어 서로에 대하여 대등하게 법률관계(분배 관계)를 형성하고 있음을 의미한다. 즉, 개인 대 개인의 사법적 법률관계를 유지하고 있었다. 이는 공법관계로만 질서를 유지하는 다른 군주제와는 확연히 구분되는 것이었다.

로마인들 스스로 습득한 '권리' 개념

로마의 발전 과정은 이랬다. 원래 로마는 부족국가에서 BC 600년경 왕이 다스리는 도시국가로 발전했다. 즉, 왕정으로 시작했다. 그런데 다른 군주제와 달리 당시 로마의 왕은 영토 내의 모든 것을 '내 것'으로 장악하지 못한 군주였다.

로마 왕(rex)은 군사·사법·종교의 최고 권한을 갖고 있었으나, 대체로 관습법(mos)의 제약을 받았다. 예를 들어 귀족 3백 명으로 구성된 원로원(Senatus)은 왕의 관습 위반을 가려내 왕에게 처벌을 내릴 수도 있었다. 즉, 로마 왕정의 군주는 귀족과 평민이 각자 '내 것'을 법적으로 확보한 상태에서 세워진 군주였다.[5]

당시 귀족과 평민으로 구분된 주민들은 왕정 아래에서도 기본적으로 각자 법적 주체에 대한 의식이 있었고, 그것에 기초해서 '내 것'에 대한 관념을 강하게 유지하고 있었다. 예를 들어, 귀족은 사유권(jus

5   김상용, (2014), 서양법사와 법정책, 19쪽.

commercium)과 통혼권(jus connubium)을 사권(私權)으로 유지했고, 선거권(jus suffragii)과 피선거권(jus honorum)을 공권(公權)으로 가졌다.[6] 당시 왕정은 전권을 제 맘대로 휘두르는 다른 군주국가에서와 같은 군주제가 아니었다.

로마 공화정은 이런 특이한 형태의 왕정이 발전한 형태의 정치체제였다. 공화정에서 로마시민은 왕정의 전통을 이어받아 각자 주체로 인정되었다. 이는 개인들이 서로 '내 것'을 직접 보장하는 제도 속에서 생활했음을 의미한다. 사람들 사이에서 직접 '내 것'을 보장받기 위해서는, 나의 '내 것'을 다른 개인이 직접 인정하는 제도가 수립돼야 한다. 즉 내가 다른 개인에게 '내 것'이니 침해하지 말라는 의무를 법적으로 주장하는 힘, 즉 '권리'라는 개념이 성립돼야 한다.

이런 '권리' 개념은 개인과 개인의 관계라는 점에서 '사법(私法)' 개념이었고, 이는 국가와 개인 사이의 공법관계와는 완전히 다른 개념이다. 다른 군주국가에서는 찾아볼 수 없는 법 개념이다. 정의의 관점에서, 자유주의 정의론이 로마에서 성립되어 있었던 것이다. 정의의 관점에서, 로마를 특별히 주목하는 이유다.

이렇게 로마에서 생긴 권리 개념은, 의무 개념만으로 질서가 형성되었던 다른 군주제에서는 찾아볼 수 없는 개념이다. 이미 설명했듯이 다른 군주국가에서는 국가 대 개인 사이의 공법관계만 존재할 뿐, 개인대 개인이 직접 '네 것, 내 것'을 서로 인정하는 사법관계는 존재하지 않

---

6   잡다한 자유민, 소농, 임금노동자, 직인(職人) 등 평민의 경우, 사권(私權)은 인정되었으나, 민회 참석 이외의 참정권은 인정되지 않았다.

았기 때문이다. 통상 군주국가에서 개인이 '내 것'으로 보장받은 형태는 군주가 공법관계를 통해서 보장하는 '하사, 은택, 반사적 이익' 형태뿐이었다.

사실 군주국가에서는 그런 '권리' 개념이 성립될 여지가 거의 없었다. 왜냐하면, 주권자 군주의 관점에서 그런 권리 개념을 인정할 필요가 전혀 없었기 때문이다. 만일 그런 권리 개념을 인정하게 되면, 그 권리 개념은 부메랑이 되어 개인들이 군주에게 권리를 주장하면서 군주의 권력을 제약할 수도 있기 때문이다. 군주로서의 그런 위험을 자초할 이유가 없었다.

실제로, 뒤에서 살펴보듯이, 역사에서 권리 개념은 군주의 목숨을 빼앗는 주된 무기로 작동했다. 근세 절대왕정에서 근대 국민국가로 전개될 때, 자본가들이 군주의 목을 조인 무기는, 군주가 자본가들에게 약속했던 권리 보장조항이었다.

이런 권리 개념과 제도가 로마에서 처음부터 '국가' 제도로 정비된 건 아니었다. 즉, 로마라는 국가가 처음 탄생할 때부터 개인들의 '내 것'을 보장하기 위한 민사재판 제도를 만든 것은 아니었다. 민사재판 제도를 국가가 제도로 만든다는 상상력은 군주국가에서 쉽게 착안할 수 있는 건 아니었다.

사법관계, 즉 권리 개념은 국가와는 상관없이, 개인들 사이에서 독자적으로 형성 · 발달했다.[7] **초기 로마인들은 주체로서 서로 '내 것'을 서**

7   김상용, (2014), 같은 책, 13쪽.

로 보장받기 위한 제도로 임의 중재제도를 고안해 냈다. 중재제도는 개인들끼리 '내 것, 네 것'을 두고 서로 분쟁이 발생했을 때, 제3자 중재인(국가가 아닌 중재기관)을 선정하고, 당사자들이 그 중재인의 결정에 복종하는 방법으로 분쟁을 해결하는 제도다. 12표법(lex duodecim tabularum, 로마 최고(最古)의 성문법, BC 451~BC 450) 이후, 이 중재제도는 강제로 분쟁을 해결하는 강제중재 제도[8]로 발전하게 된다.

이처럼 로마인들은 임의중재, 강제중재 제도를 통해서 개인들 사이에 '내 것'을 권리로 보장하고, 그것을 개인적 분쟁해결절차를 통해서 법적으로 구현하는 제도를 스스로 만들어 낸 것이다. 중재제도의 창출은 개인들끼리 의무자에게 '내 것'을 법적으로 강제하는 방법을 확보한 것이었다. '내 것' 보장의 아이디어는 오늘날 민사재판제도의 기본 원리다. 내 것을 보장받는 힘이 '권리' 개념이다.

오늘날 법의 기초개념이 된 로마의 권리 개념

오늘날 로마를 주목하는 이유는, 공화정에서 수립된 개인들의 주체성과 '권리' 개념이, 이후 로마가 제정으로 전개되는 과정에서도 그대로 이어졌다는 데 있다. 공화정에서 제정으로 바뀌어 군주가 전권을 휘두르는 상황에서도, 로마인들은 서로에 대해서 각자 '내 것'을 갖고, 그것을

---

8   임의중재는 당사자 양쪽의 합의로 중재절차가 개시되는 경우이고, 강제중재는 일정한 요건에 해당하면 중재절차가 강제로 개시될 수 있도록 하는 경우다.

서로 존중하고, 그것을 거래하는 법질서를 관습적으로 유지했다. 물론 그것에 필요한 '권리' 개념 또한 그대로 유지했다.

급기야, 제정 군주들은 자신의 권력 정당성을 유지하는 방편으로, 사법적 중재제도를 국가의 사법(司法)제도로 도입하기 시작했다. 즉, 국가가 개인들 사이의 분쟁을 직접 해결하는 민사재판 제도를 국가 제도로 확립하기에 이르렀다.

이 민사재판 제도는 종래 형사재판과 같은 공법재판과 구분되어 발전했다. 드디어 울피아누스(Ulpianus, AD 190~223)는 법을 공법과 사법으로 분류해서 체계화했는데, 이는 개인들의 권리 개념이 확립되었음을 의미한다.

로마에서 확립된 사법(私法) 체계는 로마가 멸망한 뒤에도 '내 것'에 대한 '개인의 권리' 개념을 형성하는 기초가 되었다. 이 '권리' 개념은 중세와 근세를 거치면서 개인들 사이의 사법적 권리 개념을 확고히 구축했고, 그 논리를 국가에 대한 공법적 권리 개념으로까지 확장해 갔다. 공법에까지 확장된 권리 개념은, 근대국가 국민혁명의 기반이 되었다. 오늘날 법은 공법과 사법을 가리지 않고, 모두 '권리'를 중심으로 이론을 전개하고 있다.

로마에서 확립된 개인의 '권리' 개념은 다른 군주국가에서 찾아볼 수 없는 예외적 개념이었고, 인류 발전사에서 주목받을 수밖에 없는 개념이다. 오늘날 로마법 연구가 로마 사법에 집중되어 전개되는 이유이기도 하다.

4. 중세 봉건사회의 정의

■ 소작계약의 자유주의

농노의 삶은 비참했다

> "그들의 집은 목재로 지어졌고, 지붕은 골풀이나 나뭇가지를 얹은 오두막이었다. 바닥은 흙바닥이었다. 음식을 데우거나 끓여 먹기 위해서 방 가운데 화덕이 설치되었고, 연기는 지붕에 있는 굴뚝으로 빠져나가게 했다. 침구는 흙바닥에 짚을 깔거나 커다란 박스 안에 짚을 깔아 만든 것이었고, 대개 전 가족원이 함께 잠을 잤다. 게다가 가축들도 가족의 일원이 되어 온종일 가족들과 함께 살았다."[1]

중세 농노의 현실이다. 그들의 삶은 자유를 빼앗긴 자의 비참함이었다. 농노의 의무는 토지 소작계약을 넘어선 것이었다. 소작지 소작료를 지급해야 할 뿐만 아니라, 영주 직영지를 경작하고 수확할 의무, 곡식을 빻을 때 영주 제분소를 이용할 의무, 암소를 생식시킬 때 영주의 황소를

---

1   김홍수, (1967), 중세장원에 있어서 농노들의 생활, 문리학총, Vol. 4 No. 1, 282쪽.

이용하고, 그 대가를 치러야 할 의무가 포함되어 있었다.

영주와 농노의 관계는 단순히 토지를 소작하는 임대차 관계가 아니었다. 봉건사회의 소작계약은 신분 관계로까지 전이되어 있었다. 농노는 자기 딸을 결혼시킬 때 영주의 동의를 받아야 했고, 영주는 농노의 아들, 딸의 후견인이 되었다.[2]

이론상, 봉건사회는 자유로운 계약사회

일반적으로 봉건사회는 중세 유럽에서 봉토수수(封土授受)로 성립된 영주와 농노의 주종 관계, 중국 주나라(周, BC 1046~BC 771)에서 씨족(氏族)·혈연관계를 기반으로 지방에 봉건 제후를 두고 백성을 다스리게 했던 통치 관계, 우리나라 조선 후기 지주와 소작인의 소작 지배 관계 등이라고 말한다.

이들 설명이 다양하듯이 봉건사회를 어떻게 설명할지는 여러 관점이 논의되고 있다. 신분의 관점에서 영주(제후·지주)와 농민, 상인(常人) 사이의 지배종속 신분 관계로 이루어진 신분사회라는 설명, 봉토수수의 관점에서 국왕·제후·기사 등 토지 소유자인 영주와 경작자인 농민이 맺은 소작계약에 의한 지배예속 관계(장원제도)라는 설명, 국가권력의 관점에서 국왕과 봉건영주의 혈연을 중심으로 형성된 권력 지배 관계라는 설명, 법률관계의 관점에서 영주와 기사 사이의 가신계약, 영주와 농

---

2   김홍수,(1967), 같은 논문, 281쪽.

노 사이의 소작계약 등 쌍무적 계약관계라는 설명 등이다.

설명이 다양하게 전개되는 이유는 군주제와는 달리 봉건사회는 사회 질서를 형성하는 근원적인 힘, 즉 '권력'이나 '법적 근거'가 쉽게 눈에 띄지 않기 때문이다. 지방 영주들은 군주와는 근본적으로 달랐다. 원래 그들은 통치권(공권력)을 가진 자들이 아니었다. 영주는 농노·농민·서민에게 '이래라저래라' 하는 의무를 일방적으로 명령할 권력을 가진 자들이 아니다. 국가권력의 입장에서 영주나 기사나 농노나 똑같이 국민(백성)일 뿐이다. 군주가 언제든지 능지처참할 대상이기는 마찬가지였다. 일반적으로 봉건시대를 봉건'국가'보다는 봉건'사회'라고 말하는데, 이는 그 사회의 법적 근거가 공권력 또는 주권이 아니었음을 뜻한다.

그런데 봉건사회의 현실이 실질적으로 신분사회였고, 영주가 농노에게 '이래라저래라'라고 요구할 수 있는 관계였음은 부인할 수 없다. 여기에서 질문이 생기게 된다. **국가권력이 아니면서 다른 사람에게 의무를 명령하는 힘은 어디에서 나오는가?** 영주가 농노에게 의무를 지우는 법적 근거는 무엇인가?

법은 공법과 사법으로 구분된다. 기본적으로 공법에서는 국가고권이 의무의 근거이고, 사법에서는 계약이 의무와 강제의 근거다. '계약'은 고권을 갖지 않은 개인들이 다른 사람에게 의무를 부과하고, 강제하는 근거다. 계약은 대등한 사람들이 서로의 약속을 근거로 서로에게 의무를 강제하는 제도다.

봉건사회는 쌍무적 계약관계 사회다. '지대 계약(소작계약)'과 '가신계약'의 사회다. 소작계약은 영주와 농노 사이에 토지 경작(耕作)을 대상으로 체결되는 오늘날의 토지 임대차계약이다. 영주는 농노에게 장원의

농노와 소작계약으로 이익을 취했던 중세 영주의 장원

토지를 경작(사용·수익)하게 할 것을 약정하고, 농노는 이에 대하여 현물 또는 화폐의 공조(貢租·차임)를 지급할 것을 약정하는 계약이다.

> 민법 제618조(임대차의 의의) 임대차는 당사자 일방이 상대방에게 목적물을 사용, 수익하게 할 것을 약정하고 상대방이 이에 대하여 차임을 지급할 것을 약정함으로써 그 효력이 생긴다.

그리고 가신계약은 영주 등 주군과 제후(諸侯), 기사(騎士), 배신(陪臣), 가신(家臣) 사이의 계약이었다. 기사 등 봉신이 영주 등 주군에게 군사적인 봉사와 충성을 서약하고 그 대가로 봉토를 받는 계약이다. 이 계약에 따라 영주는 봉신들에게 봉토를 지급하고, 군사·사법·행정적

봉사를 요구했고, 봉신은 영주에게 충성을 바칠 의무를 다했다. 충성 의무를 어긴 경우 봉신은 그의 봉토를 주군에게 빼앗겼다.

봉건사회의 법률관계가 계약이라는 것은, 그 분배질서가 개인 거래 방식이었다는 뜻이다. 정의·분배의 관점은, 봉건사회가 어떤 사회인지를 분명하게 보여 준다. 군주제가 공동체 결정 방식이라면, 봉건사회는 정반대의 방식, 즉 개인 거래 방식이다.

위에서 살펴보았듯이, 개인 거래는 '자유주의(自由主義)'에 따르는 분배 방식이다. '이론적으로' 봉건사회는 두 당사자의 자유를 기초하고 있었다. 계약의 체결 여부, 계약의 상대방, 계약의 내용 모두가 각자의 자유에 맡겨져 있었던 사회였다. 그 계약의 자유 속에서, 봉건영주가 농노에게 '이래라저래라' 할 수 있는 힘을 찾아내고 행사했다.

계약에서 신분으로의 이행

'계약, 자유주의'가 봉건사회의 기초질서라고 하면 어리둥절해진다. 봉건사회를 이루는 구조가 주종 관계, 신분 종속 형태이기 때문이다. 당연히 의문이 생긴다. **자유주의, 계약, 개인 거래 분배가 어떻게 신분 관계·주종 관계와 연결될 수 있을까?**

원래 법적으로 영주는 농노·기사와 동등한 신분이었다. 고권은 군주만 행사하고, 군주 외의 사람은 영주·농노를 가리지 않고 모두 고권의 객체일 뿐이기 때문이다. 그러나 영주는 이런저런 이유로 토지를 보유하고 있었다. 반면에 기사와 농노는 토지를 보유하지 못한 자들이었다. 당시 토지는 거의 유일한 생산수단이었다. 인간의 모든 의식주가 토지 이용을 통해서 해결되던 시대였다. 그 토지를 영주가 독점한 것이다. 기사와 농노는 영주의 토지가 없으면 자기 삶은 물론 가족들의 삶을 유지할 수 없었다.

토지의 독점시장에서 계약 내용은 공정할 수 없었다. 독점자 영주는 이윤을 극대화했다. 영주의 뜻을 거스른 기사와 농노에게는 계약을 파기했다. 가신계약 또는 소작계약의 파기는 자신과 가족의 죽음을 의미했다. 게다가 다른 영지로의 이동이 실질적으로 금지되던 시대였다. 소작계약과 가신계약이 불공정·부정·지배예속을 노골적으로 가시화하더라도 기사와 농노는 울며 겨자 먹기 식 계약에 서명할 수밖에 없었다. '계약의 자유'는 이론과 형식이었고, 계약의 실질적 내용은 지배예속이었다.

소위 '갑을관계(甲乙關係)'[3]가 확실한 소작계약, 가신계약은 농노와 기사들이 아무리 열심히 일해도 토지를 소유할 기회를 주지 않았다. 영주는 기사나 농노가 돈을 벌어서 토지를 매입하는 힘을 갖게 놓아두지 않았다. 기사와 농노들이 간신히 먹고살 만큼만 받아 가게 했다.

갑을관계 계약이 수십 년 지속되면서 영주와 기사, 농노의 관계는 "사실상" 신분 관계로 전이되었다. 이론적으로는 대등한 사회구성원이며 대등한 계약관계였으나, 현실은 지배예속 상태였다. 영주와 기사, 농노의 관계는 그 자손들 사이에서도 자연스럽게 차별 관계를 형성했다. 영

---

3   갑을관계, 갑을계약이란, 굴종(屈從)적 계약조건을 강요하는 계약을 말한다. '갑'과 '을'은 계약서에서 당사자 이름을 간단히 표시하기 위해서 사용한다. 보통 힘 있는 쪽을 '갑', 그렇지 않은 쪽을 '을'이라 부르는 데에서 갑을관계라는 표현이 생겼다.

주의 아들은 주인집 자제분이었으나, 농노의 아들은 소작인 자식일 뿐이었다. 봉건사회의 신분 관계는 법적으로 제도화된 관계가 아니라, 관행상·사실상 확립된 결과물이었다.

신분에서 계약으로? 계약에서 신분으로?

많은 사람은 중세에서 근대로 넘어오는 역사를 '신분에서 계약으로' 이해한다. 헨리 메인(Henry James Summer Maine, 영국의 법제사가·비교법학자, 1822~1888)이 '고대법(Ancient Law)'에서 사용한 표현을 받아들인 것이다. 중세 신분사회에서 근대 계약사회로 이행했다는 것이다. 그 취지는 분명하다. 농노로 봉토에 묶인 신분적 지배예속 봉건 사회였던 중세에서, 자본주의·시장적 계약사회인 근대국가로 사회가 변화되었다고 설명하면서, 근대국가가 신분제도를 극복했음을 찬양하는 것이다.

그러나 법률관계의 관점에서, 봉건사회와 근대 사회는 모두 계약관계로 형성된 사회다. 봉건사회는 영주와 농노의 계약관계(소작계약)였고, 근대 사회는 자본가와 노동자의 계약관계(노동계약)였다. 법률관계 및 의무 발생의 형식과 이론이 똑같았다.

이런 점에서 '신분에서 계약으로'라는 표현은 적당하다고 보기 어렵다. 이 표현은 '신분은 나쁜 것이고, 계약은 좋은 것'이라는 대비를 통해서 "계약은 무조건 좋은 것, 자유로운 것"이라고 계약을 '과대' 평가하게 유도하기 때문이다.

물론 노예제 등 신분사회보다는 계약사회가 바람직하다. 그러나 계약

사회이기만 하면 모두가 자유롭고 정의롭게 되는 것은 아니다. 어떤 계약은 인간을 해방하지만 어떤 계약은 인간을 농노로 전락시키기도 한다. 이론적으로는 계약의 자유이지만 실질적으로 신분적 예속을 초래할 수도 있다.

계약사회를 무조건 찬양하도록 착각하게 하는 '신분에서 계약으로'라는 표현은 재고되어야 한다. 이론적으로도 체계적이라고 볼 수 없고, 중세와 근대를 구분하는 표현으로도 정확하다고 볼 수도 없다.

■ 군주와 영주의 길항 관계

군주와 영주의 길항 관계

봉건사회가 어떤 배경 속에서 성립되는지를 살펴보는 것도 오늘날 우리 사회를 이해하는 데 도움이 된다. 잠시 그 이야기를 한다.

영주가 기사 · 농노를 계약으로 지배한다는 의미는 두 가지다. 첫째는, 대내적으로 계약이 다른 사람을 지배하는 근거가 될 수 있다는 점이고, 둘째는, 그 지배 관계가 국가권력 없이도 가능하다는 점이다.

두 번째 의미는 고권에 의한 군주의 지배와 계약에 의한 영주의 지배가 충돌할 가능성을 보여 준다. 원래 국가는 최고의 힘, 주권, 고권을 행사한다. 최고라는 의미는 어떤 경우에도 영토 내에서 다른 형태의 '독립된' 지배 관계를 허용하지 않음을 의미한다. 만일 다른 지배 관계가 성립된다면, 이는 주권과 적대 세력이 될 수밖에 없다. 하나의 영토에 두 개의 주권, 두 개의 지배 세력이 존재할 수 없기 때문이다. 그 지배 세력이 커지면 결국 국가의 고권에 대항할 것이기 때문에 국가로서는 그런 세력을 미리 제압해야 한다.

이런 점에서 봉건 지배 관계가 생겼다는 것은, 국가가 의도적으로 영주를 통제하지 않거나, 어떤 사정으로 통제할 수 없는 상황이 되었음을 의미한다.

여기에서 봉건사회와 국가고권의 길항 관계를 이해할 수 있다. 두 개의 요인이 동시에 작용할 때 서로 그 효과를 상쇄하는 관계다. 봉건사회는 국가고권의 통제를 벗어난 곳에서 성립한다. **고권이 왕성하면 봉건사회가 성립될 여지가 없고, 국가권력이 쇠퇴할 때 봉건사회가 성립된다.**

봉건사회의 성립에는 두 가지 조건이 필요하다. 중앙권력의 혼란이나 미약이 첫째 조건이고, 중앙정부가 지방을 통제하기 어려운 지리적 여건, 중앙권력과 지방 영주 사이의 혈연관계 등 특별한 결탁 관계 등이 다음 조건이다.

중세 유럽의 봉건사회는 로마제정이 유럽 전역을 지배할 힘을 상실하게 되자 성립되었다. 지도를 보면 바로 알 수 있듯이, 유럽은 강과 산으로 쪼개져 있는데, 이런 지리적 여건은 교통 불편을 초래해서 봉건사회를 형성하는 기초가 되었다.

중국에서는 군현제도와 봉건제도가 종종 대비된다. 군현제도는 왕권이 강화된 상태에서 군주가 중앙의 관리를 지방 군현까지 파견해서 통치하는 국가 질서다. 이 경우 지방 영주들이 독자적인 봉건 지배 관계를 형성할 여지가 없다. 그러나 중앙에서 환관이나 외척이 득세하면 왕권이 쇠약해지거나, 중앙권력이 처음부터 힘이 없어서 봉건 혈족에게 지방 통치를 맡게 되면 지방에 봉건 지배가 생기게 된다. 이런 경우 군 현제는 쇠퇴하고, 지방을 중심으로 봉건사회가 성립되게 된다.

우리나라 조선 중기·후기 성립된 봉건사회도 비슷했다. 조선 초기 왕권이 왕성할 때는 중앙관리가 지방까지 파견되고, 과전법(科田法)이 라는 토지제도가 엄격하게 시행되었다. 병작반수(竝作半收, 50% 소작 료)는 금지되었고, 생산물의 10%만 전조로 받도록 했다. 지방 지주가 소작인을 착취할 여지는 없었다.

그러나 1424년(세종 6년)부터 토지매매가 허용되면서, 힘 있는 지주 들이 토지를 차곡차곡 집중시켰고, 급기야 15세기 말경 과전법은 완전 하게 붕괴했다. 그리고 중앙정부는 당파싸움과 외척 세력의 발흥으로 지방 통치를 거의 포기해야 했다. 임진왜란·병자호란 등의 혼란으로 왕권이 더욱 쇠퇴하자, 이후 병작반수(竝作半收)의 봉건 소작제도가 자 리 잡았다. 양반 지주들은 소작계약으로 소작인들을 예속했고 이런 소 작계약이 대대로 지속하면서, 조선 후기는 양반과 상민으로 구분된 지 배·복종의 신분사회를 형성했다.

길항 관계로 설명되는 봉건사회의 다양성

군주와 영주의 길항 관계는 봉건사회의 형태가 다양한 이유도 설명한 다. 군주와 영주의 관계는 중앙 왕권의 힘의 세기에 따라 결정된다. 군 주는 권력 장악력에 따라 지방 영주를 그대로 내버려 둘지, 지방 영주와 협력관계를 구축할지를 결정하게 된다. 때로 군주는 통치의 편의를 위 해 영주에게 일정한 고권 행사를 허락하기도 하는데, 어떤 고권을 위임하느냐에 따라 봉건사회에서의 영주와 농노, 백성과의 지배 형태가 다 변화하게 된다.

군주가 영주에게 국가권력 일부를 위임한 경우, 이제 영주는 기사·농노·평민에 대해서 단순한 계약관계를 넘어서서 고권적 지배권도 행사하는 관계를 갖게 된다. 사법(私法)관계의 권력뿐만 아니라 공법적 권력도 행사하는 명실상부 권력자로 변신한다.

몽테스키외(Mon-tesquieu, Charles De, 프랑스 계몽시대의 정치학자, 1689~1755)가 쓴 『법의 정신』(1748)에서는, 유럽 중세 영주가 사법권을 행사하는 사례를 찾아볼 수 있다.

> 유럽 중세에서의 영주는 그 봉토에서 재판할 권한을 갖고 있었는데, 그것은 백작이 백작령에서 재판할 권한을 갖고 있었던 것과 같다.[4]

군주와 영주의 길항 관계는 오늘날 국가권력과 자유시장주의의 관계를 보는 듯하다. 국가권력이 미약하거나, 시장의 행태에 무관심할 경우, 독점기업은 시장의 지배력과 경제력을 남용해서 많은 사람에게 불공정한 거래를 실질적으로 강요할 수 있다. 그에 반해서 국가권력이 시장의 조화를 위해 규제와 조정을 행하는 경우, 독점기업에 의한 시장지배는 억제된다. 그런데 만일 국가권력이 '시장의 조화'를 넘어서 시장을 무자비하게 통제하면 시장은 마비되고 시장의 자유와 창의는 사라질 것이다.

---

4   Montesquieu, (1748), 이명성 역, 법의 정신(Chartes de Secondat), 1988, 462쪽.

이런 점에서 오늘날 국가권력은 시장 개입에서 중용과 균형을 찾기 위해서 노력하게 된다. 우리 헌법은 그 균형점을 '경제주체 간의 조화를 통한 경제 민주화'라고 쓰고 있다.

> 헌법 제119조 ② 국가는 균형 있는 국민경제의 성장 및 안정과 적정한 소득의 분배를 유지하고, 시장의 지배와 경제력의 남용을 방지하며, **경제주체 간의 조화를 통한 경제의 민주화**를 위하여 경제에 관한 규제와 조정을 할 수 있다.

영주와 농노의 관계가 군주와 영주의 길항 관계에 좌우되는 현상, 그 관계 속에서 때로는 영주가 국가권력을 행사하기도 했었다는 점 등은 역사학자들이 봉건사회를 하나의 이론으로 설명하지 못하는 이유이기도 하다. 그러나 형태의 다양성에도 불구하고 확실한 것은, 봉건사회 법질서의 근간은 계약이고, 자유였다는 점이다. 계약을 통한 인간지배였다는 실질은 부인할 수 없다.

■ 반성과 교훈
―

자유주의 위험성을 그대로 보여 준 봉건사회

봉건사회를 개인 거래 방식의 분배 · 계약사회 · 자유주의 체제였다고 보면, **봉건사회는 오늘날 제기되는 자유방임주의 · 자유시장주의 · 신자유주의 주장에 대해서 중요한 시사점을 얻게 된다.**

첫째는, 자유주의가 이론적으로 선전하는 시장주의는 현실에 존재하는 독과점시장과 완전하게 다르다는 점이다. 이론적으로 계약은 항상 자유로운 두 당사자가 거래하는 관계를 설정한다. 그러나 이론과 달리 현실 계약은, 생산수단을 독점한 봉건영주가 그렇지 못한 농노에게 지배종속을 강요하는 수단일 뿐이었다.

생산수단이 없는 사회적 약자들은 그 영주가 소유한 농지를 경작할 수밖에 없는 독점시장의 현실을 벗어날 수 없었다. 그 속에서 농노들은 생존을 위해서 불공정 거래에 응할 수밖에 없었다. 그렇지 않음은 죽음을 의미했다. 죽음을 죽을 만큼 싫어하는 인간의 DNA는 불공정 계약을 가능케 했다. 이 부분에서 '계약 자유' 이론은, 독과점시장 현실에서 사람을 지배하는 권력이론으로 바뀌게 된다.

이런 생각은 오늘날 우리에게 우리 사회의 생산수단이 무엇이고, 그것을 누가 얼마나 독점하고 있는가를 돌아보게 한다. 대자본가나 대지주가 우리 사회의 자본과 토지를 어느 정도 독점하고 있는지, 그 독점력·시장 지배력은 서민 대중에게 어떤 소작계약·하도급계약·하청계약을 강요하고 있는지, 그것이 자칫 지배예속 관계, 주종 관계의 신분 관계로 전이되는 것은 아닌지를 경계하게 한다.

둘째, 자연스럽게 군주와 영주의 길항 관계는 국가와 자유시장과의 관계를 돌아보게 한다. 위에서도 이야기했지만, 오늘날 우리 사회에서 진행되는 보수와 진보의 논쟁은 국가의 규제와 조정을 둘러싸고 진행된다. 자본주의·자유시장주의 질서에서 기득권을 형성한 보수는 국가의 규제와 조정이 없을수록 독점적 지배력을 자유롭게 행사할 수 있다. 그에 따라 더 많은 이윤을 얻을 수 있다. 봉건사회에서 국가의 힘이 쇠약해졌을 때, 지방 영주들이 불공정한 소작계약을 강요하고 농민과 농노를 수탈해서 더 많은 부를 축적할 수 있었던 것과 같다. 이런 점에서 보수세력은 가능한 한 국가의 권력을 축소, 억제하려고 한다.

이런 생각을 대변하는 이론이 오늘날 신자유주의 이론이다. 신자유주의가 보수를 대변해서 펼쳐지는 이유를 이해할 수 있다. 신자유주의는 1970년대부터 대두되어 1980년 이후 미국, 영국, 독일 등이 채택하면서 전 세계로 퍼진 이론이다. 2차 세계대전 이후 전개된 수정자본주의 · 복지주의가 실패했다는 주장 아래, 국가권력의 시장 개입을 비판하면서 시장을 자유롭게 내버려 둬야 한다는 논리를 전개했다. 국가 최소화를 강조하면서 규제철폐와 민영화를 유도했다. 실질적으로 민영화는 재벌 등 대기업이 국가사업을 이어받아 독점사업을 펼치는 것을 의미했고, 그 결과는 극심한 빈익빈 부익부, 양극화로 이어졌다. 실질적 신분사회 현상을 보여 주기도 했다. 일부 재벌이 근로자를 대하는 고압적 태도는 이를 증명한다.

이런 신자유주의 풍조에 대해 오늘날 진보 세력은 국가가 시장에 대해서 제대로 된 규제와 조정 정책을 시행할 것을 요구하고 있다. 우리 헌법이 정한 대로 균형 잡힌 복지정책을 시행해 달라는 것이다.

> 헌법 제119조 ② 국가는 균형 있는 국민경제의 성장 및 안정과 적정한 소득의 분배를 유지하고, 시장의 지배와 경제력의 남용을 방지하며, **경제주체 간의 조화를 통한 경제의 민주화**를 위하여 경제에 관한 규제와 조정을 할 수 있다.

셋째, 거시적인 관점에서도 봉건사회의 해악은 엄청나다. 그 폐해는 외세 침략에서 크게 드러난다. 봉건영주가 사회를 지배한다는 것은 몇 몇 시장독점 세력이 국가체계를 지배함을 의미한다. 이런 경우 외세는 몇몇 봉건영주 · 지주를 제압하면 그 국가 전체를 손아귀에 넣을 수 있게 된다.

국민은 봉건적 지배에서 생존에 급급하다가 눈을 떠 보니, 국가가 어느새 외세로 넘어간 것을 깨닫게 된다. 국민이 외세에 대항하게 되면, 외세는 봉건지주와 피지배 국민의 갈등 관계를 이용해서 이들을 이간(离間)하는 이이제이 정책을 펴기도 한다.

실제로 일본이 구한말 대한제국을 식민화하는 과정이 그랬다. 일본은 당시 대한제국의 봉건 지배 세력을 점령함으로써, 간단히 대한제국을 식민지로 삼았다. 국가를 빼앗기는 과정에서, 대한제국과 일본 사이에 실질적인 전쟁 상황은 없었다.

서민 대중은 눈을 떠 보니 하루아침에 나라가 없어졌다. 국권 회복을 위한 항일 의병이 이어졌다. 그러나 의병은 일본군에 대해서만 전투를 벌인 것이 아니었다. 아이러니하게도, 동시에 대한제국 관군을 상대로 전투해야 했다.[5] 당시 조선의 봉건 지배 세력이 지배력 유지를 위해 일본과 결탁했기 때문이다. 그들은 일본제국의 봉건 지배 세력으로 처신했다. 관군과 의병이 합세해서 일본군에 대항해도 힘이 모자라는 형국에 관군은 오히려 의병을 진압하는 데 동원됐다. 국민은 나라를 빼앗기는 과정에서도 객체로, 피지배자로 취급되는 수모를 당해야 했다.

이런 치욕적인 봉건사회의 역사는 우리 헌법에 큰 흔적을 남기고 있

---

5   김상기, (1996), 의병운동의 역사적 전개와 의의, 민족문화와 의병사상, Vol. 1996 No. 1

다. 우리 헌법 제121조다.

┃ 헌법 제121조 ① … 농지의 소작제도는 금지된다.

위 헌법 조항을 만들던 당시가 농경사회인 점을 고려하면, 위 조항의 현대적 의미는 우리 사회를 봉건사회로 만드는 모든 형태의 부정한 갑을계약, 즉 소작계약·불공정 하도급 계약을 금지하는 선언으로 보아야 한다.

국권 회복을 투쟁한 항일 의병. 아이러니하게도 대한제국 관군을 상대로도 싸워야 했다.

■ 중세도시와 근세 절대왕정

각자가 주체인 도시민들

역사는 하루아침에 이루어지지 않는다. 많은 사람이 고대·중세·근대·현대라고 말하듯이, 봉건사회에서 바로 근대 국민국가가 탄생하지 않았다. 개개인 국민이 고대 군주, 중세 봉건영주로부터 독립해서 자유와 주체성을 법적으로 확보하는 데에는 스스로 자립하는 과정이 필요했다. 11세기부터 18세기까지 전개된 유럽의 중세도시 발전과 근세 절대왕정의 전개는 국민이 군주와 봉건영주의 지배 권력을 밀어내는 절묘한 과도기였다.

그 최전방에는 자본가, 기업가들이 있었다. 중세 유럽 사회가 안정되면서, 900년경 3천5백만 명이었던 인구는 1350년에는 7천만 명으로 증가했다(1700년대는 1억2천만 명이 되었다).[6] 그리고 농업기술(관개 및 시비 기술)이 향상되어 생산량이 증대되었고, 직물·가죽·향신료·사치품 등 상거래와 수공업도 발달하기 시작했다. 상거래와 수공업으로 돈을 모으기 시작한 상인·수공업자·은행가들은 북유럽 등 유럽 전역, 서남아시아, 아프리카 등을 개척하면서 시장을 확장해 나갔다.

부를 축적한 상공인들은 11세기부터 봉건영주의 장원을 벗어나 새로운 정착지를 세우기 시작했다. 신체와 재산의 안전을 위해서 둘레에 성벽(bourg)을 쌓았는데, 사람들은 그 거주지를 도시(오늘날 학자들은 중세도시라고 말한다), 그 주민들을 도시민[부르주아(bourgeois), 간단히 시민(市民)]이라고 불렀다.

도시의 시민들은 장원의 봉건 지배와는 달리, 시민 각자가 주체였다. 장원에서와 같은 예속 관계는 존재하지 않았다. 시장거래에서는 물론이고 시의회를 통해 시정(市政)에 참여하는 데에도 각자가 주체가 되어 활동했다. 시의회는 입법, 재판, 징세, 예산, 대외교섭권을 갖고 있었다.

---

6   차하순, (2010), 서양사 총론 1, 339쪽.

'도시의 공기는 사람을 자유롭게 했다(Stadtluft macht frei)'.

제후국 군주와 도시상공인의 결탁

부를 축적한 상공인들이 봉건영주의 장원을 벗어나 새로운 정착지로 세운 중세도시

한편 로마와 중세 교회가 유럽을 지배하고 있을 때 제후국 군주들의 힘은 봉건영주, 귀족, 성직자 등 다른 봉건세력과 큰 차이가 없었다. 그러나 십자군 운동의 실패로 교회와 그 다른 봉건세력이 쇠퇴하자, 제후국 군주들은 세력을 확장할 기회를 얻게 되었다. 세력 확장을 위해서는 전쟁 비용과 관료조직을 유지하는 데 필요한 재원을 마련해야 했는데 그들은 도시민 부르주아의 부(富)에 주목했다.

제후국 군주와 도시상공인은 봉건영주들을 걸림돌로 생각하는 데에

이해관계가 같았다. 그러니 그들은 손쉽게 결합할 수 있었다. 군주는 도시민이 봉건세력으로부터 독립해서 경제적으로 부흥하는 것을 도왔고, 도시민은 의회 의결로 조세를 걷어 국왕의 재정을 지원했다. 군주가 순회재판소를 설치해서 정기적으로 도시를 순회하게 했는데, 이는 지방 봉건영주가 도시를 통제하는 것을 배제한다는 의미였다. 도시민은 더 자유롭게 부를 늘리고 지위를 높일 수 있었다.

시민 부르주아와 결탁한 군주는 15세기 이후 강력한 근세 절대왕정 시대를 열었다. 절대왕정은 중상주의에 기초했다. 상공 부르주아를 지원해서 국부를 증대한다는 생각이었다. 국왕은 국내외 상거래를 보호·육성하고, 해외에 신민지를 세워서 상공 부르주아가 원료 공급지와 판매시장을 방대하게 확장할 수 있게 했다. 국왕의 지원을 얻은 상인들은 아메리카 신대륙을 발견하고 아프리카를 거쳐 동양으로 가는 항로를 개척했다.

15세기 말에는 서인도 무역(유럽의 모직물 ↔ 아메리카 신대륙의 은)과 동인도 무역(유럽 모직물 ↔ 중국의 비단, 동남아시아와 인도의 향료)을 중심으로 상업혁명이 이어졌다. 상공 부르주아는 군주가 강력한 병력과 함선, 관료를 유지하는 데 필요한 재원을 제공함으로써 군주의 권력에 부응했다. 중상주의가 이뤄 낸 경제부흥은 국왕과 상공 부르주아의 합작품이었다.

도시의 사법(私法) 질서를 제도화한 절대왕정

법적 관점에서 근세 절대왕정은 국왕이 도시상공인을 지원했다. 이는

도시의 사법(私法) 질서를 국가의 법질서로 제도화하는 계기가 됐다. 국왕이 파견한 순회재판소는 도시민들의 법률관계, 즉 개인과 개인 사이의 사법적 법률관계, 권리의무관계를 그대로 국가의 법질서로 받아들였기 때문이다. 로마에서 서서히 정리된 '권리' 개념이 도시상공인들의 권리 개념으로 발전하여 오늘날 '권리' 개념 형태로 구체적으로 확립되는 기초를 마련한 것이다.

원래 도시의 법질서는 도시민들이 각자 주체가 되어 '거래'하면서 형성한 관습 질서였다. 상거래를 위해서 자기들끼리 관습적으로―로마 이후 계속되어 온―적용·집행하던 질서였다. 물론 국가가 명령한 군주국가 공법 질서가 아니었다. 도시민들끼리 개인 대 개인의 관계로 이루어진 사법 질서였다. 두 당사자 개인이 대등하게 거래하는 질서, 즉 한쪽은 권리자, 다른 한쪽은 의무자로 대응하는 질서였다. 이런 사법관계에 분쟁이 생기면, 중세에서는 지역에 따라 봉건영주가 결정해서 해결하거나, 도시 자체의 중재 절차로 해결하고 있었다.

근세 절대왕정이 수립되면서, 군주는 도시상공인들의 분쟁을 해결하고, 그 분쟁 해결에 봉건영주가 개입하는 것을 방지하기 위해 도시에 순회재판소를 파견했다. 순회재판소는 국가권력으로 사법(私法) 분쟁을 해결하는 민사재판을 국가 제도로 정비한다는 의미였다. 순회재판소는 군주가 파견했지만, 고대 군주제에서와 달리 군주가 재판하는 기준을 세워서 보낸 것은 아니었다. 순회재판소는 도시민들이 관행적으로 적용하던 '개인 대 개인의 사법(私法) 법률관계'를 그대로 국가의 법질서로 받아들였다.[7] 그리고 그것을 판례법으로 정착시켰다. 이제 개인이 다른 개인에 대해 가진 '권리'는 국가가 보장하는 법적 힘이 되었다.

이 권리는 개인들 스스로 형성하는 것이다. 과거 군주제에서와 달리, 국가가 개인에게 부여하는 힘이 아니다. 개인들끼리 계약하면 권리가 생긴다. 이는 국왕의 권력에서 비롯되지 않은 것을, 국가가 국가강제력으로 '법적으로 보장'한다는 의미였다. 국민이 독자적으로 국가의 강제력을 행사하는 힘을 얻게 되었음을 의미한다. 이는 법이 군주로부터 분리·독립됨을 의미하는 것이었고, 국민이 법의 세계를 통해서 어느 정도 군주로부터 독립해서 자기의 '내 것'을 형성하고, 보장받는다는 것을 의미했다.

이런 법질서 이론은 곧 한 걸음 더 나아갔다. 법이 군주보다 우선한다는 선언이 이어졌다. 코크 경(Sir Edward Coke, 영국 법학자, 1552~1634)은 1607년 판결에서 다음과 같이 판시했다.

> '법관들은 영국의 법과 관습에 따라 사법(司法)을 집행하도록 선서한다. 국왕은 어떠한 이유도 그의 법원의 어떤 것을 배제할 수 없으며, 스스로 판결할 수 없다.[8]

이 판시는 군주의 권력에 근거하지 않는 개인의 '권리'가 법적으로 보장되고, 군주의 권력으로도 그 법적 보장을 배제할 수 없는 시대가 열렸

7　Tamanaha, Brian Z.,(2004), 이헌환 역, 같은 책, 59쪽.
8　12 Coke's Report 63 [1607]

음을 선포하는 것이었다. 한마디로, 국왕도 법을 벗어날 수 없음, 국왕
도 법 아래에 있음을 선언하는 것이었다. 과거 고대 군주제에서는 상상
할 수 없는 이론이었다. 외형은 똑같은 군주였지만, 실질은 완전히 다른
군주가 된 것이다.

국왕과 자본가의 불가피한 대립

인간의 욕심은 끝이 없다. 근세 절대왕정 군주는 세력을 확장해서 과
거 고대 군주제의 국왕과 같이 신(神)처럼 군림하길 원했다. 이 욕심은
봉건세력과 부딪치는 데 그치지 않았다. 급기야 도시 상공 부르주아와
도 부딪칠 수밖에 없었다. 부르주아 자본가들은 사업 확장을 위해서 국
왕과 결탁하였지만 국왕이 고대 군주처럼 군림하려 들자 경계의 수위를
높였다. 만일 과거 고대 군주와 같은 절대권력이 탄생하면 부르주아는
모든 것을 잃을 수밖에 없음을 잘 알고 있었다.

자본가들은 사법(私法)에서의 권리 개념을 공법관계에도 응용했다.
자본가들은 군주에 대한 관계에서도 개인의 '권리'를 주장하기 시작했
다. 1628년 권리청원, 1679년 인신보호율, 1689년 권리장전 등을 국왕
에게 요구했다. 그 내용은 국왕이 신체 · 재산 등에 대해서 가진 개인(상
공 부르주아)의 권리를 국왕도 인정하고, 그것을 함부로 침해할 수 없다
는 것이었다.

즉 개인의 '내 것' 권리가 단순히 다른 개인에 대한 관계에서만 권리
가 아니라, 국가에 대한 관계에서도 권리임을 선포하는 의미다. 이제 권
리는 개인과 개인 사이의 사법관계뿐만 아니라, 국가와 개인의 관계, 즉

공법관계에서도 '내 것'을 법적으로 보장한다는 의미가 되었다. 즉, 공법상으로도 권리가 된 것이었다.

또한, 자본가 부르주아들은 국왕이 조세 부과 등 일정한 권한을 행사할 때는 반드시 의회가 동의해야 한다는 '절차'적 보장도 확보했다. '대표 없이 조세 없다'라는 것이다. 중세 말기부터 형성된 프랑스의 삼부회, 영국의 의회 등이 자본가들을 대표하는 역할을 담당했다.

이런 권리 보장·절차 보장에도 불구하고, 근세 절대왕정 군주는 고대 군주의 영광을 재현하려는 욕망에서 벗어나지 못했다. 군주는 왕권신수설(The Divine Right of the King), 즉 왕권은 신이 부여한 것이라는 허상을 선언하면서, 권리장전 등 문서를 무시하려 들었다. '국왕은 법 위에 있다. 왜냐하면 국왕이 법을 만들고, 국왕은 오직 신에게만 책임을 지기 때문이다.'라는 고대 군주국가의 생각을 고집하려 했다.

그러나 세상은 이미 크게 바뀌어 있었다. 권리 보장·절차 보장을 규정한 서약 문서는 이미 크게 바뀐 법의 세계에 근거하는 것이었고, 사람들의 정신세계는 과거 고대 시대와는 완전히 다른 세계로 넘어와 있었다. 르네상스, 십자군 운동, 종교개혁, 종교전쟁, 인간 이성과 주체성에 관한 학문과 사상, 지리상 발견, 그리고 과학의 발전으로, 신(神)은 더는 정치적 권위가 될 수 없었다.

아담과 하와가 선악과를 먹고 선악을 분별했듯이, 이제 사람들은 자유와 자기 주체성을 깨달으면서 신과 이성을 구분했다. '신'은 종교의 자유에 머무르는 '개인의 믿음'의 세계일 뿐이라고 분리하면서 신에 대한 믿음과 인간의 합리적 이성을 따로 생각했다. 군주가 신을 신성시하면서 현실의 인간에게 복종을 요구하는 시대는 이미 지나가 버린 것이었다. 이미 많은 사람은 신이 아니라, 인간이 중심인 국가 질서를 바라고 있었다.

게다가 도시민, 부르주아, 자본가, 상공인들은 군주에 버금가는 사회의 실세로 성장해 있었다. 경제적 실권(實權)을 쥐고 있었고, '내 것'을 보장받기 위해서 얻어 낸 군주의 공식문서(권리장전 등)도 확보한 상태였다. 그들에게 권리장전은 군주도 지켜야 하는 '법'이었다.

어느새 군주는 한 번의 실수로 죽음의 길에 들어서야 하는 백척간두(百尺竿頭)에 서 있었다. 이유야 어떻든, 자본가들로 가득한 의회에 대적한다면, 군주가 자신의 목숨을 내어놓거나 망명해야 하는 처지 말이다. 실제 그 상황이 벌어졌다. 영국에서는 1689년 명예혁명(1642년 청교도 혁명)이 그것이었고, 프랑스에서는 1789년 대혁명이 그것이었다. 군주주권이 아닌, 국민주권의 시대, 근대가 시작된 것이다.

5. 근대 자유주의국가의 정의

■ 자본가 독과점의 자유시장주의

국민주권 국가 질서의 성립

근대국가는 상공 시민들이 경제적인 힘을 바탕으로 근세 절대왕정을 무너뜨리고 자유주의, 개인 거래 분배, 시장지상주의가 정의질서라는 토대 위에 세운 국가다. 1689년 명예혁명, 1776년 독립선언, 1789년 대혁명 등 시민혁명으로 등장한 새로운 영국, 미국, 프랑스가 해당된다.

사실 근대국가의 성립은 코페르니쿠스적 전환이었다. 수천 년 이어온 군주의 굴레를 벗어던진 쾌거였다. 종래 사람들은 신(神)·이데아가 국가를 만들었고, 그 뜻을 세상에 펼치는 사람이 군주라고 생각했다. 반면 근대국가는, 생각하는 존재로서의 사람, 이성을 가진 존재로서의 사람, '주권자로서 나'가 국가 질서의 근본이라는 생각 위에 국가를 세웠다. 개개인이 국가 질서의 주인이었다. 이제 국민은 피통치자, 객체가 아니었다. 국민주권주의는 근대국가의 근본이념이었다.

오늘날에도 국민주권주의는 보편적이고 항구적인 자연법 질서로 인정된다. 국민주권은 개인 각자가 주권자라는 뜻이다. 군주나 귀족뿐 아니라 자본가·노동자·농민 등 모든 사람이 누구든지 주체적인 인간으

외젠 들라쿠르아 작, 〈민중을 이끄는 자유의 여신〉(1830)

로 대우받고, 누구에게도 예속되지 않아야 한다는 이념이다. 각자 자기의 뜻대로 자기의 삶을 펼치면서 자기의 행복을 좇아 잘 먹고, 잘 입고, 잘 자고, 잘 살고 싶은 개인의 욕망을 맘껏 발현하라는 뜻이다.

자유주의 분배질서 속 근대국가

그러나 아쉽게도 근대국가는 이런 국민주권주의 이념을 그대로 펼치지 않았다. 이미 이야기했지만, 개인이 주권자인 국가, 즉 개인주의 국가가 펼 수 있는 정의질서, 즉 분배 방식은 두 가지다. 하나는 자유주의,

즉 개인 거래 방식의 분배이고, 다른 하나는 민주주의, 즉 공동체 결정 방식의 분배다. 환기하는 의미에서 요지를 말하자면, 자유주의는 각자가 주체가 되어 각자가 자유롭게 '내 것'을 매매·대여·담보 등의 방법으로 다른 사람과 거래하는 분배 방식이고, 민주주의는 각자가 민주적으로 참여해서 형성한 국가공동체 결정에 따라 분배하는 방식이다.

근대국가는 두 방식 중에서 오로지 자유주의, 개인 거래 방식으로만 정의를 실현할 수 있다고 선언했다. 소위 자유방임주의, 시장지상주의를 질서로 채택한 국가였다.

공동체 결정은 철저히 배제했다. 공동체 결정은 군주의 분배라고—착각이라고 볼 수도 있고, 선전이었다고 볼 수도 있다—단언했다. 군주의 분배는 자의적인 전횡일 뿐이라고 했다. 소수의 성직자, 귀족, 지주가 결탁해서 인구 90%의 농민·시민을 억압한 앙시앵 레짐(ancien regime)[1]의 폐해가 그것이라고 설명했다. 군주의 폐해를 핑계로 공동체 결정 자체를 배척했다. 그 속에서 개인들이 주체가 되어 행하는 민주적 공동체 결정 분배도 함께 관심 밖으로 몰아냈다. 물론 대중민주주의는 중우정치로 귀결된다는 논리도 동원됐다.

과거 신성시되었던 신의 자리에는 이성을 앉혔다. '이성'을 신성시하면서, 모든 인간이 이성을 가진 존재이므로, 인간의 자유를 극대화하는 것이 최선의 질서라고 했다. 원래 사람은 모두 자유롭게 평등하게 태어났으므로, 각자 자유롭기만 하면 사회 전체가 정의롭게 변모한다고 선전했다. 이런 자유를 국가공동체 이름으로 간섭한다면 이는 정의를 왜

---

1   '옛 제도'를 의미한다. 일반적으로 1789년 프랑스대혁명 전의 '구제도'를 말한다.

곡함을 의미할 뿐이라는 것이다. 이런 이론을 자유주의, 시장주의, 야경 국가론 등으로 이념화했다.

근대국가의 이념적 허상

1789년 프랑스 혁명으로 탄생한 인권선언

이런 근대국가의 이념·이론은 헌법과 인권선언으로 표방됐다. 자유가 찬양됐고, 자유를 통해서만 정의가 실현된다고 했다. 물론 현실에서 모든 국민에게 자유가 실현되지는 않았다. 그런 이론으로 모든 국민의 자유가 실현될 수도 없었다. 선전이었을 뿐이었다. 마치 함무라비 법전의 서문에서 '신'을 선전하는 것과 같았다. 함무라비 왕이 신을 선전했듯이, 근대 자본가들은 '이성과 자유'를 선전한 것이었다.

먼저, 미국 연방헌법(Constitution of the United States, 1787) 전문이다.

> (전문) 우리 합중국 인민은 더 완벽한 연합을 형성하고, **정의**를 확립하고, 국내의 평안을 보장하고, 공동방위를 도모하고, 국민복지를 증진하고, 우리와 우리의 후손들에게 **자유의 축복**을 확보하기 위하여 이 아메리카합중국헌법을 제정한다.

프랑스 인권 선언(Declaration of the Rights of Man and of the Citizen, 1789)은 자유를 찬양했다. 자유가 모든 사람에게 동등하니, 모두가 평등하다는 것이다. 그리고 국가가 자유를 간섭해서는 안 된다는 것이 요지였다. 사람들을 자유롭게 놓아두기만 하면, 모든 국민이 모두 잘살 것이라는 착각을 만들어 냈다.

> 제1조 인간은 **자유**롭고 **평등**한 권리를 지니고 태어나서 살아간다.
> 제2조 모든 정치적 결사의 목적은 인간이 지닌 소멸될 수 없는 **자연권**을 보전하는 데 있다. 이러한 권리로서는 자유권과 재산권과 신체 안전에 대한 권리와 억압에 대한 저항권이다.
> 제3조 모든 **주권**의 원리는 본질적으로 국민에게 있다. 어떤 단체나 개인도 국민으로부터 직접 나오지 않는 어떤 권력도 행사할 수 없다.
> 제4조 자유는 타인을 해치지 않는 한 모든 행위를 할 수 있는 자유를 의미한다. 따라서 각자의 자연권 행사는 다른 사회구성

원에게도 **동등한 권리**를 보장해 주어야 할 경우 말고는 어떤 제약도 받지 않는다. 이러한 제약은 오로지 법에 의해서만 결정될 수 있다.

비참한 현실에 내쳐진 근대국가

이런 '이성과 자유'의 핑크빛 이념이 붉은 핏빛 현실로 본색을 드러내는 데는 불과 50년이 걸리지 않았다. **자유주의, 시장지상주의 근대국가는 노동자·농민·서민 대중에게 빈익빈 부익부 양극화의 비참한 현실을 안겨 줬다.**

우리는 이미 자유주의, 개인 거래 분배가 어떤 결과를 가져올 수 있는지 살펴본 적이 있다. 중세 봉건사회에서 농노의 비참한 삶이 계약 자유의 결과였음을 살펴봤다. 자유주의·시장지상주의만 정의로운 질서이고, 신성한 질서라고 근대국가가 선전할 때부터 그 결과가 어떻게 나올지는 이미 정해진 것이었다. 빈익빈 부익부 양극화였다. 이념적으로만 모두의 자유였을 뿐, 현실에서는 자본가에게만 자유였고, 노동자·농민·서민 대중에게는 굴레였다. 중세 봉건영주의 자유와 농노 굴레의 데자뷔였다.

카를 마르크스(Karl Heinrich Marx, 독일의 경제학자·정치학자, 1818~1883)는 『자본론(Das Kapital)』(1867)에서 근대국가 현실의 모순을 이론적으로 날카롭게 파헤치면서 비판했다. 마르크스가 학자로서 특별히 존경받는 이유는 자본주의의 현실을 이론적으로 가장 앞서서 분석했으면서도 그 분석 내용이 예리하고, 대부분 정확했기 때문이다.

> 화폐소유자는 **자본가**로서 앞장서 걸어가고, 노동력의 소유자는 그
> 의 **노동자**로서 그 뒤를 따라간다. 전자는 거만하게 미소를 띠고 사업
> 에 착수할 열의에 차 바삐 걸어가고, 후자는 자기 자신의 가죽을 시장
> 에 팔아 버렸으므로 이제는 무두질만을 기다리는 소처럼 겁에 질려
> 주춤주춤 걸어가고 있다.[2]

유진 오닐(Eugene Gladstone O'Neill, 미국 극작가, 1888~1953)은 『밤
으로의 긴 여로(Long Day's Journey into Night)』(1939)에서 미국 1910년
대 서민들의 삶을 잘 보여 주고 있다.

> 우리 어머니는 나랑 나보다 몇 살 위였던 누나랑 어린 동생 둘, 이
> 렇게 올망졸망한 자식 넷을 데리고 낯선 땅에서 살아야 했지. 형 둘은
> 이미 타지로 떠났고 우리를 도울 형편이 못 됐어. 자기들 입에 풀칠하
> 기도 어려웠으니까. 그런 가난에 낭만이 어딨어. 헛간 같은 **집에서 두
> 번이나 쫓겨났다.** 어머니의 몇 가지 되지도 않는 가구들이 길바닥에
> 내팽개쳐지고 어머니와 누이들은 서럽게 울었지. 난 그래도 집안의
> 가장이라고 눈물을 보이지 않으려고 애썼지만 울지 않을 수가 없더구
> 나. 겨우 열 살이었으니까! 그 뒤로 학교도 못 다녔다. 기계 공장에서
> **하루 열두 시간씩** 일하면서 서류철 만드는 걸 배웠지. 천장이 새서 빗
> 물이 뚝뚝 떨어지는 더러운 헛간 같은 데서, 여름에는 찌는 듯이 덥고
> 겨울에는 난로도 안 때서 손이 곱고, 빛 드는 데라곤 지저분한 작은 창

---

2   Karl Marx, (1867), 김수행 역, 자본론 1(상), 1989, 222, 223쪽.

두 개뿐이라 흐린 날에는 서류철이 안 보여서 얼굴이 서류철에 닿을 정도로 잔뜩 구부리고 일을 했지! 그렇게 일해서 내가 **얼마를 받았는지 알아? 주급 50센트였어.** 사실이다. 주급 50센트! 불쌍하신 어머니는 낮에 미국 사람들 집에 가서 빨래랑 청소를 하고, 누나는 재봉 일을 하고, 어린 동생들은 집을 봤지. 그렇게 헐벗고 굶주리며 살았다. 그러다 어느 추수감사절에, 아니면 크리스마스 때였던가, 어머니가 빨래를 해 주던 미국 사람 집에서 **명절이라고 1달러를 더 줬는데,** 어머닌 집에 돌아오는 길에 그 돈으로 몽땅 먹을 걸 사셨지. 그때 어머니가 우리를 부둥켜안고 키스를 하시며 피곤에 지친 얼굴에 기쁨의 눈물을 흘리며 하시던 말씀이 아직도 생각나. "이렇게 고마울 데가! 우리 식구가 생전 처음 배불리 먹어 보겠구나!"[3]

헨리 조지(Henry George, 미국 경제학자, 1839~1897)는 『진보와 빈곤』이라는 두 개의 모순된 개념을 제목으로 붙인 책에서 다음과 같이 쓰고 있다.

1800년대에 들어 **생산력**이 엄청나게 증가했고 또 지금도 가속적으로 증가하고 있으나 극심한 빈곤을 퇴치하거나 고통받는 노동자의 짐을 덜어주는 경향은 보이지 않았다. 오히려 **빈부 격차**를 더 심하게 하고 생존경쟁을 더 치열하게 만들고 있다. 꼬리를 이은 발명의 덕으로

---

3 Eugene Gladston O'Neil, (1939), 민승남 역, 밤으로의 긴 여로(Long Day's Journey into Night), 2005, 182, 183쪽.

> 인류는 한 세기 전에는 꿈에도 꾸지 못한 힘을 갖게 되었지만, 고도의 노동절약적 기계 장치를 갖춘 공장에서 어린이들이 일에 시달리고 있다.[4]

우리나라 조영래(우리나라 인권변호사, 1947~1990)는 『전태일 평전』에서 전태일의 입을 빌려 1970년대 청계천 평화'시장'의 현실을 고발했다. 당시 현실은 근대국가의 현실 그대로였다.

> 이런 일은 평화시장에서 흔히 있는 일이었다. 한창 발육기에 있는 어린 여공들이 가혹한 노동조건 때문에 이런 식으로 작업을 할 수 없게 되면[사흘 밤이나 **주사 맞고** 일했더니 이젠 눈이 침침해서 아무리 보려고 애써도 보이지도 않고 손이 마음대로 펴지지가 않아요] 기업주들은 도리어 게으름 부린다고 나무라기가 일쑤였으며, 병이 깊어져서 아주 일을 못하게 되면 **치료는커녕** 사정없이 **해고시켜** 버리는 것이었다.[5]

계약의 자유는 독점과 지배의 자유

개인 거래 자유'만'의 현실은 근대나 중세가 다를 리 없었다. 소작계

---

4   Henry George,(1879), 김윤상 역, 진보와 빈곤(Progress and Poverty), 2017, 31쪽.
5   조영래,(2009). 전태일 평전, 138쪽.

약의 자유로 중세 봉건영주가 사람들을 비참한 농노로 만들었다면, 노동계약의 자유로 근대 자본가들은 사람들을 비참한 노동자로 만들었다. 두 체제는 이념과 권위가 달랐지만(신과 이성, 신성과 자유), 자유주의 · 개인 거래 분배로 불공정 계약을 강요하는 현실은 같았다.

시장의 독과점은 거래의 불공정 폐해를 만드는 기초였다. 불공정한 독과점시장에서 '자유 계약'이라는 이름은 다른 사람을 지배하고 착취하는 권리를 만들어 냈다. 봉건사회에서 봉건영주는 생산수단 토지를 독점해서 농노에게 불공정한 소작계약을 강요했고, **근대국가에서 자본가와 지주들은 생산수단인 '토지'와 '자본'을 독점해서 노동자에게 하루에 12시간 이상 노동을 강제하는 노동계약을 강요했다.**

의식주는 사람의 행복이기도 하지만, 최대 비극이기도 하다. 먹지 않으면 죽는다는 사실에, 죽음을 죽도록 싫어하게 설계된 인간 DNA가 더해지면, 의식주는 인류 최대의 비극 원인이 된다. 독과점시장에서의 의식주 문제는, 서민대중 · 노동자 · 농민 · 농노 · 노예들의 삶을 비참의 나락으로 떨어뜨리는 원동력이 된다. 자기 몸과 정신, 그리고 몇몇 가재도구밖에 없는 그들은 하루하루 아슬아슬하게 꾸려지는 생계를 유지하기 위해 영주 · 지주 · 자본가가 제시하는 부당한 노동조건을 거부할 수 없었다. 거부는 자기의 죽음, 가족의 죽음을 의미했기 때문이다. 불공정이 너무나 뻔한 계약에 도장을 찍을 수밖에 없었다.

근대국가 자유 계약의 내용은 이랬다. 노동자들을 채광이나 조명시설도 제대로 없고, 환기장치도 부족한 공장에서 일하게 하는 계약이었다. 일자리 수요는 한정되어 있는데 노동력 공급은 늘 과잉이었으므로, 자본가들은 노동자들에게 최저생계비 수준의 임금을 강요할 수 있었다.

노동자들의 구직 경쟁은 노동조건을 점점 더 열악하게 만들 뿐이었다.

노동자들이 공장에서 실수하여 기계에 손이 잘려 나가도 노동자의 잘못이었다. 노동자가 스스로 책임져야 한다는 것이 계약의 내용이었다. 잘못된 노동환경이 초래한 결과라고 생각하지 않았다. 손이 없어졌고 노동력이 상실되었으니 바로 공장에서 쫓아낼 수 있다는 것이 계약이었다. 오늘날 우리나라가 보장하는 산업재해 보상제도는 존재하지 않았다.

끝없는 욕망은 군주나 봉건영주나 근대 자본가들이나 다름이 없었다. 근대 자본가들의 이윤추구 욕망은 끝이 없었다. 임금이 비싼 성인 남성은 공장에서 내쫓고, 상대적으로 노임이 저렴한 여성과 어린이들을 채용했다. 여성은 가난 때문에 출산 2~3일 전까지 일해야 했고, 해산 직후 곧 공장으로 되돌아가야 했다. 14~15세 어린이는 공장이나 탄광에서 12시간 이상 일해야 했고, 거의 교육을 받지 못했다.[6]

당시 노동자들은 "자유와 평등이다. 열심히 일하면 복이 올 것이다."라는 근대 복음을—오늘날에도 이런 복음을 전파하는 전도사들이 많다—믿고 하루하루 삶을 살았다. 살다 보면 어느새 생의 마지막 날을 맞이할 뿐이었다.

노동자들의 비참함은 자본가들의 풍요와 대비되었다. 자본가들은 독과점으로 엄청난 이윤을 챙겼고, 그 돈으로 군주처럼 행세했다. 실제로 사람들은 그들을 왕으로 불렀다. 1800년대 미국의 카네기(Andrew Carnegie, 미국 산업자본가, 1835~1919)는 철강왕, 모건(John Pierpont

---

6   차하순, (2010), 서양사 총론 2, 735쪽.

Morgan, 미국 금융자본가, 1837~1913)은 금융왕, 록펠러(John Davison Rockefeller, 미국 사업가, 1839~1937)는 석유왕으로 불렸다.

근대국가의 산업혁명은 군주제 시절 농업혁명과 같았다. 농업혁명이 고대 군주국가에서 신의 이름으로 벌어진 사기극이었다면, 근대 산업혁명은 근대 자유방임주의에서 이성과 자유의 이름으로 벌어진 또 한 번의 역사적 사기극이었다. 고대국가에서 '신을 위한, 신에 의한, 신의 분배질서'라는 허상 · 환상은 가짜 이념이었고 실제 이념과 현실은 '군주를 위한, 군주에 의한, 군주의 분배질서'였다면, 근대국가에서 '전체 국민을 위한, 국민에 의한, 국민의 분배질서'라는 허상 · 환상은 가짜 이념이었고 실제 이념과 현실은 '자본가를 위한, 자본가에 의한, 자본가의 분배질서'였다.

자본가 주권의 근대국가 실상

근대국가가 선전했던 이념과 실제의 현실이 대비되면 의문이 생긴다. **국민주권주의인데, 즉 신이라는 허상에서 벗어났는데, 왜 대다수 국민은 일부 자본가들에게 착취당했는가? 왜 모든 국민이 주인이 되지 못했나? 대다수 국민은 왜 또 객체로 전락하게 되었나?**

대답은 간단하다. '이성, 자유'라는 환상 속에서 '내 몫, 내 것'을 분배하는 실제 질서의 설계를 제대로 이해하지 못했기 때문이다. 질서 자체가 어느 특정인, 특정 세력에게 유리하게 설계된 점을 분명하게 깨닫지 못했기 때문이다. 군주제 질서가 군주에게 유리하게 설계되었기 때문에 노예가 주인이 될 수 없었듯이, 봉건제 질서가 영주에게 유리하게 설계되었기 때문에 농노가 주인이 될 수 없었듯이, 근대 국민국가 질서는 자본가에게 유리하게 설계되었기 때문에 노동자들이 주인이 될 수 없었다.

질문은 이어진다. 국민주권주의가 기본이념이었는데도 왜 이처럼 한편으로 치우친 질서가 만들어졌는가?

현실의 질서는 늘 사람이 만들어 왔다는 점을 생각하면 그 이유를 찾을 수 있다. 즉, 위 질문은 실제로 질서를 만든 주체가 누구였냐는 질문으로 바꿀 수 있다. '신이었나? 군주이었나? 백성이었나? 이성이었나? 자본가들이었나? 노동자들이었나? 일반 국민이었나?'라는 질문이다. 질서를 실제로 설계한 주체를 알면 그 질서가 한쪽으로 치우친 이유를 이해할 수 있다.

역사는 모든 법질서가 그것을 설계한 자들의 이해관계를 그대로 반영함을 보여 준다. 고대 군주제는 군주가 구상했다. 그러니 당시 모든 것은 '군주의 것'이었다. 겉으로는, '신의 것'이라고 거짓 선전했을 뿐이었다.

중세 봉건사회의 질서는 봉건영주가 주체였다. 국가고권이 미약한 틈을 타서, 영지의 독점을 기반으로 질서를 좌우했다. 계약 자유라는 이름으로 행해진 소작계약은 그들의 지배력을 키우는 데 손색없는 수단이었다.

근대국가의 정의질서는 자본가들이 설계했다. 중세도시에서 성장해서 근세 절대왕정을 거치면서 자본을 확장한 자본가들(부르주아 · 지주·귀족)은 토지와 자본을 가지고 있었고, 노동자·농민은 가진 것이 없었다. 생산수단을 독점한 자본가들은 자유의 이름으로 시장독점을 철저히 이용했다. 계약 자유라는 이름으로 행해진 노동계약은 그들의 지배력을 확장하는 데 적당한 수단이었다.

자본가들은 '모든 국민이 자유민이고, 주권자'라고 말하면서, 사람은 각자 합리적 이성을 가졌으므로, 그 이성으로 거래(계약)하면 모두에게 합리적인 결과를 가져온다고 선전했다. 그러나 실제 시장은 항상 독점된 상태라는 현실은 말하지 않았다. 독점시장에서 노동자는 '을'로 전락할 수밖에 없었다.[7] 자본가들은 헐값으로 어린이와 여성을 하루에 12시간씩 부릴 수 있었다.

국민 전체가 아니라 자본가들이 주체였던 세상으로 근대국가를 설명하면 의아해진다. 원래 국민주권주의는 몇몇 사람이 아니라 모든 사람 각자가 주권자라는 이념이다. 그리고 자본가보다는 노동자들의 숫자가 더 많다. 모두가 주권자라면 왜 다수의 노동자가 소수의 자본가에게 그렇게 착취당하는 질서를 허용했을까?

군주주권 시대에는 백성들이 주권이 없었기 때문에 어쩔 수 없었다고 말할 수 있지만, 노동자들이 주권을 가졌다고 국민주권이 선언된 상태에서 어떻게 그렇게 착취당하고만 있을 수 있었느냐는 질문이다. 다수

---

7   사람은 모두 똑같이 태어났고, 누구나 자본가가 될 가능성이 있다는 비전은 이념적 허상이었다. 물론 자본가가 노동자가 되고, 노동자가 자본가가 되는 변화 가능성은 있다. 어떤 사람이 노동자에서 자본가로 바뀐다고 해서, 자본가들이 시장을 독점한 뒤 노동자에게 불공정한 계약을 강요하는 '시스템' 자체가 바뀌는 것은 아니다.

노동자가 힘을 합쳐 주권을 행사해서 공정한 정의질서를 만들 수 있었지 않았겠느냐는 의문이다.

그 의문은 당시 선거제도를 보면 바로 풀린다. 당시 선거제도는 실제로 법질서를 설계하는 주체가 누구였는지를 보여 준다. 근대 국민혁명이 이루어진 직후의 선거제도에 관한 사실이다.

이 사실은, 필자가 학자가 되어 세계사를 읽으면서 눈을 몇 번이나 씻으면서 다시 확인하고 소스라치게 놀랐던 사실—학생들이 읽는 세계사에는 이처럼 중요한 내용이 근대 국민혁명의 결과 부분에 구체적으로 설명되어 있지 않다는 것이다. 한참 뒤 18세기 후반의 선거권 확대 부분을 통해서 간접적으로 넌지시 설명될 뿐이다. 그래서 세계사 책을 읽은 대부분 사람은 근대 국민혁명 직후, 그 이름이 '국민혁명'이었으니, 어렴풋이 대부분 국민이 선거권·피선거권을 가졌으리라고 착각하게 된다—이다.

바로 이 사실이다! 1789년 프랑스대혁명 직후 1791년 당시 2천6백만 인구 중 0.2%, 즉 5만 명만이 선거인이 될 자격을 갖고 있었으니!

또한 피선거권은 그보다 더 적은 수의 사람들에게만 돌아갔다.[8] 1848년 2월혁명—필자는 이를 현대 대중혁명이라고 본다—에 이르기까지 선거권자의 비율이 서서히 증가하기는 했지만, 당시 선거권자는 인구 3천5백만 명 중 30만 명 정도였다. 전체 인구의 1%에 불과했다. 물론 피선거권은 더 제한되어 있었다.[9]

---

8   차하순, (2010), 서양사 총론 2, 698쪽.
9   차하순, (2010), 같은 책, 786쪽.

영국의 근대혁명에서도 비슷했다. 영국은 1689년 명예혁명을 무혈혁명이라고 자랑하지만, 1815년이 될 때까지 투표권을 가진 사람은 약 5%의 성년 남자뿐이었다.[10] 남녀를 포함하면, 전체 국민의 2~3%만이 선거권을 가지고 있었다. 당시 선거권을 갖고 안 갖고의 기준은 물론 재산이었다. 얼마나 재산세를 내는지, 얼마나 많은 재산을 소유하는지가 기준이었다. 결론은 자본가, 귀족, 지주만 선거권을 갖도록 선거제도가 구성된 것이다.

오늘날도 그렇지만 근대국가에서도 법질서를 만드는 국가기관은 의회였다. 선거로 뽑힌 사람들이 법을 만든다. 즉, 정의질서 · 분배질서를 정한다.

이제 분명하게 이해할 수 있다. **누가 근대국가의 정의질서를 설계했는지는 근대국가의 법질서가 누구를 위한 것이었는지를 말해 준다.** 당시 양심 있는 몇몇 의원들이 '노동자 복지'를 위한 제도를 만들자고 제안해도, 의회를 지배했던 자본가들 다수 의원은 그들의 제안을 일거에 무시했다. 오늘날처럼 하루 노동시간을 8시간으로 정하고, 공장에서 산업재해를 당했을 때 보상받는 법을 만들어질 수 없었다. 그런 법이 제정되기 위해서는 노동자 · 농민 등 서민 대중의 대표들이 의회에 입성할 때 가능한 것이었다.

근대국가 정의질서는 자본가들이 주체가 되어 설계했고, 그 내용은 철저히 자본가들을 위한 것이었다고 하면, 이제 궁금해진다. 그들은 과

---

10   차하순, (2010), 같은 책, 801쪽.

연 그들을 위해서 법질서를 어떻게 구상했는가? 그 내용의 실체를 구체적으로 검토해 보자. 오늘날 현대국가에서도 비슷한 내용들이 형태를 바꿔서 논의되기 때문에 그 내용을 구체적으로 살펴볼 필요가 있다.

■ 자유방임의 근대 사법(私法)

자유방임주의는 자본가를 위한 질서

근대국가 정의질서는 자유방임주의와 야경국가로 요약된다. 자유방임주의는 개인 거래 분배, 사법(私法) 질서만으로 국가 질서를 형성하자는 이념이고, 야경국가는 공동체 결정 분배, 공법 질서는 야경을 도는 수준으로 최소화하자는 이념이다.

먼저 자유방임주의를 살펴본다. 널리 자유주의는 개인 거래 분배 방식으로 정의로운 분배를 이루자는 주의다. 자유주의의 원래 개념은 '좁은 의미의 공동체주의', 즉 민주주의 · 민주 절차에 의한 공동체 분배를 배격하자는 이념은 포함하고 있지 않다.

그러나 자유주의에 '방임'을 붙인 자유방임주의는 사법적 개인 거래, 자유주의 분배'만' 정의롭고, 공동체 결정 분배와 공법적 분배는 해악일 뿐이라는 이념이 된다. 개인 거래를 위한 개인들의 자유는 최대한 보장되어야 하고, 이에 대한 국가의 간섭은 철저히 배제해야 한다는 것이다. 그리고 개인 거래로 얻은 '내 것'은 신성한 것이므로 공동체 국가가 침범해서는 안 된다는 것이다.

야경국가 이론은 자유방임주의 내용 중에서 공동체 분배 부분, 즉 국

가의 권력 행사 부분에 관한 것이다. 자유방임주의 동전의 뒷면이라고
볼 수 있다.

근대국가에서 왜 자유방임주의?

질문이 생긴다. 근대국가는 왜 자유방임주의와 야경국가 이론을 채택
했을까?

자유방임주의는 자본가의 고민거리 둘을 모두 해결하고 있었다. 첫
째는 '자본가 대 노동자(서민 대중)'의 문제이고, 둘째는 '자본가 대 군주
(국가권력)'의 문제다. 전자는 자본가가 서민 노동자로부터 '내 것'을 가
장 많이 얻어 내서 '내 것'을 보장받는 문제이고, 후자는 그렇게 자본가
와 노동자가 거래하는 것을 국가가 방해하지 못하게 하는 문제, 그리고
그렇게 얻은 자본가의 '내 것'을 국가가 함부로 빼앗아 가지 못하게 하는
문제다. 전자는 사법적 개인 거래 문제이고, 후자는 공법적 공동체 분배
문제다.

여러 번 말했듯이, 자본가는 군주와 다르다. 국가고권을 가진 자들이
아니다. 그들이 노동자, 서민 대중을 지배할 수 있는 법적 무기는 계약
뿐이다. 중세 봉건영주가 그랬던 것처럼, 자본가들이 자기에게 유리하
게 '내 것'을 많이 챙기는 방법은, 토지와 자본의 독점을 이용해서 자기
에게 유리한 계약을 자유롭게 체결하는 것이다. 못 가진 자, 없는 자 노
동자들을 '계약'으로 구속해서 착취하는 것이다. 이런 점에서, 자본가들
이 바라는 질서는 개인 거래 사법적 관점에서 독점을 통한 이윤('내 몫,
내 것')의 극대화, 그리고 그것을 통해서 사실상 지배를 이룩하는 것이

었다.

근대 이후 자본가가 가진 계약의 힘은 노동계약에서 분명하게 드러난다. 오늘날에도 가끔 이런 힘("권력")의 현상을 볼 수 있는데, 2014년 대한항공 땅콩 회항 사건은 좋은 사례다. 당시 자본가, 재벌 가족으로 대한항공 부사장이었던 조ㅇㅇ는 미국 존 F. 케네디 국제공항을 출발하여 인천으로 향하던 대한항공 여객기 내에서, 객실 승무원(노동자)의 마카다미아 땅콩 제공 서비스를 문제 삼아 사무장(노동자)을 무릎 꿇게 하고 기장(노동자)에게 항공기를 유턴시켜서 사무장을 강제로 내리게 했다. 그로 인해 항공편이 46분이나 지연됐다. 항공법에 따르면 최대 징역 10년에 처할 수 있는 범죄행위인데도 노동계약의 힘은 그것을 무시하고 있었고, 그 부사장의 갑질이 자행될 수 있었다.

인간 이성은 근대국가의 신(神)

근대 자본가들은 자유방임주의를 채택하면서 그것이 최고의 정의질서라는 사회적 공감대를 만들어야 했다. 자유방임주의를 반대하거나 자유주의의 위험성을 알리는 이론을 없애거나 억제해야 했다. 이때 **그들이 자유방임주의의 이론적 근거로 사용한 개념이 '이성과 자유' 그리고 '시장의 합리성'이었다.**

첫째, 종래 '신'의 자리에 이성을 대치시켰다. 사람은 본래 '이성적 존재'로 태어났다는 것이다. 이성적 존재이니, 각자가 주체이고, 자유롭게 놓아둘 때 행복하게 마음껏 자신을 펼칠 수 있다는 이론이다. 사람의 이성이 합리적이므로, 각자가 자기 자신의 이익을 추구하게 되면 사회적으로도 최적의 상태를 형성된다는 것이다. 그러니 사람의 자유를 최대한 존중해서 방임하는 것이 최선이라고 했다. 사람의 이성이 불완전하니, 사람이 사람답게 살기 위해서는 사람들이 서로 그 삶의 여건을 마련해 줄 필요가 있다는 생각은 하지 않았다.

둘째, 자유 개념은 사람들 사이의 자유, 특히 거래의 자유, 계약의 자유를 의미한다고 선전했다. 원래 자유로운 인간이 분배에 참여하는 방법—정의를 구현하는 방법—은 시장에서의 거래 자유만이라고 할 수는 없다. 민주 절차에서 자유로운 참정을 통해서 공동체적으로 분배할 수도 있다. 즉, 인간의 자유가 바로 거래의 자유라는 등식은 성립하지 않는다. 그러나 근대 자본가들은 자유주의는 곧 거래의 자유이고, 시장지상주의라고 축소된 개념을 주장했다. 사람이 자유롭기 위해서는 어느 정도 기본적인 여건이 조성되어야 한다는 생각은 숨겼다. 즉, 신체의 건강, 정신의 함양, 주거 환경이 조성되어 기본적 의식주 문제가 해결될 때, 사람이 이성적 존재로서의 자유를 마음껏 누릴 수 있다는 점 말이다.

셋째, 자유 개념을 거래 개념으로 축소하면서, 게다가 시장은 완벽하다는 이론을 덧붙였다. 사람들이 거래하는 곳, 시장을 자유롭게 하면, 최선의 결과를 얻는다는 생각이다. 모든 사람이 이성적이니, 그들이 거래하는 시장의 분배 결과도 이성적이고 사회를 최적화한다는 것이다.

이 부분에서 자본가들은 특별히 아담 스미스(Adam Smith, 1723~1790)의 이론을 과감하게 오용했다. 그가 시장지상주의를 주장했다고 선전하면서, 그를 경제학 아버지라고 칭송했다. 그의 저서 『국부론』에 쓰인 '**보이지 않는 손**(an invisible hand)'이 바로 그것이라는 것이다(그러나 아담 스미스는 시장지상주의를 옹호하지 않았다. 오히려 그는 "독과점시장을

배격"하는 방법론을 제시하기 위해서 『국부론』을 썼다. [11]

> 각 개인은 공동의 이익(public interest)을 증진하려고 의도하지도
> 않고 공동의 이익을 그가 얼마나 촉진하는지도 모르고 있지만, 보이
> 지 않는 손(an invisible hand)에 이끌려서 그가 전혀 의도하지 않았던
> 공공의 이익이라는 목적을 달성하게 된다. 그가 자기 자신의 이익을
> 추구함으로써 흔히, 그 자신이 진실로 사회의 이익을 증진하려고 의
> 도하는 경우보다 더욱 효과적으로 그것을 증진한다. [12]

근대 사법(私法)의 3대 원칙으로 구현된 자유방임주의

자유방임주의를 법질서로 구현한 것이 근대 사법(私法)의 3대 원칙이
다. 소유권 절대의 원칙, 사적 자치의 원칙(계약 자유의 원칙), 과실책임
의 원칙이다.

**소유권 절대의 원칙은 개인의 사유재산권은 절대적으로 보장돼야 한
다는 원칙이다.** 자본가들은 자유 거래를 통해서 얻은 '내 것'을 안심하고
내 것으로 사용, 수익, 처분할 수 있어야 했다. 누구도—국가든 다른 사
인(私人)이든—함부로 침해할 수 없게 해야 했다. 만일 누군가가 '내 것'
을 함부로 침해하거나 제한할 수 있게 한다면, 자본가들은 수고로이 얻

---

11   이 부분에서 필자는, 소크라테스가 '악법도 법'이라고 말했다고 선전하는
     사람들을 다시 생각하게 된다.
12   Adam Smith, (1776), 김수행 역, 국부론(상), 2009. 552쪽.

는 것을 한순간에 날릴 수 있기 때문이다. 소유권 절대의 원칙은 '내 것'을 법적으로 보장하는 주춧돌이었다.

그러나 개인이 '내 것'으로 보장받는 것, 즉 소유권을 갖는 것은 사람의 삶에서 꼭 필요하지만, 근대 자본가들이 주장하듯이 절대적인 것이 아니다. 무엇을 '내 것'으로 보장받을지, 어떤 방식으로 보장받을지는 주권자 국민이 법으로 결정하는 사항이다.

예를 들어 우리나라의 경우 하천은 모두 국유다. 개인들이 '내 것'으로 가질 수 없다. 개인이 '내 것'으로 가진 토지의 경우, 그 토지는 토지용도·건폐율·용적율이 정해져 있는 것이다. 무제한의 절대적인 '내 것' 소유권이 아니다. 물론 공산국가는 모든 토지를 국유화하고 있다. 특히 오늘날 복지주의를 채택한 대부분 국가는 개인의 소유권이 공공복리를 위해서 제한받을 수 있음을 선언하고 있다.

이런 점에서 보면, 소유권은 원래 논리적으로 절대적이라고 주장하는 소유권 절대 원칙은 그 자체가 허상이고 환상임을 바로 알 수 있다. 그런데도 근대 자본가들은 소유권은 절대적으로 보장돼야 함을 제1의 원칙으로 선언했다.

사적 자치의 원칙은 법적으로 계약 자유의 원칙을 의미한다. 개인들이 자치로, 즉 스스로 결정해서 자유롭게 거래해야 한다는 원칙, 원하지 않으면 거래하지 않을 자유를 보장한다는 원칙이다. 계약은 두 당사자가 거래하고 싶은 의사가 일치될 때 성사된다. 계약을 체결할지 여부, 계약 상대방이 누구일지를 선택하는 것, 계약하고 싶은 내용이 어떤 것인지에 대해 두 당사자의 의사가 일치될 때 계약이 이루어진다. 만일 한 당사자라도 거부하면, 계약은 성립되지 않는다. 계약은 각자의 자유에 맡겨져 있다. 그런 점에서 사적 자치는 각자의 자치다.

근대의 사적 자치 원칙은 "원칙"이라는 점을 강조했다. 계약을 체결한 것 자체가 자유의사이므로, 그 내용이 불공정하거나 차별적인 것은 문제 삼지 않아야 한다는 데에 이르렀다. 노동조건이 노동자에게 아무리 불리한 것이더라도 노동계약이 체결된 이상, 그것은 각자의 자유에 의한 것이므로 그대로 법적 효력을 가진다는 것이다. 즉, 노동자는 계약대로 노동해야 하고, 자본가는 계약서에 기재된 대로 임금을 주면 될 뿐이라는 것이다. 국가가 최저임금을 주라거나, 노동시간을 주 40시간 이하로 줄이는 등 계약에 간섭해서는 안 된다는 것이다. 그런 행위는 '사적 자치'를 침해하는 국가 간섭일 뿐이라고 한다.

그러나 이미 역사가 말해 주듯이 독과점시장에서 이루어지는 계약은 그 내용이 공정하다고 보장할 수 없다. 중세 농노가 불공정한 소작계약을 체결할 수밖에 없었던 것은 좋은 예다. 근대 노동자들은 열악한 노동환경에서 일하는 노동계약을 체결할 수밖에 없다.

또한 사적 자치의 원칙을 원칙대로 적용하면, 도로 · 항만 · 공항 · 통신 · 국방 · 치안 등 공공재는 사적 자치로 공급되지 않는다. 이런 사회간접자본(SOC)이 제대로 확보되지 않으면, 국민의 생산성이 떨어질 수밖에 없고 국부의 증대를 기대할 수 없다.

이처럼 사적 자치 원칙은 불합리한 현실을 초래할 수밖에 없다. 국민 전체가 함께 분업에 참여했으니, 함께 잘살아야 한다는 정의의 관점에서 그 원칙을 원칙 그대로 놓아둘 수는 없다. 사적 자치 원칙에 대해서는 다양한 형태의 예외를 형성할 때 비로소 정의로운 분배가 가능하게 된다.

과실책임의 원칙은 고의 또는 과실이 없는 한 책임질 일이 생겨서는 안 된다는 원칙이다. 즉, 자기의 행위에 대하여만 책임질 뿐이고, 타인의 행위에 대하여는 책임을 지지 않으며, 자기의 행위에 대하여도 고의 또는 과실이 있는 때에만 책임을 진다는 원칙이다. 이 원칙에 따라 각자는 법이 정한 주의의무를 위반하지 않는 한, 법적 책임의 불안감을 떨치고 자유롭게 거래할 수 있게 된다. 국가가 필요 이상의 책임을 부과하는 것을 방지함으로써, 개인의 신체·생명·재산 그리고 거래의 자유를 보장하겠다는 취지다.

이 원칙에 따르면 자기의 삶은 각자가 책임진다는 결론이 된다. 가난한 사람이 가난한 것은 그가 합리적으로 거래하지 못한 것이므로 그 스스로 책임져야 할 뿐이다. 가난은 개인의 문제일 뿐이다. 개인이 각자 책임질 문제다. 부자라고 해서 가난한 사람의 삶을 책임질 이유는 없다. 사회의 문제가 아니다. 각자 '이성과 자유'를 가졌기 때문이다. 어떤 사람이 가난한 것은 그 사람이 이성적이지 못했기 때문이다. 이런 점에서 국가가 가난한 사람들을 돕겠다고 세금을 걷거나 그들에게 복지정책을 펼쳐서는 안 된다. 이런 정책은 인간의 '합리적 이성, 자유, 책임성'을 마비시킬 뿐이라고 주장됐다.

그러나 소유권 절대 원칙과 사적 자치의 원칙이 초래한 현실은 빈익빈 부익부 양극화다. 이런 결과는 단순히 개인 책임의 문제로 치부할 수 없다. 독과점 질서가 초래한 폐해이기 때문이다. 분명한 것은, 없는 자의 가난은 개인 책임과 사회 책임이 혼재한 것이다. 너의 가난은 무조건 너의 책임이라고 비난할 수 없다.

양극화를 초래할 수밖에 없는 질서 속에서 부자가 된 사람들, 권력을 가진 사람들 가난한 사람들, 힘없는 사람들의 삶에 대해서 '과실'이 없다고 하더라도 책임을 져야 한다. 그것이 사회의 의미다. 함께 분업에 참여했으니, 함께 책임을 져야 하는 것이다. 근대국가와 달리, 오늘날 현대국가는 다양한 형태의 사회정책을 펼치고 있다.

그리고 과실책임의 원칙에 따르면, 고의나 과실, 즉 잘못해서 다른 사람에게 손해를 입혔더라도 그 책임의 범위는 손해의 범위로 한정될 뿐이었다. 그 잘못으로 벌어들인 '수익'으로 책임질 것은 아니라고 주장됐다. 만일 그 범위를 넘어서는 책임을 부과하게 되면 이는 개인의 자유와 소유권을 침해하는 결과가 된다고 보았다. 고의로 손해를 입힌 경우와 과실로 손해를 입힌 경우를 구분하지 않았다. 오늘날 논의되는 징벌적 손해배상제도는 필요 없는 것으로 생각됐다.

이런 이론은 나쁜 사람들이 부를 축적하는 데 큰 공헌을 했다. 나쁜 사람들은 다른 사람에게 나쁜 짓으로 입힌 손해 금액보다 그 나쁜 짓으로 수익을 더 많이 챙길 수 있는 경우, 다른 사람들이 손해를 본다는 것을 알면서도 다른 사람에게 과감하게 손해를 입히는 사업에 착수한다.

손해를 입은 사람은 예를 들어, 장애를 입어 평생 고생하면서 살아가거나, 나쁜 제품을 잘못 사용해서 죽게 되는데, 나쁜 사람들은 그 나쁜 짓으로 돈을 벌어서 떵떵거리며 살아가는 세상이 되게 된다. 이 원칙은, 착한 사람들이 못살고, 나쁜 자본가들이 잘사는 불공정을 만드는 근거가 되었다.

우리나라는 아직도 고의에 의한 손해배상책임을 가중하는 징벌적 손해배상제도의 전면적인 도입을 꺼리고 있다.

■ 야경국가의 근대 법치주의

—

근대 법치주의는 야경국가 이론

자본가들은 사법에서뿐만 아니라, 공법에서도 자본가들을 위한 질서를 형성했다.

자본가의 관점에서 자유방임주의에 가장 위험한 요소는 국가권력이었다. 국가고권은 '일방적'으로 행사되므로, 그 일방성은 자본가의 사법질서를 한 방에 무너뜨릴 위험성을 갖고 있었다. 국가고권은 공동체의 이름으로 개인의 소유권을 빼앗고, 계약 자유를 제한하고, 책임의 범위를 확장하는 힘을 쓸 수 있었다. 국가고권이 그 힘을 행사하면 자본가는 시장에서 노동자·농민을 마음껏 지배할 수 없게 되고, 시장에서 형성한 수익을 국가에 빼앗길 수도 있었다.

자본가들은 국가가 권력으로 시장에 개입하거나, 자본가의 재산을 빼앗아 갈 수 없게 해야 했다. 그렇다고 국가의 존재 자체를 부인한 것은 아니었다. 국가가 국방과 치안으로 안전하게 사회질서를 유지할 필요는 있었다. 질서가 유지될 때 다른 사람들이 자본가들의 생명·신체·재산권을 약탈하는 것을 방지할 수 있기 때문이다. 다만, 이런 국방과 치안을 넘어서서 국가권력이 행사되면 자본가들에게 득이 될 것이 없었다. 이에, 국가는 야경만 돌아야 한다는 소위 '야경국가' 이론이 근대국가의 이념으로 확립됐다.

야경국가 이론은 자유방임주의의 동전 뒷면이었다. 야경국가는 국가가 야경만 돌 뿐, 시장에 개입해서는 안 된다는 것이다. 시장은 개인들의 세계이므로, 국가가 건들지 말라는 의미다. 시장의 자유방임주의를 철저히 보장하는 방법은 국가가 시장에 간섭하지 않는 것이다. 국가를 최소주의 국가(minimalist state)로 만드는 것이었다.

근대 자본가들은 법치주의 개념을 야경국가 이론을 위한 도구로 전락시켰다. 법치주의가 마치 야경국가 이론을 구현하기 위해 존재하는 이념으로 내용을 꾸며 댔다. 즉, 법치주의를 '자유'를 위해서 존재하는 개념으로 체계화했다.[13]

원래 법치주의는 인치주의에 대비되는 개념이다. 규범질서를 만들 때, 군주라는 개인이 주관적으로 권력을 행사하는 것이 아니라, '법'이라는 형식으로 질서 내용을 객관적으로 미리 정하고 그에 따라 질서가 형성돼야 한다는 이념이다. 즉, 국가 질서가 그때그때 군주가 말하는 주관적인 명령으로 결정되지 않고, '법'이라는 객관적 형태를 갖춰서 결정돼야 한다는 주의다.

규범이 객관화되면 국민이 그 내용을 분명하게 확인할 수 있고, 그것을 바탕으로 그 내용이 정의로운지, 부당한지를 논의할 수 있게 된다. 이 논의를 통해서 법질서가 더 정의로운 내용으로 바뀔 수 있다는 생각이다. 이것이 법치주의가 인치주의를 대체해야 하는 근본적 이유다.

이런 근본적인 생각은 법을 객관화할 때 다양한 쟁점을 제기하게 된다. 즉, 무엇이 법인지, 어떤 형식을 갖출 때 법이 되는지, 누가 법을 만들지 등이다.

---

13 오늘날 법치주의 개념을 이해할 때, 근대 자본가들이 설명했던 이론을 따라 그 내용을 정리하는 학자들이 아직 많이 남아 있다. 법치주의가 가지는 원래의 개념을 찾아서, 이론을 새롭게 정립해야 한다.

이런 쟁점에 대한 이론의 발전은 중세 말기 이후 본격적으로 전개됐는데, 근대 초기는 아직 정비된 생각에 이르지 못한 상태였다. 이런 개념 혼란 속에서 근대 자본가들은 법치주의를 설계할 때, 법치주의 본래의 취지에 집중하지 않았다. 즉, 법의 객관성을 높여서 국민이 법의 내용을 확인하여 토론하고 논의하게 하는 데 초점을 두지 않았다.

　오히려 법치주의를 자본가의 생명·신체·재산을 보호하는 수단으로 구상했다. 군주·국가권력이 시장에 간섭하거나, 자본가들의 기본권을 침해하는 것, 자본가의 '내 것'을 빼앗아 가는 것을 배제하는 원리로 설계했다. 군주나 국가가 행사하는 권력은 인치주의라고 말하면서, 군주나 국가의 권력을 억제하고 통제하는 것이 법치주의라고 비교하며 이론을 전개했다.

　이런 점에서 자본가들이 설계한 법치주의는 국가권력으로부터 자유방임주의를 지키는 것이었다. 즉, 국가권력이 시장에 간섭하거나 자본가들의 소유권이나 생명, 신체를 침해하는 것을 방지하기 위한 수단으로 법치주의를 설계했다. 한마디로 법치주의를 '자유주의'에 종속시켰다. 법치주의 원래의 개념은 사라지게 되었다.

　근대 법치주의는 영미법계와 대륙법계에서 다른 내용으로 설계되었다. 그것이 다르게 설계된 배경을 이해하면 근대 법치주의가 얼마나 자본가 편향, 자유방임주 편향이었는지를 쉽게 이해할 수 있다. 영미법계에서는 '법의 지배'로, 대륙법계에서는 '법률의 지배'로 법치주의를 이론화했다. 그 설계된 내용은 서로 다르지만, 결국 자본가들의 시장지배와 자유, 그리고 소유권을 보장하기 위해서 구상되었다는 점에는 똑같았다.

두 법계가 설계한 법치주의는 '무엇을 법으로 인정할까?', 즉 '무엇을 법으로 받아들일 때, 자본가들에게 가장 유리할까?'에서 차이를 보이는데, 그 차이는 당시 자본가들의 이해관계를 그대로 반영하는 것이었다. 영미법계는 상공 부르주아들이 거래하던 관습법·판례법을 법이라고 선언했고, 대륙법계는 상공 부르주아들로 구성된 의회가 제정한 성문법이 법이라고 선언했다.

보통법에 기초한 영미법계 '법의 지배'

영미법계는 '보통법'을 기준으로 법치주의를 설계했다. 보통법은 상공 자본가들이 중세도시, 근세 절대왕정부터 시장거래를 통해서 형성한 시장의 관습법을 말한다. 이 관습법은 근세 절대왕정 시절, 국왕이 보낸 순회재판소가 재판할 때 그대로 받아들여졌던 법이었다. 당연히 자본가 중심의 법질서였다. 이처럼 법원이 관습법을 받아들여 판례로 형성해서 정비된 법을 판례법이라고 한다. 이 판례법을 영국에서는 보통법(common law)으로 불렀다.

보통법은 개인들 사이의 사법(私法)이었고, 자본가들의 이해관계를 가장 잘 반영하는 것이었다. 내용으로는, 위에서 살펴본 근대 사법 3대 원칙을 충실하게 구현하는 법이었다. 물론, 자본가들을 부자로 만들고 노동자들을 가난하게 만든 질서였다.

다이시(Albert Venn Dicey, 영국의 법학자, 1835~1922)는 영미법계 법치주의를 '법의 지배'로 정리했다. 그는 '법의 지배'의 내용을 '보통법의 절대적 우위, 법 앞의 평등, 영국 헌법은 보통법의 산물'로 요약했다.

첫째 '보통법의 절대적 우위'는 법을 위반하지 않는 한 누구도 형사처벌이나 신체, 재산상 손해를 받지 않는다는 의미다. 법이 아닌 정부 등 권력자가 자의적으로 권력을 행사해서 사람들의 생명, 재산을 빼앗을 수 없다는 것이다.

> '법의 지배' 원칙은 '보통법의 절대적 우위'와 최고성을 의미한다. 따라서 정부의 자의, 대권, 나아가 광범한 재량권조차도 부정한다. 영국인은 법으로만 지배되므로, 법률위반으로 처벌될 수는 있어도 그 외의 다른 어떤 것에 근거해서 처벌될 수 없다.[14]

둘째, '법 앞의 평등'은 모든 사람은 그 지위와 신분에 상관없이 보통법을 준수하고, 보통법원의 관할에 복종할 의무가 있다는 것이다.

> 보통법원[15]에 의해 실현되는 보통법에 모든 계층이 똑같이 평등한 적용을 받는다. 공무원이나 특정인이 보통법원의 재판권을 벗어나거나, 일반 시민에 적용되는 법(보통법)에의 복종 의무로부터 면책될 수 있다는 사고는 허용될 수 없다.[16]

---

14 Dicey, Albert Venn, (1915), Introduction to the Study of the Law of the Constitution, 제4장.

15 보통법을 적용해서 재판하는 법원을 말한다.

16 Dicey, (1915), 같은 책, 제4장.

셋째, **'영국 헌법은 보통법의 산물'**이란 뜻은 영국 헌법이 법관들에 의해서 만들어진 헌법이며 그 속에 판례법의 장단점이 속속들이 들어 있다는 의미다.

> '법의 지배' 원칙은 '영국 헌법은 보통법의 산물'이다. 법 형식으로서의 헌법, 즉 외국에서는 헌법전에 표현되는 법원칙들은 영국에서는 법원(法源 · sources)이 아니다. 보통법원(法院 · courts)에 의해 구현된 개인 권리의 결과물로 표현된 공리가 법원이다. 요컨대, 사법(私法)의 원칙들이 법원이나 의회의 권한 행사에 확장되어 국왕이나 그 신하들의 권한과 지위를 결정한다는 것이다.[17]

겉으로 보기에는 위 설명이 '모든' 사람의 인권과 자유, 평등을 보장하는 것처럼 보인다. 그러나 그 내용의 핵심은 '보통법'이 법이라는 의미다. 보통법이 자본가들의 사법(私法) 질서였으니, 그 법은 자본가 중심의 법이었다. 영미법계 '법의 지배'는 국왕 · 정부 · 공무원 등 국가고권이 보통법을 함부로 침해할 수 없게 하는 것이었다. 그리고 보통법에 영국 헌법보다 더 높은 권위를 부여해서 혁명이 아니면 파괴될 수 없도록 자본가들의 이익을 옹호했던 것이었다.[18]

이런 법치주의로 자본가들은 계약의 자유로 노동력을 착취해서 '내 몫'을 최대화할 수 있었다. 이런 법치주의 아래에서 영국의 산업혁명에

---

17   Dicey, (1915), 같은 책, 제4장.
18   김강운, (2005), 근대의 법의 지배와 법치주의, 법학연구(한국법학회) 제19집, 3쪽.

도 불구하고, 노동자·농민들은 과거의 비참한 삶을 벗어날 수 없었다.

자본가 의회의 산물, 대륙법계 '법률의 지배'

대륙법계는 의회가 제정하는 '법률'을 기준으로 법치주의를 설계했다.
법률은 국민을 대표하는 의원들이 모인 의회가 만드는 법이다. 당시 자
본가들은 의회를 구성하는 의원들이 모두 자본가들이었다는 점에 착안
했고, 의회의 법률로 자기들의 이익을 옹호하겠다고 구상했다.

법률의 지배를 이론적으로 뒷받침한 것은 몽테스키외의 삼권분립 이
론[19]이었다. 의회가 만든 법률을 행정부가 집행하고, 그 집행의 위법 여
부를 사법부가 재판한다는 생각이다.

> **입법권과 집행권이** 일인(一人)이나 하나의 기관에 집중된다면, 자
> 유란 존재하지 않는다. 왜냐하면 (이런 경우 두 가지 권력을 장악하고
> 있는) 군주나 의회가 전제적인 법률을 제정하고, 그것을 전제적으로
> 집행할 우려가 있기 때문이다.
>
> 또한, **재판권이** 입법권 및 집행권에서 분리되어 있지 않으면 자유

---

19 많은 사람은 권력분립을 삼권분립으로만 이해한다. 삼권분립은 법치주의
를 구현하기 위한 권력분립이다(이런 점에서, 자유 보장의 관점에서 권력
분립 이론을 전개한 몽테스키외의 아이디어에 의문을 제기할 수 있다).
다른 목적의 권력분립도 있다. 연방과 주 사이의 권력분립, 중앙정부와
주민자치의 권력분립, 간접민주제와 직접민주제 사이의 권력분립, 헌법
재판소와 대법원의 권력분립 등이다.

는 존재하지 않는다. 만약에 재판권이 입법권과 결합하면, 시민의 생명 및 자유에 대한 권력의 사용이 자의적으로 될 것이다. 왜냐하면, 재판관이 입법자로 될 것이기 때문이다. 만약에 재판권이 집행권에 결합하면 재판관은 압제자의 힘을 가질 수 있을 것이다.[20]

국가고권을 입법·행정·사법 삼권으로 구분할 때, 실제로 권력을 집행하는 권력은 행정권이다. 자본가들 관점에서 군주가 가진 행정권은 늘 경계 대상일 수밖에 없었다. 언제든 자본가의 몫을 빼앗을 수 있었기 때문이다. 자본가들은 '국가'의 이름으로 사형을 당할 수도 있고, 교도소에 갈 수도 있고, 세금으로 재산권을 빼앗길 수도 있었다.

몽테스키외 이론에 따르면, 행정은 법 아래에 있다. 입법은 군주의 행정권을 통제할 수 있는 권력이었다. 근세 절대왕정 시절, 프랑스 삼부회, 영국 의회의 전통은 의회가 군주를 통제할 가능성을 충분히 보여 주기도 했다. 게다가 근대 국민혁명 당시 자본가들이 의회를 주도하지 않았던가? 그리고 위에서 설명하였듯이, 전체 국민의 0.2%, 즉 자본가들만 선거권·피선거권을 가지고 있었다. 의회는 자본가들이 뽑은 사람들이 모인 기관이었다. 의회가 법률을 만들면서 자본가들의 이익을 배반할 가능성은 전혀 없었다.

이런 대륙법계의 법치주의를, 오토 마이어(Otto Mayer, 독일의 공법학자, 1846~1924)는 '법률의 지배'로 정리했다. 그는 법치주의를 '법률

---

20 Montesquieu, (1748), 이명성 역, 법의 정신(Charles de Secondat), 1997, 제11편.

의 우위, 법률의 유보, 법률의 법규창조력'으로 요약했다.[21]

'법률의 우위'는 법률이 국가의사 중 최고라는 의미다. 다른 모든 국가권력, 특히 집행권은 법률을 따라야 한다. 그 다른 국가권력에는 군주의 권력도 포함된다. 군주는 집행권이기 때문이다. 군주도 법률을 따라야 한다. 군주는 함부로 자본가들의 생명 · 신체 · 재산을 침해할 수 없다.

'법률의 유보'는 개인의 자유와 권리를 침해하는 사항은 반드시 법률에 유보되어 있다는 뜻이다. 이 자유와 권리는 개인의 생명 · 신체 · 재산에 대한 자유와 권리를 의미했다. 군주 기타 집행권, 행정권이 국민의 자유와 재산에 간섭 · 관여하고자 할 때는 반드시 법률에 규정이 있어야 한다. 당시 자본가들이 의회를 지배하고 있었으므로, 법률의 유보는 자본가들이 의회에서 동의하지 않으면, 생명 · 신체 · 재산이 제한받지 않는다는 것을 의미했다.

'법률의 법규창조력'은 법률은 권리의무관계를 변동시키는 법규이므로, 법적 분쟁은 반드시 법률이 정하는 대로 재판되어야 한다는 의미다. 과거처럼 군주의 명령으로 재판할 수 없다는 것이다. 만일, 군주의 명령 등 공권력이 법률에 위반되면 그것은 재판의 기준이 될 수 없었다. 군주 등 집행권과 자본가들의 법률관계는 법이 정한 대로 결정된다는 의미였다. 이로써 군주 등이 자의적인 명령으로 강제력을 행사하려고 할 때 자본가들은 자기 재산과 신체를 보호할 수 있었다.

겉으로 보기에, '법률의 지배'는 국민의 대표기관인 의회가 군주 등 집

---

21 Mayer, Otto, (1969). Deutsches Verwaltungsrecht.

행권의 자의적 권력 행사로부터 국민의 자유와 권리를 보장하는 것처럼 보인다. 그러나 그 실질은 의회를 점령한 자본가들이 자기들의 이해관계에 맞춰서 법률을 만든다는 의미였다. 의회는 근대 사법 3대 원칙에 충실한 법률, 즉 민법을 만들어서 시행했다.

의회는 그 원칙에 예외를 만드는 입법은 철저히 배격했다. 노동시간을 법적으로 제한하거나, 최저임금제를 채택하거나, 산업재해를 보상하거나, 빈민층에게 기초생계비를 주자는 입법은 의회를 통과할 수 없었다. 당시 선거권·피선거권이 없었던 노동자·농민·서민 대중은 의회에 자기들 이해관계를 대변할 사람들을 보낼 수 없었기 때문이다.

그리고 선량한 군주나 정부 관리가 사회복지 정책을 시행하고 싶어도, 그 정책은 '법률의 유보'에 따라 의회의 법률에 근거를 두어야 했다. 그러나 그런 정책 법률이 의회를 통과할 수 없었음은 불을 보듯 뻔했다.

이런 법치주의 속에서 노동자·농민·서민 대중은 자본가들이 만든 법률, 즉 불공정한 게임 규칙 속에서 비참한 삶을 하루하루 이어 갈 뿐이었다.

근대 법치주의는 절반의 성공

사람들은 법치주의 개념을 다양하게 이해한다. 원래 법치주의는 위에서 말했듯이, 규범의 객관화에 초점이 맞춰져 있다. 즉, 규범은 군주가 말하는 주관적인 명령 등으로 결정되는 것이 아니라, '법'이라는 객관적 형식을 갖춘 것이어야 한다는 의미다. 규범이 객관화되면 국민이 그 내용을 분명하게 확인할 수 있고, 그래서 그 내용이 정의로운지, 부당한 것인지를 논의할 수 있게 된다. 이런 논의의 기초를 만들어서 규범의 내용을 정의롭게 발전시키는 것이 법치주의의 기본 취지다.

근대 이후 법치주의 개념의 발전이 자유주의·사회주의·복지주의·민주주의와 동시에 전개되면서, 어떤 학자들은 법치주의 개념에 자유주의·사회주의·복지주의 등 내용을 더해서 설명하기 시작했다. 오늘날에는 자유적 법치주의, 자유민주적 법치주의, 사회적 법치주의 등의 개념도 등장하고 있다.

이런 다양한 형태의 법치주의 개념 속에는 이 책에서 정의 개념으로 살펴보는 내용이 포함되어 있다. 이는 논의의 층위를 달리해야 할 쟁점들을 한 그릇에 비벼 놓은 셈이 된다. 즉, 법치주의를 논의하면서 '자유적·사회적·자유주의적·사회주의적·복지주의적' 내용을 함께 섞어서 설명하면, 법치주의가 원래 어떤 이념을 위해서 존재하는지, 어떤 개념 요소를 갖는지, 어떤 형태로 구현돼야 하는지에 대한 법치주의 본래의 쟁점을 흐리게 만든다. 법치주의는 '법의 객관성'을 보장하기 위한 개념으로 이해해야 한다는 것이 필자의 생각이다. 이 구체적 논의는 별도의 책에서 전개할 예정이다.

이런 관점에서 근대 법치주의, 즉 '법의 지배'와 '법률의 지배'를 평가하면, 근대 법치주의 이론은 절반의 성공이라고 말할 수 있다.

법의 형태·형식의 관점에서, 근대 법치주의는 과거 군주국가나 봉건 사회에서 한 걸음 크게 나아간 진보였다. 판례법, 법률 등 객관적인 형태의 규범이 국가 규범이라고 선언한 것은 일단 큰 성공이었다.

'법의 지배'는 보통법(판례법)을 법으로 선언했다. 이는 과거 '관습법', 즉, 보이지 않는 관습이 규범이 되는 '모호하고, 불투명하고, 불안정한'

규범 상태에서 벗어남을 의미한다. 즉 판례법을 법으로 인정한다는 것은, 문자로 된 판례가 법이 된다는 의미다. 사람들은 문자로 고정된 법질서 내용을 분명하게 확인할 수 있고, 그 내용이 바람직한지를 논의할 수 있게 된다.

'법률의 지배'는 의회가 만든 법률을 법으로 선언했다. 과거 군주제에서 군주는 자기의 입에서 나오는 명령을 규범으로 삼았다. 군주는 언제든 마음을 바꿔서 다른 명령을 만들 수 있었다. 사람들은 군주가 언제 어떻게 규범을 바꿀지 불안한 상태로 살아야 했다.

'법률의 지배'가 확립되면서 법질서는 반드시 법률이라는 형식을 갖춰야 한다. 법률은 규범을 문자로 기재한 것이고, 국민에게 공포한 것이다. 당연히 국민은 법률을 보고 법질서의 내용을 확인할 수 있고 그 내용이 바람직한지를 토론할 수 있다.

그리고 '권리' 개념을 확립한 것도 근대국가를 칭송할 만한 것이었다. 과거 규범은 '의무' 개념만으로 전개되었으므로, 사람들은 국가 질서에 종속된 대상·피통치자의 지위에 머물러 있었다. 이에 대해 '권리' 개념이 자리를 잡았다는 것은, 개인들이 '내 것'을 다른 사람 또는 국가에 법적으로 주장하는 힘을 갖게 된 것을 의미한다. 이제 사람들은 국가 질서에서 단순히 피통치자·대상에서 벗어나, 법적 주체·주인·주권자의 지위를 누리게 되었다. 이 부분에 관한 자세한 내용도 별도의 책에서 살펴본다.

근대 법치주의 이론의 오류는 법치주의 개념에 '자유방임주의'라는 정의 내용을 함께 넣었다는 점이다. 자본가들에게 유리한 '정의의 내용'을 법치주의 개념에 포함한 것이다. '법의 지배'는 보통법만이 법이고, 보통법이 최고의 법이라고 했고, '법률의 지배'는 의회가 만든 법률을 법이라고 했다. 당시 보통법이 자본가들의 이익을 반영하는 법질서였고, 당시 법률은 자본가들로만 구성된 의회에서 만든 법질서라는 점은 이미 설명했다. 이런 점에서 근대 법치주의의 두 이론은 모두 자유방임주의를 위해서 설계된 하부 이론으로 전락되었다는 비판을 면할 수 없다.

의회의 변화와 법치주의의 진전

다행스러운 것은 근대 법치주의의 상황이 지금까지 그대로 계속되지는 않았다는 것이다. 현대로 들어오면서 법치주의의 현실에 변화가 생겼다. 두 법계로 출발한 근대 법치주의는 차츰 대륙법계 법치주의, 즉 **의회 중심의 '법률의 지배' 형태로 사실상 수렴했다.**

근대 이후 사회가 급격하게 변화하기 시작했는데, '법의 지배'의 중심 요소인 판례법은 사회 변화에 늘 뒷북을 칠 수밖에 없었다. 이런 점에서 영미법계에서도 의회가 중심이 되어 법을 만들고 고치는 것이 바람직하다는 이론을 받아들였다. 이론적 관점에서 보더라도 '법률의 지배'는 법의 내용을 보통법으로 한정하고 있는 '법의 지배'보다 객관적이었다고 볼 수 있는데, 역사는 그 객관성을 좇아 자연스럽게 '법률의 지배'로 나아갔다고 볼 수 있다.

'법률의 지배'가 구현하는 현실도 바뀌었다. '법률의 지배'에서 법질서는 의회가 정하는 법률에 따라 결정되는데, 만일 의회의 구성원이 바뀌면 법의 내용이 바뀌게 된다. 근대에서처럼—위에서 말했듯이 국민의 0.2%만 선거권, 피선거권을 가졌음—자본가들만 의회를 구성한다면 그 법률은 그들의 이해관계만 반영하겠지만, 만일 의회에 노동자·농민들의 대표가 함께 참여한다면 법률은 노동자·농민을 위한 내용을 법질서로 정할 수도 있게 된다.

실제로 이런 변화가 근대에서 현대로 넘어오면서 일어났다. 1848년 프랑스 2월혁명이 그것이었다. **2월혁명의 결과, 제한선거제는 보통선거제로 바뀌었다.** 그 뒤 자본가뿐만 아니라·노동자·농민을 대표하는 사람들도 의회 구성원으로 참여하게 되었다.

이후 법률은 자본가만을 위한 것으로 머무를 수 없게 된다. 노동자·농민·서민 대중을 위한 내용이 법질서로 채택되기 시작했다. 오늘날 우리나라 근로기준법, 산업재해보상보험법 같은 법률이 제정되기 시작했다. 자본가뿐만 아니라 노동자 등 서민 대중도 모두 함께 행복하게 공존하는 질서를 찾게 된 것이다. 이런 점에서 필자는 1848년 2월혁명을 근대와 현대를 구분하는 기준으로 삼고 있다. 자세한 설명은 뒤에서 한다.

오늘날 의회는 있는 자와 없는 자, 자본가와 노동자, 서민 대중이 함께 대화하고 토론하는 장이다. 자본가를 대변한다는 보수정당과 노동자, 서민 대중을 대변한다는 진보정당이 의원 선거 때마다 쟁탈전을 벌이는 이유다. 이렇게 이해관계가 대립하는 두 세력이 함께 공존하는 질서를 만들어 가는 시대를 현대국가라 한다. 이런 공존은 때로 투쟁을 의미하기도 하므로, 현대의 삶은 부드럽게만 흘러가지 않는다. 삐걱거리는 삶을 어색하고 없어져야 할 것으로 보지 않으면서, 그 속에서 대화와 토론으로 합리적 결론을 찾기 위해 훈련해야 한다. 이제 현대국가의 법질서가 궁금해진다. 곧 그 모습을 살펴보러 가기 전에 근대국가의 문제점을 반성해 본다.

■ 반성과 교훈

근대국가 이론은 허상이었나?

근대국가에 대한 평가는 다양하다. 어떤 사람들은 근대국가를 이상향으로 본다. 근대 자유방임주의를 인간의 이성과 자유를 실현하는 데 가장 바람직한 질서라고 찬양하는 것이다. 오늘날 신자유주의를 주장하는 사람들이 대표적인 예다.

반면에 많은 사람은 근대국가가 초래한 빈익빈 부익부 양극화 현실을 신랄하게 비판한다. '이성과 자유'의 이름으로 다른 사람을 짓밟은 현실이 '신'의 이름으로 다른 사람을 노예화한 고대 사회와 비교할 수 있다고 평가한다.

근대국가의 현실을 비판하는 사람들은 그 원인과 대안을 찾기 위해 노력하게 된다. 어떤 사람들은 그 현실을 안타까워하면서도, 그 현실은 근대 상황에서 발생한 일시적인 사회현상일 뿐이라고 설명하는 데 그치기도 한다. 즉, 근대국가의 이론과 법질서 자체에는 아무런 문제가 없었다고 본다. 다만 당시 노동자들이 충분히 계몽되지 못했다거나, 당시 자본가들이 특별히 욕심이 과했다거나, 당시 사회 상황이 독과점을 형성하기에 유리했다는 정도로 이해한다.

그러나 과연 근대의 이론이 '이성과 자유'에 기초했다고 해서, 근대국가의 법질서 이론을 핑크빛으로만 볼 수 있을까? **그 이론 자체에도 모순이 있었던 것은 아닌가를 의심할 필요는 없는가?** 고대 군주국가, 중세 봉건사회에서 '신'이라는 허상이 수많은 사람을 노예와 농노로 만든 근거가 되었듯이 혹시 근대의 '이성·자유·시장'이 노동자·농민 등 서민 대중을 비참한 삶으로 몰아낸 허상은 아니었던가?

이런 의문은 우리가 사는 우리나라 사회와 연결된 질문이기도 하다. 근대국가에서 발생한 빈익빈 부익부 양극화 현실이 자유·이성·시장이라는 '이론 자체의 모순'에 근거한 것이라면, 오늘날 우리 헌법이 원칙으로 받아들인 자유주의도 이론적으로 같은 모순을 드러낼 수밖에 없을 것이기 때문이다.

만일, 우리가 현재 겪고 있는 빈익빈 부익부 양극화 현실이 단순히 일시적 현상이 아니라 자유주의 이론의 모순에 근거한 것이라면, 양극화 현실이 단순한 일시적·부분적 현상이 아니라 필연적·보편적 현상이 되게 된다. 그것이 필연적·보편적 현상이라면, 우리는 그것을 극복해야 하는 과제로 놓게 된다.

이런 문제점을 체계적으로 검토하기 위해, 먼저 근대국가 이론의 핵심을 그 논리 전개 순서에 따라 간단하게나마 요약해 보자. 그 순서에 따라 쟁점의 순서를 정리할 수 있다.

1. 모든 인간은 이성적 동물이다.
2. 각 개인은 주권자로서 주체성을 가진다(국민주권주의).
3. 인간의 이성은 합리적이다(이성의 합리성).
4. 각 개인이 합리적이므로 각자 **자유롭게 거래하면** 거래의 결과가 합리적이므로 사회가 최적화된다(자유주의).

5. 개인들의 거래가 이루어지는 **시장은 정의를** 구현하므로, 철저히 보호되어야 한다(시장지상주의).
6. **가난한 사람은** 합리적으로 거래하지 못한 것이므로, 그 스스로 책임져야 한다(개인책임주의).
7. **국가권력이** 시장에 개입하거나, 가난한 사람을 위해서 재분배 정책을 펼치는 것은 정의를 해치는 것이다(야경국가).

국민주권주의는 인류의 걸작품

먼저 근대국가의 첫 번째 이론, 국민주권주의를 살펴본다. **국민주권주의는 인류 최고의 이론이다.** 국민 개개인이 국가사회의 기초라는 이념이다.

이념의 내용은 비슷해도, 그 이론적 근거는 근대와 현대가 다르다. 근대에서는 사람의 이성이 '합리적'이므로 개개 사람이 주권자 · 주체라고 이론화했지만, 오늘날은 사람의 '불완전'하지만 가치판단은 각자 주체적일 수밖에 없으니 각자 주권을 가진다고 설명한다. 오늘날 이론은 황금률에 기초한다고 볼 수 있다.

이런 차이는 국민주권주의를 설명하는 내용에서 근대와 현대의 차이를 보여 준다. 먼저 근대는, 모든 사람이 주권자란 점에서 모든 사람이 사람으로서 자유롭고 평등하다는 '형식적' 관점에 주목했다. 추상적으로 모든 사람이 이성적으로 행동할 수 있다고 생각했다. 구체적인 현실이 독과점시장으로 구성된 사정은 고려하지 않았다. 독과점시장에서 불공정 계약이 체결돼도 각자가 주권적으로 계약한 것으로 간주했다. 그 계약이 불공정한 것은, 계약을 잘못한 그 사람이 주권적으로 책임일 뿐이라고 설명했다.

반면 현대 국민주권주의는 모든 사람이 '실질적'으로 인간다운 생활을 할 때 주권적이라고 말한다. 시장의 현실이 차별적이어서 불공정한 계약이 체결되는 상황이라면, 국민이 주권적이지 못한 상태이므로, 국가가 어느 정도—물론 과잉돼서는 안 된다—개입해서 공정하게 만들어야 한다는 생각이다.

자본가뿐만 아니라 노동자·농민·서민 대중 등 모든 사람이 인간답게 살 때, 즉 행복한 삶을 누릴 때 비로소 주권자답다고 본다. 따라서 이유가 어떻든, 어떤 국민이 실질적으로 인간다운 삶을 유지할 수 없는 상태에 이르면 국가가 그의 삶이 주권을 회복할 수 있도록 책임을 져야 한다고 설명한다.

근거에 대한 이론이 어떻든 이 걸작 이론은 근대 이후 현재까지 변함없이 국가 질서의 초석이 되고 있다. 사람들이 '사람에 의한, 사람을 위한, 사람의 국가'를 실현하는 것이 꿈이 되어, 각자가 주체가 되어 목적이 되는 삶을 살자는 것이다.

이 이념은 근대 국민혁명에서는 근세 절대왕정을 깨뜨리는 이론이었고, 오늘날에는 자본가 편향의 근대국가의 모순을 깨뜨리는 머릿돌 이론으로 작동하고 있다. 그뿐 아니라, 신(神), 절대정신, 영도자, 절대 이성, 민족 등 허상을 선전하면서 권좌에 오른 독재자들을 내쫓는 마지막 보루이기도 하다.

사실, 모든 정의 논의, 즉 '분배의 올바름' 논의는, 군주국가이든, 민주국가이든, 궁극적으로 국민주권주의에서 시작할 수밖에 없다. 국가란 국민이 모여서 함께 잘살자고 분업하는 집단이기 때문이다. 국민 없이 국가 없고, 민심이 천심이기 때문이다. 국민주권주의는 모두의 국가를 꿈꾼다. 자본가뿐만 아니라 노동자 서민 대중이 모두 주권자로서 사람답게 살아야 한다는 꿈 말이다.

이성의 '합리성'은 근대 최고의 허상

근대국가가 만들어 낸 최고의 허상은 인간 이성이 '완벽한 합리성'을 가진다는 이론이다. 고대 군주국가에서 '신의 섭리'에 비견되는 허구이자 환상이다.

인간 이성의 합리성, 무오류성, 완벽성은 근대국가 이론의 기초였다. 자유방임주의, 시장지상주의, 개인책임주의, 야경국가 이론이 나오는 출발점이었다. 즉, '사람은 모두 합리적이니, 각자 자유롭고 평등하게 거래하면, 각자 자신이 가장 원하는 것을 얻고, 덜 원하는 것은 다른 사람에게 넘겨줄 수 있으니, 사회 전체가 최적화된다. 개인이 자유롭게 거래하는 시장질서는 최고의 분배질서다. 다른 분배질서는 분배를 왜곡할 뿐이다. 국가권력이 시장을 규제하고 조정하는 것은 분배를 왜곡하는 것이다. 따라서 국가는 야경국가여야 한다. 어떤 사람이 가난하고, 비참한 삶을 사는 것은 그 사람이 이성적으로 행동하지 못한 잘못된 결과이므로, 그 개인이 각자 책임질 문제다.'라는 논리였다.

생각건대 인간이 다른 사물과는 다르다는 점, 즉 인간은 이성적 존재라는 점을 고려하면, '인간 이성에 기초해서 정의질서를 수립한다.'라는 이론 자체를 내쳐 버릴 수는 없다.

사실, 인간 이성은 '신'을 빙자한 군주주권 이론을 허물어뜨린 핵심 개념이었다. 이성은 사람이 세상을 설명하는 학문의 원천이다. 또한, 오늘날 사람들이 바람직한 사회를 만들기 위해 토론하고 대화하는 것 자체가 이성적 사고에 대한 기본적 신뢰에 기초한 것이다.

그러나 **사람이 이성적이라는 것과 사람의 이성이 '완벽'하다는 것은 개념적으로 구분해야 한다.** 사람이 어떤 범위에서 합리적으로 생각하고 판단할 수 있다는 것과 사람의 판단이 항상 합리적이라는 것과는 차원이 다른 개념이다.

먼저 인간이 이성적이니 시장도 이성적이라는 근대이론은 현실에 눈 감고 하늘만 쳐다본 생각이다. 이론이 옳다면 현실은 이론대로 펼쳐져야 한다. 그러나 근대 시장의 현실은 이성의 완전성을 정면으로 부인한다.

만일 모든 사람이 이성적으로 완벽하게 합리적이라면, 시장에서 빈익빈 부익부 양극화가 발생할 리 없다. 거래 내용이 완벽하게 합리적이라면, 그 결과는 항상 완전하게 균등한 분배를 이뤄야 할 것이기 때문이다. 그러나 시장의 현실은 늘 빈익빈 부익부 양극화였고, 지금도 그러하다.

철학적으로도, 즉 논리적으로도 이성이 완전하다는 것은 허상임이 밝혀진 상태다. 인류 지성은 사람의 이성이 완전하지 못함을 이미 충분히 논증했다. 특히 칸트의 논증은 명쾌하다. 사람의 이성은—칸트가 쓴 『순수이성비판』을 꼭 읽어 보길 권한다—'공간과 시간', '일정한 사고 범주'에 갇혀 있다는 것을 밝혔다. 이성은 어떤 범위에서 합리적일 뿐 완전한 것은 아니다. 이런 칸트의 이론은 아직 깨지지 않고 있다.

혹여 '이성'이 합리적이라고 하더라도, 사람의 판단은 이성만으로 이루어지지 않는다. 사람은 감성과 무의식에 흔들리며, 욕망에 눈이 멀기도 한다. 이 점은 당장 우리 스스로를 돌아보기만 해도 바로 알 수 있다. 선택과 결정에는 늘 욕심, 두려움, 생존 위협, 분노, 착각, 무지가 작동한다. 물건 하나를 사고팔 때도 확실한 판단 근거는 거의 없다. 게다가 사람들은 늘 시간에 쫓긴다. 더 확실한 것은, 사람들이 죽을 수밖에 없는 한계선 속에 놓여 있다는 점이다. 죽음의 그림자가 늘 드리워 있다는 점에서 판단은 원천적으로 순간일 뿐이기 마련이다.

오늘날 우리나라 헌법은 '인간 이성의 합리성' 개념을 확실하게 포기하고 있다. 그 대신 '인간으로서의 존엄과 가치' 개념을 국가 질서의 주춧돌로 놓고 있다. 여러 번 말하지만, 그 뜻은 인간은 불완전하지만, 그래도 존엄과 가치를 가진 존재라는 의미다. 이제 인간 이성이 완전하다는 근대의 허상에서 허우적거려서는 안 된다.

자유주의와 민주주의로 구현되는 국민주권주의

근대국가는 이성의 합리성을 근거로 개인이 각자 시장에서 거래하는 분배질서, 즉 자유주의가 최적의 분배질서라고 믿고 시행했다. 공동체 결정 분배는—군주주의든, 민주주의든—시장이 이루는 분배 최적을 훼손할 뿐이라고 말했다. '국민주권주의 → 자유주의'를 공식으로 받아들였다.

그러나 원래 국민주권주의에 기초한 분배, 즉 개인이 주체가 되어 분배하는 질서는 이미 설명했듯이 하나가 아니라 두 가지다. 인간 이성의 합리성을 전제하더라도 하나가 아니라 두 가지다. 하나는 자유주의 · 개인 거래 분배고, 다른 하나는 민주주의 · 공동체 결정 분배다.

이론적으로, 자유주의와 민주주의 중 무엇이 절대적으로 우월하다고 말할 수 없다. 만일 인간 이성의 합리성을 전제로 한다면, 자유주의 시장에서의 결정이 합리적일 수 있다는 생각과 마찬가지로, 민주주의 공동체 결정도 합리적일 것이다.

그러나 현실은 인간 이성의 불합리성 속에서 전개된다. 자유주의는 시장의 모순, 즉 공공재 공급 부재와 독과점에 의한 시장실패라는 모순을 보이고, 민주주의는 자유주의의 장점인 개개인의 성향 · 개성에 따른 분배를 이룰 수 없고, 현실적으로 독재의 위험성을 피할 수 없다. 그러나 자유주의는 빈익빈 부익부 양극화를 초래할 수밖에 없고, 민주주의는 독재체제 등에서 볼 수 있듯이—독재체제가 아니라고 하더라도—왜곡된 분배를 피할 수 없다.

이런 점에서 오로지 자유주의, 개인 거래 분배만 최선이라는 주장, 국민주권은 반드시 자유주의로만 구현해야 한다는 근대국가 이론은 단순화 오류에 빠진 것이라는 비판을 면할 수 없다.

시장지상주의는 독과점지상주의

근대국가가 자유주의, 시장주의를 최적의 분배질서라고 말하면서 공동체 분배에 의한 정의를 배척할 때, 우리는 이를 자유방임주의라고 한다. 그리고 시장지상주의라고 말한다.

시장지상주의, 자유방임주의는 아직도 우리의 편견·고정관념을 지배하고 있는 허상이다. 이 이론은 우리가 어렸을 때부터 무심코 배워서 자기도 모르는 사이에 뼛속 깊이 자리 잡은 생각이 되었기 때문이다. 우리는 초중교에서 분업과 분배, 그리고 사회 개념을 배우면서 슬쩍 시장지상주의를 익혔다. 그 가르침의 요지는 이랬다.

> 1. 분업은 생산량을 증대한다.
> 2. 분업에서 생산된 것은 시장 교역(trade)을 통해서 분배된다.
> 3. 교역(trade)에 의하면, 구성원 각자는 자급자족할 때보다 더 많은 혜택을 얻는다.

이 이론은 정의를 '분업=교역(거래)[22]'이라는 간단명료한 체계로 단순화하고 있다. 이 설명을 들으면, 분업 생산물을 시장에서 거래하면 각자 원하는 것을 얻게 되고, 모두에게 풍족하게 분배된다고 여기게 만든다. 즉, 시장주의·자유주의는 정의로운 질서라고 주입하고 암시한다. '일면 타당'한 설명일 수 있지만, 이 이론은 사람들을 '단순화 오류' 함정에 빠뜨리고 있다.

첫째, 위에서 말했듯이, '분배' 개념과 '거래' 개념은 외연이 다른 개념이다. 분배와 거래(교역)은 동일시할 수 있는 개념이 아니다. 분배는 몫을 나누는 것이고, 거래는 개인들이 서로 재화와 서비스를 주고받는 방식으로 나누는 것이다. '분배 〉 거래'의 관계에 놓인 개념이다.

---

22 이하 '거래'라고 한다.

분업 생산물은 거래가 아닌 다른 방식으로도 분배할 수 있다. 즉, 구성원 전체가 '공동체적'으로 분배하는 방식이다. 예를 들어, 군주가 분배하는 방식, 국회가 법률로 정해서 분배하는 방식이다. 오늘날 국가는 많은 부분을 공동체적으로 분배한다. 미국·독일 등 선진국은 국가 전체 GDP의 40% 정도를, 우리나라는 대략 30% 정도를 공공재정으로 분배한다. 국가가 공동체적으로 분배하는 목적은 정의임은 물론이다(그렇다고, 국가의 분배가 항상 정의롭다는 것은 아니다).

둘째, 시장 거래가 다른 분배 방식, 즉 공동체 분배보다 더 낫다고 단정할 수도 없다. 그렇다고 민주적 분배가 시장거래보다 우월하다는 것은 물론 아니다. 이들 중 어떤 분배 방식이 더 바람직한지는 아직 논쟁 중이다. 이들 분배 방식은 제각각 장단점을 갖고 있다. 시장거래는 옳고, 공동체 분배는 틀렸다는 생각은 그 자체로 틀렸다. 오늘날 대부분 국가는 이들 두 방식을 혼합하고 있다.

셋째, 분업으로 더 많은 생산물이 생기지만, 교역이 '모든' 사람에게 더 많은 혜택을 주지는 않는다. 거래는 개인들이 원할 때 비로소 이루어진다는 점에서 대체로 합리적이라고 받아들일 수는 있지만, 그렇다고 거래의 결과가 모든 사람에게 항상 바람직하고 정의로운 결과를 가져오는 것은 아니다.

그 이유는, 거래가 이루어지는 시장의 형태가 다양하기 때문이다. 공정한 경쟁 시장도 있지만 불공정한 독과점시장도 있다. 실제 현실 시장을 돌아보자. 대부분 시장이 독과점시장이다. 통신 시장, 자동차 시장, 핸드폰 시장, 금융시장, 유통시장, 교통 시장, 의료 시장, 법률 시장, 에

시장은 사람들이 거래하는 곳이지만, 그 자체로 공정하다고 할 수는 없다.

너지 시장, 원료 시장, 노동시장 등 우리의 삶은 온통 독과점시장에 둘려 있다.

독과점시장의 거래가 불공정하다는 것은, 이론적으로는 물론 현실에서도 이견이 없다. 극단적인 사례로 소작계약을 생각해 보라. 그 자체로 공정할 수가 없다. 이처럼 시장의 거래는 항상 정의롭고 공정한 것이 아니다. 상황에 따라서 크게 차별적일 수 있다.

넷째, 현실의 시장가격은 과연 합리적 분배기준인가? 정의로운 분배기준인가?

원래 재화와 서비스의 가치는 숫자로 표현할 수 없다. 가치는 사람마다 각자의 기준에 따라 결정되기 때문이다. 생산비용의 관점에서 가치를 평가할 수도 있고, 사용·효용의 관점에서 가치를 평가할 수도 있다. 털옷은 한대지방에서 가치가 크겠지만, 열대지방에서는 오히려 짐이다. 가치를 표현한다는 시장가격은 어떤 사회의 특정 시장에서 그 사람들의 수요와 공급이 빚어낸 거래기준일 뿐이다. 가격이 시장에서 결정되었다고 해서 바로 정의롭다고 말할 수는 없다.

예를 들어, 우리나라에서 맹장 수술비는 대략 30만 원 정도다. 미국에서는 500만~1,000만 원을 지불해야 한다. 만일 우리나라에 의료보험제도—민주적 공동체적 분배 방식이다—가 없었다면, 미국에서보다 더 큰 금액을 낼 수도 있다.

시장가격은 기술 변화에 따라 끊임없이 변한다. 1990년대 초반 무선전화기, 소위 '벽돌폰'은 수백만 원을 호가했지만, 오늘날엔 골동품 가치만 가질 뿐이다. 노동에 대한 시장가격도 마찬가지다. 대부분 사람은 자기 노동력을 시장에서 거래한다. 임금은 노동시장에서 결정된다. 노동력의 실제 가치가 얼마인지는 아무도 모른다. 단지 시장의 수요와 공급으로 결정되는 가격만 있을 뿐이다.

가상의 사례를 생각해 보자. 수질 개선 연구기관의 연구원 월급은 대략 300만 원 내외다. 그가 획기적인 수질 개선 기술을 개발해서 청계천이 맑아졌고, 신선한 산책 코스가 조성되었다. 그전엔 오염과 구린내 환경으로 저평가되던 청계천 주변 아파트 가격은 평당 수천만 원, 수억 원씩 급등했다.

이 연구원의 노동 가치는 엄청난 것이었다. 그러나 연구원은 여전히 매달 300만 원 임금(시장가격)을 받고 있을 뿐이다. 이득을 본 청계천 아파트 주인들은 이 연구원에게 감사로 커피 한 잔 대접하지 않을 것이다. 연구원의 노동 가치와 임금(노동 가격) 사이에는 엄청난 괴리가 있음을 알 수 있다.

그렇다고 시장가격을 무시하자는 결론은 성급하다. 시장가격은 '하나'

의 좋은 분배기준이 될 수 있다. 다만, 시장가격을 절대적·완전한·객관적인 것으로 우상화하여 홍보하고 선전하는 것은 금물이다.

정리하자. 오늘날 독과점시장의 승리자들, 즉 기득권자들은 '분업=거래'라는 도식을 끊임없이 선전한다. 현실 시장이 모두 경쟁적인 것처럼 포장한다. 독과점 현실을 말하지 않는 방법으로 숨기는 것이다. 시장만이 정의라고 말하면서 국가가 시장에 개입하는 것을 비판한다. 1970년대부터 등장한 신자유주의는 '분업=거래'가 정의라고 주입적으로 선전하는 대표적인 이론이다. 이런 기득권자들의 전략 속에서, 초중고교 교과서가 위와 같이 꾸며진 것이다.

정의 문제는 '분업=시장거래'라는 단순 논리로 해결될 문제가 아니다. 정의의 결론이 어렵다고 해서 '분업=거래'로 대충 정리하고 넘어갈 문제도 아니다.

시장지상주의, 자유방임주의보다 더 좋은 솔루션도 이미 제시되어 시행되고 있는 상태다. 대부분 선진국은 시장거래를 원칙으로 하면서, 민주적 분배를 보충적으로 사용하는 복지주의를 채택하고 있다. 우리 헌법도 같은 생각이다. 자유주의, 시장주의를 원칙으로 하면서 독과점 폐해를 방지하기 위해 국가가 민주적으로 시장을 규제·조정하고 있다.

시장지상주의, 자유방임주의의 허상에 빠져 있을 이유는 전혀 없다. 무지와 나태에서 벗어나기만 하면 된다.

근대국가 이론의 허상들

근대국가의 기초이론 중 '인간 이성의 완전성'과 '자유주의, 시장주의'가 허상이면, 그 위에 세워진 다른 근대이론들은 굳이 살펴보지 않아도 된다. 개인책임주의, 야경국가 이론이 모두 허상임은 두말할 나위 없다. 간단히 요지를 정리하면 다음과 같다.

첫째, 개인책임주의는 개인이 각자 합리적일 때, 그리고 독과점시장에서 벗어나서 진정 자유롭게 경쟁할 수 있을 때나 가능한 이론이다. 그러나 현실의 개인에게 실제로 주어진 선택 가능성은 한정되어 있다. 태어나면서 어떤 사람은 장애를 갖고 있고, 어떤 사람은 흙수저를, 또 어떤 사람은 금수저를 물고 있다. 그리고 시장에서 독과점기업은 불공정한 선택을 끊임없이 강요한다. 가난을 오로지 개인 책임으로 돌리는 것은 사회의 무책임일 뿐이다. 위에서 살펴본 과실책임의 원칙에 대한 설명도 참고하길 바란다.

둘째, 야경국가 이론은 공동체 결정 분배를 무조건 배제하겠다는 이론이다. 그러나 자유방임주의, 시장지상주의의 현실은 이미 빈익빈 부익부 양극화이다. 그 차별 정도는 없는 자들의 생존을 위협하는 수준을 넘어섰다.

이런 모순을 해결할 수 있는 대안은 공동체 결정 분배일 수밖에 없다. 분배 방식이 두 종류밖에 없기 때문이다. 공동체 결정 분배로 하자고 해서, 군주제 형태로 분배하자는 것은 물론 아니다. 오늘날 대부분 국가는 자유주의 분배를 원칙으로 하면서 민주적 공동체 분배를 보충적으로 도입하겠다는 생각에 기초하고 있다. 이 부분은 뒤에서 현대국가를 설명하면서 자세히 다룬다.

자유주의 모순의 민낯을 확인한 근대

이제 정리하자. 근대국가는 봉건사회와 함께, '자유주의'가 무엇인지를 되돌아보게 한다. 우리나라 초중고교에서 가르치는 사회 교과서 대부분은 근대자유주의가 가장 바람직한 정의질서인 것처럼 묘사하고 있다. 근대 자본가들이 선전했듯이, 아직도 인간 이성의 합리성을 신성시하고, 사람의 자유가 무조건 소중하다고 가르친다. 이성의 불합리성, 그리고 자유의 이름으로 자유를 빼앗는 현실의 위험성은 제대로 짚어 주지 않는다.

1980년대 이후 신자유주의 바람이 불어오면서 이런 현상은 더 가속화됐다. 성공이라는 허상을 기준으로 최고에 도달하지 못하면 무능의 증명이라며 인간 자체를 무시하는 가치관을 심고 있다. 이런 분위기 속에서 많은 사람은 '이성과 자유'라는 이름에 현혹되어 자유주의 · 자유방임주의 · 신자유주의가 절대적인 이론인 것으로 착각하고, 그것이 세상을 밝혀 주리라고 믿고 있다.[23]

사람의 이성과 자유는 사회질서의 기초다. 사람은 이성으로 스스로 자율적으로 판단하는 존재다. 사람은 스스로 판단하고, 결정하고, 책임

23　저자 자신도 2000년대 초반까지 신자유주의의 실체를 제대로 파악하지 못하고 있었다. 어렴풋이 '개인의 자유'를 보장하는 이론 정도로 생각했었다. 그즈음 어떤 세미나에서, 우리나라 헌법 제119조 제2항 이하를 모두 삭제하는 헌법개정이 바람직하다는 신자유주의 학자들의 주장을 듣게 되었다. 그 뒤, 신자유주의가 말하는 '자유' 개념을 자세히 연구하기 시작했다. 신자유주의의 발흥은 저자가 이 책을 쓰게 된, 멀리 있는, 그리고 확실한 계기가 됐다.

지는 주체다. 우리 사회의 머릿돌, 국민주권주의도 사람의 이성과 자유 개념에 기초하고 있다.

그러나 **사람의 이성과 자유가 바로 '자유주의'를 의미하지는 않는다.** 근대자유주의는 사람의 자유 개념에 완전성·무오류성·완벽성 개념을 더해서 생긴, 왜곡된 이념이다. 자유주의와 민주주의를 비교할 때도, 자유주의가 우세하다는 정도가 아니라, 자유주의가 절대적으로 완벽하니 민주주의는 허용돼서는 안 된다는 결론을 강요하는 이론이다. '네 것, 내 것'을 분배하는 정의질서와 관련해서, '시장거래 분배질서'만 옳고, 민주 절차에 의한 공동체 결정 분배는 틀렸다는 이론이다. 시장이 옳으니, 국가권력은 필요 없다는 이론이다.

근대국가에서 얻어야 할 가장 큰 교훈은 자유주의가 무엇인지를 분명하게 이해하는 것이다. 자유주의는 빈익빈 부익부 양극화를 초래할 수밖에 없다는 점이다. 독과점시장에서 전개된 질서는 자본가들에게 유리했고, 노동자·농민·서민 대중에게 불리할 수밖에 없었음을 분명하게 말한 것이다. 중세 봉건사회에서의 독과점 소작계약이 보여 준 것에 더해서, 계약의 자유가 무엇을 의미하는지를 확실하게 보여 준 것이다. 근대국가는 자유주의가, 없는 자들에게 치명적인 비수를 꽂을 수 있는 이념임을 증명했다.

자유주의, 시장주의가 위험할 수 있다는 생각에 이르면, 마지막 질문이 생긴다. 그러면 자유주의를 포기해야 하나? 국민주권주의 속에서 남아 있는 다른 대안, 즉 공동체 결정 분배로서의 민주주의가 정답인가? 아니면, 자유주의와 민주주의가 공존해야 하는가? 공존한다면 어떤 형태의 공존인가? 자유주의를 우선할까? 민주주의를 우선할까? 자유주의가 우선이라면, 시장의 모순을 해결하는 방법은 무엇인가?

근대 이후의 역사는 이런 방법들을 실제 국가들이 실험하는 과정이었다. 역사는 현대로 넘어간다.

6. 현대국가의 정의

■ 자본가, 노동자의 공정 분배

현대 사회를 연 1848년 2월혁명

근대국가의 설계도(設計圖), 즉 자유주의가 정의롭지 못했으니 모순이 생길 수밖에 없었다. 1789년 프랑스대혁명으로 시작한 자유주의가 불과 50년을 지나지 않아 극심한 빈부 격차 양극화를 드러냈다. 비참한 삶 속에서 허덕이던 노동자, 농민, 서민 대중, 중소상공인들은 근대 자유주의 질서에 반기를 들었다. **1848년 '2월혁명'이 그것이다. 최초의 노동자혁명이었다. 혁명은 일단 성공했다. 현대가 시작된 것이다.**

어떤 사람들은 1917년 러시아의 프롤레타리아 혁명을 최초의 노동자혁명이라고 간주한다. 그러나 이는 최초의 공산주의 혁명일 뿐이다. 노동자혁명이 모두 공산주의 혁명은 아니다. '노동자혁명은 바로 공산주의 혁명'이라는 공식은 누군가가 심어 놓은 고정관념 · 편견이다. 노동자들이 자본가 중심의 국가 질서에 저항하는 형태는 다양하다. 2월혁명은 공산주의 혁명이 아닌, 대표적인 노동자혁명이었다.

2월혁명에 성공한 프랑스 노동자, 서민 대중은 자유주의의 모순을 해결할 기회를 얻었다. 그러나 안타깝게도 그들은 근대 자유주의를 대신

노동자와 서민대중이 자유주의 모순에 대항했던 프랑스 1848년 2월혁명.

할 구체적인 청사진을 갖고 있지 못했다. 당시 자유주의 이론과 현실의 모순이 이론적으로 충분히 밝혀지지 않았기 때문이다. 자유주의 현실에 당황하고 의혹을 품는 수준이었다. 자유주의 모순이 이론적으로 파헤쳐지기 시작한 것은 1867년 마르크스가 쓴 『자본론』에서였다.

이처럼 이론적으로 어려운 상황 속에서도 놀라운 사실은, 당시 2월혁명에 성공한 노동자·서민 대중이 근대 자유주의 모순의 빗장을 여는 열쇠를 제대로 찾아서 꽂았다는 점이다. **그들은 제한선거제에서 보통선거제로 선거제도를 변경시켰다.** 물론 보통선거에 대한 기획 및 아이디어가 그때 한순간에 생긴 것은 아니었다. 그 이전에 1830년대 영국에서 꾸준히 전개되고 있었던 차티스트운동[1]에 영향을 받은 것이었다.

---

1   Chartism, 영국 노동자들이 1832년의 선거법 개정에서도 선거권을 얻지
     못하자, 1830년대 중반부터 경제적·사회적으로 쌓여 온 불만을 기초로
     선거권 획득을 위해 전개한 민중운동.

보통선거제로 서막을 연 현대

보통선거제는 서민 대중이 국가 질서에서 객체로 머무르지 않고, 실질적인 주체로 등장하는 기반을 마련했다. 정의의 관점에서 보통선거제는 아주 특별한 의미가 있다. 근대 이후 법치주의의 확립으로 사회의 정의질서 · 분배질서 · 게임 규칙은 법률로 정해야 하는데, 그 법률을 만드는 것이 바로 의회이기 때문이다. 의회 구성이 바뀌면 정의질서가 바뀌는 상황이었다.

이미 설명했듯이, 근대국가 의회는 자본가들로만 구성되어 있었다. 당시 근대 의회가 자유주의를 철저히 옹호하는 현상은 당연히 예상되는 것이었다. 시장 모순을 해결하려는 노동법, 사회복지법은 거부하거나 폐기했다. 노동시간 제한, 어린이 고용금지, 노동운동 보장, 산업재해보상 등 새로운 정의질서는 채택될 수 없었다. 없어서 굶어 죽는 사람들 문제는 가진 사람들이 인도적 차원에서 자선을 베풀어서 해결할 문제지, 국가권력으로 해결할 문제는 아니라는 것이다. 의회(국가)가 사회적 약자를 위하는 것은 자유와 시장을 훼손하는 것이라는 자유 이론을 되뇌었다. 오늘날 신자유주의가 이런 근대 자유주의 이론을 그대로 읊는 것은 아이러니로 보인다.

보통선거제는 노동자 · 서민 대중의 지위를 완벽히 변경하는 첫 단추였다. 자유주의에서는 자본가 · 노동자 · 서민 대중이 차별적 존재였지만, 의회의 민주주의에서는 자본가 · 노동자 · 서민이 각자 1인 1표를 가진 대등한 존재였다. 의회에 자본가뿐만 아니라 노동자 서민 대중이 함께 참여하면서, 의회는 법률을 만들 때 노동자 서민의 이해관계도 반영하기 시작했다. 현대로 넘어오면서 자연스럽게 노동법, 사회복지법 등이 제정되기 시작했다.

근대와 현대 구분의 의미

이즈음에서 질문이 있을 수 있다. 근대와 현대를 굳이 구분할 필요가 있을까? **근대와 현대를 구분한다는 그 의미는 무엇일까?** 근대와 현대를 구분하면, 우리 사회를 이해하는 데 얼마나 도움이 되는가?

어떤 사람들은 근현대를 묶어서 생각한다. 근현대의 시대적 과제, 사회적 과제를 똑같다고 생각한다. 이런 경우 근대의 쟁점과 현대의 쟁점을 구분하는데 특별한 관심을 두지 않는다. 근대의 이념이 현대까지 계속 이어 온다고 생각한다. 이념이 바뀌었다고 하더라도, 근본적인 변화는 없었다고 생각한다. 두 시대를 별도로 이해할 필요성에 대한 문제의식을 중시하지 않는다.

어떤 사람들은 대충 어렴풋이 1차·2차 세계대전을 기준으로 근대와 현대를 구분하기도 한다. 이런 경우 세계대전 이후에 전개된 '공산주의 대 자본주의'의 냉전 대립. 즉 미국과 소련의 냉전체제를 현대국가의 주된 특성으로 생각하게 된다. 이들은 오늘날 국가체제 문제를 공산주의냐, 자본주의냐 양자택일로 해결하려는 경향을 띤다.

어떤 사람은 어떤 특정 시점을 현대의 출발점으로 제시하기도 한다. 예를 들어 현대세계는 정치적으로 원자폭탄이 처음 폭발했을 때 시작되었다는 견해[2] 등이다.

　이처럼 많은 사람이 근대와 현대의 구분을 대수롭지 않게 생각하는 데는 나름의 이유가 있다고 본다. 근대와 현대 모두 국민주권주의에 기초하기 때문이다. 모든 사람이 자유롭고 평등한 존재이고, 각자 주체성과 주권을 갖는다는 근본적인 이념을 공유하고 있기 때문이다. 국민주권 이론은 전근대 군주주권과 대비하는 데 방점을 찍음으로써, 그 이론 자체가 어떤 변화를 겪고 있는지에 대해서는 크게 문제의식을 못 느끼게 하는 경향이 있다.

근대와 현대는 완전히 다른 사회

　그러나 근현대를 함께 묶으면 오늘날 자본가와 노동자가 서로 대립하는 현실을 이해하지 못한다. 이념적으로, 추상적으로 대등한 관계에 놓여 있는 사람들이 구체적인 현실에서는 차별적인 주종 관계로 바뀌는 현상을 설명하지 못한다. 근대국가가 제시하는 핑크빛 자유주의 이념과 양극화의 핏빛 현실이 괴리되는 현상에 주목하지 못한다.

　근대와 현대, 두 시대는 완전히 다른 시대다. 시대의 과제가 선명하게 다르다. 근대는 자본가를 위한 질서를 형성하는 것, 자본가만을 위한 분배구조를 구축하는 것이 과제였다면, 현대는 자본가의 독과점을 극복하는 것, 자본가와 노동자가 함께 공정하게 분배하는 질서를 형성하는 것

2　Hannah Arendt, (1958), 이진우 역, 인간의 조건(The Human Condition), 2017. 72쪽.

이 과제다.

근대와 현대의 근본적 차이는 질서의 주체다. 누가 법질서, 정의질서, 분배질서를 결정하는 주체인가? 여기에서 근대와 현대는 본질적인 차이를 보인다. 고대의 법질서를 결정한 주체가 군주였다면, 그리고 중세의 주체가 영주였다면, 근대의 주체는 자본가였고, 현대는 자본가와 노동자 모두가 주체가 되어 법질서를 결정하고 있다.

근대와 현대가 모두 국민주권주의에 기초하고 있지만 이미 설명했듯이, 근대 국민주권주의는 자본가를 위한 이념이었고, 오늘날 현대 국민주권주의는 '모든 국민'이 실질적으로 주권자가 되어 모든 국민이 행복한 삶을 누려야 한다는 본래 의미의 국민주권주의다. 근대 국민주권주의가 모든 국민이 주인이라고 형식적으로만 선언한 채, 실질적으로는 선거권·피선거권을 자본가에게만 주었다면, 현대 국민주권주의는 노동자를 포함한 모든 사람에게 선거권·피선거권을 주는 실질적 국민주권주의다.

근대에서는 의회가 자본가로만 구성되었으나 현대는 자본가와 노동자 두 계급이 모두 의회에 대표자를 보낸다. 근대 의회가 자본가들의 이해관계만 반영했다면, 오늘날 의회는 '내 몫, 내 것'을 두고 자본가와 노동자, 보수와 진보, 가진 자와 못 가진 자, 있는 자와 없는 자의 이해관계가 첨예하게 대립하는 곳이다.

주체가 변하면서 근대와 현대의 분배질서, 즉 정의의 기준 또한 바뀌었다. 근대는 자유주의로만 분배질서를 만들었으나, 현대는 민주적 공동체 결정 분배를 중요한 분배질서로 받아들이고 있다. 자유주의는 시장에서 1주 1표(1원 1표)의 원리가 적용되지만, 민주주의는 1인 1표의 원리가 적용된다. 자유주의에서는 부(자본)를 많이 가진 사람이 결정권을 가지지만, 민주주의에서는 돈이 없어도 각 사람 1인이 각자 주체로 존중받게 된다.

근대국가는 자유주의를 어떻게 보장할 것인지가 쟁점이었지만, 현대국가는 근대 자유주의의 모순을 어떻게 해결할 것인가가 쟁점이다. 즉, 자유주의를 없애고 민주주의만으로 분배할 것인지, 두 주의, 두 개념을 혼합해서 사용할 것인지, 혼합한다면 어떻게 혼합할 것인지가 쟁점이다.

민주제도에서도 근대와 현대는 완전히 다르다. 근대는 제한선거에 따라 자본가에게만 선거권·피선거권을 인정했는데, 현대는 보통선거제를 확립해서 모든 사람에게 선거권·피선거권을 인정한다. 자본가와 서민 대중이 각 1인 1표로 정치에 참여한다. 이미 언급했지만, 민주제도의 변화는 의회의 변화를 의미하고, 의회의 변화는 법률 내용의 변화를 의미하며, 법률의 변화는 정의질서의 변화를 의미한다.

정리하면, 근대에서 현대로의 변화는 분배질서·정의질서의 변동을 의미한다. 자본가에게만 분배하던 질서가 자본가와 노동자가 함께 분배받는 질서로 바뀐 것이다. 시장질서를 무조건 옹호하는 것이 아니라 국가가 시장질서에 개입해서 규제와 조정을 행하는 것이다. '어떤 시장 형태가 공정한 분배질서인지'를 두고 자본가와 노동자, 서민 대중이 함께 대화하고 토론하는 것이다.

참고로 각국에서 보통선거제가 도입된 시기를 보면, 그 국가의 근현대 변혁기와 맞물려 있음을 볼 수 있다. 프랑스에서는 1848년 노동자들의 2월혁명 성공으로 보통선거제가 도입되었고, 영국에서는 1830년 노동자들의 선거법개혁과 차티스트운동을 통해서 보통선거에 이르렀다. 또 미국에서는 1863년 링컨(Abraham Lincoln)의 노예해방과 1900년대 초반 시어도어 루스벨트(Theodore Roosevelt)의 재벌규제정책 도입 시기와 함께 보통선거가 정착되는 시기였고, 러시아에서는 1917년 프롤레타리아 혁명으로 보통선거가 채택되었다.

근대와 현대 사이의 인문, 사회적 근본 변화

근대와 현대를 이처럼 법질서, 정의질서, 분배질서의 변화로만 구분한다면 어딘가 부족한 점을 느낄 수 있다. 더 근본적인 차이를 찾을 수 있지 않을까 하는 느낌 말이다.

법질서, 정의질서에 변화가 생긴 데에는 당연히 현실적, 이론적 배경이 있다. 법질서만 홀로 뚝 떨어져서 변화가 생긴 것은 아니다. 법질서가 변하는 데는 먼저, 사회정의가 무엇이냐는 사회철학적 변화가 선행됐고, '인간이란 무엇이냐'는 인문학적 성찰에 근본적 변화가 먼저 있었다.

가장 커다란 변화는 인간 '이성(理性)'에 대한 이해였다. 근대는 사람을 '완전한 이성'을 가진 존재로 보았다. 17세기, 18세기 근대 학문은 고전주의, 합리주의, 모더니즘으로 정리될 수 있다. 인간 이성의 합리성, 체계성, 계획성, 정확성, 이지적(理智的) 논리성, 완벽한 조화, 중용, 균형, 대칭, 질서, 숭고한 인간성 등이 주제로 깔렸다. 예를 들어 다비드의 작품 〈소크라테스의 죽음〉에 나타난 균형적 구도와 완벽하고도 세밀한

자크루이 다비드 작, 〈소크라테스의 죽음〉(1787)

표현 기법 등에서 보이는 미적 합리성 같은.

산업혁명은 인간 이성이 합리적이라는 믿음이 긍정적으로 영향을 끼친 현실이었다. 1800년대 근대 산업혁명이 진전되면서 국가 전체의 '분배 몫'은 비약적으로 증대되었다. 모두가 과거보다 잘살 수 있는 여건을 갖추게 되었다. 실제로 자본가들은 과거 국왕과 같은 삶을 누렸다.

그러나 근대국가의 노동자·농민·서민 대중의 현실은 그 이전보다 나아지지 못했다. 그들은 여전히 가난하고 비참한 삶의 조건 속에서 생존에 급급했다. 과거 농장에서 일할 때보다, 공장에서 더 힘든 노동에 시달렸다. 이런 노동자들의 비참한 현실을 보면서 일부 지성인들은 인간 이성(理性)이 완벽하다고 신성시하던 근대의 생각에 의문을 제기하기 시작했다. 자유주의, 이성의 합리성 이론으로는 당시 현실을 도무지 설명할 수 없었다. 인간에게는 오히려 비이성 · 불합리 · 부조리가 본래적이며 운명적 요소이자 피할 수 없는 실존적 한계가 아닌지를 의심하기 시작했다.

1800년대의 철학, 문학, 음악, 미술 등은 이러한 인간적 번민을 쏟듯이 드러내고 토해 낼 수밖에 없었다. 인간 이성이 합리적이고, 체계적이고, 계획적이고, 이지적이고, 논리적이라는 이론이 더는 먹히지 않는다는 절규이자 몸부림이었다. 모더니즘 이후라는 의미의 포스트모던(postmodern)이 시작되었다.

낭만주의는 합리적 이성이 아니라 감정과 본능을 찬미했고, 자연주의와 사실주의는 추상적 이론이 아니라, 있는 그대로 존재하는 자연과 그 변화, 처참한 삶을 이어 가는 대중들의 현실 그대로를 적나라하게 사실적으로 보여 줬다.

파블로 피카소 작, 〈게르니카〉(1937)

파블로 피카소 작, 〈꿈〉(1932)

인상주의는 대상을 객관적 형태로 파악하지 않고, 표현자가 주관적으로, 실제로 보고 느끼는 인상 그대로를 표현했고, 후기 인상주의는 주관적 내면의 인상(공간 파괴, 비례성 파괴)을 표현하면서 외형적으로 보이는 객관적 형태를 파괴해 나갔다. 급기야 입체주의는 객관적 형태 자체를 분해하기에 이르렀다. 파블로 피카소의 작품 〈게르니카〉는 이를 잘 보여 준다. 기타 초현실주의, 미래주의 등도 같은 맥락이었다.

미술, 음악 등 예술만이 아니었다. 철학, 문학, 사회학, 심리학 등 다른 분야도 같은 맥락의 변화를 담아냈다. 자세한 설명은 생략한다.

인간 이성의 불완전성에 기초한 현대

그렇다고 오늘날 현대가 사람의 '이성' 자체를 부인하는 것은 아니다. 인간은 이성을 가졌다는 점에서 다른 동물과 확연히 구분된다. 다만, 그 이성이 완전하지 않음을 인정하는 데서 생각을 시작한다. 인간 이성의 비합리성·부조리 속에서 번민한다. 불완전한 합리성 속에서 고민의 몸부림을 안고 사는 현실의 삶을 생각한다. 이 아픔과 괴로움은 아직도 계속되고 있다.

사람이 불완전하니, 사람이 만든 사회질서·분배질서도 불완전하다고 받아들인다. 자유주의 분배·시장제도가 불완전(독과점 등)하니, 그 결과로 빈익빈 부익부 양극화가 초래됨을 필연적이라고 인정한다.

신에 관한 생각이 불완전했기에 고대 군주제에서는 군주·귀족·평민·노예로 신분이 나뉘었고, 중세 봉건사회에서는 영주·기사·농노로 구분되었다. 마찬가지로, 인간 이성에 관한 생각이 불완전했기에 근대 시장질서 속에서 자본가·노동자(서민 대중)로 구분될 수밖에 없음을 받아들인다.

현대는 역사 속에서 이와 같은 전철을 밟아 온 불완전한 사람들이 그 결과로 인한 양극화 문제를 함께 푸는 것이 사회적 과제가 되었다. 이런 인간 이성의 불완전성은 우리 헌법의 주춧돌이다. 여러 번 반복했지만, 우리 헌법은 근대 이성이 아니라, '현대 이성'을 고백하고 있다. 우리 헌법은 사람이 '합리적인 이성'을 가졌다고 선언하지 않고, '인간으로서의 존엄과 가치'를 선언하면서 시작한다.

| 헌법 제10조 모든 국민은 인간으로서의 존엄과 가치를 가지며, ….

또다시 말하지만, 인간 이성이 불완전하다고 해서 이성 자체를 부인하는 것은 아니다. '무지의 몰염치'나 '생각의 포기'를 의미하지는 않는다. 비록 이성이 불완전하지만, 사람은 기계나 동물처럼 자연법칙에 자동 반응하는 존재는 아니다. 비록 서로 다르게, 그리고 불완전하게 판단하지만, 사람의 생각은 올바름을 향해 갈 수 있다고 '스스로 판단'하는 자유의 주체다. 무의식·감정·욕망 등에 흔들리는 존재이지만, 그것을

넘어서 순수한 도덕적 판단을 하는 경지에 이를 수 있는 그런 존재다.

다시 칸트의 말이다.

> 그에 대해서 자주 그리고 계속해서 숙고하면 할수록, 점점 더 새롭고 점점 더 큰 경탄과 외경으로 마음을 채우는 두 가지가 있다. 그것은 내 위에서 별이 빛나는 하늘과 **내 안에 있는 도덕법칙**이다.[3]

황금률과 현대의 정의

인간 이성의 불완전성을 깨닫고 나면 인간 개개인 문제는 물론, 사회 문제 또한 영원히 풀 수 없는 미궁에 빠질 것처럼 여겨진다. 그럼에도 불구하고 현실의 국가는 한시라도 정의라는 질서를 포기할 수는 없다. 현실에서는 분배가 이루어져야 하기 때문이다.

현대국가는 이성의 불완전성을 전제로 정의질서를 세워야 하는 과제를 앞에 두고 있다. 과거에서처럼 신, 절대 이성, 절대 과학을 신성시할 수 없다. 어떤 정의 문제를 어떤 사람, 어떤 신, 어떤 과학에 전적으로 맡길 수 없다. 누구의 생각에 절대성을 부여하는 순간, 수많은 사람을 비참한 삶으로 몰아넣은 경험을 잊지 않고 있다. 신의 이름으로, 고대 군주 · 중세 봉건영주 · 근대 자본가들이 노예 · 농노 · 노동자 서민 대중을 비참한 현실로 몰아넣었고, 이성의 합리성과 자유방임주의 이론을

---

3   Immanuel Kant, (1788), 백종현 역, 실천이성비판(Kritik der praktischen Vernunft), 2016, 271쪽.

신성시하면서 근대 자본가들이 노동자·농민의 삶을 위협했었다.

현대국가의 과제에 대한 인류 지성들의 제안은 황금률이다. 인간이 인간의 문제를 푼다는 것이다. 사람으로서, 즉 이성적 존재로서 정의 문제를 '함께' 풀 수밖에 없다는 데서 출발한다. 그 시작이 '인간의 존엄과 가치'다. 인간으로서 스스로 존엄한 존재임을 서로 존중하면서, 서로 대우하는 정의를 대화와 토론으로 찾아갈 수밖에 없다는 것이다. 모두 함께 '불합리한 분배 문제'를 끊임없이 해소하자는 것이다.

분배 방법으로 가질 수 있는 두 가지 선택지, 즉 자유주의·민주주의 앞에서, 현대는 자유주의를 확신할 수도 없고, 민주주의를 확신할 수도 없다. 자유주의로 민주적 공동체 결정 분배를 배격할 수도 없고, 민주주의로 자유주의·시장주의를 아주 배제할 수도 없다. 자유주의와 민주주의를 모두 실험하는 과정으로서의 정의를 추구할 수밖에 없는 처지에 놓인 것이다.

현대는 다원주의 민주주의

이런 점에서 현대국가의 모습은 다원주의 민주주의일 수밖에 없다. 근대가 '완전한 이성, 합리적 이성'으로 사회 일원화를 꿈꿨다면, 현대는 불완전한 이성을 가진 사람들이 다양한 생각으로 함께 사는 다양성 사회를 받아들이고 있다. 각자가 생각이 다르고, 불완전하고, 때로는 서로 불편하지만, 서로 주권자로 인정하는 것이다. 서로의 가치를 존중하는 분업 질서, 분배질서를 추구하는 것이다. 모두 함께 정의롭게 분배받는 질서를 위해서 끊임없이 노력할 뿐이다.

물론 소극적인 부분이지만, 확실한 것도 있다. 완벽한 정의, 절대적 정의를 주장하는 권위 질서를 받아들일 수 없다는 점이다. 어떤 신(神), 절대 이성, 자유방임주의, 공산주의, 민족, 혈통, 민족 영도자 등 절대성을 주장하는 모든 이념과 사상을 배척한다. 빛나는 정의라고 선전하는 특정한 분배질서에 예속되거나, 현혹되지 않는다. 더 바람직한 정의를 위해 끊임없이 질서를 개선해 가는 열린 질서로서의 정의질서를 추구할 뿐이다.

그리고 **적극적인 부분으로, 흔들려서는 안 되는 기초가 있다. '인간으로서의 존엄과 가치'와 '국민주권주의'는 흔들 수 없는 기본가치다.** 한 사람 한 사람이 존엄한 존재로서 존중되어야 한다는 점이다. 분업을 통해서 서로 잘살기 위해 한 사람 한 사람이 모인 사람들 집단이 사회(국가)다. 모두가 분업에 참여하였으니, 모두가 존중받아야 하고, 모두가 '각자의 몫'을 분배받아야 함이 마땅하다. 적어도 인간으로서의 존엄과 가치를 유지할 수 있는 몫은 받아야 한다.

이성의 불완전성은 존엄과 가치에 해당하는 몫을 부인하는 이유가 될 수 없다. 이성의 불완전성은 결론이 아니라 노력과 과정을 요구할 뿐이다. 정의 · 분배의 목적과 방법에 관한 논의와 결정, 그리고 실행, 그 결과에 대한 반성과 개선에 대한 논쟁이 끊임없이 거듭되어도 가고자 하는 방향은 있는 것이다. 정의질서는 인간으로서의 주체성을 위한 것이어야 하고, 인간으로서의 존엄과 가치를 위한 것이어야 한다.

이런 점에서, **현대국가에는 정의의 지표가 설정된 상태다.** 절대적 결론으로서의 지표가 아니라, 얼마나 정의로운지를 서로 토론할 수 있는 자료로서의 지표다. 특정 그룹의 사람들만 아니라, 모든 국민이 인간다운 삶을 누려야 한다는 지표다. 모든 사람은 존엄하기에 그럴 자격이 있다는 지표다.

구체적으로 표현하자면, 근대국가에서는 GDP라는 지표가 중심에 있었다. 국부가 얼마나 증대되었는지, 국가가 얼마나 더 부강해졌는지에 관심이 집중되어 있었다. 현대국가는 "그것과 함께", 예를 들어 상위 10%가 국가 전체 자산의 몇 퍼센트, GDP의 몇 퍼센트를 가지는지, 국민 하위 50%가 GDP의, 그리고 전체 자산의 몇 퍼센트를 가지는지의 지표가 중심에 있어야 한다.

■ 국가형태의 다양성

현대의 다양한 국가형태

현대국가의 문제의식을 이해하면, 현대국가의 형태가 단순하게 정리되리라 예상하게 된다. 그러나 오늘날 현존하는 국가들을 둘러보면 그 형태가 복잡하고 다양한 것을 보게 된다. 공산주의, 사회주의, 파시즘(fascism), 국가자본주의, 코포라티즘(corporatism), 대중영합주의(populism), 자유민주주의, 신자유주의, 복지주의, 사회국가주의, 민족주의, 종교주의, 쿠데타 정권 등 국가형태의 수를 헤아리기 어렵다.

현대국가의 과제가 분명한데도, 왜 이처럼 국가형태가 복잡한가라는 의문이 생긴다. 이런 다양성을 어떻게 이해할 것인가의 질문이다. 그에 대한 설명 또한 다양할 수 있지만, 법이 실제로 구현하는 정의질서가 개인 거래 분배와 공동체 분배, 즉 자유주의와 민주주의 둘로 구분된다는 이 책의 이론은 이해를 위한 좋은 도구가 될 수 있다.

근대국가는 자유주의, 개인 거래 분배를 이상으로 여기는 질서였다. 현대국가는 그 모순을 풀어야 하는 과제를 앞에 두고 있다. 그 방법론으로 자연스럽게, 다른 정의질서, 즉 민주적 공동체 결정 분배에 주목할 수밖에 없다. 즉, 민주주의 정의질서를 어떻게 활용할 것인지가 과제의 쟁점이 된다.

이론적으로 공동체 분배는 군주제 · 과두제 · 민주제 등으로 구분되지만, 이미 설명했듯이 근대 이후 확립된 국민주권주의는 군주제와 과두제를 철저히 배격하고 있으므로 현대국가가 채택할 수 있는 공동체 분배는 민주주의일 수밖에 없다.

그렇다면 현대국가의 과제는 근대자유주의 문제점에 대한 대안으로 민주적 형태의 공동체 분배질서를 어떤 형태로 도입하는가로 압축 정리된다. 그 도입 형태를 분류하여 이해하면, 오늘날 국가형태가 다양하게 전개되는 현상을 설명할 수 있다. 자유주의와 민주주의가 결합하는 형태는 그 개개 국가의 질서, 정의질서, 분배질서의 모습을 결정하게 될 것이기 때문이다.

현대의 두 축, 사회주의와 복지주의

자유주의 문제점을 해결하기 위해서 민주주의를 도입할 경우, 그 형태는 논리적으로 크게 둘로 구분된다. 하나는 자유주의를 아주 배제하고 오로지 민주적 공동체 분배만으로 정의를 구현하는 것이고, 다른 하나는 자유주의와 민주주의를 혼합·절충하는 것이다.

사회주의(社會主義·socialism), 공산주의(共産主義·communism), 사회민주주의(社會民主主義·social democracy)는 전자다. 이들 개념을 자세히 구분할 때는 '사회주의는 공산주의가 되기 전 단계이며, 사회주의가 절정에 달하면 국가가 소멸하고 공산주의 사회가 도래한다.'라거나, '두 주의의 목적은 같으나 공산주의는 폭력혁명을 방법으로 삼고, 사회민주주의는 폭력이 아닌 민주주의 방법으로 목적을 실현하는 차이가 있다.'라고 설명하기도 한다.

그러나 이들 주의는 자유주의, 즉 개인 거래 분배를 완벽하게 배제하겠다는 문제의식이 같고, 방법론으로 '공동생산, 공동 분배'라는 공동체 결정 분배를 기본으로 한다는 점에서 법적 정의의 관점상 같은 종류로 정리할 수 있다.

국가를 통해 위로부터 사회주의를 실현하려고 하는 국가사회주의(國家社會主義·national socialism·Staatssozialismus)도 자유주의를 완전히 부정한다는 점에서 같은 종류로 분류된다.

이들 주의를 이 책에서는 간단히 '사회주의'로 부른다. 사회주의는 자유주의 방식을 민주주의 방식으로 대체해서 근대의 문제점을 해결하겠다는 방법론이다. 개인 거래 분배를 부인하고, 공동체 결정만으로 정의를 구현하겠다는 것이다.

민주주의로 정의를 구현한다는 이념은 실제 사회주의를 표방한 국가의 헌법 이름에 모두 민주주의가 붙어 있는 데서도 확인할 수 있다. 조선민주주의인민공화국 사회주의헌법, 소비에트사회주의공화국연방헌법(Constitution of The Union of Soviet Socialist Republics),[4] 중화인민공화국헌법(中華人民共和國憲法 · Constitution of the People's Republic of China) 등에서 민주주의를 강력하게 표방하고 있음을 볼 수 있다. 더 자세한 사항은 뒤에서 살펴본다.

복지주의(福祉主義 · Welfare state), 사회복지주의, 복지국가주의, 사회복리주의, 사회국가주의(社會國家主義, Sozialer Staat)는 후자다. 그 명칭은 다르지만, 이들 주의는 자유주의를 완전히 부정하지 않고, 일단 자유주의를 정의질서의 원칙으로 받아들인다. 그리고 그 모순을 해결하기 위해서 국가가 민주적 공동체 결정을 통해서 궁극적 정의를 구현하겠다는 이념이다. 우리나라, 미국, 독일, 캐나다, 스웨덴 등 많은 선진국이 모두 이에 속한다.

헌법재판소는 독일연방 기본법의 문구[5]를 인용해서 '사회국가원리'[6]를 수용한 질서, '사회국가'[7] '사회복지국가'[8] '복지국가'[9] '민주복지국가'[10] 등 용어를 사용해서 복지주의를 표현한다.

---

4   소비에트(Soviet)는 노동자 · 농민 · 인민들의 민주적 자치 기구다.
5   독일에서는 헌법을 '기본법(Grundgesetz für die Bundesrepublik Deutschland)'이라고 한다. Artikel 20 (1) Die Bundesrepublik Deutschland ist ein demokratischer und sozialer Bundesstaat. 제20조 (1) 독일연방공화국은 민주적이고 사회적인 연방국가이다.
6   헌법재판소 1998. 5. 28. 96헌가4 결정(자동차손해배상보장법).
7   헌법재판소 2002. 12. 18. 2002헌마52 결정(저상버스).
8   헌법재판소 1993. 3. 11. 92헌바33 결정(노동조합법).
9   헌법재판소 1995. 11. 30. 94헌가2 결정(공공용지취득).
10   헌법재판소 1989. 12. 22. 88헌가13 결정(국토이용관리법).

> "사회국가란 한마디로, 사회정의의 이념을 헌법에 수용한 국가, 사회현상에 대하여 방관적인 국가가 아니라 경제·사회·문화의 모든 영역에서 정의로운 사회질서의 형성을 위하여 사회현상에 관여하고 간섭하고 분배하고 조정하는 국가이며, 궁극적으로는 국민 각자가 실제로 자유를 행사할 수 있는 그 실질적 조건을 마련해 줄 의무가 있는 국가이다."[11]

이들 주의를 이 책에서는 간단히 복지주의로 부른다. 복지주의는 자유주의와 민주주의를 혼합 절충한 형태다. 자유주의가 원칙이고, 민주주의가 예외적으로 작동하는 체계다. 자유주의와 민주주의가 혼용되었다는 점은 국민총생산(GDP)과 국가재정의 크기를 비교해 보면 쉽게 이해할 수 있다. 미국, 독일, 프랑스, 영국, 일본, 캐나다 등 국가의 예산이 GDP의 30~40% 정도이고, 우리나라는 대략 30% 정도다. 국가 예산은 국가가 민주주의를 통해서 GDP의 30~40%를 공동체 결정으로 분배하고 있음을 보여 준다.

사회주의, 복지주의(사회국가주의)의 개념 구분

많은 사람은, 사회주의와 사회민주주의, 국가사회주의, 사회국가주의, 사회복지주의, 사회복리주의 용어에 모두 '사회'라는 단어가 들어

---

11   헌법재판소 2002. 12. 18. 2002헌마52 결정.

있어서, 개념적으로 모두 사회주의나 공산주의에 속하는 것으로 헷갈리기도 한다. 그럴 만한 이유가 있다. 이들 용어에 들어 있는 '사회' 개념의 뜻이 그렇기 때문이다. 그 뜻은 사회에서 가난한 사람 등 사회적 약자가 그렇게 된 이유를 개인의 문제로 보지 않고, 사회문제로 본다는 의미다.

근대국가 자유주의에서는 사회적 약자나 빈곤층에 대한 문제를, 개인이 이성적 판단을 잘못한 결과이니 개인이 스스로 책임질 문제로 보았었다. 그러나 현대는 근대자유주의에서 발생하는 문제가 사회구조·사회질서의 문제라는 점을 깨달으면서, 사회적 약자가 그렇게 된 데는 사회적 원인이 있다고 생각한다. 국가의 정의질서로 자유주의를 채택하면, 빈익빈 부익부 양극화 현상이 발생할 수밖에 없다고 보는 것이다.

따라서 현대국가는 그 문제를 사회적으로 해결해야 한다는 것을 의식하고 있다. 그래서 그 문제를 해결하는 정책, 주의에 '사회'라는 단어를 사용하게 된 것이다.

그러나 사회주의·사회민주주의·국가사회주의 개념과 사회국가주의·사회복지주의·사회복리주의 개념은, 위에서 보았듯이 완전히 다른 개념이다. 근대 자유주의 문제를 해결하는 방법에서, 출발점 자체가 다르다. 전자는 자유주의(시장주의) 자체를 아주 배제하겠다는 정의질서이고, 후자는 자유주의를 원칙으로 받아들이면서 그 모순을 민주적 국가권력으로 해결하겠다는 혼합 형태 정의질서다.

사회국가주의 대신 복지주의 용어를 사용한다

이와 관련해서 복지주의 용어도 정리해 본다. 복지주의에 대해서 사회국가주의, 사회복지주의, 사회복리주의 등으로 용어가 대체로 통용되고 있다. 그리고 이들 용어에는 '사회'라는 단어가 포함돼 있어서, 위에서 말했듯이 사회주의 개념과 헷갈리기 쉽다. 이에 이 책에서는 '사회국가주의, 사회복지주의, 사회복리주의'를 사용하기보다는 '복지주의'라는 용어로 이들 개념을 표현하기로 한다.

원래 복지 개념은 널리 '행복한 삶'을 의미한다. 그리고 복지주의는 '삶의 질에 대한 기준을 높이고, "국민 전체"가 행복하게 살아갈 수 있도록 하는 데 중점을 두어 노력하는 정책을 펼치자는 주의'로 정의된다.[12] 즉 근대 자유방임주의에서 빈익빈 부익부 양극화 현실을 극복해서 '국민 전체'가 모두 행복한 생활을 누리게 해야 한다는 뜻이다.

그런데 일상용어로 사용될 때 복지 개념은 사회 보험, 공공 부조, 사회복지 서비스 같은 사회보장제도에 한정해서 사용하는 게 일반적이다. 이런 의미의 '복지' 개념은, 현대국가가 공동체 결정으로 수행하는 사회정책 전반을 표현하는 데 부족하다고 볼 수 있다. 현대국가의 사회정책은 크게 두 종류로 구분되는데, 하나는 위에서 말한 사회보장제도이고, 다른 하나는 시장에서 나쁜 독과점을 방지하기 위한 시장질서를 교정하는 정책이다. 학계에서는 전자를 생존권 · 사회권 · 사회적 기본권 쟁점

---

12   시사논술 개념사전https://terms. naver. com/entry. naver?docId=960395&cid=
      47311&categoryId=47311(2023. 7. 22. 검색)

으로, 후자를 사회적 시장경제질서 쟁점으로 논의한다. 일상 용어로서의 '복지' 개념은 주로 사회보장정책·생존권 정책에 한정된다는 점에서, 위 두 정책을 모두 표현하는 데는 부족하다고 보는 것이다.

그러나 위에서 보았듯이, 사회국가주의·사회복지주의·사회복리주의 등 용어는 그 속에 '사회' 단어가 포함되어 있어서, 사회주의·공산주의와 손쉽게 헷갈릴 수 있다.

한편 우리나라 헌법 전문에 '행복'이라는 용어가 나오는데, '우리와 우리 후손의 안전과 자유와 행복을 영원히 확보'한다고 선언하는 부분이다. 여기에서 '행복'은 현대국가가 행해야 할 두 종류의 '사회정책' 모두를 포함하는 개념이다. 이런 헌법 전문의 취지를 고려하면, '행복한 삶'을 구현한다는 의미의 복지주의 용어에 포함된 '복지' 개념을 헌법 전문이 말하는 '행복한 삶'으로 해석할 수도 있다. 복지 개념을 위 두 종류의 사회정책을 모두 포함하는 개념으로 이해해도 손색이 없다.

이런 점에서, 이 책에서는 사회주의에 대비되는 혼합형 현대국가를 표현하는 데 '복지주의' 용어를 사용하기로 한다.

용어를 정리하면, 다음과 같다.

> - 자유주의: 자유주의만 채택한 정의질서(때로는 자유방임주의라고 표현하기도 한다)
> - 사회주의: 자유주의를 배제하고, 민주주의만 채택한 정의질서
> - 복지주의: 자유주의를 원칙으로 하되, 자유주의의 모순을 민주주의로 해결하는 정의질서

셋으로 분류되는 현실의 복지주의

현대국가를 자유주의, 사회주의와 복지주의로 구분하는 것만으로
는 현대국가 형태의 다양성을 설명하는 데 아직 부족하다. 위에서 말했
듯이 공산주의, 사회주의, 파시즘(fascism), 국가자본주의, 코포라티즘
(corporatism), 대중영합주의(populism), 자유민주주의, 복지주의, 사회
국가주의, 민족주의, 종교주의 등으로 다양하게 분류되는 현대국가를
위 세 개념만으로 아직 충분히 정리할 수 없다고 보기 때문이다.

자유방임주의는 오로지 자유주의만으로, 사회주의는 오로지 민주주
의만으로 정의질서를 만든다는 주의다. 따라서 이 두 주의 속에서는 다
른 분화된 형태의 것을 상상하기 힘들다. 그러나 **복지주의는 정의·분
배의 관점에서 다시 크게 셋으로 구분할 수 있다.** 자유주의 모순에 개입
하는 민주주의 정부의 형태를 세분할 수 있기 때문이다.

원래 복지주의에서의 민주주의는 자유주의의 모순을 해결하기 위한
것이다. 그리고 자유주의 모순은 자본가와 노동자(서민 대중)의 양극화
가 핵심 쟁점이다. 따라서 복지주의는 민주적 공동체 분배로 사회적 약
자를 지원해서, 있는 자 자본가와 없는 자 서민 대중의 균형을 맞추는
형태의 정의질서를 추구하게 된다.

그러나 현실의 민주주의 행태는 반드시 그런 건 아니다. 어떤 민주주
의 정권은 자본가를 위해 국가권력을 행사하고, 어떤 민주주의는 노동
자(서민 대중)를 위해 자본가를 희생하는 정책을 시행한다. 그리고 어떤
민주주의는 복지주의 본래 이념에 따라 서민 대중과 자본가가 함께 잘
사는 균형 정책을 시행한다. 이런 현실의 행태에 따라 복지주의를 표방

하는 국가는 다시 크게 셋으로 구분할 수 있다.

첫째 형태는 정경유착(政經癒着)이라고 한다. 정치권력이 복지주의 본래의 취지를 저버리고, 있는 자 경제 권력과 부정부패 등으로 연결된 형태다. 민주적 국가권력이 자본가의 이익을 위해서 고권을 행사한다. 이런 경우 빈익빈 부익부 양극화는 더 극심해진다. 근대국가가 그랬듯이 사회의 양극화는 극심해지고, 국가의 미래 경쟁력은 사라진다.

둘째는 대중영합주의, 좁은 의미의 포퓰리즘(populism)이다. 정치권력이 복지국가 본래의 목적을 외면하고 일반 대중의 인기에만 영합하는 정치 행태다. 국가권력이 정권 유지를 위해 노동자와 서민 대중의 복지에 국가자원을 과다히 낭비한다. 국가의 장기적 발전과 미래 세대에 대한 책임에는 관심이 없다.

셋째는 진정한 의미의 복지주의이다. 민주주의 권력이 자본가와 서민 대중의 이해관계에 균형을 유지하는 형태다. 국가권력이 자유주의의 양극화 문제를 정확히 인식하면서, 한편으로 사회적 약자를 지원하면서도 다른 한편으로 장기적인 국가 발전, 즉 국부의 증대를 모색하는 정의 질서다. 자본가와 서민 대중, 현세대와 미래 세대 사이의 균형·중용을 찾는다. 완벽한 결론은 없지만 궁극적으로 인간으로서의 존엄과 가치와 국민주권의 실현이 그 기준이다. 진정한 의미의 복지주의를 실현하는 것이다.

우리 헌법은 진정한 의미의 복지주의를 선언하고 있다. 그러나 실제 현실이 반드시 헌법 내용대로 실현되지는 않았었다. 정경유착 형태의 정권이 우리나라 현대사의 많은 부분을 주도했고, 서민 대중을 무시하는 정책을 시행했다.

이런 정권에 대해 우리나라 국민은 정경유착 현실을 방관하지 않았다. 정경유착의 정도가 과다해지면 바로 저항권을 행사해서 철퇴를 가했다. 1960년 4·19혁명, 1987년 6월 민주항쟁, 2017년 촛불혁명이 바로 그것이다. 우리나라 국민은 어느 다른 나라보다도 제대로 된 민주주의, 진정한 복지주의가 실현되길 바라는 국민이다.

다시 국가형태 분류와 그에 따른 쟁점으로 돌아가자. 현대국가의 행태, 특히 복지주의 국가 행태가 셋으로 분류된다고 하면, 질문이 생긴다. 현대국가가 바람직한 복지주의를 추구하기 위해서, 즉 정경유착이나 대중영합주의로 흐르지 않기 위해서, 있는 자 자본가와 없는 자 서민대중이 함께 잘살기 위해서, 필요한 균형추는 무엇이냐의 질문이다.

물론 절대적 기준은 없다. 그러나 **상대적 비교는 가능하다. 역사 속에서 전개된 현대국가의 다양한 형태를 비교하면, 바람직한 복지주의의 모습이 무엇인지를 추론할 수 있다.** 즉, 사회주의·정경유착·포퓰리즘·진정한 복지주의의 특징과 장단점을 대비하면, 우리나라가 추구하는 복지주의가 무엇인지를 비판적으로 추출할 수 있다.

바람직한 복지주의를 설명하기 전에 먼저 사회주의, 정경유착, 대중영합주의 등을 살펴본다.

■ 사회주의

자유주의의 대척점, 사회주의

사회주의 또는 공산주의는 근대 자유주의의 모순에 대해서 자유주의를 완전하게 배척하겠다는 생각에서 시작한다. 자유주의, 개인 거래 분배의 모순을 '근본적'으로 없애겠다는 것이다. 그 중심에는 자유주의의 근간 개념인 '내 것', 즉 소유권을 완전히 지워 버리겠다는 것에 있었다. 자유주의를 대신해서 공동체 결정 분배 방식, 즉 민주주의만으로 정의를 구현한다.

마르크스는 1848년 『공산당선언』에서 말한다.

> 역사적으로 모든 지배 계급들은 사회 전체를 자신들의 독점적 소유를 보장하는 조건에 종속시킴으로써 이미 확보한 자신들의 지위를 굳히고자 했다. 부르주아(자본가)는 인구와 생산수단을 각각 집중시켰고, 소수의 수중에 부를 집중시켰다. 부르주아는 자유로운 거래라는 이름으로 인간의 가치를 교환 가치로 전락시켰고, 공공연하고 파렴치하고 노골적이고 잔인한 착취 형태로 바꾸어 놓았다.
>
> 이제 프롤레타리아(노동자계급·무산자계급)는 **독점적 소유 양식을 폐지하고, 사적 소유를 보호하고 보장해 온 모든 것을 완전히 파괴하지 않으면 안 된다.**[13]

13   Karl Marx, (1848). 공산당선언.

공산주의(communism)는 원래 공유재산을 뜻하는 '코뮤네(commune)' 라는 라틴어에서 나왔다. 사회구성원이 모두 재산을 공유하겠다는 아이디어다. 공산주의는 재산을 공유해서 '능력에 따라 일하고, 필요에 따라 받는다.'라는 이념을 선포한다. 이때 누가 어떤 능력으로 어디에서 일할 것인지(분업), 누가 어떤 필요에서 무엇을 배분받을 것인지(배분)를 공동체적으로 결정한다는 것이다.

민주주의를 왜곡한 사회주의

사회주의가 정의로운 국가 질서를 형성하지 못한 것은—물론 아직도 망상을 붙잡고 있는 사람들도 있지만—이미 자명한 사실이다. 그 이유는 간단히 설명될 수 있다. 사회주의는 공동체 분배의 문제점, 민주주의의 한계와 문제점을 그대로 드러냈다.

국민주권주의에 따르면 당연히 그 기구는 국민이 주권적으로 결정해야 한다. 그런데 그 결정을 매번 국민이 직접 할 수 없다. 예를 들어 5천만 국민이 매일 모여서 분배 결정을 할 수 없기 때문이다. 이런 직접민주제는 현실적으로 거의 불가능하다. 국민을 대신해서 공동체 분배를 결정할 기관(국가 · 공동기구)이 필요하다.

이처럼 국민의 숫자가 일정한 숫자를 넘어서면 모든 국가는 간접민주제를 채택할 수밖에 없다. 사회주의는 민주주의 실현을 위해서 간접민주제를 채택했다. 북한 헌법과 소련 헌법을 보자.

▎조선민주주의인민공화국 사회주의헌법(2009. 4. 9.) 제4조 조선민

> 주주의인민공화국의 주권은 로동자, 농민, 군인, 근로인테리를 비롯한 근로인민에게 있다. 근로인민은 자기의 **대표기관**인 최고인민회의와 지방 각급 인민회의를 통하여 주권을 행사한다.
>
> 소비에트사회주의공화국연방 헌법(1936년) 제2조 소연방의 모든 권력은 인민에게 있다. 인민은 소연방의 정치적 기초를 이루는 **인민대의원소비에트**를 통하여 국가권력을 행사한다.

그리고 민주주의는, 이미 살펴보았듯이 그것을 구현하는 방식과 절차에 따라 독재로 귀결될 위험성을 안고 있다. 특히 간접민주제가 왜곡될 때 그렇다. **사회주의·공산주의는 민주주의의 위험성을 현실에서 그대로 보여 줬다. 간접민주제를 왜곡했고, 그것을 통해서 국민을 주권자가 아니라 통치 대상으로 만들었다.**

먼저 사회주의의 핵심인 공산당을 살펴보자. 원래 정당은 국민의 의사를 반영하는 기구다. 국민의 뜻이 무엇인지를 묻고 그것을 모아서 국가의사를 형성한다.

그러나 공산주의는 정당(공산당)이 대중을 이끌어야 한다는 전위당(前衛黨) 이론을 전개한다. 공산당이 선두에서 이끌면 국민은 따라야 한다는 것이다. 공산당은 결정 주체가 되고, 노동자와 국민은 당의 지도와 명령을 따르는 객체라는 뜻이다. 인간이 존엄하다는 주체성은 사라진다. 인간은 목적이고 수단이 되어서는 안 된다는 기초 자체가 없어진다.

이렇게 되면, 민주주의의 근본인 국민주권의 본질은 사라지고 민주주의 형식만 껍데기로 남게 된다. 실질은 민주주의가 아니라, 공산당 일당 독재가 된다.

소련 사회주의의 붕괴

소련 사회주의가 그랬다. 1917년 러시아 혁명의 핵심이었던 볼셰비키[14]는 소수정예의 직업 혁명가들이 주동하는 중앙집권 정당조직의 필요성을 역설했다. 공산당과 그 지도자 중심의 정치이론을 펼쳤다. 볼셰비키는 소련공산당을 이끌면서 사회의 모든 분업과 분배를 결정하는 주체가 되었다.

> 소비에트사회주의공화국연방 헌법(1936년) 제3조 소비에트 국가의 조직과 활동은 **민주주의 중앙집권제**의 원칙, 즉 상하 모든 국가권력 기관의 선거제, 인민에 대한 기관의 보고 의무제, 상급기관의 결정에 대한 하급기관의 구속성에 따라 행해진다. 민주주의 중앙집권제는 통일적 지도, 현실적 창의 및 창조적 적극성과 위임받은 사무에 대한 각 국가기관과 공직자의 책임을 결합한다.

국민 · 노동자 · 서민 대중이 공산당 지도자를 통제할 수 있는 민주제도는 마련되지 않았다. 공산주의는, 원래 이념과는 달리—이념은 허상일 뿐이었다—공산당원을 위한, 공산당원에 의한, 공산당원의 국가가 실질이었다. 공산당원은 지배계급이었고, 비당원 국민은 피지배계급이었다. 이런 식의 분배질서는 공산당원과 일반 국민 사이에 빈익빈 부익부 양극화를 형성할 수밖에 없다. 국부의 증대를 꾀할 수도 없을 뿐만

---

14   나중에 소련공산당이 되는 러시아 사회 민주 노동당의 분파.

아니라, 국부를 공정하게 분배할 수도 없다. 군주와 귀족이 전권을 휘두르면서 분배했던 고대 군주국가와 같은 분배 결과를 초래할 수밖에 없다. 급기야 1991년 소련은 공식적으로 붕괴했다.

자유주의에서도, 민주주의에서도 모두 실패한 사회주의

사회주의가 말하는 역사적 교훈을 짚어 보자. 사회주의의 경험은 정의 문제, 자유주의와 민주주의 모두에 대해서 경종을 울린다.

먼저, 정의 문제다. 정의는 '내 것'을 올바르게 분배하고 그것을 각자 누리는 것을 보장하는 문제다. '내 것' 보장의 문제는 정의 문제이므로, 다만 자유주의만의 문제가 아니다. 민주주의에서도 '내 것'은 보장돼야 한다. 정의는 '내 것' 분배와 관련해서 두 가지 쟁점을 가진다. 하나는 '내 것'을 어떻게 분배할 것인지의 분배 방식 문제이고, 다른 하나는 분배된 내 것을 어떻게 보장할지의 문제다.

자유주의는 내 것 보장을 소유권 제도로, 분배 방식을 계약제도로 구현한다. 따라서 자유주의가 모순을 드러낼 때 그 모순의 원인을 소유권 제도에서 찾을 수도 있고, 계약제도에서 찾을 수도 있다. 이들을 차분히 성찰해야 한다.

이때 공산주의는 근대 자유방임주의의 폐해를 '내 것'의 보장, 즉 소유권에서 찾았다. 소유제도 자체를 부인하겠다고 나선 것이다. 자유주의 모순이 소유권 제도에 있는지, 계약제도에 있는지를 충분히 검토하지 않고, 소유권 제도 자체를 철폐하는 것이 정의라고 선언했다. 그런 결론에 이르기에 앞서, 계약제도가 불공정한 결과를 초래한 주된 원인이었는지, 소유권 문제가 주된 원인이었는지, 이들 두 제도가 서로 어떤 영향을 주고 있었는지를 더 깊게 생각했어야 했다.

이유야 어떻든 사회주의는 소유권 자체를 부인했고, 그 결과 사회주의는 근대의 분배 왜곡 문제를 치유한 게 아니라, 분배 자체를 부인하는 셈이 됐다. 주권자 국민은 분배받는 '내 것' 자체를 잃어버렸다. 자유주의를 통째로 잃어버린 것이다.

분배의 모든 것, 정의의 모든 것, '내 것'의 모든 것을 공산당이 국가의 이름으로 모두 관리하고 있었다. 공산당이라는 고양이 앞에 생선을 맡긴 셈이 된 것이다. 사회주의는 태생적으로 고양이 독재체제로 귀결될 수밖에 없었다고 본다.

다음은, 자유주의 부분이다. 자유주의에 모순이 있지만, 분배의 관점에서, 즉 정의의 관점에서 자유주의에는 민주주의로 대신할 수 없다는 장점이 있다. 개개인일 수밖에 없는 각자의 취향·욕망·개성·필요를 좇는 분배는 민주주의로는 이룰 수 없다. 나 자신도 내가 무엇을 원하는지 잘 모르는데, 국가권력자(대표자)가 개개인들의 개별적 필요와 취향을 어찌 알 수 있겠는가? 그리고 민주주의는, 개인들 각자가 자신의 분배 몫을 늘리고 싶어서 창의성을 발휘하고, 끊임없이 자신을 계발하는 자유주의의 장점을 따라갈 수 없다. 이런 점에서, 적어도 국민주권주의 국가라면 자유주의는 분배 방법으로 포기할 수는 없는 근본 가치다.

그런데 공산주의는 자유주의를 원천적으로 부인했다. 개인이 가진 개별적 특성·장점을 부인한 셈이다. 결국 개인의 주권적 지위, 주체성을 부인한 셈이다.

셋째, 민주주의 부분이다. 이미 살펴보았듯이, 민주주의는 자칫 독재로 귀결될 위험이 있다. 공산주의가 시행한 민주주의는 그 위험의 진면모를 보여 줬다. 국민의 주권적 지위를 상실시키고, 국민을 통치의 객체로 전락시켰다. 형식·외관만 민주주의이고, 실질은 독재자 1인, 공산당 1당의 독재체제였다.

국민주권주의가 확립된 근대 이후, 감히 '짐이 곧 국가'라고 말하는 독재자는 없다. 오늘날 독재자는 민족의 지도자, 영도자 등 국민의 대표자라는 표현을 사용한다. 민주주의의 외관을 갖추면서, 실질적으로 독재의 철권을 휘두르는 것이다. 공산주의 독재가 바로 그 전형이었다.

사회주의가 실현한 민주적 독재체제

이오시프 스탈린(소련 정치가, 1879~1953)

공산당이 설계한 민주적 독재체제의 형태에 주목할 필요가 있다. 제도는 민주주의이나, 실질은 독재를 형성하는 국가형태를 정확히 집어내야 한다. **간접민주제에 '간접선거제'를 더한 형태였다.** 사회주의에서 민주주의 이름으로 독재 정권을 유지할 때, 공산당 조직은 물론, 국가 조직이 모두 간접민주제에 간접선거제를 결합한 것이었다.

당 조직을 보자. 공산당 당원은 전국대표회의로 대표된다. 그리고 전국대표회의는 당 중앙위원과 상무위원, 총서기를 선출한다. 간접 선거를 통해서 독재자 총서기와 공산당의 주체인 당원이 분리되어 있다. 독재자는 전국대표회의를 주무르면 독재를 영원히 지속할 수 있다. 당원들은 독재자 총서기를 통제할 방법이 없다.

국가 조직을 보자. 국민은 전국인민대표회의로 대표된다. 그리고 전국인민대표회의는 전문위원회, 상무위원회를 구성하고, 국가주석을 선출한다. 전국인민대표회의를 매개로 독재자 국가주석과 주권자 국민이 분리된다.

국민은 국가 최고 권력자를 직접 통제하는 길을 찾을 수 없다. 전국인민대표회의는 1년에 한 번 형식적으로 모일 뿐이다. 최고 권력자는 제멋대로 국가권력을 행사할 수 있다.

우리나라 국민이 경험한 독재도 똑같은 방식으로 전개됐었다.

박정희는 대통령 영구집권을 획책하면서 1972년 유신헌법을 만들었다. 그 헌법에 따르면, 국민은 2천 명 이상 5천 명 이하의 통일주체국민회의 대의원을 선출한다. 그리고 통일주체국민회의가 대통령을 선출한다. 대통령은 통일주체국민회의를 매개로 국민과 분리되어 있었다. 국민은 대통령 선거의 들러리일 뿐이었다. 통일주체국민회의는 대통령 선거에서 99.9% 득표율로 박정희를 대통령으로 선출했다.

전두환도 같은 수법을 썼다. 그가 만든 1980년 헌법에 따르면, 국민은 5천 명 이상의 대통령선거인단을 선출한다. 그리고 대통령선거인단이 대통령을 무기명투표로 선거했다. 국민의 의사와 대통령 선출이 대통령선거인단을 통해서 분리된 형태였다. 당시 대통령선거인단은 99.4% 득표율로 전두환을 대통령으로 만들었다.

우리나라의 경우 다행스럽게도, 전두환의 임기 만료 즈음 1987년 6월 민주항쟁이 발발했다. 그 당시 쟁점은 '대통령 직선제'였다. 당시 우리 국민은 민주주의의 핵심을 제대로 파악하고 있었다. 국민이 주권자라면, 국가에서 제일 강력한 권력을 행사하는 사람의 지위를 직접 결정해야 한다. 그 지위가 대통령이든, 총리이든, 국민이 그 사람을 직접 선출해야 한다.

그래야만 국가 최고 권력자가 되고자 하는 사람들이 국민의 뜻을 살피게 된다. 그나마 국민이 주권자로서의 지위를 놓치지 않을 수 있다. 이런 열망을 함께했던 당시 대한국민은 6월 민주혁명을 성공적으로 이뤄 냈고, 1987년 헌법에 대통령 직접선거제를 명문화했다. 현행 헌법이다.

> 헌법 제67조 ① 대통령은 국민의 보통 · 평등 · **직접** · 비밀선거에 의하여 선출한다.

간접민주제와 간접선거제의 결합은 독재의 지름길

여기에서, 선거제도 및 정부형태와 관련된 필자의 생각을 잠시 논의하면 다음과 같다. 필자는 정부형태로 대통령제나 이원정부제보다는 의원내각제가 바람직하다고 본다. 의원내각제는 대통령제에서 흔히 접하게 되는 여소야대의 낭비 · 소모 · 비효율을 감수하지 않아도 되기 때문이다.

그렇다고 근대국가에서 구상했던 의원내각제를 그대로 받아들이자는 의미는 절대 아니다. 근대국가의 의원내각제는 당시 의원들끼리—귀족, 자본가 등 있는 자들—정치를 좌우하기 위해서 설계되었던 것이기 때문이다. 총선이 끝난 뒤 총리 선출을 그들끼리 결정하는 것은 간접민주제에 간접선거제를 더한 형태의 한 종류라고 볼 수 있다. 그리고 총선 시기를 총리의 국회해산권이나, 국회의 내각불신임권을 통해서 그들의 입맛대로 결정할 수 있도록 한 것도 서민 대중을 괴리시키고 그들의 권력을 강화한 형태라고 볼 수 있다.

이런 관점에서, 필자는 우리나라에서 의원내각제 · 내각책임제를 도입할 때는, 국민이 주권자의 지위를 놓치지 않는 형태로 제도가 설계돼야 한다고 본다.

먼저, 최고 권력자의 직접선거제다. 총선을 실시할 때, 각 당은 자기가 다수당이 될 경우, 누가 총리를 할지를 국민에게 미리 공표하고 총선을 실시하는 방식이 되어야 한다. 총선이 끝나면 누가 총리가 될지를 자동 결정하는 제도여야 한다고 본다. 총선을 마친 뒤, 국회의원들끼리 협상을 통해서 총리를 선출하는 형태의 의원내각제는 전형적인 간접선거제(또는 귀족주의)의 한 형태일 뿐이라고 보는 것이다.

그리고 국회의 내각불신임권, 총리의 의회해산권 등으로 그들끼리 총선 시기를 결정하는 제도에도 메스를 가해야 한다. 총리가 새로 선출되면, 일정한 임기를 무조건 보장하는 제도를 도입하고, 국회의 내각불신임권, 총리의 의회해산권도 함부로 행사될 수 없도록 일정한 재갈을 물려야 한다. 국민이 총선 시기를 직접 결정할 수 있는 제도 등이 구상되면 바람직하다고 본다.

■ 정경유착

정경유착은 정권과 기득권층의 결탁

정경유착은 현대 복지주의를 표방하는 국가에서 민주 절차로 선출된 정권이 자본가와 결탁하는 형태다.

원래 복지주의는 근대자유주의의 모순을 해결하기 위한 것이다. 따라서 민주적으로 성립된 정권은 당연히 노동자 등 사회적 약자를 위한 정책을 추진해야 한다. 그래야 자본가와 노동자의 삶이 균형을 이루게 된다.

정경유착은 이런 원래 취지를 떠나, 국가권력이 오히려 자본가들의 독점이익에 봉사하게 된다. 관치경제는 그 기본적 형태다. 정부가 GDP 증대 및 성장률 제고, 수출 증대의 목표를 설정하고 그 목표 달성을 위해 중앙집권적이고 획일적인 국가개입정책을 편다.

그리고 그 목표를 핑계로 특정 자본가, 기업에 금융 · 조세 · 행정 지원 및 각종 인허가 등 특혜를 차별적으로 지원한다. 때로는 환율통제 및 임금통제를 통해서 노동자의 수익을 억누르기도 한다.[15]

우리나라 정경유착에 관한 설명은, 2017년 박근혜 대통령탄핵 결정문에서 찾아볼 수 있다.

15 　조우현,(2001), 21세기 한국의 새로운 경제 · 사회정책　개혁적 자유주의의 관점, 이근식 · 황경식 편, 자유주의란 무엇인가, 366쪽.

현행 헌법상 대통령 권력의 과도한 집중은 우리 사회의 고질적 문제점으로 지적되는 '**재벌기업과의 정경유착**'과도 깊이 관련되어 있다. 과거 재벌기업은 정치권력의 보호 속에서 고도 경제성장을 이뤄 낸 산업화의 주역이었음을 부인할 수는 없다. 그러나 재벌기업 중심의 경제성장은 정경유착과 이로 인한 불법과 부패의 원인이 되기도 하였다. 정치권력의 재벌기업과의 정경유착은 재벌기업에게는 특권적 지위를 부여하는 반면, 다른 경제주체의 자발성과 창의성을 위축시키는 결과를 초래하기도 하였다. … 1987년 헌법개정 이후에도 정치권력과 재벌기업의 정경유착의 모습은 계속 나타나고 있다. 이 사건 심판에서도 피청구인은 비밀리에 대통령의 권한을 이용하여 재벌기업으로 하여금 피청구인이 주도하는 재단에 기금을 출연하도록 한 사실이 확인되었다. 대통령 권력의 과도한 집중은 정경유착의 원인이 되어 시장경제질서의 골간인 개인·기업의 재산권과 경제적 자유를 침해하고 경제적 정의와 사회적 공정성 실현의 걸림돌이 될 수 있음을 단적으로 보여 준다. [16]

정경유착이 복지주의 본래의 취지를 이룰 수 없음은 당연하다. 오히려 자유주의 모순을 더욱 악화시키리라는 것 또한 당연히 예상할 수 있다. 국가권력이 기득권층 자본가와 결탁했으니, 노동자·사회적 약자는 설 곳이 없다. 서민 대중은 경제 권력에 착취당하고, 정치권력에 억눌린다. 빈익빈 부익부 양극화는 더 극심해진다. 가진 자들은 사회적 약자들

---

16   헌법재판소 2017. 3. 10. 2016헌나1 결정 보충의견.

위에서 군림한다.

사회적 약자에 대한 국가권력의 탄압은 극단으로 치닫기도 한다. 권력에 저항하는 서민 대중에서 무차별적 폭력을 가하기도 한다. 정권의 폭력성·잔인성·배타성·광기는 인간성 자체를 말살하기에 이르기도 한다. 600만 명에 이르는 유대인을 학살한 나치스의 홀로코스트, 보스니아 내전이나 르완다의 종족분쟁, 킬링필드로 불리는 캄보디아 내전에서 벌어진 대량 학살, 일본의 관동대학살은 국가권력과 기득권층의 합작품이었다. 우리나라 제주 4·3항쟁도 똑같은 현상이었다고 해석할 수 있다.

정경유착으로 귀결되는 쿠데타와 파시즘 정권

파시즘과 쿠데타 정권이 정경유착으로 귀결되는 현상도 주목할 만하다. 독일 히틀러, 이탈리아 무솔리니 등 파시즘 정권은 당시 사회적 불안감에 시달리던 대중의 지지를 바탕으로 정권을 획득했다. 그러하니 많은 사람은 그 정치가가 대중을 위한 정책을 펼칠 것으로 예상한다.

그러나 아이러니하게도 권력자들의 행태는 무대 뒤에서 기득권층 보수 세력과 밀접하게 접촉한 뒤 곧 정경유착으로 이어졌다. 국력 향상이라는 명목으로 서민 대중을 희생시키고, 가진 자들을 위한 정책을 전개했다. 파시즘 정권이 부르짖었던 민족, 절대정신, 사회개혁 등은 국민을 선동하는 선전이고, 미사여구일 뿐이었다. 그 정권이 사람·국민에 대한 진정한 존중과 철학에서 비롯되지 않았기 때문이다. 파시즘은 개인적 욕망의 정치놀음으로 전락했다. 급기야 세계대전으로 이어졌고, 결국 국민 전체를 파탄 속으로 밀어 넣었다.

쿠데타는 기득권층·지배계층의 일부 세력이 주동해서 정권을 탈취하는 것을 말한다. 무력 등 불법 수단으로 기습적으로 감행된다. 군인들의 군사쿠데타는 그 전형이다. 처음부터 쿠데타는 국민을 위한 체계개혁에는 관심이 없는 정치 행태다. 쿠데타 주역들의 관심사는 오로지 지배 권력의 쟁취, 지배자의 교체일 뿐이다. 이런 점에서 쿠데타는, 정의질서를 바꿔서 국민 전체를 위한 분배질서로 변경하겠다는 혁명과 다르다.

쿠데타 세력은, 외형적으로 국민투표, 선거 등 민주적 절차를 밟아 가지만, 그건 대국민 쇼에 불과하다. 개인 욕망으로 시작된 쿠데타는 곧바로 기득권층과 결합해서 정경유착을 이루게 된다. 많은 나라에서, 대부분 쿠데타는 또 다른 쿠데타를 불러오는 현상을 겪고 있다.

정경유착의 소극적 형태, 신자유주의

정경유착은 소극적 형태로도 뿌리를 내린다. 원래 복지주의에서는 국가가 기득권층 자본가의 독점을 억제하고 사회적 약자를 지원하는 정책을 펴야 한다. 복지주의의 원칙인 자유주의를 그대로 두면, 빈익빈 부익부 양극화가 극심해지기 때문이다. 이런 점에서 정경유착은 자유주의 모순을 그대로 보고만 있는 방법으로도 가능하다. 국가가 자기 할 일을 뒤로한 채, 자유주의를 찬양·선전하면서, 최소국가·야경국가를 외치는 것이다. 분배 몫은 자연스럽게 '있는 자'에게 쌓이게 된다.

오늘날 신자유주의가 바로 그것이다. 신자유주의는 복지주의에서 전개된 국가의 사회복지정책이 실패했다고 비판하면서 1970년대에 등장했다. 원래 복지주의의 사회복지정책은 양차 세계대전 이후 선진국이 최고 호황과 고성장을 이룩하도록 했던 정책이다. 누진세, 뉴딜정책 등은 서민 대중이 더 많이 분배받을 수 있도록 했다. 그 효과로 30여 년간 미국 경제는 꾸준히 성장했고, 있는 자와 없는 자의 불평등이 크게 줄었던 '대압축(The great compression) 시대'를 열었었다.[17]

그러나 1970년대 석유파동 등의 여파로, 이후 세계적으로 장기적인 불황(스태그플레이션)이 들어서자 신자유주의자들은 그 원인을 국가의 경제정책 · 복지정책 · 사회정책 실패라고 진단했다. 국가의 권한과 기능을 축소하고 개인적 자유주의와 시장경제를 확대하는 것이 대안이라고 주장했다.

어떤 복지정책이 잘못된 것이었는지를 구체적으로 성찰하지 않고, 무조건 근대 자유방임주의가 진리라고 선전했다. 신자유주의는 기득권층 · 자본가들의 호응을 얻어 전 세계를 휩쓸었다. 1980년에 등장한 로널드 레이건(Ronald Wilson Reagan, 미국의 제40대 대통령, 1911~2004) 미국 대통령과 마거릿 대처(Margaret Hilda Thatcher, 영국의 정치가, 1925~2013) 영국 총리는 그 선봉이었다.

신자유주의는 근대 자유방임주의를 이상향으로 보고 있다. 근대국가가 초래했던 역사적 비참함을 고려하지 않았다. 신자유주의의 결과는

---

17   이정우, (2014). 피케티 현상, 어떻게 볼 것인가?, '21세기 자본' 별책부록, 12쪽.

뻔한 것이었다. 근대국가가 초래했던 것과 똑같은 것일 수밖에 없었기 때문이다.

1980년대 이후 빈익빈 부익부 양극화 현상이 심해졌다. 2000년대에는 1800년대 후반에 보여 줬던 극단적 양극화 현상을 재연하고 있다. 상위 10%의 자본가들이 국가 전체 자산과 소득의 80%를 차지하는 형국이다. 토마 피케티(Thomas Piketty, 프랑스 경제학자, 1971~)는 『21세기 자본』, 『자본과 이데올로기』라는 책에서 그 실제 현실을 통계로 설명했다.

역사가 분명하게 말하는 것이 있다. 근대 자유방임주의가 옳다는 주장, 근대 자유주의로 돌아가자는 주장은 틀렸다는 점이다. 이미 살펴보았듯이, 자유방임주의가 정의롭지 않음은 근대 자본자주권 역사만 말하는 것이 아니다. 중세 봉건사회의 소작계약도 열변을 토하고 있다.

정경유착의 기초, 우민화

원래 복지주의에서 펼치는 민주주의 분배 방식은 자유주의 모순을 해결하기 위한 것이다. 그런데 정경유착은 경제 권력과 정치권력이 결탁해서 노동자·서민 대중을 짓누르는 형국이다. 노동자·서민 대중은 근대 자유방임주의에서보다도 더 위험한 상태에 처하게 된다. 국민주권의 주체가 아니라, 객체로 전락하게 된다. 국민주권주의가 실질적으로 구현된 현대국가, 즉 보통선거제가 확립된 현대국가에서 어떻게 이런 정경유착이 가능할 수 있냐는 의문이 생긴다.

정경유착은 기본적으로 우민화에 기초한다. 우민화를 위해서 주로 사용하는 방법론이 이분론이다. 세상의 정의질서는 자본주의 대 공산주의, 자유주의 대 민주주의 둘 중 하나를 고르는 것뿐이라고 선동한다. 이분론이 제시되면 많은 사람들은 다른 대안을 생각하며 그 둘을 비교 분석하는 것에 거부감을 느끼게 된다. 그리고 실제로 선택지가 둘밖에 없다고 착각하게 된다.

우리나라의 경우, 미국과 소련의 냉전 속에서 6·25 전쟁을 경험했기에 자본주의 대 공산주의, 자유주의 대 사회주의 이분법은 국민을 우민화하는 좋은 수단이 되었다.

자유주의, 사회주의 이외에 복지주의가 따로 존재한다는 점은 철저히 배제했다. 국민이 사회주의·공산주의를 거부하는 일반적 감정을 이용해서, 복지주의를 사회주의·공산주의와 똑같다고 선전했다. 그 선전에 기초해서 모든 사회복지정책을 공산주의 정책이라고 비난했다. 국가가 자유경제에 규제와 조정을 하는 모든 정책은 공산주의 방식이라고 공격했다.

오늘날 많은 현대국가가 채택한 복지주의 논의, 즉 사회보장정책, 사회적 시장경제질서 논의는 자유주의 대 사회주의 이분법 논의를 넘어선 논의다. 자유주의를 전제로 올바른 복지를 찾겠다는 논의다. 자유주의가 정의질서의 원칙임을 부인하지 않는다. 자유주의 모순에 사회정책을 어느 정도, 어떤 방식으로 전개할지를 논의하는 것이다. 복지주의의 사회정책 논의를 공산주의·사회주의라고 선전하는 것은 국민을 우민화하는 것일 뿐이다.

우민화에 성공한 정경유착은 근대 자유방임주의의 모순 상태를 정의롭다고 주장한다. 빈익빈 부익부 양극화가 극단적으로 진행되어도 그것은 없는 자의 책임일 뿐이라고 말한다. 그 결과 몇몇 재벌, 몇몇 혈족이 국가 자산의 대부분을 차지하고, 그 독점력을 이용해서 서민 대중을 지배한다.

현대혁명을 이뤄 가는 우리 국민

그러나 우리나라의 경우, 정경유착은 오래가지 못했다. 헌법이 선언한 복지주의 이념과 본질에 정면으로 위반하고 있기 때문이다. 최소한 '먹고살게는 해 줘야 한다.'라는 인간 존엄의 헌법 선언에 반하기 때문이다. '이게 나라냐!'라는 국민 서민 대중의 외침은, 바람을 만난 광야의 들불처럼 거칠게 타올랐다. **우리나라 1960년 4·19혁명, 1987년 6월 민주항쟁, 2017년 촛불혁명은 전형적인 현대국가의 대중혁명이었다.**

이들을 현대혁명이라고 부르는 이유가 있다. 단순한 정권 교체가 아니라, 정의질서의 변혁을 요구하는 것이기 때문이다. 정의 체제를 근본적으로 개혁하자는 요청이기 때문이다. 근대혁명이 군주주권에서 국민주권으로 변혁할 것을 요구했듯이, 현대혁명은 자본가 주권에서 전체 국민의 주권으로 변혁할 것을 요청한다. 근대혁명에서 국민이 왕권신수설을 폐기했듯이, 현대혁명에서는 서민 대중이 자본가들을 위한 이성의 완전성 이론, 그리고 그것에 근거한 자유방임주의를 폐기하는 것이다. 그것을 통해서, 자본가와 서민 대중이 함께 잘사는 새로운 정의 체제를 형성하는 것이다.

복지주의는 자유와 자유주의가 정의질서의 원칙임을 받아들이지만, 그것이 완전하지 못함을 이해하는 것이다. 자유주의만으로 정의를 이룰 수 없음을 아는 것이다. 자본가와 서민 대중이 함께 참여하는 민주주의를 통해서 '내 몫, 내 것'을 새롭게 분배받을 때 비로소 정의로울 수 있다는 생각이다.

현대국가의 국민은 자본가와 서민 대중이 '내 몫, 내 것'을 함께 정의롭게 분배하는 균형점을 논의할 수 있어야 한다. 오로지 민주주의만 정답이라고 선동하는 공산주의에 흔들리지 말아야 하듯, 오로지 자유주의만이 진리라고 현혹하는 자유방임주의에도 넘어져서는 안 된다.

■ 대중영합주의

포퓰리즘과 대중영합주의의 개념 구분

대중영합주의는 정경유착에 반대편에 있는 국가형태다. 정경유착이 극단적으로 있는 자의 이해관계에 영합하는 정권이라면, **대중영합주의는 서민 대중의 단기적 이해관계에 영합하는 민주적 국가권력이다.**

대중영합주의에서는 '대중'이라는 이름과 달리, 서민 대중이 주체가 아니다. 권력자들이 주체다. 권력자들이 정권을 유지하기 위해서 서민 대중을 수단으로 이용하는 것뿐이다. 즉, 투표 거수기로 이용하는 것이다.

그 수단을 위해서, 권력자들은 국가 전체의 발전을 고려하지 않은 채 대중의 단기적 이해관계에 맞추는 경제사회정책을 시행한다. 어떤 사람은 개인의 창의와 노력에 상관없이 소득을 얻게 된다. 사회적으로 불로소득 분위기를 조장하기도 한다. 국민의 기업가 정신은 점차 사라지고, 국민생산성과 국가경쟁력은 축소된다. 결국 국가의 성장 동력을 훼손하고, 장기적으로 국가와 국민의 미래 가능성을 짓밟는다. 다음 세대는 치명적인 부담을 떠안게 된다.

대중영합주의와 비교되는 용어로 포퓰리즘(populism)이 있다. 대중이나 인민을 뜻하는 라틴어 '포풀루스(Populus)'에서 나온 것이다. 포퓰리즘은 대중의 의견을 대변하는 등 대중을 중시하는 정치 활동을 널리 이르는 말이다. 대중을 위한 정책을 수립하고, 다수의 참여와 지배를 강조하는 정치다.

국내 수요를 창출하기 위해 적자예산을—물론, 적자예산이 가진 자를 위해서 시행되기도 한다—운용하거나, 소득 재분배를 위해 임금을 올리고, 물가나 환율을 통제해서 대중의 삶을 풍요롭게 하는 정책 등 대중의 삶이 주된 관심사다. 포퓰리즘은 대중을 위한 정책이라는 점에서, 그 자체가 나쁜 것은 아니다. '진정한 복지주의' 정책 속에는 포퓰리즘 정책, 즉 대중을 위한 경제사회정책이 당연히 포함되어 있다.

대중영합주의는 포퓰리즘 정책을 악용하는 경우를 의미한다. 포퓰리즘 정책을 없는 자 서민 대중과, 있는 자 자본가들의 균형 분배를 위해서 사용하지 않고 정권 유지를 위해서 대중의 선심을 사기 위해서 사회정책, 경제정책을 쓰는 경우를 말한다.

개념 논쟁이 불가피한 포퓰리즘

일반적으로 있는 자·자본가·기득권층은 모든 형태의 사회복지정책, 사회적 시장경제질서 정책을 공산주의, 사회주의라고 비난하는 경향이 있다. 그래서 좋은 정책이든, 나쁜 정책이든, 모든 형태의 포퓰리즘 정책을 대중영합주의라고 배척한다. 국가가 사회정책을 시행하기 위해서는 비용이 소요되는바, 그 비용은 결국 가진 자들이 더 많이 낼 수밖에 없는데, 가진 자들이 당장의 '내 것'을 더 챙기려는 근시안적 관점을 가지게 되면, 모든 형태의 사회정책을 거부하려 들게 된다.

그러나 긍정적인 포퓰리즘 정책은 국가 발전을 위한 불가결 요소다. 있는 자, 없는 자의 균형을 이루는 재분배 정책이 장기적으로 국부를 더 증대시키고, 그것을 통해서 국민 전체가 모두 더 풍요로운 결과를 가져오기 때문이다. 서민 대중이 정신적·신체적으로 건강할 때, 국가 발전을 위한 양질의 인적자원이 풍부해질 수 있기 때문이다.

모든 형태의 포퓰리즘 정책을 대중영합주의라고 비난하면서 그 시행을 봉쇄하면 그 폐해는 단순히 대중에게 그치는 것이 아니라, 궁극적으로 가진 자 기득권층에게도 귀결될 수밖에 없다.

필리핀은 좋은 사례다. 사실 필리핀은 많은 물적 자원과 훌륭한 인적 자원을 가지고 있어서 국가 발전의 가능성이 매우 큰 국가 중 하나다. 그런데 1970년대 이후 필리핀의 국가 발전은 정체를 거듭하고 있다. 이유를 여러 곳에서 찾을 수 있겠지만, 주된 이유는 전체 국부의 대부분—특히 토지 등 생산수단—을 몇몇 지주 가문에 속한 사람들이 나눠 갖고 서민 대중을 위한 포퓰리즘 정책을 거부하는 데 있다. 포퓰리즘 정책 시행을 위해서는 세금을 걷어야 하는데, 가진 자들이 단기적 이해관계에 매몰되어 증세를 거부한 것이다.

국가가 긍정적인 포퓰리즘 정책을 시행할 수 없으니 대부분 서민 대중은 탁월한 재능과 새로운 아이디어가 있어도 그것을 계발할 기회, 그리고 그것을 경제활동에 활용할 기회를 얻지 못했다. 국가의 인적자원이 사장(死藏)되었고, 그 결과 가진 자 기득권층은 좋은 인적자원으로 더 큰 사업을 할 기회를 상실하게 되었다. 결과적으로 더 많은 분배를 얻게 될 기회를 놓치게 된 것이다.

인적자원이 개발되었다면, 자연스럽게 가진 자 기득권층에게 분배될 몫이 훨씬 증대되었을 것은 당연한 이치이다.

이런 점에서 포퓰리즘 정책 자체를 무조건 나쁘다고 비난하는 일부 학자들의 주장은 위험하다고 본다.

브라질의 룰라(Luiz Inacio Lula da Silva, 브라질 대통령, 1945~) 대통령이 추진한 사회정책을 살펴보자. 일부 보수정치인들은 그의 정책을 대중영합주의라고 비난한다. 그러나 룰라 대통령이 시행한 포퓰리즘 정책의 실질을 살펴보면 그런 비난이 옳은지를 다시 생각하게 된다.

룰라 대통령은 빈곤층에게 취학, 식료품 구매, 연료비, 가족 지원금 등을 지급하는 보우사 파밀리아(Bolsa Familia) 정책을 시행했다. 기아 퇴치 및 실용주의 노선으로 전개된 이들 정책은 서민 대중의 삶에 희망의 빛을 선사했다. 그의 임기 동안 빈곤율은 10% 이상 떨어졌고, 그것에 기초해서 국가 전반의 경제는 급속하게 성장했다. 그의 포퓰리즘 정책은 당시 브라질 상황에 맞춰 전개된 진정한 복지주의 정책이었다고 평가할 수 있다.

아르헨티나 페론 정권의 포퓰리즘 정책도 논쟁거리 중 하나다. 많은 사람은 제2차 세계대전 후 아르헨티나의 페론(Juan Domingo Peron, 아르헨티나 대통령, 1895~1974) 정권을 부정적 포퓰리즘 사례로 꼽는다.

페론 대통령이 1946년 집권 후 시행한 연간 20% 이상의 임금 인상, 복지를 위한 재정지출 확대, 외국인 소유의 철도 · 전화 회사의 국유화, 노동자 지위 향상을 위한 노동법 제정 추진을 비난하는 것이다. 이런 정책이 1970년대 후반 경제 몰락의 원인이었다고 비난한다.

그러나 1970년대 후반 아르헨티나 경제 몰락의 원인은 페론 정책 자체가 아니라, 당시 발생한 석유파동 사태와 정부의 부정부패 등이 주된 것이었다고 평가하는 학자들도 있다. 페론의 포퓰리즘 정책에 대한 평가는 더 면밀하게 검토할 필요가 있다고 본다.

대중영합주의로 훼손되는 자유와 창의

대중영합주의는 나쁜 결과를 초래하는 부정적 포퓰리즘을 의미한다. 국가권력이 자유주의 원칙 자체를 훼손하기에 이르는 정도로 사회정책을 무리하게 펼치는 경우다. 정권의 인기를 위해서 서민 대중에게 소위 '퍼 주는 정치'를 하는 경우다. 복지주의 본래의 취지, 즉 자본가와 서민 대중의 균형 원리를 고려하지 않는 것이다.

원래 복지주의 국가는 자유주의, 즉 시장주의를 원칙으로 유지해야 한다. 국민이 자유로운 거래를 통해서 새로운 아이디어와 새로운 시장을 개척하는 과정이 국부 형성의 중심인 국가다. 따라서 복지국가에서 대기업 자본가들—국민 중에서 경쟁에서 승리한 자들—은 반드시 '나쁜 부류'로 분류되어서는 안 된다. 그들은 국부 형성의 주역이고, 이노베이션의 선봉대이기 때문이다. 다만, 나쁜 독과점을 악용하는 일부 자본가들이 문제일 뿐이다.

이런 점에서 고대 군주국가의 장수가 군인이었다면, 오늘날 현대 국민국가의 장수는 대기업 총수들이라고 볼 수 있다. 삼국지에서 유비 · 관우 · 장비 · 조자룡 등이 촉나라의 장수였다면, 오늘날 국가의 장수들은 대기업을 운영하는 기업가들이다. 그들은 국가 발전과 국부 증대의 주역이기 때문이다.

이런 관점에서, 대중영합주의는 포퓰리즘 정책이라는 이름으로 이들 국가의 장수를 무참히 죽이는 정책을 전개하는 것이라고 볼 수 있다. 진정한 복지주의가 추구하는 '있는 자와 없는 자의 균형'을 잃어버리고, 있는 자의 것을 무조건 빼앗아서 없는 자에게 나눠 주는 정책을 쓰는 것이다.

이런 식으로 자유주의 · 시장주의의 장점을 없애 버리면, 국부 자체가 사라지게 된다. 이런 점에서 대중영합주의는, 정경유착만큼이나 국민이 반드시 경계해야 하는 정권 정책이다.

대중영합주의와 진정한 복지주의의 구분 기준은 헌법

이즈음에서 질문이 생긴다. **서민 대중을 위한 포퓰리즘 정책이 대중영합주의인지, 복지주의인지를 어떻게 구분하는지 문제다.** 두 주의가 모두 노동자 · 서민을 위한 정책을 시행한다는 공통점을 갖기 때문이다. 차이가 있다면 대중영합주의는 그 균형점을 넘어서서 국가 자체를 위험에 빠뜨리는 것이고, 복지주의는 국가 발전의 원동력 · 생산력 · 성장잠재력을 지속한다는 차이다.

균형과 중용을 판단하는 것은 늘 어렵다. 게다가 판단 기준 설정에 대한 다툼의 본질은 가치관의 다툼이다. 따라서 서민 정책, 노동자 정책, 사회정책, 경제정책이 인기영합주의냐 복지주의냐에 관한 논쟁은 끊임없을 수밖에 없다. 이런 논쟁을 어색해하거나, 없어져야 할 것으로 힐난해서는 안 된다.

균형·중용에 관한 문제이고, 결국 대화와 토론으로 해결될 문제라고 해서 방향성이나 기준점이 전혀 없다고 오해하면 안 된다. 복지주의는 분명한 나침반을 갖고 있기 때문이다. 여러 번 말했듯이, 인간의 존엄과 가치이고, 국민주권주의다.

대중영합주의의 기초, 우민화

대중영합주의와 진정한 복지주의는 둘 다 서민 대중을 위한 사회정책을 시행한다는 점에서 겉모양은 유사하다. 어차피 사회정책을 시행할 것이면 국가는 마땅히 진정한 복지주의를 추구할 것이지, 굳이 대중영합주의로까지 사회정책을 전개할 필요는 없다. 서민 대중이 바라는 것은 당장 실컷 잘 먹고 잘사는 것이 아니라, 후손의 삶이 풍요롭게 이어지길 바라는 것이기 때문이다. 따라서 정치인들의 관점에서 보더라도, 진정한 복지주의를 시행하는 것이 대중영합주의를 시행하는 것보다 서민 대중의 지지를 더 확실하게 얻을 수 있고, 정권을 유지하는 데 더 도움이 된다.

그런데 일부 정치인들은 진정한 복지주의를 추구하지 않고, 굳이 대중영합주의 사회정책을 시행한다. 왜 그럴까는 의문이 생긴다.

먼저 생각해 볼 수 있는 것은, 정치인들의 무지와 무능이다. 정치권력자들이 진정한 복지주의가 무엇인지를 깊이 천착하지—정치인이라면 이 쟁점을 천착한 뒤에 정치에 나서야 한다—않은 채, 정치에 나선 경우다.

물론 복지주의 형태가 다양하고, 그 시대, 그 나라의 상황에 따라 적절하고 알맞은 사회정책이 다변할 수 있지만, 그렇다고 복지주의 내용이 마구잡이인 것은 아니다. 정의의 관점에서, 즉 분배의 관점에서 과제는 두 가지 정책으로 정리된다.

한편으로는 국민이 분배받아야 할 몫이 증대되어야 한다는 점에서 국부 증대정책이고, 다른 한편으로는 자유주의에서 필연적으로 발생하는 사회적 약자에 대해서 적어도 인간다운 삶을 유지하게 하는 사회정책이다. 이 두 가지 과제를 그 시대, 그 상황에 맞춰서 해결해야 하는 게 쟁점이다. 그것을 통해서 인간의 존엄과 가치나 국민주권주의를 구현하라는 것이다.

이에 대해서 그 기준이 너무 추상적인 것 아니냐는 질문이 있을 수 있다. 그 추상적 질문에 대해, 현실에서 구체적 답변을 쓰고 있는 것이 헌법이다. 헌법은 주권자 국민이 모두 어떻게 인간의 존엄과 가치를 가질 수 있는지, 어떻게 주권자로 대우받을 수 있는지를 더 구체적으로 밝히고 있는 문서다.

즉, 기본권조항에서 인간이 인간답게 사는 데 기본적으로 필요한 것이 무엇인지를 밝히고 있다. 그리고 그것을 위해서 국가가 무엇을 해야 하는지도 써 넣고 있다.

이들 헌법 조문은 단순히 머리에 떠오르는 대로 여러 가지 좋은 생각과 아이디어를 열거한 것은 아니다. **헌법이 그 내용을 헌법이라는 기본**

문서로 쓴 데에는 역사적 배경, 논리적 연관성, 철학적 논의 등이 주춧돌로 놓여 있다. 하루아침에 하늘에서 뚝 떨어진 게 아니다. 인류의 역사적 경험을 고스란히 담아서 정리한 것이다. 그런 점에서 헌법은 하나의 통일된 형태로 체계적으로 이해할 수 있고 이해해야 한다.

정치인이라면 적어도 헌법이 제시하고 있는 가치관과 내용, 그리고 그것이 추구하는 방향이 무엇인지는 정도는 이해하고 있어야 한다. 그 이해에 기초해서, '나는 어떤 정치를 하겠다.'라는 굳은 결심과 소신이 있어야 한다. 즉, 내가 대통령이나 국회의원이 되면 어떤 정책을 시행하겠다는 복안(腹案)은 갖고 있어야 한다.

물론 추후 대화와 토론을 통해서 더 좋은 대안을 찾아가겠지만, 적어도 복안은 갖고 있어야 한다. 민주주의라고 해서 텅 빈 마음, 아무 계획도 없는 마음, 좋은 게 좋다는 마음으로 대화와 타협을 하겠다면 결국 '자기 이해관계'에 빠져들어 국민 전체를 위험에 빠뜨리는 결정을 피하기 힘들다고 본다.

만일, 정치인들이 국가의 분배질서가 실제로 어떻게 움직이는지에 대한 이해가 부족하면, 국가의 경제사회정책은 원래 바라던 결과가 아닌 엉뚱한 결과를 초래할 수도 있다. 예를 들어 최저임금법에 따라 최저임금 결정을 생각해 보자. 최저임금의 인상이 서민들에 도움이 되는 것은 사실이다. 그러나 정치인들은 정책을 시행할 때, 그 돈이 누구의 주머니에서 누구의 주머니로 옮겨 가는지의 실제를 이해해야 한다.

추상적으로 생각하면, 최저임금제는 대기업·중견기업의 돈을 서민 대중에게 이전시킬 것으로 생각하게 된다. 따라서 최저임금을 인상하면 빈부 격차가 줄어들고, 인상된 최저임금만큼 소비 활동이 진작될 것이고, 따라서 경제가 활성화될 것으로 예견한다.

그러나 현실 경제, 현실 시장은 그렇지 않다. 왜냐하면, 대기업·중견기업의 노동자들은 이미 최저임금보다 많은 보수를 받고 있기 때문이다. 국가가 최저임금을 인상하더라도 그들의 임금은 더 오르지 않는다. 즉, 최저임금을 인상하더라도, 대기업 자본가와 그들이 고용한 노동자들 사이에서는 경제적 변동이 생기지 않는다. 이들 사이에서는 있는 자와 없는 자의 빈부 격차가 줄어드는 효과는 전혀 없다. 당연히 소비 증대 효과도 발생하지 않는다.

최저임금을 받는 노동자는 중소상공인·자영업자가 고용한 노동자들이다. 따라서 최저임금의 실질적 효과는 최저임금과 관련된 사람들, 즉 중소상공인·자영업자, 그리고 그들이 고용한 노동자들의 소득에만 연관된다. 최저임금이 인상되면, 중소상공인·자영업자들은 그들 노동자들에게 임금인상분을 더 줘야 한다. 중소상공인·자영업자들의 소득은 줄고, 그들 노동자들의 소득은 늘어난다. 즉, 중소상공인·자영업자들의 소득이 그들 노동자들의 소득으로 전환되는 게 최저임금 인상의 실질이다.

문제는, 이들 두 계층(중소상공인·자영업자 : 그들이 고용한 노동자들)이 모두 경제적으로 힘들게 살아가는 서민 대중들이라는 점이다. 서민 대중, 즉 중소상공인과 자영업자, 노동자들은, 아담 스미스가 『국부론』에서 지적하듯이, 자본가 그룹이 아니기 때문에 버는 족족 바로 소비하는 사람들(자본을 축적할 수 없는 사람들)이다. 최저임금 인상과 상관없이 이들은 어차피 모든 소득을 바로 소비할 수밖에 없다. 따라서 최저임금을 인상하더라도, 국내의 소비 총액은 증대되지 않는다. 인상 이전에는 중소상공인·자영업자가 소비하던 것을, 인상 후에는 노동자가 소비하는 셈이기 때문이다.

결론적으로 최저임금의 인상을 통해서 빈부 격차의 해소, 소비 활동의 진작, 그로 인한 경제 활성화를 추구하겠다는 이론은 과다한 정치적 선동이었다고 평가할 수 있다. 그렇다고 필자가 최저임금제도 자체를 반대한다거나 최저임금을 인상해서는 안 된다는 것은 절대 아니다. 다만, 정부는 최저임금제도를 통해서 실질적으로 얻게 되는 경제적 효과를 제대로 분석·이해한 뒤에 국민에게 그 실질 내용을 숨김없이 설명하면서 최저임금제도를 운영해야 함을 말하고 싶은 것이다.

이런 사례는, 정치인들이 국가권력으로 시행하는 경제사회정책을 결정할 때 현실 경제, 현실 시장에 미치는 실제의 영향·결과를 반드시 심각하게 고려해야 함을 요구한다. 자칫 엉뚱한 결과를 초래해서 오히려 국민의 삶에 혼란을 가져오고, 국가의 발전을 저해할 수 있기 때문이다.

이때 주의할 점이 있다. 현실 경제, 현실 시장을 고려하면서 사회정책을 펼쳐야 한다고 말하면 대기업 자본가들의 이해관계를 따르라는 것으로 오해할 수 있다. 절대 그렇지 않다! 현실 경제, 현실 시장의 변화에 대한 이해를 기초로, 5천만 국민 전체의 행복을 위한 올바른 사회경제정책을 전개하라는 의미다.

두 번째 요소는, 권력에 대한 정치인들의 무한한 개인적 욕심이다. 많은 경우, 정치인들의 욕심은 국민 전체의 정의로운 분배보다, 자기 개인의 부귀영화에 집중되어 있다. 따라서 정치인들은 공무원 임기 중 국민 전체보다는 개인 욕심을 채우는 정책에 집중하게 된다.

예를 들어 국회의원—국회의원은 헌법 제46조 제2항이 분명하게 쓰고 있듯이, '국가이익을 우선'해야 한다—이 국민 전체의 균형을 고려하지 않고, 다음 선거에서 승리하는 데 유리한 정책, 즉 자기 지역구에 선심을 쓰는 정책을 입법하고 예산을 수립하는 경우다. 이런 정치인들의 행태는 일부 선거주민에는 유리할 수 있겠지만, 국민 전체의 미래를 해칠 수 있다. 예를 들어 타당성 없는 공항을 건립하는 등 정책이다.

이런 엉뚱한 정책을 시행하는 정치인들이 모인 정당에 대해서 국민이 지지를 거두기 시작하면, 정치인들은 어떻게든 서민 대중의 투표를 얻기 위해 무슨 일이든 하려 든다. 이런 정치인들이 국민의 투표를 얻기 위해 일시적·근시안적으로 사용하는 사탕발림의 정책이 대중영합주의 정책이다.

셋째 요소는, 서민 대중의 우민화다. **정경유착이 우민화에 기초하듯이 대중영합주의도 또한 대중의 우민화에 기초하고 있다.** 국가권력이 무엇을 하는지를 제대로 이해하지 못하면 서민 대중은 정치인들이 사탕발림으로 제안하고 시행하는 모든 정책이 좋은 것으로 착각한다. 우민화된 서민 대중은 당장 자기 주머니를 채워 주는 정책 앞에서 값싸고 미래 없는 행복을 느끼게 된다.

그리고 위에서 설명한 자본주의 대 공산주의, 자유주의 대 민주주의의 이분론은 국민을 진영으로 나누게 되는데, 이런 경우 진보 진영에 속한다고 자처하거나 생각하는 서민 대중은 진보 정치인들이 시행하는 모든 정책이 서민 대중을 위한 것이라고 착각하게 된다. 자칫 그 정책이 '나의 자식'의 미래를 해친다는 생각까지는 못 한다.

우민화에 성공한 정치인들은 자기들이 마땅히 해야 할 정책적 고민은 뒤로한 채 개인적 부귀영화에 집중하게 된다. 대중영합주의의 정권 대부분이 부정부패로 인해 몰락하는 결과로 치달았던 역사적 경험은 이를 잘 말해 준다.

넷째 요소는, 자본가 등 가진 자들이 서민 대중을 대하는 태도다.

기업가들의 국부 증대는 혼자 이뤄 낸 게 아니다. 기업가뿐만 아니라 노동자 등 모든 국민이 분업에 참여하여 얻어 낸 결과다. 그리고 기업가들이 특별히 더 많은 재산을 갖게 된 것은 우리 헌법이 '자유와 창의'로 표현하고 있는 독점시장—기술개발, 시장개척 등에 의한 좋은 독점—을 허용하고 있기 때문이다. '독점'에 의한 이윤이 포함되어 있다는 점에서, 그들의 이윤은 산술적으로 그들 노력의 비례를 넘어서 있다. 독점이윤을 통해서 노력의 양보다 더 많이 가져간 것이다.

기업가 · 자본가들은 이런 부익부 빈익빈의 정의질서 원리를 이해해야 한다. 그 원리를 받아들이면, 국가 전체, 국민 전체에 대해 책임의식을 가질 수 있다. 삼국지에서 유비 등 장수들이 그들끼리 잘 먹고 잘살지 않고, 촉나라 백성에 대해서 강한 책임 의식을 가졌던 것과 같이, 기업가들은 국민 전체에 사회적 책임 의식을 가질 수 있다.

국민 전체가 정신적 · 신체적으로 건강해야 양질의 인적자원이 끊임없이 공급될 것이고, 그 인적자원들이 기업가들의 기업을 더 튼튼하게 할 것이고, 국부가 더욱 증대되리라는 공동체 의식 말이다. 사회는 혼자 사는 게 아니다. 함께 살면서 분업을 통해서 더 크게 행복할 수 있다는 게 사회의 본질이다.

정리하자. 정경유착이 기득권층 자본가에 치우친 민주 권력이라면, 대중영합주의는 노동자·서민 대중에 과다히 치우친 민주 권력이다. 이들은 복지주의를 왜곡해서 정치인들 또는 경제권력자들의 개인 이익을 추구하는 형태다.

복지주의는 이처럼 왜곡된 행태를 피하면서 있는 자와 없는 자가 모두 안전하고, 자유롭고, 행복한 삶을 누릴 수 있는 정책을 시행하는 국가다. 민주주의를 통해서 자유주의의 모순, 불합리한 분배, 차별적 양극화를 해소하면서 국부 증대와 국가 발전을 지속하게 하는 동력이다.

이제 그 진정한 복지주의가 무엇을 의미하는지를 더 자세히 살펴보러 갈 때가 되었다.

■ 진정한 복지주의

자본가와 서민 사이의 중용

진정한 복지주의는 복지주의의 본래 이념을 실현하는 것이다. 정경유착이 자본가·기득권층·있는 자에 치우치고, 대중영합주의가 노동자·서민 대중·없는 자에 지나치게 치우친 데 반해서, '진정한 복지주의'는 이들 양자의 중용을 찾는다. 한편으로 국부를 증대하면서, 다른 한편으로 국민 전체의 복리를 추구한다.

복지주의를 제대로 구현하려면 어려운 문제를 풀어야 한다. **자본가와 서민 대중의 균형점, 중용을 찾아야 한다.** 그 균형점을 찾아가는 쟁점 정리는 이렇게 할 수 있다. 원래 복지주의는 자유주의를 원칙으로 한다.

자유시장은 그 모순을 피할 수 없어서, 빈익빈 부익부 양극화 현실이 필연적으로 발생한다. 자본가와 서민 대중, 보수와 진보, 있는 자와 없는 자가 대립하게 된다. 이런 양극화 현실과 사회적 대립이, 첫째 사회분업의 관점에서 부정한 상태인지, 둘째 장기적 관점에서 국가 발전에 걸림돌인지가 균형의 핵심 쟁점이다.

어려운 점은 이 쟁점의 본질이 이해관계의 대립이라는 것이다. 개개인들의 직접적 이해관계가 달린 문제이니 타협점을 쉽게 찾을 수 없다.

게다가 더 큰 문제는 이론적으로 완전한 정답이 없다는 점이다. 중용의 기준이 일반 사람마다 다르고, 연구하는 학자마다 다르다. 자본가들은 가능하면 국가의 규제와 조정을 축소하는 쪽이 중용이라고 말하고, 노동자·서민 대중은 국가가 경제 민주화를 적극적으로 추진하는 것이 중용이라고 말한다. 논의는 손쉽게 극단으로 치닫는다.

편싸움이 아닌 복지주의

복지주의는 자유주의를 원칙으로 하므로, 그 원칙·질서는 일단 자본가에게 유리하게 작동한다. 여기에 복지주의는 사회정책을 시행함으로써 중용을 찾는 것이므로, 국가의 모든 사회정책은 기득권층 자본가들의 이해관계를 해치게 된다. 자연스럽게 많은 자본가는 국가가 시행하려는 사회정책에 일단 거부감을 느끼게 된다.

몇몇 자본가는 내용을 자세히 살펴보지도 않은 채, 사회정책을 무턱대고 반대한다. '말이 좋아 복지국가이지, 공산국가나 다름없다.'라거나 '나쁜 포퓰리즘'이라고 비난한다. '국가 재정을 고갈시켜서 국가를 파탄으로 몰고 간다.'라거나 '자유방임주의 시장국가로 이민 가는 게 낫다. 회사와 공장을 해외로 옮기겠다.'라며 으름장을 놓기도 한다. 사회정책이 국가를 망친다고 성토한다.

이런 자본가들이 논쟁을 극단적으로 몰아가는 데는 이유가 있다. 사회정책 '논의 자체'를 망가뜨리는 것도 그들의 이해관계에 부합하기 때문이다. 복지주의의 기본 원칙이 자유주의이니, 사회정책 논의 자체가 파탄 나면 사회정책이 시행되지 않을 것이고, 그 결과 시장의 독과점과 양극화는 그대로 지속될 것이다.

그러나 큰 그림을 봐야 한다. 복지주의의 사회정책 논의는 단순히 가진 자, 있는 자의 것을 빼앗아서, 못 가진 자, 없는 자에게 나눠 주는 의미를 넘어선다. 스칸디나비아 국가들의 사회정책은 좋은 예시다. 그들은 자본가와 서민 대중의 협력을 통해서 꾸준한 국부 증대를 꾀하는 한편, 국민 전체의 복리를 확보한다는 의미에 충실하다.

진정한 복지주의는 대중영합주의와는 다르다. 복지주의는 장기적으로 자본가와 서민 대중 모두에게 이로운 관계를 모색한다. 양극화를 그대로 둘 때보다, 자본가와 서민 대중이 함께 성장할 때, 국가 전체가 발전할 수 있다는 생각이다. 단순히 약자이니 이들을 도와야 한다는 자선 생각을 넘어서는 이념이다. 사회적 약자의 자손들이 건강하고 지혜롭게 성장해야 국민 전체의 미래 동력이 유지될 수 있다는 논리다. 양극화가 극심하면 결국 나라를 외국에 빼앗긴다는 판단이다. 일본에 나라를 빼앗겼던 조선 말기 상황이 양극화의 폐해였음을 상기한다. 가진 자, 있는 자에게 착취당하던 서민 대중이, 무엇을 지키기 위해서 총칼을 들겠냐는 문제의식이다.

누진적 세금이 부과되면, 있는 자들은 당장 손해를 본다. 그러나 그 세금은 누구에게나 언제든 발생할 수 있는 위험, 즉 질병·사고·실업·노후 등을 함께 해결하고, 국가 전체의 경쟁력을 향상시킨다.

현장에서 노동하는 노동자, 사회적 약자가 정신적·신체적으로 건강하지 못하면 자본가도 성장할 수 없다. 가진 자, 있는 자의 아이디어만으로는 부족하다. 수많은 서민 대중의 아이디어가 국가생산력의 기초가 될 수 있다. 서민 대중의 삶이 건강하고 풍요로워야 그들이 구매력을 가진 소비자로 성장할 것이고, 그런 시장이 형성돼야 자본가의 기업이 성장할 수 있다. 모두 잘살아야, 함께 잘살 수 있다는 공생 의식이다. 근시안적인 이해관계를 좇는 것이 아니라, 장기적으로 10년, 20년 뒤의 미래 청사진을 그리는 정책이다.

이런 점에서 복지주의의 중용, 균형점은 단순한 편싸움이 아니다. 진정한 정의, 즉 장기적인 정의의 이념을 민주 절차로 추구하는 대화의 과정이다. 물론 최종적으로는 다수결로 결정되겠지만, 올바른 결정을 위해 토론과 대화를 진행하는 과정이다. 자신의 이해관계를 뛰어넘어 미래 세대까지 고려하는 토론 과정이다.

역사 속 복지주의 궤적

이런 이해와 마음 자세에도 불구하고 복지주의가 말하는 중용, 균형점을 구체적으로 상상하기는 쉽지 않다. 아무런 준비 없이, 복지주의의 균형과 중용이 무엇인가라는 질문 앞에 서면 누구든 막막해지기 일쑤다.

아주 다행스럽게 역사는 이미 많은 것을 정리해 왔다. 절대적인 진리를 단도직입으로 설명할 수는 없지만, 사람은 역사를 통해서 축적한 경험과 반성을 이용할 수 있다. 역사는 고대 군주제, 중세 봉건제, 근대 자유방임주의의 문제점을 드러냈고, 현대에 들어와서 공산주의, 파시즘의 폐해, 즉 왜곡된 민주주의의 위험성을 보여 주었다. 그리고 사람들이 추구할 수 있는 진정한 복지주의가 어떤 것인지도 어느 정도 제시하고 있다.

역사는 오늘날 복지주의가 어떤 모습이어야 하는지를 꽤 구체적인 청사진으로 제시하고 있다. 복지주의가 모색할 사회정책의 대상이 무엇인지, 국가가 실현할 수 있는 정책이 무엇인지, 국가가 노력해야 할 정책이 무엇인지를 꽤 구체적으로 보여 준다.

우리나라 헌법은 완전하지는 않지만, 세계적으로 꽤 잘 그려진 복지주의 청사진이다. 우리 헌법은 진정한 사회국가에 필요한 요소를 구석구석 포함하고 있는 좋은 본보기다. 바람직한 복지주의를 이해하기 위해서 우리 헌법을 펼치는 이유다. 물론 그냥 일독한다고 이해될 문제는 아니다. 우리 헌법이 쓰고 있는 문장들이 어떤 역사적 배경과 경험 속에서 만들어져 왔는지를 살펴야 한다. 이제 '그나마 동의할 수 있는 정의'가 무엇인지를 그려 보면서 우리나라 헌법이 그린 청사진을 둘러보러 가자.

제3부

우리나라 법의 정의

1. 우리나라의 정의

■ **복지주의 선언**

—

처음부터 복지주의로 시작한 대한민국

우리 헌법은 현대국가 헌법이다. 1948년 제정 당시까지 인류가 경험한 법질서의 최종판을 잘 담아낸 헌법이다. 당연히 복지주의를 선언했다. 진정한 복지주의의 청사진을 아주 잘 그려 내고 있다. 각 개인과 기업이 자유롭게 거래하는 자유주의를 원칙으로 하면서도, 자유주의의 문제점을 해결하기 위해 국가가 민주 절차를 통해서 시장경제를 규제하고 조정할 수 있게 했다.

헌법 제119조는 그 요약본이다. 제1항은 '자유와 창의'를 기본으로 한다고 명시하면서 자유주의를 원칙으로 선언한다. 여기에서 '기본'이란, 그것이 절대불변이 아니라, 기초이고 원칙이라는 의미다. 당연히 예외가 필요하다는 뜻이다. 그리고 제2항은, 그 예외로 국가가 국민경제의 성장과 안정, 경제민주화를 위하여 규제와 조정하는 권력을 행사해야 함을 선언한다.

> 헌법 제119조 ① 대한민국의 경제질서는 개인과 기업의 경제상의 **자유와 창의**를 존중함을 **기본으로** 한다.
>
> ② 국가는 균형 있는 국민경제의 성장 및 안정과 적정한 소득의 분배를 유지하고, 시장의 지배와 경제력의 남용을 방지하며, 경제주체 간의 조화를 통한 경제의 민주화를 위하여 경제에 관한 **규제와 조정**을 할 수 있다.

복지주의는 대한민국이 수립될 때부터 시작된 대한국민의 열망이었다. 대한국민은 1948년 제헌헌법을 제정하면서 당시 논의되던 자유방임주의 또는 공산주의, 사회주의를 모두 거부했다. 자유방임주의는 말로만 모두의 자유이지 실제로는 자본가들의 세상이고, 공산주의·사회주의는 겉으로는 노동자들 세상이지만 실제로는 공산당 당원들 세상이다. 절묘하게도 당시 대한국민은 이들 두 사조를 모두 거부하고 그 중용인 복지주의를 선택했다.

제헌헌법은 국민 생활의 균등과 균형, 사회정의를 기본으로 삼았다. 전문에서 "민주주의 제 제도를 수립하여 … 국민 생활의 균등한 향상을 기하고"라고 선언했다.

그 선택은 대한국민이 삶 속에서 겪었던 현실 체험과 그것을 넘어서겠다는 간절한 열망이 있었기에 가능했다. 양반만 잘사는 세상도 아니고 양반을 무너뜨리고 프롤레타리아 노동자만 잘사는 세상도 바라지 않았다. 모두가 함께 잘사는 세상을 꿈꿨다.

3 · 1운동 때 이미 복지주의

이런 열망은 꽤 오래된 것이었다. 우리 헌법 전문은 이를 확인하고 있다. "3 · 1운동으로 건립된 대한민국임시정부의 법통…을 계승하고"라고 말한다. 적어도 1919년에는 대한국민이 대한민국의 모습을 정확하게 그리고 있었다.

3 · 1운동은 그 함성이 뜨거웠다는 평가만으로는 턱없이 부족하다. 그 거대한 의미는 실로 놀랄 만한 것이었다. 첫째는, 대한국민은 주권을 가진 존재임을 선언한 것이다. 독립된 국가의 뜻, 국가 주권의 의미를 명확히 알고 있었다. 1919년 당시 일제강점기는 잠시 지나가는 것뿐이라는 것이다. 대한국민은 일본인 주권이 아니라, 대한국민의 주권 속에 살아야 한다는 선언이다.

둘째는, 군주가 아니라 국민이 주권자임을 선언한 것이다. 삼국시대, 고려, 조선을 거쳐 일제강점기까지 이어 온 군주주권을 걷어찬 것이다. 그때까지 이어 온 군주주권이 국민의 삶을 피폐하게만 했을 뿐임을 깨닫고 있었다. 군주주권 국가를 '우리들 자손'에게 물려줄 수 없다는 분명한 비전이 있었다.

실로 감탄하지 않을 수 없다. 빼앗긴 땅, 아직 봄바람이 불지도 않는 얼어붙은 땅에서, 이중의 혁명을 선언하고 있었다. 한편으로, 일본인 주권이 아닌 대한국민의 주권을 선언하면서, 동시에 군주주권이 아닌 국민주권을 선언했다. 한반도에서 한 번도 시행해 보지 않았던 국민주권을 선언하는 지혜는 어디에서 나온 것인지 감탄할 따름이다. 그것도 일제 치하에서.

셋째는, 현대 복지주의를 선언한 것이다. 근대 자유방임주의를 거부했고 당시 유행하던 공산주의, 사회주의 또한 거부했다. 당시 대한국민은 세계사적 시대 상황, 인류 지성의 흐름을 정확히 읽어 가고 있었다. 경탄을 금할 수 없다.

당시 대한국민이 이런 판단을 할 수 있었던 이유는 오로지 하나였으리라. 열망. 그렇다. 특정인, 특정 세력만 잘사는 것이 아니라 함께 잘사는 것이 국가라는, 올바른 국가에 대한 열망이었다.

이런 열망 속에서 대한민국임시정부가 1919년 4월 11일 공포한 첫 헌법이 그린 사회는 계급 없는 사회였다. 남성과 여성, 귀족과 평민의 갈등 상황뿐 아니라, 이미 '빈익빈 부익부 양극화' 양상도 핵심 문제로 짚고 있었다. 이런 차별을 모두 넘어서 함께 잘사는 현대 서민 대중혁명을 선언하고 있었다.

> 대한민국 임시헌장 제3조 대한민국의 인민은 남녀 귀천 및 **빈부의 계급이 없고 일체 평등하다.**

제헌 당시부터 복지주의

제헌헌법이 쓰고 있는 경제질서 조항은 다음과 같다.

> 제헌헌법 제84조 대한민국의 경제질서는 모든 국민에게 생활의 기본적 수요를 충족할 수 있게 하는 사회정의의 실현과 균형 있는 국민경제의 발전을 기함을 **기본으로** 삼는다. 각인의 경제상 자유는 이 한계 내에서 보장된다.

사회정의와 균형경제가 현행 헌법보다 더 강조된 것이었다. 복지주의의 사회정책을 중심에 놓고 있다. 그래서 사회정책이 기본이고, 자유는 그 한계 속에서 보장된다는 논리를 전개했다. 다만 해석상으로는 당시에도 자유주의가 원칙이고, 민주주의가 보충적이라고 해석되었다. 위에서 이미 살펴보았듯이 자유주의가 원칙일 수밖에 없음은 당연한 원리이겠기 때문이다.

모든 국민이 함께 잘살아야 한다는 생각은 노동자의 이익분배균점권 조항을 제헌헌법에 쓴 것을 봐도 알 수 있다.

> 제헌헌법 제18조 영리를 목적으로 하는 사기업에 있어서는 근로자는 법률의 정하는 바에 의하여 이익의 분배에 균점할 권리가 있다.

노동자들이 기업의 이익의 '일정 부분'을 균점한다는 것은 사회가 분업에 기초한다는 기본 원리를 잘 반영한 것이다. 노동자 없이 기업이 성장할 수 없다는 생각이다. 당연히 노동자들도 기업 수익의 배당에 함께 참여해야 한다는 뜻이다.

이 정책은 노동자들이 단순히 노동자로 머무르지 않고, 기업과 운명을 함께함을 선언하는 것이다. 기업의 발전이 노동자들의 몫을 크게 한다는 것이고, 자본가의 이해관계가 노동자들의 노동과 동조된다는 것이다. 노동자와 기업가가 같은 배를 타고 있다는 의미다. 이 제도가 합리적으로 설계된다면 바람직한 복지주의를 실현하는 데 좋은 도구가 될 것이다.

이 조항은 이후 헌법개정에서 삭제되었지만, 필자는 그 취지에 100% 공감한다. 다시 헌법 조문으로 부활해야 한다고 본다. 적어도 법률로나마 그 취지를 구현해야 한다.

헌법제정 당시 초안에 깊이 관여했던 유진오 박사는 복지주의의 의미를 정확하게 설명했다. 특히 복지주의에서 민주주의의 역할을 분명하게 정리했다.

> 민주주의라 하면 과거에는 정치적 민주주의, 즉 각인의 자유를 정치적으로 확보하는 것만을 의미하는 것으로 생각하는 것이 보통이었지만, 대한민국에 있어서는 경제·사회·문화의 제 영역에 있어서도 또한 각인의 자유를 확보하려는 것이다. 그러나 **각인의 자유를 확보한다는 것은 과거에 있어서와 같이 자유방임주의를 취한다는 의미가 아님은 물론이다.** 자유방임주의 체제하에서는 우승열패(優勝劣敗)로 경제적·사회적·문화적 약자는 도리어 자유를 확보치 못하는 것이 상례이며, 그것이 또 정치적 민주주의의 치명적 결함이었으므로, 우리는 자유방임주의를 취하지 않고 "각인의 기회를 균등"히 하는 제도를 취한다는 것이다. 이것은 헌법 제5조에서 대한민국은 각인의 자유, 평등과 창의를 존중하고 보장하지만, 공공복리의 향상을 위하여 필요한 때에는 이를 "보호"하고 "조정"하는 의무를 진다고 한 규정과 조응하여, 우리나라가 정치적 민주주의와 함께 경제적·사회적 민주주의를 입국의 기본으로 채택하였음을 명시한 것이다.[1]

1 유진오, (1959), 헌법해의, 42쪽.

복지주의에 대한 대한국민의 의지는, 단순히 헌법을 만드는 데 그치지 않았다. 대한국민은 그것을 실현하는 데도 게을리하지 않았다. 중요한 고비마다, 복지주의가 대한국민이 진정 바라는 국가형태임을 꾸준히 천명했다. 일부 국가권력자들이 일부 재벌이나 대기업, 특정 세력과 유착해서 소위 정경유착으로 궤도를 이탈할 때마다, 국민은 현대 대중혁명을 거행하는 데 주저하지 않았다. 정경유착의 국가권력에 대해 '이게 나라냐'라고 철퇴를 가했다. "우리들과 우리들의 자손의 안전과 자유와 행복을 영원히 확보"하겠다는 국가이념을 저버린 정치가들을 내쫓았다. 여러 번 이야기 했지만, 1960년 4·19 민주혁명, 1987년 6월 민주항쟁 및 2017년 촛불 민주혁명이 모두 그것이다.

그런데 **오늘날 2020년대를 이끄는 정치인들은 1919년 대한국민의 생각만도 못한 행태를 보인다.** 국민에게 자유 반공이냐, 공산 사회주의냐 둘 중 하나를 선택하라고 왜곡된 시각을 부추긴다. 국민을 두 진영으로 나눠서 그중 하나를 자기편으로 만들어서 정치권력을 유지하겠다는 근시안적 태도이다. 그들은 국민을 꾸준히 우민화하면서, 그 우민화의 폐해가 주는 떡고물을 집어 먹기에 혈안이다.

이제, 3·1운동의 대한국민이 그랬듯이, 헌법제정 당시 대한국민이 그랬듯이, 그리고 세 번의 현대혁명[2]을 주도한 대한국민이 그랬듯이, 대한국민은 함께 잘 살아야 한다는 복지주의를 분명하게 선언할 때다. 자

---

2   1798년 프랑스대혁명으로 대표되는 자본가 중심의 국민혁명을 '근대 국민혁명'이라고 한다면, 1848년 2월혁명 이후 전개되는 서민 대중, 노동자의 대중혁명을 '현대 국민혁명'이라고 할 수 있다. 근대와 현대는 정의질서가 완전히 다른 사회다.

유방임주의나 공산주의를 선전하는 정치인들을 거부할 때다. 함께 잘 사는 복지주의 실현을 위해서 뚜벅뚜벅 걸어갈 때다.

정치는 시장 원리의 이해부터

대한국민이 복지주의를 추구해야 하는 데에 이론적으로도 필연적 이유가 있음은 이미 살펴보았다. 자유주의만으로 정의로운 국가를 만들 수 없다. 자유주의만으로는 일시적으로 자본가들, 있는 자들과 그들의 자손에게만 자유와 행복을 가져다줄 수 있을 뿐이다. 궁극적으로는 우리들과 우리들의 자손 전부를 한꺼번에 망가뜨리게 될 것이다. 로마, 스페인, 네덜란드 등 세계를 제패하던 국가들이 하루아침에 몰락한 이유가 바로 빈익빈 부익부 양극화였다는 점을 기억할 일이다.

또한 민주주의만으로는 독재를 초래할 수밖에 없다. 공산주의가 늘 독재국가 형태로 귀결되었음은 바로 이웃 나라들을 보면 알 수 있다. 자유주의만으로, 민주주의만으로는 '우리들과 우리들의 자손의 안전과 자유와 행복을 영원히 확보'할 수 없다.

국가의 미래는 정의로울 때 가능하다. 즉, 있는 자와 없는 자가 균형을 이룰 때, 즉 모두 잘 살 때 국가의 번영이 가능하다. 대중들, 평민들의 성장과 안정 없이는 국가의 미래는 없다. 대중들, 평민들의 미래만 없는 것이 아니라, 가진 자, 있는 자들의 미래도 없다.

서민 대중이 국가에 대한 자부심, 미래에 대한 비전을 갖지 못하면, 그들 중 누구도 선뜻 국가를 위해서 총칼을 들고 목숨을 바칠 생각과 각오를 하겠는가? 서민 대중이 국가에 대한 자부심을 잃으면 가진 자, 있는 자의 가진 것들을 외국 세력이 손쉽게 빼앗을 것이다. 국내 유수 기업의 주인이 외국인으로 모두 바뀔 것이다. 오늘날처럼 교통과 통신이 발전한 시대에는 그런 일은 더욱 용이하게 일어날 수 있다.

다시 확인한다. 국가는 사회다. 사람이 함께 잘 살기 위해서 모인 사람들 모임이다. 분업의 모임이다. 있는 자, 가진 자들만 잘살아서는 국가가 존속할 수 없다. 구성원 모두를 인간으로서 존중하는 사회가 되어야 국가의 미래를 보장할 수 있다.

그렇다면 오늘날 대한국민은 자유주의, 시장주의의 문제점을 극복해야 한다. **적어도, 빈익빈 부익부 양극화가 국민의 정의감을 해치지 않는 수준을 유지해야 한다.** 그러기 위해서는 먼저, 자유주의의 문제점을 체계적으로 이해할 필요가 있다. 오늘날 정치인·국회의원·국가공무원들이 하듯이 민주주의·정치·공권력으로 자유주의의 문제점을 해결하자는 추상적인 구호만으로는 복지주의를 제대로 구현할 수 없다.

실제로 답답한 것은 오늘날 정치인들은 권력 쟁취, 정치 현실에만 집중할 뿐, 자유주의·시장주의·경제가 어떻게 작동하는지에는 도통 관심도 없고 연구도 하지 않는다는 점이다. 복지주의에서 정치인들이 해야 할 핵심 과제가 자유주의 경제를 규제·교정하는 것인데, 정치인들은 경제를 몰라도 된다는 어리석은 생각에 빠져 있다.

아주 여러 번 설명했듯이 사회정의는 자유주의와 민주주의가 서로 주고받으면서 전개되고 있다. 국가와 정의를 걱정하는 정치인들이 정치와 경제를 별개라고 생각하는 것은 그 자체로 비극이다. 민주주의를 한다면서, 좋은 정치를 한다면서, 국가 발전을 위한 정책을 펼친다면서, 추상적으로 애매모호한 선전 문구를 내놓고 국민을 선동하는 정치는 집어치워야 한다.

　그렇다고 정치인들이 반드시 경제전문가가 되어야 한다는 뜻은 아니다. 적어도 정치인들은 자유주의·시장의 문제점이 무엇이고, 그것을 해결하기 위한 목록은 손에 들고 있어야 한다. 그 목록을 보면서 이 시점, 이 상황에서 가장 주목해야 할 정치적 과제가 무엇인지 인식할 수 있어야 한다. 이 시대, 이 상황에 시급하고 중대한 정책이 무엇인지는 그때그때 달라질 수 있겠지만, 적어도 시장에 대해서 복지국가가 해야 할 과제가 무엇인지 그에 필요한 정책 리스트는 항상 들고 있어야 한다.

■ 자유주의 시장의 문제점

—

거래될 수 없는 외부효과

　자유주의, 시장주의의 이론적 문제점에 대한 일반적·추상적 논의는 근대국가의 문제점을 살펴보면서 대략 정리했다. 인간 이성이 불완전하다는 것, 자유주의만 정의를 구현하는 방법이 아니라는 것, 시장지상주의·개인 책임주의가 허상이었다는 것, 그래서 오늘날 인류는 복지주의 실현에 노력하고 있다는 것 등이다.

　이런 정리는 자유주의의 문제점을 드러내는 수준일 뿐이다. 구체적인 현실에서 정치인들이 어떻게 시장을 규제하고 조정할지를 설계하기 위해서는 조금 더 구체적인 시장 원리를 이해할 필요가 있다. 물론 경제학 교과서에나 실릴 내용이라 간주하며 그냥 지나칠 수도 있겠지만, 그 문제점이 실제 국민의 삶에 어떤 의미를 갖는지를 뼈저리게 느끼고 깨달을 필요가 있다.

먼저, **외부효과 문제를 살펴본다.** 자유주의는 개인과 기업이 각자 시장에서 거래해서 분배한다는 생각이다. 시장거래는 거래 당사자 각자가 자신에게 이익이 될 거란 판단하에 이루어진다. 나에게 이득이 될 때 상대방과 대가를 주고받는다. 각자 이득이 된다는 생각이 일치될 때 거래가 이루어진다. 대가관계가 시장의 핵심이다. 이 대가관계 개념 속에서 자유주의는 각자의 이해관계, 이기심이 연출하는 결과의 '합리성'을 찾으며, 그것이 정의라고 말한다.

그러나 **현실에서는 대가관계의 프로세스 없이 이득과 손해가 생기는 경우가 꽤 있다.** 예를 들어 환경오염 기업, 고층빌딩 소유자는 주변 사람들에게 대가를 치르지 않고 이득을 얻는다. 물론 주변 사람은 손해를 당한다. 반면 과학의 기초기술을 연구하는 사람, 드라마 촬영지를 건설하는 사람은 주변 사람들에게 대가를 받지 않고 다른 사람에게 이득을 준다.

이런 경우 누군가는 다른 누군가의 행위 때문에 대가 없이 손해를 입거나, 이득을 본다. 거래가 있었던 게 아니다. 거래가 없으니 피해자는 거부할 여지 없이 손해를 입게 되고, 수혜자는 공짜로 이득을 얻는다. 이런 이득과 손해는 시장이 '합리적으로' 해결할 수 없는 이득과 손해다. 경제학에서는 이들을 외부효과(externality)라 한다. 손해는 외부비용(external cost), 이득은 외부편익(external benefit)이라고 한다. 외부효과는 시장거래 · 시장가격에 반영되지 않는 이득과 손해다. 어떤 국민은 공짜로 이득을 보고, 어떤 국민은 억울하게 손해를 당한다.

자유방임주의는 이런 외부효과도 그대로 시장에 놓아두자고 한다. 이에 따르면 환경은 심각하게 훼손될 것이고, 고층빌딩의 북쪽에 사는 사람들은 부득이 그늘 속에서 살게 될 것이다. 이런 왜곡된 현상은 실제로 근대국가에서 흔히 벌어졌던 부조리들이다.

복지주의는 이런 외부효과가 초래하는 불합리를 그대로 두지 않겠다는 것이다. 시장이 그것을 해결할 수 없으니 그것을 해결할 기구가 필요하다는 생각이다. 그 기구가 민주적 국가체제다. 국가가 국민 전체의 관점에서 외부비용을 규제하고 외부편익은 증가시켜야 한다는 생각이다.

공공재 공급을 왜곡하는 시장

둘째, 공공재 문제도 복지주의가 반드시 해결해야 할 사항이다. 공공재는 국민 전체가 번영하는 데 꼭 필요한 공통의 재화나 서비스다. 국방, 외교, 치안, 도로 등 교통, 통신, 전기, 가스, 수도 등이 그 예다. 이런 공공재는 국민 모두에게 꼭 필요한 것이다. 국민이 꼭 필요로 하니 수요가 항상 최대치에 이른 상태다. 그러니 시장이 그것을 쉽게, 그리고 합리적으로 공급할 것으로 예측할 수 있다.

그러나 **시대와 상황에 따라 시장은 공공재를 전혀 공급하지 않거나, 공급하더라도 과다한 대가를 요구하는 현실에 직면한다.** 그 원리는 이렇다. 시장은 자유주의에 기초하므로 거래할지 말지는 개인 각자의 자유에 맡겨져 있다. 따라서 개인들은 자기에게 이득이 없으면 거래하지 않는다. 그리고 사람들은 시장에서 거래할 때 적당한 이득을 얻으려는 게 아니라, 최대한 많은 이득을 얻으려고 노력한다.

이런 시장 원리는 공공재 거래에서 '합리성'을 얻을 수 없게 한다. 예를 들어 1960~70년대 건설된 경인고속도로와 경부고속도로의 공급을 보자. 고속도로를 건설해서 통행료를 수익하는 것이 시장의 거래 형태일 텐데, 당시 시장에서는 수지타산이 맞을 수가 없었다. 도로 건설비용은 엄청난데, 자동차는 몇 대 없었으므로 당장 들어올 통행료 수익은 턱없이 적기 때문이다. 그 당시 시장에서는 고속도로를 건설해서 공급하겠다는 개인이나 기업은 찾을 수 없었다.

이때 국가는 경제적 수익 여부를 떠나 두 고속도로를 건설해서 시장에 공급했다. 그 두 고속도로는 국민의 이동을 자유롭고 편리하게 했고, 자동차를 사겠다는 수요를 만들어 내서 자동차산업을 발전시키며 국민 전체의 경제활동을 북돋웠다. 두 고속도로가 한국 경제를 견인하는 초석이었음은 누구도 부인하지 않는다.

이처럼 국가는 장기적인 관점에서 시장이 공급하지 않는 공공재를 공급하는 역할을 해야 한다. 그러한 공공재가 시장에서 공급되길 기다렸다가는 경제 발전은 물론 국가 발전을 기대할 수 없다.

한편 어떤 공공재는 그것을 시장이 공급할 경우, 사업가가 엄청난 이득을 얻기도 한다. 공공재는 그 성질 자체가 국민 전체가 이용하는 재화나 서비스이다. 즉, 시장의 관점에서 엄청난 대중 국민의 수요가 보장된 재화나 서비스다. 그러므로 일단 이득이 생기기 시작하면 그 공공재는 시장에서 엄청난 수익을 만들어 내게 된다. 수월하게 독과점이 형성되는 사업 품목이다.

인천공항고속도로는 좋은 사례다. 그 도로는 인천공항에 접근하는 가장 편리한 수단이고, 다른 도로와 대비해서 독점적 지위를 가진 시설이다. 많은 사람이 이용할 수밖에 없으니, 이런 공공재는 큰돈을 벌 수 있는 소재가 된다.

이처럼 공공재 공급이 이윤을 발생시키는 상황이 되면, 개인이나 기업은 시장에서 공공재를 공급하겠다고 서로 나서게 된다. 독과점을 이용해서 큰 수익을 올리겠다는 심산이다. 최근 과학기술이 급속도로 발전하면서 도로뿐만 아니라 교통·통신·에너지·의료 등의 공공재 분야에서도, 물론 초기에 대규모 사업비용이 투입되더라도, 사업의 독점성을 이용해서 곧바로 수익을 올릴 수 있는 시장이 형성되고 있다.

이런 공공재 공급을 시장에 맡기면, 단기적으로 공공재를 공급하는 대기업은 수익을 올릴 것이고, 국가적으로는 GDP가 증가하는 효과를 얻을 것이다.

그러나 서민 대중 국민은 비싼 값을 치르면서 전기·도로·교통·통신 등 서비스를 이용해야 하는 손해를 입게 된다. 그 결과 장기적 관점에서 대중들은 그 공공재를 활용해서 자기를 계발할 기회를 잃게 되고, 삶은 위축될 수밖에 없다. 이는 국가의 인적자원이 피폐해짐을 의미한다. 결국 인적자원의 생산성이 하락할 뿐만 아니라, 대중들의 경제적 수요가 줄어들어 국가 전체 국부가 축소되게 된다. 수순처럼 국가는 추락의 길로 들어서게 된다.

이런 점에서 공공재 공급이 사업적 수익을 보장하는 상황에서도 국가는 그 공급을 시장에만 맡겨 둘 수 없다. 국가는 국민 전체의 관점에서 공공재를 관리해야 한다. 국가는 시장을 제쳐 두고 직접 공공재를 공급할 수도 있다. 또는 그 공급을 시장에 맡기면서 경쟁구조를 만들거나, 가격 등을 통제하는 등 특별한 규제와 조정을 할 수도 있다. 공공재를 어떻게 공급하고 관리할 것인지는 국가가 국민 전체와 국가 미래의 비전을 기초로 결정할 사안이다.

공공재의 이런 특성과 문제점에도 불구하고, 1980년대부터 세계를 지배했던 신자유주의 사조는 공공재를 기업의 영리사업으로 운영하는 것이 합리적이라고 선전했다. 효율성을 근거로 삼았다. 이런 선전에 속아서 당시 **많은 국가는 규제 철폐, 민영화라는 이름으로 국가의 공공재 사업을 민영화해서 사기업의 영리사업으로 만들어 주었다.** 물론 공공재 사업은 대규모 사업이므로, 재벌이나 대기업 등 가진 자, 있는 자들만이 그 사업을 인수할 수 있었다. 전기사업·가스사업 등이 그랬고, 도로·교통·통신 사업도 그랬다.

그 결과는 불을 보듯 뻔했다. 사기업은 공공재 공급을 영리 목적으로 운영했고, 많은 서민 대중은 국가가 공공재를 공급하던 때보다 더 많은 대가를 치러야 했다. 대중들은 소득을 공공재 사업자들에게 빼앗겼고 경제적으로 더 위축된 삶을 살았다. 민영화만이 공공재 공급의 효율성을 높이는 방법은 아니었다. 다른 대안이 얼마든지 있을 수 있었다. 민영화는 신자유주의에 이해관계를 가진 사람들의 선전·선동일 뿐이었다.

신자유주의 사조가 세계를 휩쓸면서, 세계의 빈익빈 부익부 양극화 현상은 극심한 상태로 치닫고 있다. 이 양극화 문제는 단지 서민 대중들의 삶을 피폐하게 하는 게 아니다. 국가 전체의 미래를 점점 암울하게 하고 있고, 급기야 국가 간의 전쟁, 세계대전으로까지 번질 위험성을 높이고 있다.

자유주의에서 독과점은 필연

셋째, 시장의 독과점 문제는 자유주의가 넘을 수 없는 한계다. 근대국가를 설명하면서 잠시 설명했지만, 조금 더 깊게 이해할 필요가 있다.

많은 사람은 그렇지 않다고 착각하지만 시장의 독과점은 자유주의의 본질이다. 시장은 독과점을 피할 수 없다. 그것을 폐지하거나 거부할 수는 없다. 자유주의의 본질이 경쟁을 통한 수익 창출인데, 그 경쟁 수익은 시장에서의 독과점을 통해서 이뤄지기 때문이다. 즉 기술 개발, 창의를 통해서 새로운 재화와 서비스, 그리고 새로운 시장을 개척해서 독과점을 형성하고, 그것을 통해서 수익을 만들게 된다. 실제로 우리 헌법은 독과점을 장려하는 조문을 두고 있다.

> 헌법 제22조 ② 저작자·발명가·과학기술자와 예술가의 권리는 법률로써 보호한다.
> 제119조 ① 대한민국의 경제질서는 개인과 기업의 경제상의 자유와 **창의**를 존중함을 기본으로 한다.

독과점이 자유주의의 본질임에도 불구하고 복지국가가 자유주의를 원칙으로 채택한 데는 분명한 이유가 있다. 새로운 아이디어를 통해서 전체적인 국부가 증대된다는 원리 때문이다.

기술 개발, 신시장이나 신제품의 개발, 새로운 자원의 획득, 생산조직의 개선 또는 새로운 제도의 도입 등 혁신(innovation)은 다른 기업의 재화나 서비스에 대한 차별을 의미하고, 독과점 형성을 뜻한다. 동시에 이는 생산 효율성의 증대를 의미한다. 이처럼 독과점은 개인적으로는 수

익보장을 의미하지만, 국가 전체의 관점에서는 효율성·생산성·국가 경쟁력의 증대, 그리고 국가 전체 국부의 증대를 의미한다.

그러나 독과점은 시장에서 분배를 왜곡한다. 분업에 참여한 구성원들에 대한 분배의 공정성을 저버린다. **독과점의 혜택을 누리는 자는 정상 이윤보다 과다한 이윤을 획득한다. 그 상대방, 반대편자는 손해를 입는다.** 결과적으로 독과점은 국부를 증대시키는 원리이지만, 동시에 빈익빈 부익부 양극화를 초래하는 원리가 된다. 급기야는 사회적 약자의 삶을 비참하게 만들기까지 한다. 이는 서민 대중이라는 거대한 인적자원을 훼손하고, 장기적으로 국부의 감소라는 결과를 초래한다.

이처럼 결과적으로 국가의 장기적 발전을 저해한다면, 즉 '우리들과 우리들 자손의 안전과 자유와 행복'을 영원히 확보할 수 없다면, 국가는 시장의 독과점을 그대로 놓아둘 수 없다. 국가는 국부 증대를 위해서 독과점을 허용하는 한편, 동시에 독과점으로 인해 서민 대중의 삶이 무너지지 않게 해야 한다. 독과점에 대한 규제와 조정은 복지국가에서 필연이다.

독과점의 규제와 조정 문제는 독과점을 무조건 금지하는 문제가 아니다. 생각보다는 까다로운 쟁점이다. 세상의 독과점은 기술 개발·시장 개척 등에 기초한 유익하고 바람직한 좋은 독과점과, 자본의 힘 등 경제력의 남용을 통한 해악스럽고 나쁜 독과점으로 구분할 수 있기 때문이다.

좋은 독과점은 적어도 단기적으로는 국부를 증대하지만 나쁜 독과점은 국부 증대의 효과조차도 없이 단지 사회적 약자에게 불공정한 분배를 강요할 뿐이다. 즉, 시장에서의 사실상 권력·힘을 이용해서 사회적 약자들에게 불공정한 계약 체결을 강요한다. 불공정한 소작계약이나 하도급계약 등이 그 예다.

우리 헌법은 이런 나쁜 독과점 형태를 '**시장의 지배와 경제력의 남용**'으로 표현하고 있다.

> 헌법 제119조 ② 국가는 균형 있는 국민경제의 성장 및 안정과 적정한 소득의 분배를 유지하고, 시장의 지배와 경제력의 남용을 방지하며, 경제주체 간의 조화를 통한 경제의 민주화를 위하여 경제에 관한 규제와 조정을 할 수 있다.

이런 나쁜 독과점은 바로 억제해야 한다. 우리 헌법이 복지주의의 핵심 과제가 이런 나쁜 독과점의 해결에 있음을 선언하고 있는 이유다.

시장의 빈익빈 부익부 양극화는 필연

넷째, 빈익빈 부익부 양극화 문제는 그 분배질서의 형태가 어떻든, 모든 분배질서에서 발생한다. 인간 이성의 한계로 인해, 인간이 만든 정의질서에는 모순과 문제점이 있을 수밖에 없기 때문이다.

신을 핑계로 설계한 군주주권 국가 질서에서는 군주와 그를 둘러싼 귀족이, 민족·절대 이성을 핑계로 수립한 독재국가 질서에서는 독재자와 그를 둘러싼 집단들이, 봉건영주나 지방호족의 봉건사회 질서에서는 봉건영주나 지방호족들이, 자본가 중심의 근대 자유방임주의 질서에서는 자본가들이, 그리고 노동자 민주주의로 정의를 이루겠다는 공산주에서는 공산당 주석과 공산당원들이 가진 자, 있는 자들에 속했고 나머지 국민을 없는 자로 남겨 두었다. 심지어 좋은 독과점만으로 이루어진 자유시장주의에서도 양극화 문제를 피할 수 없다.

어떤 형태든 인간의 정의질서는 모두가 빈익빈 부익부 양극화를 초래했다. 다만 정도의 문제가 남아 있을 뿐이다. 그 정도의 차이가 정의 문제라고 볼 수 있다.

아무튼 어떤 국가이든, 이런 양극화로 생긴 사회적 약자를 어떻게 대우할 것인지의 문제에 직면하게 된다. 양극화 문제를 대하는 태도는 크게 둘로 구분된다. 양극화가 생긴 원인을 사회적 약자로 전락한 개인 책임의 문제로 보는 견해와, 사회적 구조·체제의 모순에서 발생한 사회 책임의 문제로 보는 견해로 나뉜다.

이런 견해 차이는 그 해결 방안에 대한 견해와 직결되게 된다. 전자의 경우, 사회적 약자 문제는 개인의 잘못에 기인함으로 국가사회가 책임질 사안이 아닌 게 된다. 다른 부유한 개인이 자비로운 마음으로 적선하는 건 몰라도, 국가가 사회적으로 책임질 과제는 아니라고 본다.

후자의 경우, 사회적 약자 문제는 사회질서 구조의 문제이므로 국가사회가 함께 책임질 문제가 된다. 국가가 적극적으로 나서서 사회적 약자를 지원해서, 사회적 약자가 다시 구성원으로서 분업에 적극적으로 참여할 수 있게 해야 하는 문제적 사안이다.

복지주의는 국가가 자유주의를 원칙으로 채택할 때, 자유주의로 인해서 사회적 약자가 생길 수밖에 없음을 인정하는 주의다. 사회적 약자 문제는 개인의 책임이 아니라, 국가 질서, 특히 자유주의 질서의 문제라고 본다. 외부효과, 공공재, 시장의 독과점에서 파생하는 필연적 사안이라고 본다. 따라서 복지주의에서 국가는 사회적 양극화 문제, 즉 사회적 약자를 어떻게 지원할지를 민주적으로 해결하는 과제를 필연적으로 안게 된다.

자유주의 한계를 잘 알고 있는 우리 헌법

이제 정리하자. 우리 헌법은 자유주의·시장주의의 한계를 잘 파악하고 있다. 그래서 복지주의를 채택하고 있다. 인류 역사 전개의 관점에서 당연한 귀결이었고, 오늘날 선택할 수 있는 최선의 결정이라고 평가할 수 있다.

복지주의 질서에서 핵심 쟁점은 국가가 자유주의의 모순과 한계를 어떤 방법으로 해결할 것인지다. 우리 헌법은 그 방법론을 크게 둘로 구분하고 있다. 하나는 시장질서에 개입하는 방법이고, 다른 하나는 양극화로 인해 발생한 사회적 약자를 지원하는 방법이다. 전자는 분배 과정의 합리화 문제이고, 후자는 분배 결과에 대한 뒤처리 문제다.

전자는 국가가 시장질서를 어떻게 규제·조정해서 양극화를 가능한 한 어떻게 축소할 것인지, 외부효과·공공재·독과점 등 자유주의 폐해를 어떻게 축소할 것인지가 쟁점이다. 후자는 양극화라는 결과물을 어떻게 해결할지, 사회적 약자를 어떻게 지원해서 다시 구성원으로서 분업에 참여하게 할지가 쟁점이다.

헌법은 이 두 과제를 사회적 시장경제질서와 생존권 보장이라는 이름으로 나눠서 정리하고 있다. 헌법은 국가가, 즉 정치인들이 이 두 과제를 성실하게 수행해야 할 책무를 부여하고 있다. 이제 쟁점은 국가 책무의 내용이 무엇인지 체계화할 수 있겠냐에 놓인다. 즉, 누구든지 자유주의 문제점을 쉽게 체계적으로 인식할 수 있고, 그것에 대응하는 아이디어를 어떻게 체계적으로 이룰 수 있냐가 관건이다.

다시 말해, 정치인들 · 국가공무원들이 자유주의 시장경제에 수수방관하며 나 몰라라 하고 회피하는 수준을 어떻게 벗어나서, 자유주의 경제의 난맥을 가려내고 토론하고 대화—결론을 요구하는 것이 아니다—할 수 있느냐이다. 문제의식이 있으면 합리적인 결론은 대화와 토론을 통해서 일정 수준 이상 확보할 수 있기 때문이다.

■ 사회적 시장경제질서

—

자유시장을 통제하는 민주주의

우리 헌법이 자유주의를 원칙으로 구현하는 방법은 기본권 선언에서 시작한다. 기본권은 크게 자유권과 생존권으로 구분되는데, 자유주의는 물론 자유권 기본권 선언으로 구현된다.

헌법은 개개인의 자유를 최대한 보장한다. 개인이 누리고 싶은 모든 사항을 자유권으로 보장한다. 헌법은 그 내용을 제10조부터 열거하고 있다. 여러 차례 언급했듯이 인간의 삶에 필요한 모든 것을 '자유'로 보장한다. 신체 · 생명에 대한 자유권, 양심 · 표현 등 정신에 대한 자유권, 주거 · 통신 · 프라이버시 등 사생활에 대한 자유권, 그리고 물건에 대한 자유권(재산권)을 기본권으로 보장한다. 그리고 헌법이 열거한 자유권

목록에서 빠뜨린 사항을 우려해서 헌법 제37조 제1항은 그 부분마저 보강하고 있다.

> 헌법 제37조 ① 국민의 자유와 권리는 헌법에 열거되지 아니한 이유로 경시되지 아니한다.

국민은 자유권을 행사함으로써 자기 자유를 마음껏 펼친다. 즉 권리의 대상이 된 사물을 자유롭게 사용, 수익하고 자유롭게 처분한다. 처분 개념 속에는 자유롭게 거래하는 개념이 포함되어 있으므로 사람들은 자유권을 통해서 자유주의, 시장주의를 누리게 된다.

그러나 자유권의 보장만으로는 복지주의를 이룰 수 없다. **복지주의의 구현은 국민의 자유권을 제한하는 방법으로 이루어진다.** 헌법 제37조 제2항이 그것이다. 이 조항은 자유주의와 민주주의의 관계를 설정하는 기본조항이다. 이 조항에 따라 국가는 필요한 경우, 자유권을 규제·조정할 수 있다. 국가는 "국가안전보장·질서유지 또는 공공복리"라는 국민 전체의 안전과 자유와 행복을 위해서 자유권을 제한할 수 있다.

> 헌법 제37조 ② 국민의 모든 자유와 권리는 **국가안전보장·질서유지 또는 공공복리**를 위하여 필요한 경우에 한하여 법률로써 제한할 수 있으며, 제한하는 경우에도 자유와 권리의 본질적인 내용을 침해할 수 없다.

이때 자유의 제한은 민주주의에 의한 결정을 의미한다. 헌법 제37조

제2항에서 '법률로써'라고 표현한 부분이다. 국민의 대표기관이 정한 법률로만 자유권을 제한할 수 있다. 이런 점에서, 뒤에서 더 설명하겠지만, 복지주의는 자유주의에 대한 민주주의의 통제다.

자유권의 제한은 무한한가?

국가가 제한할 수 있는 자유권 목록은 한정되어 있지 않다. 국가는 재산권뿐만 아니라 생명, 신체, 정신, 사생활 등에 관한 자유권도 제한할 수 있다. 국가는 사형으로 국민의 생명을 빼앗을 수도 있고, 징역으로 신체의 자유를 한정할 수 있다.

그러나 국가가 제한하는 내용과 수준은 자유의 목록에 따라 다르다. 생명, 신체, 정신, 사생활 등에 관한 제한은 국민 사이에서 큰 차이가 없지만, 재산권에서는 큰 차이를 보인다. 자유주의의 문제점이 주로 가진 자, 있는 자와 못 가진 자, 없는 자의 재산문제에 집중되어 있기 때문이리라. 복지주의에서 국가가 재산권에 개입해서 규제하고 조정하는 것은 아주 자연스러운 일이다.

우리 헌법은 특히 재산권에 대해서 국가가 다양한 규제와 조정을 할 수 있게 하는 조항을 다방면으로 다양하게 두고 있다. 먼저, 재산권을 규율하는 체계가 다른 자유권과 다르다. 생명, 신체, 정신, 사생활 등은 태어나면서부터 자유권에 속해 있다고 선언하지만, 재산권은 법이 정한 방법으로 보장된다고 정하고 있다. 헌법 제23조는 '모든 국민은 재산권을 가진다.'라고 쓰지 않고 있다. 재산권의 내용과 한계를 '법률로 정한다.'라고 정하고 있다.

> 헌법 제23조 ① 모든 국민의 재산권은 보장된다. 그 내용과 한계는 법률로 정한다.

　즉, 국민이 어떤 재산권을 어떤 방법으로 가질지를 국회가 정하게 한 것이다. 재산제도는 국회가 설계한 것이다. 헌법이 직접 정하지 않고 있다. 많은 사람은 소유권이 절대적인 권리인 것처럼 생각하지만, 우리 헌법은 그렇게 보질 않는다. 재산소유권은 법률이 정한 범위 내에서 가지는 권리다. 재산이라고 해서 개인이 모두 가질 수 있는 건 아니다. 바다, 하천, 공기는 개인이 소유할 수 없다.

　재산권이 인정된다고 해서, 그 소유자가 그 재산을 무제한 사용·수익·처분할 수 있는 것도 아니다. 특히, 부동산 재산에 대한 권리는 더욱 그렇다. 많은 사람은 토지 소유권이 절대적인 것으로 생각하지만, 토지 소유권은 이미 보유할 때부터 용적률(토지 위에 건축할 수 있는 건축물의 전체 연면적의 비율), 건폐율(토지 위에 건축할 수 있는 건축물의 1층 부분 면적의 비율)이 규정된 권리다.

　또한 소유권이라고 해서 영원히 내 것으로 남아 있을 수 있는 것도 아니다. 국가는 법률로 그 소유권을 규제·조정할 수도 있고, 때로는 공공복리를 위해서 손쉽게 국가 소유로 바꿀 수도 있다.

> 헌법 제23조 ② 재산권의 행사는 **공공복리**에 적합하도록 하여야 한다.
> ③ **공공필요**에 의한 재산권의 수용·사용 또는 제한 및 그에 대한 보상은 법률로써 하되, 정당한 보상을 지급하여야 한다.

예를 들어 경춘고속도로를 만들 때, 국가는 도로 용지에 해당하는 개인 토지 소유권을 국가 소유로 일방적으로 수용했고, 토지 소유자들은 토지를 모두 국가에 빼앗겼다. 물론 정당한 보상은 받았다.

개인 거래도 규율하는 복지주의

복지주의에서 국가는 개인의 자유권 자체를 제한·규제·조정하는 데 그치지 않는다. **국가는 사회적 시장경제질서라는 이름으로 개인들이 권리를 '거래'하는 부분에 대해서도 규제·조정한다.** 시장이 합리화되고, 민주화되기 위해서 노력하는 것이다.

이때, 국가는 시장에서의 거래가 자칫 어떤 개인, 특히 사회적 약자의 삶을 해칠 위험성에 주목한다. 예를 들어, 근로계약을 보자. 근로계약은 근로자는 노동을 제공하고, 사용자는 돈을 제공하는 거래다. 근로계약은 자칫 근로자를 착취하는 계약이 되어 '우리들과 우리들 자손의 안전과 자유와 행복'을 해치는 결과를 가져올 수도 있다. 이런 위험성을 어떻게 축소할지가 사회적 시장경제질서의 과제다.

이런 과제 해결을 위해, 우리 헌법은 '경제'라는 별도의 장(章)을 둬서, 국가가 시장거래 전반에 개입할 수 있게 하고 있다. 시장에서 불공정하게 다치는 국민이 없을 때, 정의가 실현될 수 있다는 생각이다. 예를 들어, 사기 거래, 폭력 거래, 그리고 독과점 남용 거래를 금지하는 것 등이 그 예다.

헌법 제9장 경제

제119조 ① 대한민국의 경제질서는 개인과 기업의 경제상의 **자유와 창의**를 존중함을 기본으로 한다.

② 국가는 균형 있는 국민경제의 성장 및 안정과 적정한 소득의 분배를 유지하고, 시장의 지배와 경제력의 남용을 방지하며, 경제주체 간의 조화를 통한 경제의 민주화를 위하여 경제에 관한 **규제와 조정**을 할 수 있다.

복지주의는 국가정책의 효율성이 쟁점

이런 복지주의 원리에도 불구하고, 국가가 시장에 언제 어떻게 개입하는 게 정의로운지는 쉬운 판단이 아니다. 더구나 우리 헌법은 그 기준으로 모호하고 추상적인 개념을 쓰고 있다. **국가 안전 보장, 질서 유지, 공공복리, 공공필요, 균형 있는 국민경제의 성장 및 안정, 적정한 소득 분배, 시장지배와 경제력 남용의 방지, 경제주체 간의 조화, 경제의 민주화** 등이다. 마치 코에 걸면 코걸이, 귀에 걸면 귀걸이가 될 듯하다. 그 정책이 좋기만 하다면 국가는 아무 정책이나 모두 다 할 수 있다고 착각할 정도다.

물론 이런 추상 용어를 사용한 데에는 이유가 있다. 오늘날 복지주의가 수행해야 할 과제가 구체적으로 특정되기 어렵기 때문이다. 끊임없이 변하는 국제적·국내적 상황을 헌법은 직접 예측하기도 어렵고, 그 시점·그 상황에 가장 효율적인 정책이 무엇인지를 미리 정하기도 힘들다. 이에 헌법은 그 최선의 정책을 찾는 과제를 현직의 국회의원과 대통령에게 위임한 것이다. 물론 막연한 위임은 아니다. 책임을 부여한 위임이다.

더 어려운 문제는 국가가 사용할 수 있는 자원이 한정되어 있다는 점이다. 한정된 자원은 국가가 할 수 있는 일을 한정한다. 국가는 우선순위를 정해야 한다. 이 시대, 이 상황에 가장 필요한 과제가 무엇인지를 선택해야 한다. 이런 점에서 헌법은 국회나 대통령에게 막연히 아무거나 좋은 것을 하면 된다고 위임한 것은 아니다.

오늘날 많은 정치인은 국민에게 좋은 것을 해 주겠다고 선전한다. 국가권력을 이용해서 공익을 달성하겠다고 약속한다. 이것저것 좋다는 것은 모두 나열한다. 그러나 정작 중요한 것은 이 시대, 이 상황에서 필요한 정책이 무엇인지를 확인하는 일이다. 그 문제의식이 없다면 그 정치인은 무책임·무능·무지의 정치를 감행할 뿐이다. 대충 떠오르는 대로, 그때그때 발상에 따라 하는 정치는 국가를 파멸로 이끌 뿐이다. 국가자원을 허투루 낭비하는 것이기 때문이다.

국가정책 대상의 구체적 목록들

여기에서 국가정책의 효율성 문제가 제기된다. 선택의 문제가 제기된다. 이런 경우 법은 상황을 분류하는 방법을 이용하기도 한다. 그러나 헌법은 그것마저도 고정적으로 정하지 않았다. 끊임없이 변하는 시대와 상황 속에서 국회와 대통령이 올바르게 판단할 것을 요구하고 있다.

그렇다고 헌법이 기준 제시를 아주 포기한 것은 아니다. 오히려 **분명한 주춧돌 기준을 제시하고 있다. 헌법 서문은 '우리들과 우리들 자손**

의 안전과 자유와 행복'을 영원히 확보하기 위한 정책이라고 말한다. 국민의 삶이 기준이라는 것이다. 그리고 자유주의가 원칙이라고 선언하는 것은 국가는 자유주의 시장의 문제점을 주목하라는 의미다. 이런 관점에서 국회와 대통령은 민주 절차에 따른 대화와 토론을 통해서 그 시대, 그 상황에 맞는 정책을 찾으라는 것이 헌법적 요청이다.

이 요청을 따르는 방법은 관점에 따라 다양할 수 있다. 여기에서는 하나의 방법론을 제시하고자 한다. **이 시대, 이 상황에 맞는 효율적인 정책, 우선순위의 정책을 선택하려면, 시대와 상황을 반영하는 정책 체크목록을 갖고 있어야 한다**는 것이다.

다행스러운 것은 이런 목록을 새롭게 만드는 수고를 하지 않아도 된다는 점이다. 이미 많은 자료가 나와 있다. 그 자료 중 어떤 자료가 중요한 목록이냐에 주목하면 된다.

그 목록의 중요성 판단에서도 역시 헌법이 제시한 기준은 아주 중요한 길잡이가 된다. '우리들과 우리들의 자손의 안전과 자유와 행복'을 영원히 확보하는 것이 국가의 목적이고, 자유시장주의를 원칙으로 채택하고 있으므로, 국가가 추구할 것은 두 가지가 된다. 하나는 국부를 증대시켜서 국민이 나눠 가질 파이를 키우는 것이고, 다른 하나는 증대된 국부를 공정하게 분배하는 것이다. 국부를 증대하기 위해서는 생산이 증대되어야 하고, 국부의 분배가 공정하기 위해서는 국민이 풍족하게 소비할 수 있어야 한다.

이런 관점에서 **생산자 물가지수와 소비자물가지수는 국가가 주목해야 하는 주된 지표가 된다.** 이들 지수의 구성요소에 포함된 항목은 생산자 기업이 국부를 증대하는 데 필요한 재화와 서비스이고, 소비자 국민이 삶을 영위하는 데 필요한 재화와 서비스이다. 이들 재화와 서비스가 원활하게 공급되는지, 그리고 소비자 국민이 그 재화와 서비스를 풍요롭게 누리는지를 점검하는 것이다.

구체적으로 소비자물가지수를 살펴본다. 소비자물가지수에 포함된 구성요소들은 국민이 무엇을 얼마나 분배받고 있는지를 확인하는 자료가 된다. 소비자물가지수는 한국은행은 2023년 현재 가구에서 일상 소비생활을 영위하기 위해 구입하는 상품과 서비스 458개 품목을 선정한 뒤, 그 가격 변동을 측정해서 산정한 지수다. 지출목적별 품목 및 가중치의 분류 중 중요 사항만 제시해 본다. 이들 요소를 살펴보면, 국민이 살아가는 데 무엇을 필요로 하는지를 한눈에 파악할 수 있다. 국가는 이것을 주목해야 한다. 이것이 소위 '민생'이다.

대	중분류	분류명	가중치
			1000.0
01		식료품 및 비주류 음료	154.5
	01.1	식료품	144.2
		빵 및 곡물	24.0
		육류	30.4
		채소 및 해조	18.4
	01.2	비주류 음료	10.3
02		주류 및 담배	16.5
03		의류 및 신발	48.6
04		주택, 수도, 전기 및 연료	171.6
	04.1	주택 임차료	98.3

	04.3	주거시설 유지 · 보수	10.2
	04.4	수도 및 주거관련 서비스	30.4
		상하수도료	7.9
	04.5	전기, 가스 및 기타 연료	32.7
		전기	15.5
		가스	13.6
05		**가정용품 및 가사 서비스**	**53.9**
	05.1	가구, 가사비품 및 카페트	10.1
	05.2	가정용 섬유제품	3.5
	05.3	가정용 기기	21.4
	05.4	주방용품 및 가정용품	4.5
	05.5	가정 · 정원용 공구 및 장비	3.2
	05.6	일상 생활용품 및 가사 서비스	11.2
06		**보건**	**87.2**
	06.1	의료용품 및 장비	36.2
		의약품	25.0
		의료용품 및 치료기기	11.2
	06.2	외래환자 서비스	37.6
	06.3	병원 서비스	13.4
07		**교통**	**106.0**
	07.1	운송장비	32.5
	07.2	개인운송장비 운영	52.8
	07.3	운송 서비스	20.7
		철도 여객운송	4.1
		도로 여객운송	12.1

		항공 여객운송	1.8
		복합 여객운송	2.7
08		통신	48.4
	08.1	우편 서비스	0.1
	08.2	전화 및 팩스 장비	11.0
	08.3	전화 및 팩스 서비스	37.3
09		오락 및 문화	57.5
	09.1	음향, 영상, 사진 및 정보처리 장비	9.6
	09.2	기타 오락 및 문화용 주요 내구재	0.7
	09.3	기타 오락, 조경 및 애완동물	12.1
	09.4	오락 및 문화 서비스	24.9
	09.5	신문, 서적 및 문방구	6.3
	09.6	단체여행	3.9
10		교육	70.3
	10.1	유치원 및 초등교육	1.9
	10.2	중등교육	0.0
	10.3	고등교육	15.9
	10.4	기타 교육	52.5
		학원 및 보습교육	48.0
11		음식 및 숙박	131.3
	11.1	음식 서비스	126.7
	11.2	숙박 서비스	4.6
12		기타 상품 및 서비스	54.2
	12.1	미용용품 및 미용 서비스	26.1
	12.3	기타 개인용품	6.3

| 12.4 | 기타 서비스 | 21.8 |

* 한국은행. 소비자물가지수 통계설명자료 (필자가 자료 일부를 소거하는 방식으로 수정하였다)

소비자물가지수에 포함된 요소들은 국민의 삶에서 무엇이 중요한지를 보여 준다. 국민이 재화와 서비스를 어떤 비중으로 소비하는지, 왜 식량과 에너지가 국가안전보장과 연결되는지, 국민의 삶이 평안하기 위해서 국가가 어떤 분야를 정비해야 하고 무엇을 대비해야 하는지를 보여 준다.

이 지표는, 정치인들이 '민생'을 이야기할 때, 그 민생의 항목이 무엇인지를 보여 준다. 정치인들은 막연히 '민생', '물가'에 문제가 있다고 말할 것이 아니라, 현재 이 상황의 국민 삶에서 교통에 문제가 있는지, 통신에 문제가 있는지, 주택에 문제가 있는지, 에너지에 문제가 있는지를 구체적으로 지적해서 공론화해야 한다. 그 분야에 어떤 문제가 있고, 또는 앞으로 어떤 난항이 예상되니, 어떤 대처가 필요하다고 구체적으로 대화하고 토론해야 한다.

종종 정치인들이 민생을 살펴본다고 재래시장을 방문하곤 하는데, 이때 먼저 소비자물가지수에 기재된 물건 가격을 확인한 후 시장 방문을 시도한다면 민생을 더 정확히 이해할 수 있다고 본다.

위 표에서 **대분류 4항 주택, 수도, 전기 및 연료 항목의 가중치가 1,000분의 171.6으로 설정되어 있는데, 이는 아주 심각한 오류라고 본다.** 실제 우리 국민의 삶을 살펴보면, 주거비용이 차지하는 비중이 3분의 1 내지 절반 가까이 된다. 그런데 겨우 17% 정도로 가중치를 부여한 것은 우리나라 소비자물가지수 지표가 국민의 실제 삶과 괴리되어 있음을 보여 준다.

소위 진보정권으로 분류되는 노무현, 문재인 정권 내내 주택매매가격 및 임대차 가격이 대략 2배로 올랐음에도 불구하고, 소비자물가지수는 거의 오르지 않았다는 통계를 보여 주었는데, 이는 이런 지표가중치에 문제점이 있었음을 잘 드러낸다.

미국의 경우, 주거비용의 가중치를 100분의 34.9로 설정하고 있다. 이런 미국 지표에 따라, 당시 우리나라 소비자물가지수를 계산하였다면 정부는 엄청난 주택발 인플레이션 문제를 인지했을 것이고, 국민의 삶을 심각하게 고민했을 것이다. 그러나 당시 정부는 국민의 삶이 피폐해지는 것에는 눈을 감고 있었다고 본다. 주택가격과 그 거래량이 증가하면서, GDP 숫자가 커지는 효과가 있었는데, 정부는 이를 두고 경제가 성장했다고 선전하기에 바빴던 것이다.

Indent Level	Expenditure category 분류	Relative importance 가중치
0	All items	100.000
1	Food	13.372
2	Food at home	8.552
3	Cereals and bakery products	1.157
3	Meats, poultry, fish, and eggs	1.780
3	Dairy and related products	0.780
3	Fruits and vegetables	1.466

3	Nonalcoholic beverages and beverage materials	1.033
3	Other food at home	2.337
2	Food away from home(1)	4.820
1	Energy	7.185
2	Energy commodities	3.915
3	Fuel oil(1)	0.136
3	Motor fuel	3.722
4	Gasoline (all types)	3.628
2	Energy services	3.270
3	Electricity 전기	2.562
3	Utility (piped) gas service	0.709
1	All items less food and energy	79.443
2	Commodities less food and energy commodities	20.954
3	Apparel	2.555
3	New vehicles	4.237
3	Used cars and trucks	2.556
3	Medical care commodities(1)	1.458
3	Alcoholic beverages	0.834
3	Tobacco and smoking products(1)	0.498
2	Services less energy services	58.489
3	Shelter 주거	34.863
4	Rent of primary residence	7.614
4	Owners' equivalent rent of residences(2)	25.696

3	Medical care services	6.324
4	Physicians' services(1)	1.782
4	Hospital services(1)(3)	1.941
3	Transportation services 교통	5.966
4	Motor vehicle maintenance and repair(1)	1.138
4	Motor vehicle insurance	2.770
4	Airline fares	0.519

* 미국 고용통계국(U.S. Bureau of Labor Statistics), Consumer Price Index for All Urban Consumers(CPI–U): U.S. city average, by expenditure category, October 2023

생산자 물가지수에 대한 논의는 생략하기로 한다. 우리나라의 경우, 수출입이 GDP 성장에 지대한 영향을 미치고 있으므로 국가는 생산자 물가지수와 관련해서 수입물가지수에 대해서는 함께 주목해야 한다고 본다.

국가는 생산자 기업이 안정적으로 재화와 서비스를 생산하기 위해서 어떤 재화와 서비스의 공급에 애로가 발생하는지를 항상 점검하고 대처해야 한다. **국가는 원유 등 에너지, 금속 기타 원자재, 생산에 필요한 소재, 부품, 장비의 수급 및 가격 변동에 주의해야 한다.**

너무 간단하고 쉬워서 유치해 보일 수도 있지만, 소비자물가지수와 생산자 물가지수의 구성요소를 살펴보면서, 그 시대, 그 상황에서 쟁점이 되는 요소가 무엇인지를 확인하고, 그것을 관리하는 것이 국가의 과제다. 때로는 에너지가 쟁점이 되고, 때로는 식량이 쟁점이 될 수 있다. 국가가 국정을 운영한다는 것은, 국민의 생산과 소비에 애로가 발생하지 않도록 한다는 것이다. 이것이 오늘날 현대 복지국가의 역할이다. 그리고 이것이 정치인의 역할이다.

아쉽게도, 우리나라 많은 정치인은 경제와 정치를 철저히 분리한 뒤 정치인은 정치만 할 뿐, 경제는 몰라도 된다는 식으로 생각한다. 복지주의 원리를 모르는 소치이고, 국가가 존재하는 이유를 모르는 소치다. 국민이 국가를 이룬 목적이 분배의 정의라면, 국가는 분배 문제를 도외시할 수 없다. 정치인이 경제 문제 · 분배 문제에 눈을 감는다면, 소경이 국민의 길을 인도하겠다는 셈이 된다. 정치인은 경제전문가는 아닐지라도, 경제와 분배 문제를 늘 염려하고 있어야 한다.

공공재의 목록들

시장질서를 합리화하기 위해 국가가 운용하는 수단 중 하나가 공공재 공급이다. 공공재가 무엇인지는 '공익사업을 위한 토지 등의 취득 및 보상에 관한 법률(약칭: 토지보상법)'이 정리하고 있다. 제4조는 다음과 같이 정하고 있다.

> 제4조(공익사업) 이 법에 따라 토지등을 취득하거나 사용할 수 있는 사업은 다음 각 호의 어느 하나에 해당하는 사업이어야 한다.
> 1. **국방 · 군사에** 관한 사업
> 2. 관계 법률에 따라 허가 · 인가 · 승인 · 지정 등을 받아 공익을 목적으로 시행하는 **철도 · 도로 · 공항 · 항만 · 주차장 · 공영차고지 · 화물터미널 · 궤도(軌道) · 하천 · 제방 · 댐 · 운하 · 수도 · 하수도 · 하수종말처리 · 폐수처리 · 사방(砂防) · 방풍(防**

風) · 방화(防火) · 방조(防潮) · 방수(防水) · 저수지 · 용수로 · 배수로 · 석유비축 · 송유 · 폐기물처리 · 전기 · 전기통신 · 방송 · 가스 및 기상 관측에 관한 사업

3. 국가나 지방자치단체가 설치하는 **청사 · 공장 · 연구소 · 시험소 · 보건시설 · 문화시설 · 공원 · 수목원 · 광장 · 운동장 · 시장 · 묘지 · 화장장 · 도축장 또는 그 밖의 공공용 시설**에 관한 사업

4. 관계 법률에 따라 허가 · 인가 · 승인 · 지정 등을 받아 공익을 목적으로 시행하는 **학교 · 도서관 · 박물관 및 미술관** 건립에 관한 사업

5. 국가, 지방자치단체, 「공공기관의 운영에 관한 법률」 제4조에 따른 공공기관, 「지방공기업법」에 따른 지방공기업 또는 국가나 지방자치단체가 지정한 자가 임대나 양도의 목적으로 시행하는 **주택 건설 또는 택지 및 산업단지 조성**에 관한 사업

6. 제1호부터 제5호까지의 사업을 시행하기 위하여 필요한 통로, 교량, 전선로, 재료 적치장 또는 그 밖의 부속시설에 관한 사업

7. 제1호부터 제5호까지의 사업을 시행하기 위하여 필요한 주택, 공장 등의 이주단지 조성에 관한 사업

8. **그 밖에 별표**에 규정된 법률에 따라 토지 등을 수용하거나 사용할 수 있는 사업

이들 공공재를 분야별로 분류해 보면, 다음과 같다.

- 국가안전보장: **국방 · 군사**

- 에너지: **석유비축** · 송유 · 폐기물처리 · **전기** · **가스**
- 교통: **철도** · **도로** · 공항 · 항만 · 주차장 · 공영차고지 · 화물터미널 · 궤도(軌道)
- 수자원: 하천 · 제방 · 댐 · 운하 · **수도** · **하수도** · 하수종말처리 · 폐수처리 · 저수지 · 용수로 · 배수로
- 식품: 도축장
- 보건: 보건시설
- 주택: **주택 건설 또는 택지**
- 정보통신: **전기통신** · **방송** · 기상 관측
- 학문, 연구: **학교** · 도서관 · 박물관 및 미술관 · 연구소 · 시험소
- 문화 · 체육: 문화시설 · 공원 · 수목원 · 광장 · 운동장
- 유통: 시장
- 산업육성: 산업단지 조성
- 방재: 사방(砂防) · 방풍(防風) · 방화(防火) · 방조(防潮) · 방수(防水)
- 장례: 묘지 · 화장장

이들 목록은 국민이 어떤 재화와 서비스를 공급받아서 살고 있는지, 그 재화와 서비스 중 그냥 시장에 맡겨 둘 수 없는 항목이 무엇인지를 보여 준다. 국가는 이들 재화와 서비스를 민영화할 경우 서민 대중의 삶이 더 풍요로워지는지, 오히려 독과점으로 삶이 피폐해지는지를 판단해야 한다.

물론 공공재라고 해서 무조건 국가가 직접 공급해야 하는 것은 아니다. 가장 합리적인 공급 방법을 찾기 위해서 정부와 대통령은 민주 절차

에 따라 대화와 토론을 거듭해야 한다.

시장마다 다른 독과점 형태

국가가 해야 할 과제 중 가장 중요한 것은, 시장 독과점에 주목하는 일이다. 헌법 제119조 제2항은 '시장의 지배와 경제력의 남용'을 명시하면서, 그것을 방지할 것을 국가의 사명으로 선언하고 있다. 이는 자유주의의 가장 문제점이 시장의 독과점임을 잘 보여 준다.

> 제119조 ② 국가는 균형 있는 국민경제의 성장 및 안정과 적정한 소득의 분배를 유지하고, 시장의 지배와 경제력의 남용을 방지하며, 경제주체 간의 조화를 통한 경제의 민주화를 위하여 경제에 관한 **규제와 조정**을 할 수 있다.

위 조문 아래에 열거한 경제조항들(제120조 내지 제127조)은 시장별로 국가가 어떻게 규제하고 조정할 것인지를 예시적으로 보여 주는 규정들이다. 이들 규정에 정함이 없다고 하더라도, 위 제119조 제2항에 근거해서 국가는 시장의 독과점을 규제하고 조정할 수 있다.

개별적인 경제조항들은 국가정책의 방향과 내용을 한정하기보다는 부동산시장 · 금융시장 · 노동시장 · 에너지시장 · 자원시장 · 유통시장 · 농어촌시장 등 각 시장에 따라 독과점 형태가 다를 수 있고, 그 독과점 형태에 따라 국가정책이 다를 수 있다는 점을 보여 주는 것이라고 본다.

이런 점에서, 여기에서 모든 시장을 개별적으로 검토할 필요는 없다. 다만, 국가가 시장을 규제하고 조정할 때 반드시 물어야 하는 질문을 제시한다. "이 시장에는 어떤 형태의 독점이 형성되어 있나? 그 독점은 좋은 독점인가, 나쁜 독점인가? 이 시장에서는 누가 이득을 보고, 누가 손해를 보나? 국가가 할 수 있는 정책은 무엇인가? 그 정책이 시장에 어떤 영향을 미치는가? 그 궁극적 효과가 서민 대중에게 바람직한 결과인가, 아니면 시장의 모순을 더 악화시키는 것인가?"라는 질문이다.

위에서도 설명했듯이 국가가 최저임금을 인상하는 정책을 설계할 때라면 그 경제적 효과가 어떤 국민에게 미치는지, 그 결과 서민들의 삶이 더 향상되는지, 국부 증대에 도움이 되는지 등을 시뮬레이션해야 한다. 서민을 위한다는 감성적인 정치적 구호를 위해서 정책을 수립해서는 안 된다. 국가는 서민 대중의 삶에 실질적으로 도움이 되는 정책을 연구하고 시행해야 한다.

자세한 논의는 피하기로 하고, 헌법 제9장 '경제'에서 정하는 개별조항을 제시하면서 이 부분의 설명을 마친다.

제120조 ① **광물 기타** 중요한 지하자원 · 수산자원 · 수력과 경제상 이용할 수 있는 자연력은 법률이 정하는 바에 의하여 일정한 기간 그 채취 · 개발 또는 이용을 특허할 수 있다.

② **국토**와 자원은 국가의 보호를 받으며, 국가는 그 균형 있는 개발과 이용을 위하여 필요한 계획을 수립한다.

제121조 ① 국가는 **농지**에 관하여 경자유전의 원칙이 달성될 수 있도록 노력하여야 하며, 농지의 소작제도는 금지된다.

② 농업생산성의 제고와 농지의 합리적인 이용을 위하거나 불가피

한 사정으로 발생하는 농지의 임대차와 위탁경영은 법률이 정하는 바에 의하여 인정된다.

제122조 국가는 국민 모두의 생산 및 생활의 기반이 되는 **국토**의 효율적이고 균형 있는 이용·개발과 보전을 위하여 법률이 정하는 바에 의하여 그에 관한 필요한 제한과 의무를 과할 수 있다.

제123조 ① 국가는 **농업 및 어업**을 보호·육성하기 위하여 농·어촌종합개발과 그 지원등 필요한 계획을 수립·시행하여야 한다.

② 국가는 **지역** 간의 균형 있는 발전을 위하여 지역경제를 육성할 의무를 진다.

③ 국가는 **중소기업**을 보호·육성하여야 한다.

④ 국가는 **농수산물**의 수급균형과 유통구조의 개선에 노력하여 가격안정을 도모함으로써 농·어민의 이익을 보호한다.

⑤ 국가는 농·어민과 중소기업의 자조조직을 육성하여야 하며, 그 자율적 활동과 발전을 보장한다.

제124조 국가는 건전한 소비행위를 계도하고 생산품의 품질향상을 촉구하기 위한 **소비자보호**운동을 법률이 정하는 바에 의하여 보장한다.

제125조 국가는 대**외무역**을 육성하며, 이를 규제·조정할 수 있다.

제126조 국방상 또는 국민경제상 긴절한 필요로 인하여 법률이 정하는 경우를 제외하고는, 사영기업을 **국유 또는 공유**로 이전하거나 그 경영을 통제 또는 관리할 수 없다.

제127조 ① 국가는 **과학기술**의 혁신과 정보 및 인력의 개발을 통하여 국민경제의 발전에 노력하여야 한다.

② 국가는 국가표준제도를 확립한다.

③ 대통령은 제1항의 목적을 달성하기 위하여 필요한 자문기구를 둘 수 있다.

■ 생존권 보장

—

생존권은 필연적 권리

이제 생존권 부문을 살펴보자. 자유주의 원칙에 따르면 빈익빈 부익부 양극화는 필연이다. 사회적 약자가 발생할 수밖에 없다. 태어나면서부터 신체적·정신적 장애에 시달릴 수도 있고, 살아가면서 시장거래에 실패해서 파산하거나 실직할 수도 있다. 어린이·청소년·학생과 같이 시장진입을 준비하는 사람일 수도 있고, 노인처럼 시장에서 물러난 사람일 수도 있다.

자유방임주의는 이들 사회적 약자가 시장에서 제대로 '내 몫'을 챙기지 못해서 약자로 전락한 것은 그들 개인의 책임이라고 몰아세운다. 이성적으로, 합리적으로 생각하지 못했다고 비난한다. 가진 자가 기부·적선해서 그들을 도와주는 것은 몰라도, 국가가 나서서 그들을 돕는 것은 책임 회피를 조장할 뿐이라고 방관한다.

그러나 복지주의를 따르는 우리 헌법은 그렇게 보지 않는다. 비록 시장에서 패배하거나, 시장에 아직 진입하기 전이거나, 시장에서 물러나 있어도, 모든 국민은 정치·경제·사회·문화 영역에서 각자 분업하고 있는 것으로 간주한다. 어린이·청소년은 미래산업을 위해서 성장하고 있고, 나이 든 사람들은 더 경쟁력 있는 젊은이들이 일하도록 물러나 있다고 보는 것이다. 시장에서 패배한 사람은 독과점을 허용하고 있는 자유주의 구조의 본질적 한계가 낳은 어쩔 수 없는 결과다.

게다가 시장에서 패배한 파산자의 가난은 그 개인이 잘못한 부분이 없다고 하더라도, 그 영향으로 그들의 자녀까지 시장에 진입할 기회를 상실하는 된다면 그것은 국가적 낭비다. 현재의 빈부 격차는 미래 세대를 차별하는 근거가 될 수 없다. 그 형태가 어떻든, 모든 국민이 "각인의 기회를 균등히 하고, 능력을 최고도로 발휘하게 [해서] … 우리들과 우리들의 자손의 안전과 자유와 행복을 영원히 확보"하는 것이, 현재와 미래 대한민국의 발전이겠기 때문이다.

이에 헌법은 누구든지 최소한의 생존권은 보장받아야 한다고 선언한다. 자유주의 시장에서 없는 자가 될 수는 있으나, 그 없음의 정도가 최소한의 인간다운 생활을 하는 수준 이상이어야 한다고 헌법은 말한다. 국가는 사회보장, 사회복지의 증진에 노력해야 할 '의무'를 지고 있다.

> 헌법 제34조 ① 모든 국민은 인간다운 생활을 할 권리를 가진다.
> ② 국가는 사회보장 · 사회복지의 증진에 노력할 의무를 진다.

자유권과 생존권은 동전의 양면

그러면, '무엇이 인간다운 생활인가'라는 질문이 생긴다. 동어반복적이지만, 인간다운 생활이란 사람이 인간답게 살아가는 데 필요한 최소한의 삶이다. 우리 헌법은 그 내용을 비교적 체계적으로 잘 정리하고 있다.

헌법은 역사를 거치면서 사람이 살아가면서 필요한 것을 하나씩 기본권으로 정립해 왔다. 당연히 먼저 '자유권'으로 정립했다. 우리 헌법은 그것을 분야별로 잘 정리하고 있다. 기본권은 인간 삶의 필요성의 관점에서 분류할 수 있다. 기본권 자체가 인간의 삶에 필요해서 하나씩 보장한 것이기 때문이다.

사람이 살아가는 데 필요한 건, 크게 자기 자신의 존재에 관한 것과 자기 자신과 떨어진 존재로 나눌 수 있다. 그리고 자기 존재는 다시 육체와 정신으로, 자기와 떨어진 존재는 다른 사람과 물건으로 나눌 수 있다. 나의 관점에서, 내가 잘 살아가기 위해서 나의 육체가 보전되어야 하고, 나의 정신이 함양되어야 하고, 다른 사람들과 관계를 맺어야 하고, 물건을 이용할 수 있어야 한다. 이런 삶의 요소들이 법적으로 보장될 때, 사람은 사람답게 살아갈 수 있다.

우리 헌법은 이런 생각을 그대로 받아들이고 있다. 나의 육체에 관하여 생명권·신체의 자유를, 나의 정신에 관하여 양심·종교·표현 등 정신의 자유를, 다른 사람과의 특별한 관계에 관하여 주거·통신·가족관계 등 사생활의 자유를, 그리고 물건에 관하여 재산권을 자유권적 기본권으로 보장한다. 즉, 누구도 함부로 침해할 수 없게끔 보장한다. 이들 자유권을 통해서, 나는 이들 삶의 요소를 '내 것'으로 마음껏 자유롭게 누리면서 사람답게 살아갈 수 있다.

각자가 이들 자유권을 자유롭게 누리는 것이 모든 국민 전체의 분배에 정의롭다는 자유주의다. 그러나 자유주의(시장주의)는, 누차 말했듯이, 빈익빈 부익부, 강자와 약자, 있는 자와 없는 자의 양극화 현실을 초래한다.

복지주의는 사회적 약자가 인간다운 삶을 사는 데 필요한 기본적인 생활 여건을 공급한다는 것인데, 그 생활 여건 또한 '인간의 삶에 필요한 요소'들이다. 따라서 헌법이 '자유권적 기본권'으로 보장하는 내용과 같은 것을 '인간다운 삶'에 필요한 것이라고 생각할 수 있다.

오늘날 헌법은 인간다운 삶에 필요한 생활 여건을 또 기본권으로 보장하고 있는데, 그 기본권을 '자유권'에 대응해서 '생존권'이라고 한다. 각자의 자유권 행사로 발생한 사회적 양극화로 인해서, 어떤 국민은 육체·정신·사생활·재산이 없어서 삶 자체가 무너지는 상황에 처하게 되는데, 그 사회적 문제를 생존권으로 해결하겠다는 것이다. 누구든지 적어도 인간으로서의 존엄을 유지하고, 건전한 민주시민으로서 운신할 수는 있게 하겠다는 취지다.

그러면 **무엇이 생존권의 내용이 되겠는가가 관건이다.** 이 또한 인간의 삶에 기본적으로 필요한 것일 수밖에 없다. 자유권이 인간의 삶에 꼭 필요한 것을 보장했듯이, 생존권도 인간의 삶에 기본적으로 필요한 요소를 보장한다. 논리적으로, 자유권과 생존권의 내용이 겹칠 수밖에 없다.

실제로 그렇다. 우리 헌법이 보장하는 생존권을 보면 바로 알 수 있다. **인간의 삶에 필요한 자유 요소가 넷이었듯이, 인간의 삶에 필요한 생존 요소 또한 넷이다.**

육체와 관련해서 생명권, 신체의 자유가 자유권으로 보장되었듯이, 생존권으로는 보건권이 보장된다. 정신과 관련해서 양심·종교·표현의 자유가 보장되었듯이, 생존권으로는 정신을 함양할 수 있도록 교육을 받을 권리가 보장된다. 사생활과 관련해서 주거ㆍ가족관계 등이 자유권으로 보장되었듯이, 생존권으로서는 사생활에 꼭 필요한 쾌적한 주거 공간을 공급받을 권리가 보장된다. 마지막으로 재산과 관련해서 사유재산권이 보장되었듯이, 생존권으로서는 국가가 사회보장ㆍ사회복지를 보장해야 한다는 의무조항이 규정되어 있다.

이들 생존권에 필요한 재화와 서비스를 국가가 공급해야 한다는 것이 복지주의 과제 중 하나가 된다.

다음은 우리 헌법이 규정하고 있는 자유권과 생존권 규정의 조항 대비다. 현행 헌법은 내용의 관련성보다는 자유권, 생존권의 구분을 기준으로 조문 순서를 정했다. 따라서 인간의 삶에 필요한 요소의 내용이 같은 것인데도, 조항이 따로 멀리 떨어져 있다.

그러나 인간의 삶에 필요한 요소들이 한편으로는 자유권으로, 다른 한편으로는 생존권으로 동시에 보장된다는 것을 주권자 국민이 분명하게 이해하는 게 중요하다. 그래야 복지주의의 의미를 바로 인식할 수 있기 때문이다. 이에 여기에서는 요소별로, 자유권 조항과 생존권 조항을 한데로 모아서 보여 준다. 다음에 헌법을 개정할 때에는 이들 조항을 함께 붙여서 규정하길 바란다.

〈신체〉
헌법 제12조 ① 모든 국민은 신체의 **자유**를 가진다.
제36조 ③ 모든 국민은 **보건**에 관하여 국가의 보호를 받는다.

〈정신〉

제19조 모든 국민은 양심의 **자유**를 가진다.

제20조 ① 모든 국민은 종교의 **자유**를 가진다.

헌법 제31조 ① 모든 국민은 능력에 따라 균등하게 **교육**을 받을 권리를 가진다.

③ 의무교육은 무상으로 한다.

〈사생활〉

헌법 제17조 모든 국민은 사생활의 비밀과 **자유**를 침해받지 아니한다.

제16조 모든 국민은 주거의 **자유**를 침해받지 아니한다.

제35조 ③ 국가는 주택개발정책 등을 통하여 모든 국민이 쾌적한 **주거생활**을 할 수 있도록 노력하여야 한다.

〈재산〉

제23조 ① 모든 국민의 **재산권**은 보장된다.

헌법 제34조 ① 모든 국민은 인간다운 생활을 할 권리를 가진다.

② 국가는 **사회보장** · **사회복지**의 증진에 노력할 의무를 진다.

세계 으뜸, 대한민국 보건 제도

이제 분야별로 우리나라 생존권 보장의 현실을 살펴본다. 먼저 생명 · 신체 부분이다. 우리 헌법은 먼저 제12조를 통해서 신체의 자유를 자유권으로 보장한다. 누구나 자기 신체를 건강하게 하고, 건강한 몸으로 자유롭게 다니는 것은 각자 자유다. 그리고 권리로 보장된다. 누구도 함부로 침해할 수 없다. 그 권리의 행사로 사람들은 체력을 단련하고 온 세상을 자유롭게 돌아다닌다. 이는 자유주의를 원칙으로 구현하고 있는 한 형태다.

한편, 복지주의 헌법은 누구든지 어떤 사정으로 질병이나 재해, 사고로 건강을 잃거나 해칠 경우가 있고, 그것이 인생 전반에 치명적일 수 있음을 알고 있다. 즉, 불행하게 암에 걸린 경우, 환자 본인은 자신의 병으로 인해 가족 전체가 의료비로 파산할 수 있음을 안다.

이에 우리 헌법은 제12조 신체의 자유권에 대응해서, 제36조 제3항 보건 조항을 생존권으로 대비하고 있다. 헌법 제36조 제3항은 국가가 모든 국민의 '보건'을 보호할 것을 선언한다. 이 보건 조항에 기초해서 우리나라 국회는 국민건강보험법을 제정해서 시행하고 있다.

우리나라 건강보험 제도는 전 세계 사람들이 부러워한다. 복지주의가 추구하는 균형점, 중용을 찾아낸 성공 사례다. 미국 버락 오바마(Barack Obama, 미국 대통령, 1961~) 대통령은 우리나라 의료보험제도를 미국에 도입하려고 노력을 기울이며 시도했으나, 미국의 의사, 의료기업, 특히 사보험(私保險) 업계 등 기득권층의 반대로 결국 실패했다.

사람에 따라서는 우리나라 건강보험을 국가의 공보험(公保險)으로 관리하지 말고, 미국처럼 사보험으로 관리하는 게 옳다고 주장한다. 사보험 제도가 자유주의 · 시장주의 원칙에 따라야 하고, 또 부합한다는 것이 주장의 근거다.

그러나 미국의 현실은 보건 문제를 자유주의 · 시장주의에 맡겼을 때 어떤 결과를 가져오는지를 잘 보여 준다. 대부분 서민 대중은 건강보험료가 너무 비싸서 건강보험에 가입할 수 없다. 그렇다고 저가의 싸구려 건강보험을 들게 되면 의료서비스를 제대로 공급받을 수 없다.

이미 이야기했지만, 미국에서 맹장을 수술하면 의료비로 500만 원에서 1천만 원을 내야 한다. 맹장 수술에 두세 달 월급을 써야 한다. 서민 대중에게는 치명적인 타격이다. 만일 더 큰 질병을 얻거나 큰 사고로 치료를 받게 되면 가산을 탕진하게 된다. 하루아침에 중산층이 하층민으로 전락하는 일이 생기게 된다.

자유주의 시장에 그냥 맡기고 있으면 필연적으로 생기는 이런 일을 방지하기 위해서 마련된 것이 공보험이다. 우리나라 건강보험 제도다. 미국 현실이 좋은지, 우리나라 현실이 좋은지를 비교해 보면, 단순히 덮어 놓고 시장주의·자유주의만 신봉할 일이 아니다. 우리나라 건강보험 제도는 반드시 지속되어야 할 제도다. 물론 부분적으로 발생하는 불합리성은 꾸준히 개선해 나가야 한다. 그것을 개선하는 문제와 제도 자체를 폐기하는 문제는 차원을 달리하는 전혀 별개의 쟁점이라는 점을 잊어서는 안 된다.

시급히 개선해야 할 교육제도

다음으로 정신 부분을 보자. 헌법은 이 부분에서도 자유권과 생존권을 대비한다. 물론 자유주의가 원칙이다. 각자 자유롭게 공부하고, 각자 자유롭게 정보를 수집하고, 각자 자유롭게 교육받아서 각자의 지식을 각자 채우는 데 누구도 간섭해서는 안 된다는 것이다.

> (알 권리) 개인은 일반적으로 접근 가능한 정보원, 특히 신문, 방송 등 매스미디어로부터 방해받음이 없이 **알 권리**를 보장받아야 할 것이다.[3]
>
> (학습의 권리) 헌법은 … 자신의 교육에 관하여 스스로 결정할 권리, 즉 **자유롭게 교육**을 받을 권리를 부여한다.[4]

그러나 부모의 경제적 능력이 부족하거나, 통학이 어려운 산골에 거주하는 등 우연한 사정 때문에 교육받을 여건을 잃어버린 국민이 있을 수 있다. 이에 복지주의는 국가가 모든 국민에게 교육 서비스를 균등하게 제공할 것을 명하고 있다. 게다가 의무교육은 무상으로 공급하라고 선언하고 있다.

그리고 교육 문제는 단지 개인의 삶, 개인의 행복을 넘어서는 문제다. 국민이 국가로 모인 근본적 이유, 즉 더 잘살자는 의미, 즉 국부가 더 증대되어야 한다는 의미를 실현하는 문제다. 교육은 국가를 크게 발전시키는 창의적 인재를 키우는 사안이다. 인적자원의 양질화·고도화를 이뤄 가는 국가적 발전 과정이다. 국민의 지적 수준을 향상해서 민주주의를 발전시키는 발판이다. 이런 점에서 교육은 국가의 백년대계다.

이에 헌법은 제31조에서 생존권으로 능력에 따라 균등하게 교육을 받을 권리, 의무교육을 무상으로 받을 권리를 보장하고 있다.

---

[3] 헌법재판소 1998. 10. 29., 98헌마4 결정. 헌법에 명문 조항이 없지만, 헌법재판소가 알 권리, 학습의 자유가 자유권임을 판례로 확인했다.

[4] 헌법재판소 2000. 4. 27. 98헌가16 결정.

> 헌법 제31조 ① 모든 국민은 능력에 따라 균등하게 **교육**을 받을 권
> 리를 가진다.
> ③ 의무교육은 무상으로 한다.

이 헌법 조항에 따라, 국회는 교육에 관한 다양한 제도를 형성하고 있다. 교육기본법, 유아교육법, 초중등교육법, 고등교육법, 평생교육법, 장애인 등에 대한 특수교육법, 진로교육법, 교육세법 등이 그것이다. 제도는 구체적으로 잘 마련된 상태다.

그러나 **우리 "교육 내용"의 현실은 비참하다.** 껍데기만 번지르르할 뿐, 실속은 부실하다. 물론 다른 견해가 있을 수 있지만 필자의 소견에는 그렇다. 우리 교육제도는 외형만 그럴싸할 뿐, 교육 내용의 실질은 위험 수위에 이른 상태다.

교육기본법이 밝히고 있는 교육이념에는 하자가 없다. '인격 도야, 자주적 생활 능력, 민주시민 자질'이 그것이다.

> 교육기본법 제2조(교육이념) 교육은 홍익인간(弘益人間)의 이념
> 아래 모든 국민으로 하여금 인격을 도야(陶冶)하고 자주적 생활능력
> 과 민주시민으로서 필요한 자질을 갖추게 함으로써 인간다운 삶을 영
> 위하게 하고 민주국가의 발전과 인류공영(人類共榮)의 이상을 실현
> 하는 데에 이바지하게 함을 목적으로 한다.

이런 교육이념과는 동떨어져 있는 교육 현실은 거의 마비 상태라고 해도 과언이 아니다. 국어 · 영어 · 수학을 중심으로 형성된 대학입시제

도는 초중고교 교육 전반을 말살하고 있다. 체육과 예능은 망가지고, 인문교육·사회교육은 사망했다. 문제 해결을 위한다고 대학입시제도를 다양화하는 것을 대안으로 내놓지만, 입시제도의 다양성은 오히려 빈익빈 부익부 양극화를 더 조장하는 음서제도 수단으로 전락한 형국이다. '능력에 따라 균등하게' 교육받을 권리를 오히려 침해하는 결과를 낳고 있다.

교육 내용의 관점에서, 우리 교육의 취지가 '인격 도야, 자주적 생활능력, 민주시민 자질'이라면, 사회과학, 인문과학, **특히 역사, 더 특히 세계사, 더 구체적으로는 근대사와 현대사를 이해하는 교육은 제대로 이루어져야 한다.**

우리나라의 교육 현실은 정반대다. 고등학교 졸업생 중 세계사를 배운 학생은 100명 중 다섯 손가락에 꼽을 정도다. 세계화를 추구할 수밖에 없는 나라에서 있을 수 없는 일이다. 국민을 우민화하겠다는 보이지 않는 음모, 또는 국민이 우민화돼도 좋다는 무지가 있지 않고서야 이런 교육 현실이 있을 수 있겠는가?

이 책에서 정의의 역사를 살펴보면서 세계사 이야기를 펼쳤고, 특별히 근대와 현대의 구분에 관한 이야기에 집중했던 이유가 바로 이런 교육 현실에 대한 반성이었다. 아무튼, 초중등 교육과 대학 입시의 핵심은 인문·사회과목이 중심이 되어, 영어·수학·과학 등 기능 과목과 대등하게 치르도록 재정비돼야 한다.

대학과 대학원 교육도 길을 잃었다. 대학·대학원은 전공 교육에만 치중한다. 왜 전공 교육과는 별도로 특별히 교양 교육이 필요한지, 왜 가르쳐야 하는지 그 의미를 알려고도, 이해하려고도 하지 않는다. 대부분 교수와 학생들은 교양 교육을 그냥 졸업 이수학점을 채우기 위한 과목 선택이나 수업 정도로만 생각한다.

전공 교육은 전공 분야의 기존 이론을 뛰어넘겠다는 교육이고, 교양 교육은 다른 분야가 지금까지 얼마나 발전했는지를 이해하는 교육이다. 교양 교육이 전공의 학문을 깊게 펼칠 수 있는 보고(寶庫)임을 인정해야 한다. 전공 교육만으로는 전공의 기술을 심화시킬 수는 있어도 전공의 의미, 전공의 본질, 실체를 제대로 파악해서 창조와 창의를 이루는 데는 한계가 있다.

교양 교육은 전공을 다른 학문과 비교하는 창문이다. 자유와 창의는 깊게 파고든 심연이 넓게 열린 바다와 부딪칠 때 용솟음친다. 이런 점에서, 대학 교육에서 교양 교육은 오히려 3학년 이후에 수강하게끔 규제하는 게 합리적이라고 생각한다. 대학 교육 비판은 이 정도로만 해둔다.

마지막으로, 교육 현실의 결과물을 보자. 대학·대학원을 마친 국민은 지성(?)·엘리트(?)라는 이름만 붙여졌을 뿐, 공장·사업장의 매끈한 노동 기계 부속품으로 상품화된 것에 불과하다. 인간이 왜 사는지, 자기의 처지가 어디에 속해 있는지, 왜 이런 일(분업)을 선택해서 하는지, 사회 전반의 분업과 분배 문제를 제대로 돌아볼 겨를이 없다. 이해도 제대로 못 한다. 이런 국민이 과연 교육기본법이 규정하고 있는 '인격, 자주, 민주' 자질을 갖추고 있다고 평가할 수 있을지 자못 궁금하다.

최소한의 사생활 보장, 주거 공간

이어서 사생활 부분이다. 헌법은 사생활에 관해서도 제17조, 제18조에서 자유권을 보장하면서 자유주의를 원칙으로 선언한다. 그리고 복지주의를 위해서, 제35조에서 모든 국민에게 '쾌적한 주거생활' 생존권을 보장하겠다고 선언한다.

주거 공간은 사생활을 위한 필수 요소다. 자유주의 · 시장주의에 따르면 사회적 약자는 주거 공간이 없거나 열악해서 허덕이거나, 개인적 주거 공간이 있다고 하더라도 노동수익의 많은 부분을 그 공간 유지를 위해서 다 쏟아부어야 할 형편이다. 가진 자 건물주에게 주거 생존을 빌미로 못 가진 자 세입자들이 빨대를 꼽힌 형국이다. 이것이 오늘날 우리 사회적 약자들의 현실이다.

우리 헌법은 생존권으로 모든 국민이 쾌적한 주거생활을 하도록 노력할 것을 선언한다. 이때 '노력한다'라는 것은 해도 좋고 안 해도 좋다는 소극적 의미를 넘어선다. 국가의 재정적 부담이 너무 커서 정책을 펼 수 없는 상황이라면 어쩔 수 없다고 하겠지만, 재정적으로 큰 부담 없이 주거 문제를 해결할 수 있는 상황이라면 그 정책을 반드시 시행하라는 적극적 의미다.

그런데, 아직도 많은 사람은 주택문제를 '소유권 절대의 원칙' 문제로 접근한다. 주택도 물건이므로, 소유권 절대의 원칙에 따라 소유권을 최대한 보장해야 한다고 주장한다. 시장에 맡기는 것이 최선이라고 한다. 국가가 간섭하거나 규제할 대상이 아니라는 것이다.

그러나 헌법은 모든 물건, 재산권을 똑같은 방법으로 규율하지 않는다. 물건의 특성, 특히 사회적 역할에 따라 규율을 달리한다. 예를 들어, 하천 · 바다 · 공기 등은 개인들이 소유할 수 없도록 만들고 있다.

우리 헌법은 특별히 부동산(국토)과 동산의 구분에 주목하고 있다. 동산은 얼마든지 생산할 수 있으나, 부동산은 마구 생산할 수 없는 물건이라는 특성을 반영한 것이다. 또한 부동산은 '국민, 영토, 주권'으로 이루어진 국가 요소 중 하나다. 국토는 원리 자체가 개인 각자의 개별적 자원이 아니다. 국민 전체가 함께 살아갈 원천으로서, 국민주권의 기본 자원이다.

이에 헌법은 국토, 즉 부동산에 대해서 국가가 '공익을 위해서 필요한 제한과 의무'를 적극적으로 부과할 수 있게 규율하고 있다. 그 내용을 특별히 명문화해서 강조하고 있다.

> 헌법 제120조 ② **국토**와 자원은 국가의 보호를 받으며, 국가는 그 균형 있는 개발과 이용을 위하여 필요한 계획을 수립한다.
> 제122조 국가는 국민 모두의 생산 및 생활의 기반이 되는 국토의 효율적이고 균형 있는 이용 · 개발과 보전을 위하여 법률이 정하는 바에 의하여 그에 관한 **필요한 제한과 의무를 과할 수 있다.**

그에 더해서, 헌법은 부동산 중에서도 특히 주거 부동산에 대해서는 더 특별한 규정을 두고 있다. 주택은 사람의 기본적 삶(특히, 사생활)의 터전이기 때문이다. 헌법은 제16조와 제35조를 명시적으로 대비한다. 사생활의 자유 중에서 주거의 자유를 특별히 보장하는 것이고, 수많은 부동산 중에서 특히 주택은 특별한 재산으로 구별하는 것이다.

다시 한번 조문을 확인하자.

> 헌법 제16조 모든 국민은 **주거**의 자유를 침해받지 아니한다.
>
> 제35조 ③ 국가는 주택개발정책 등을 통하여 모든 국민이 **쾌적한 주거생활**을 할 수 있도록 노력하여야 한다.

그렇다. 주택은 단순한 재산권, 소유권 대상이 아니다. 모든 국민이 '쾌적한 주거생활을 하도록' 국가가 적극적으로 정책을 펴야 하는 대상이다. 자유주의 시장주의에만 맡겨 둘 수 없는 물건이다.

헌법은 주택에 대해 다음과 같이 선언한다고 간주된다. "주택은 수익의 대상이 아니다. 투기의 대상이 아니다. 국민은 주택 투자로 돈을 벌기보다는 다른 부동산에 투자하거나, 다른 사업에 투자해서 자산을 불려야 한다. 이런 점에서 국가는 물가, 즉 인플레이션의 수준을 일정하게 유지하는 것 이상으로, 주택가격의 수준을 일정하게 유지해야 할 의무가 있다. 그리고 국민이 원하면 국가는 얼마든지 쾌적한(가격의 관점에서는 저렴한 것이 쾌적의 개념에 포함된다) 주택을 공급해야 한다. 국가가 쾌적한 주택을 국민이 원하는 만큼 공급하면 주택가격이 폭등할 일은 절대로 없다. 그것이 헌법 제35조가 정한 국가의 의무다."

그러나 우리의 주거 현실은 최악이다. 불과 3~4년 사이에 집값이 두 배로 뛰지를 않나, 뒤이어 1~2년 사이에 집값의 3분의 1이 손실되질 않나. 그야말로 가관이다. 국가가 해야 할 일을 제대로 하지 않은 결과다. 민주주의가 제대로 작동하지 않은 실패 정책이다.

쾌적한 주거생활 생존권은 우리나라가 시급히 풀어야 할 과제다. 생명·신체 생존권을 위해서 건강보험을 수립했고, 정신을 위해서 교육제도를 확립했다. 이제 사생활의 근거를 위해서 국가는 국민의 주거 문제, 주택문제를 해결해야 한다. 비록 사업에 망했더라도, 어떤 사정으로 시장에서 빈털터리가 되었더라도, 길에 나앉지 않고 최소한 발 뻗고 쉴 수 있는 주거 공간이 마련돼야 한다. 그래야 국민은 그것을 바탕으로 자신의 자유와 창의를 다시금 펼쳐 나갈 새로운 에너지를 축적할 수 있다.

참고로, 2020년대 들어서면서 우리나라는 1인당 GDP가 3만 달러를 넘어서고, 주택시장에서 주택가격이 과격하게 급등하는 현상이 생겼다. 그 이면에는 임대보증금 전세대출 제도가 역할을 했다. 금융 운영이 잘못된 것이 근본적 이유임은 물론이다.

그러나 위기는 기회다. 주택가격이 과다히 오른 현실, 그리고 우리나라에 특유한 전세대출 제도가 마련되어 있다는 전통, GTX나 자기부상열차의 건설이 수월해지면서 서민 대중이 서울 외곽에 거주하면서 큰 피로감 없이 서울을 출퇴근할 수 있게 된 교통기술의 발달, 이들을 국가정책으로 잘 활용하면 서민 대중에게 큰 도움을 줄 수 있는 새로운 제도를 탄생시킬 수도 있다.

이제 국가는 재정의 큰 소모 없이 공공전세 아파트를 무제한 공급하는 제도를 시행하는 기회를 이용할 수 있게 됐다. 즉, 국가가 건축비에 상당한 전세보증금을 받아서, 그 자금만으로 무제한 반복적으로 공공전세 아파트를 지어 나가는 것이다. 물론 그 전세보증금은 국가가 서민 대중에게 저금리로 정책대출을 해야 한다. 이런 방법이라면 국가는 국민이 원하는 대로 누구에게든지 20~30평대의 쾌적한 주거 공간을 무제한 공급할 수 있다. 그 구체적인 정책 아이디어는 이 장 끝부분에 별도로 싣는다.

이런 상황이라면 이제 국민은 국가에 쾌적한 주거생활 생존권을 제공해 달라는 권리를 구체적으로 요구할 수 있다고 본다. 국가에게는 국민에게 주거를 공급해야 할 '책무'가 있다고 본다. 만일 국가가 이를 게을리할 경우, 국민은 국가의 책무 불이행에 대한 책임을 추궁하는 헌법재판을 청구할 수 있다고도 본다.

노동을 중심으로 형성된 재산 생존권

마지막으로, 재산에 대한 생존권을 본다. 헌법은 재산에 관해서도 자유주의를 원칙으로 한다. 헌법 제23조에 따라 국회가 정한 재산제도는 자유주의를 구체화하고 있다. 민법은 자유주의를 구현하는 기본적인 형태를 보여 준다. 계약제도를 통해서 국민은 자유롭게 거래할 수 있고, 그 거래를 통해서 형성한 재산권, 특히 소유권을 '각자의 것'으로 자유롭게 누린다. 즉, 재산을 마음껏 '사용, 수익, 처분'할 수 있다.

제23조 ① 모든 국민의 **재산권**은 보장된다.

그러나 수차례 언급했듯이, 자유 거래는 있는 자와 없는 자로 양극화한다. 특히 재산이 많고 적음은 있는 자와 없는 자를 분명하게 가르는 주요 잣대가 된다. 어느 사회, 어느 국가나 빈부 격차는 필연이지만, 복지주의는 국가 사회적 약자에게 적어도 인간다운 생활을 할 수 있도록 최소한의 재산을 공급하겠다고 선언한다. 그 방법은 다양하다.

최근에는 기본소득제도의 도입을 두고 논의가 활발하다. 필자는 먼 훗날에는 그 제도가 중요한 역할을 할 수 있으리라고 예상하지만, 지금은 아니라고 본다. 현재 우리나라뿐만 아니라 세계적으로도 재산을 얻는 주된 방식은 노동시장을 중심으로 형성되어 있다. 그래서 국가는 노동시장을 더 발전시켜서 국민소득을 증대시키는 노력을 집중하고 있다.

그리고 **현행의 사회보장 · 사회복지 제도는 노동시장을 중심으로 생산가능인구(15세~65세)에 대한 제도, 그 전 단계인 영유아 · 어린이 · 청소년에 대한 지원제도, 그 후 단계인 퇴직자에 대한 연금제도로 크게 3분화되어 있다.** 이런 현행의 기본 얼개가 크게 흔들리지 않는 상태에서 전면적인 기본소득제도의 도입을 논의하는 것은 시기상조라고 본다. 일단, 현행 사회보장제도가 가지는 단점 · 문제점을 보완하는 방향으로 재산에 관한 생존권을 구현하는 것이 최선이라고 본다. 현행 사회보장제도를 개선해 가면서, 서서히 기본소득제도의 취지를 고려하는 것이다.

기본소득제도는 그 개념이 주는 '허상'이 있다. 국가가 모든 국민에게 '공평하게 기본'적인 소득을 주겠다는 허상이다. 듣기에는 그럴듯하다. 그래서 어떤 정치인들은 그것을 정치적 구호로 만들어서 선전 수단으로 이용하기도 한다. 그러나 현실과 허상은 엄연히 다르다. 구분해야 한다. 실제 현실의 제도가 어떻게 작동하는지를 먼저 이해한 후, 새로운 제도가 주는 의미를 현재의 제도와 비교하는 훈련을 해야 한다. 주권자 국민은 냉철하게 현실을 살펴서 정치인들의 구호를 판단할 수 있어야 한다.

아직은, 노동시장을 중심으로 설계된 사회보장제도를 기초로 재산에 대한 생존권을 구성하는 게 바람직하다. 재산에 관한 생존권에 대해서, 우리 헌법은 어떤 개인이 피치 못할 사정으로 사회적 약자로 전락한 경우, 특별한 보호를 하는 규정을 다양하게 두고 있다. 노인, 청소년, 정신 또는 신체장애자, 재해를 당한 국민, 질병 기타 사유로 생활 능력이 없는 국민이 이에 해당된다.

> 헌법 제34조 ② 국가는 **사회보장·사회복지의** 증진에 노력할 의무를 진다.
> ④ 국가는 **노인과 청소년의** 복지 향상을 위한 정책을 실시할 의무를 진다.
> ⑤ **신체장애자 및 질병·노령** 기타의 사유로 **생활능력이** 없는 국민은 법률이 정하는 바에 의하여 국가의 보호를 받는다.
> ⑥ 국가는 **재해를** 예방하고 그 위험으로부터 국민을 보호하기 위하여 노력하여야 한다.

재산에 관한 생존권 보장을 위해서 법은 다양한 형태의 사회보장·사회복지 제도를 두고 있다. 이들 제도에 관한 구체적인 논의는 생략한다.

국가는 자유권과 생존권을 위한 조직

정부조직법 제26조는 행정 각부의 조직을 규정하고 있다. 그리고 국회법의 상임위원회 조직도 마찬가지다. 이들 조직이 어떻게 분류되어 있는지를 자세히 보면, 국민의 삶에 대응되어 분류할 수 있음을 알게 된다. 국민의 자유권과 생존권에 대응되어 있는 것이다.

이는 이들 조직이 모두 국민의 자유권과 생존권을 위해서 존재한다는 사실을 말하고 있다. 각 조직의 공무원들은 자기의 결정이 국민의 삶에 어떤 영향을 미치는지를 항상 주시·주의해야 한다. 당리당략, 정치적 실세와의 이해관계가 아니라, 주권자 국민의 삶, '우리들과 우리들 자손의 안전과 자유와 행복'에 어떤 영향을 미치는지를 늘 고려해야 한다. 본인이 국민 전체의 정의질서 속에서 무슨 일을 하고 있는지, 어떤 역할에 놓여 있는지를 분명히 알아야 한다. 각 부처의 장과 그 보조기관, 보좌기관이 국민의 어떤 자유권, 어떤 생존권을 위해서 일하고 있는지를 한시라도 잊어서는 안 된다.

■ **정의에 대한 평가와 통계**

—

수치로 드러나는 복지국가의 분배

위에서 살펴보았듯이, 우리 헌법은 복지주의 기준을 비교적 구체적으로 제시하고 있다. 그러나 그것이 언어로 표현되어 있다 보니, 그 의미를 두고 다양한 해석이 가능하고, 심지어 말장난도 섞여 든다. 이를 핑계로 벌어지는 정치인들의 이해관계 말다툼에, 많은 국민은 헷갈리고 때로는 지친다. 의식 있는 국민은 분노가 치민다.

정의는 단순한 이념이 아니다. 분배를 둘러싼 현실이다. 정의가 말로 표현되어 있지만 그 결과는 현실이다. 현실은 현재 상태가 정의로운지 아닌지를 말한다. 그리고 **정의는 '분배' 문제이므로, 정의 현실은 숫자로 보일 수 있다.** 이런 점에서도 정의를 분배 문제로 파악한 아리스토텔레스가 얼마나 탁월한 선배이자 선각자인지를 주저 없이 인정할 수 있다.

복지주의는 국민 모두 N분의 1로 나눠 갖자는 의도는 아니다. 자유와 창의로 유리한, 독점을 형성한 사람이 더 많이 분배받는 것에 전적으로 동의한다. 다만 너무 치우치고 나쁜 독점으로 불공정을 초래하는 현실, 비록 좋은 독점이었다고 하더라도 '너무 과다한 분배'로 불공평을 초래하는 현실을 허용하지 않을 뿐이다.

대부분 사람은 경제통계와 관련해서 GDP에 익숙해 있다. 그리고 GDP가 늘어났으니, 그만큼 나의 삶도 나아졌다고 착각한다. 그러나 GDP는 국내 총생산의 크기를 말할 뿐이다. 국민 전체가 함께 분업으로 생산한 양을 말한다. 국민이 분배로 나누게 될 전체 파이를 의미할 뿐이다.

GDP는 내가 분배받을 몫을 의미하지 않는다. GDP가 늘었더라도, 그 대부분을 특정 사람들이 가져간다면, 내 몫은 줄어들 수도 있다. GDP가 높아졌다고 해서 내 삶이 풍요로워지는 것은 아니다. 농업혁명, 산업혁명이 역사적 사기극이었다고 평가했던 학자들의 말을 생각해 보라.

복지주의 국민은 GDP 개념보다는 한 걸음 더 나아가야 한다. 함께 분업에 참여하였으니, 최종적으로 분배되는 '내 몫, 내 것'의 크기를 분명하게 이해할 수 있는 지표가 무엇인지 이해해야 한다. 국부와 소득의 분배상태를 늘 주시할 수 있는 숫자 말이다.

사실 복지주의에서는 분배의 공정을 보여 주는 지표가 없었던 것은 아니다. 로렌츠 곡선,[5] 지니계수,[6] 팔마비율[7] 등 그래프와 수치가 그것이다. 그러나 이들 지수로는 불평등의 정도를 누구나 피부에 와닿게 파악하는 데 한계가 있다.

피케티의 불평등 수치

최근 피케티는 영국, 프랑스, 미국에 대한 통시적 통계를 이용해서 분배 불평등 문제를 연구했다. 이때 그는 불평등 정도를 한눈에 느낄 수 있게 하는 좋은 통계 방법을 제시했다. **상위 10%와 나머지 90%가 국부(자산)와 소득을 어떻게 분배하고 있는지를 비교하는 방식이다.** 피케티가 보여 주는 불평등 수치는 쉽게 피부에 와닿는 장점이 있다. 게다가 피케티는 장기적인 시계열 통계를 이용함으로써, 과거 좋았던 시절의 모습도 함께 보여 준다. 피케티의 통계와 그래프를 잠시 보자.

---

5   미국의 통계학자 M.로렌츠가 창안한 소득분포의 불평등도(不平等度)를 측정하는 방법.
6   빈부 격차와 계층 간 소득의 불균형 정도를 나타내는 수치. 지니계수는 0부터 1까지의 수치로 표현된다. 로렌츠곡선과 완전균등선(대각선)이 이루는 불평등면적과 완전균등선 이하의 면적을 대비시킨 비율로 작성된다.
7   소득 상위 10%의 소득점유율을 하위 40%의 점유율로 나눈 값. 클수록 불평등하다는 의미다. 통계청은 그동안 소득분배지표로 '소득 5분위 배율, 지니계수' 등을 발표했는데 2019년부터 팔마비율을 추가했다.

Graphique 0.6. 1900~2020 불평등 : 미국, 유럽, 일본

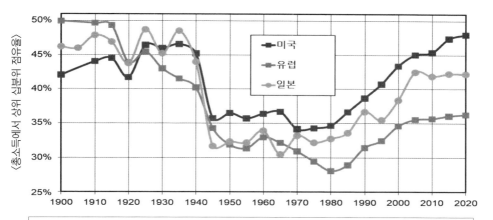

Lecture. 서유럽 전체 국민소 득에서 상위 십분위(소득 상위 10%) 점유율은 1900~1910년
에 약 50%를, 점했고 1950~1980년에 약 30%로 줄었다가, 2010~12020년에는 35% 이상으로
다시 증가했다. 불평등 재증대는 미국에서 훨씬 심한데, 미국의 상위 십분위 점유율은 1900-
1910년 수준을 넘어서서 2010-2020년에 약 50%에 도달했다. Sources et series voir piketty
pse. ens. fr/ideologie.

먼저 소득 부문이다. 서유럽 전체 국민소득에서 상위 십분위(소득 상위 10%) 점유율은 1900~1910년에 약 50%를 점했고, 1950~1980년에 약 30%로 줄었다가, 2010~2020년에는 35% 이상으로 다시 증가했다. 불평등이 다시 증가한 현상은 미국에서 훨씬 심한데, 미국의 상위 10% 점유율은 2010~2020년에 약 50%에 도달했다. 참고로, 여기에서 비교 대상이 된 1900~1910년은 근대 자유방임주의가 극심하게 전개되었던 시점이었다. 세계대전이 일어나기 직전 시점이다.

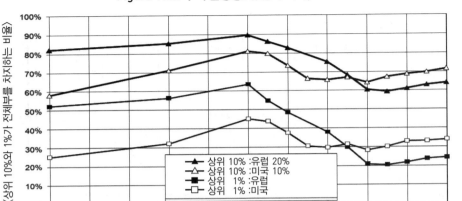

Figure 10.6. 부의 불평등: 유럽과 미국, 1810-2010

〈상위 10%와 1%가 전체부를 차지하는 비율〉

상위 10% :유럽 20%
상위 10% :미국 10%
상위 1% :유럽
상위 1% :미국

Sources and series: see piketty.pse.ens.fr/capital21c

다음은 국부, 자산의 분배 부문이다. 국민 각자가 국가에 있는 모든 재산을 어떻게 나눠 가지는지에 관한 것이다. 그래프는 상위 10%와 나머지 90%가 국부를 나눈 상태를 비율로 보여 준다. 이 그래프에서는 상위 1%와 99%가 국부를 나눈 상태도 함께 보여 준다. 국부가 특정인에게 과다히 몰려 있기 때문이다.

근대 자유주의의 양극화가 극심했던 유럽 19세기 말에서 20세기 초 상위 10%는 전체 부의 90%를 차지했다. 세계대전과 사회정책의 시행으로 1960년대 그 불평등이 현저히 감소하여 상위 10%의 몫이 60%로 떨어졌다. 소위 대압축시대(The Great Compression)였다. 복지주의의 중요성을 보여 준다.[8]

---

8   Piketty, Thomas, (2013), 장경덕 외 역, 21세기 자본(Capital in the Twenty-First Century), 2014. 418, 419쪽 참조.

이매뉴얼 사에즈(Emmanuel Saez, 캘리포니아대학교 경제학 교수)와 게이브리얼 저크먼(Gabriel Zucman, 캘리포니아대학교 경제학 교수)은 미국 통계를 이용하여 1970년 이후—소위 '신자유주의'가 등장한 이후—미국 국부의 분배 상황을 보고했다. 1970년 이후 국부의 편중이 심해져서 2013년 현재 상위 0.1%가 전체 부의 22%를, 상위 10%가 77.2%를 가졌다고 보고한다.[9]

이들 수치 변화가 가진 의미에 주목할 필요가 있다. 예를 들어, 우리나라에는 위와 같은 통계가 없으므로,[10] 가령 상위 10%가 80%의 자산을, 하위 90%가 20%의 자산을 점유했다고 가정하자. 이때 **상위 10%의 자산이 80%에서 60%로 줄어들면, 이들에게는 4분의 1이 줄어드는 효과를 가진다. 이런 변화는 하위 90%의 자산이 20%에서 40%로 2배 증대되는 효과를 가져온다.** 상위 10%의 작은 변화가 하위 90%에는 엄청난 변화를 가져다줄 수 있다. 이것이 국가의 미래를 크게 바꿀 수도 있다.

새로 설계돼야 할 통계청의 복지조사

우리나라 통계청은 "2020 가계금융복지조사 결과"를 발표하면서 불평등이 개선됐다고 보고했다.[11]

---

9   https://gabriel-zucman.eu/files/SaezZucman2014Slides.pdf(2017. 1. 28. 검색)
10   필자의 과문일 수도 있다.
11   통계청,(2020. 12. 17.). 금융감독원, 한국은행 보도자료, 68쪽.

소득분배지표(근로연령층, 시장소득, 2019년) 10분위별 평균소득(만 원)		
1분위	664	2%
2분위	1,537	4%
3분위	2,100	5%
4분위	2,598	7%
5분위	3,061	8%
6분위	3,577	9%
7분위	4,199	11%
8분위	4,978	13%
9분위	6,211	16%
10분위	10,259	26%

* 통계청, 2020 가계 금융복지 조사 결과

　필자는 이 통계에 심각한 문제가 있다고 생각한다. 이 통계는 없느니만 못하다. 현실과 매우 동떨어진 것으로 보이기 때문이다.

　첫째, 통계 추출 방법의 문제점이다. 통계청은 표본조사 방법을 사용했다. 더 효율적인 방법은 없었을까? 국가는 이미 GDP 산출을 위한 자료, 소득세 및 재산세 산출을 위한 조세 자료를 확보하고 있다. 국세청은 이에 관한 모든 자료를 갖고 있다. 이들 자료를 조금 더 정교하게 수집·가공하면 객관적인 불평등지수를 쉽게 추출할 수 있다. 그런데 불평등지수 통계를 산출하면서는, 면접 조사 및 인터넷 조사에 근거했다. 이런 조사 방식이 상대적으로 부실한 것임은 두말할 나위 없다.

　둘째, 표본조사의 대상이다. 통계청 통계는 개인이 아니라 가구를 대상으로 했다. 생각건대, 개인주의·자유주의 현대 질서에서 가구를 기준으로 삼은 것 자체가 구세대적 발상이다. GDP와 조세 통계는 개인을 기준으로 산출하면서 굳이 복지조사에서는 가구를 대상으로 할 필요는 없다. 필요하다면 가구에 대한 통계와 개인에 대한 통계를 함께 제공해야 한다.

셋째, 표본조사의 신뢰도다. 전체 가구 중 2만 가구를 표본으로 조사했다. 1천만이 넘는 가구 중에서 2만 가구만을 표본으로 했으니, 통계청은 "표본조사 결과로 95% 신뢰수준에서 상대표준오차(1%~25%)를 고려한 해석이 필요함"이라고 한다. 이런 신뢰도의 표본조사 통계를 국민이 신뢰할 수 있을까? 불평등지수는 상위 10%와 하위 90%의 비교, 상위 1%와 하위 99%의 비교가 핵심인데, '95% 신뢰수준'은 이런 비교를 포기했다는 의미다. 그리고 상대표준오차 극값이 25%다. 상위 1%, 10%와의 비교를 핵심으로 하는 불평등 통계에서 극값이 25%라면 그 통계에 대해 어떤 신뢰를 보내야 할까?

넷째, 불평등 통계에서 가장 중요한 통계가 빠졌다. 통계청은 소득에 대한 불평등 통계만 보고했다. 자산의 불평등 통계는 보고하지 않았다. 필자가 보고 들은 것이 적은 탓일 수도 있으나, 지금까지 우리나라에서 자산의 분배 상태를 제대로 보여 주는 불평등 통계를 본 적이 없다. 정의, 올바른 분배의 핵심은 '내 것'의 분배다. 내 재산, 내 자산이 핵심이다. 그런데 자산의 불평등 통계가 정확하게 보고되지 않는다면 복지주의라고 말할 수 있을까? 자산 분배에 관한 통계는 신속하게 보고되어야 한다.

결론적으로 위 통계청 통계는 우리나라가 얼마나 정의로운지를 객관적으로 보여 주지 못한다. 현재 분배 상태가 얼마나 올바른 상태인지를 설명하지 못한다. 국가는 정의·분배에 관한 통계를 완전히 새롭게 정비할 필요가 있다. 통계의 종류도 다양화할 필요가 있다. 우리나라가 얼마나 정의로운지를 여러 각도에서 조망해서 숨어 있는 불공정이 모두 드러나도록 해야 한다.

국가는 정의를 위해서 존재한다. 분배를 위해서 존재한다. 정의에 관한 통계는 GDP에 관한 통계만큼이나 중요한 통계다. 국민 각자가 내 몫의 분배 상태를 쉽게 이해할 수 있어야 한다. 통계를 보면서 내 몫에 대한 국민 의식을 분명하게 정립할 수 있게 해야 한다. 국민이 정의 현실에 대해서 올바른 의식을 가질 때 주체적으로 사회국가주의의 균형점, 중용을 찾아갈 것이기 때문이다.

주택문제 해결 방안으로서 공공전세 아파트에 대한 필자의 의견

〈20~30평형 공공전세아파트, 저렴하게 무제한 지을 수 있다〉

국가는 생존권을 기본권으로 보장한다. 사람이 살아가는 데 필요한 신체(생명·신체), 정신, 사생활의 자유와 재산에 대응해서, 국가는 건강보험, 균등한 교육, 쾌적한 주택 및 기초생활급여를 생존권으로 공급한다.

주택은 단순한 재산권이 아니다. 사생활을 위해서 국민 누구나 공급받아야 할 생존 여건이다. 1인당 GDP 3만5천 달러의 국가는 모든 국민에게 쾌적한 주택을 공급해야 하고, 공급할 수 있다. 여러 가지 방안이 있겠지만 적어도 다음은 언제든 시행 가능한 방안이다.

〈쾌적한 주택〉

'쾌적한 주택'은 '살 만한 주택'을 의미한다. 국가는 '살 만한 아파트'를 무한 공급할 수 있다. 서울 중심가 아파트보다 훨씬 더 살기 좋은 아파트를 무한 공급한다. 왜 쾌적하고, 살 만한가? 첫째는 출퇴근이고, 둘째는 주거 공간의 크기와 넓이에서다.

첫째, 출퇴근이다. 미국의 부자들은 대도시의 외곽에 산다. 이유는 무엇일까? 출퇴근 시간이 30~40분 정도 되는 교통 상황 때문이다. '살 만한 아파트'란, 테헤란로, 종로까지 출퇴근 시간이 30~40분 정도 걸리는 거리의 아파트를 의미한다.

이것을 어떻게 가능케 할까? "시간=공간"이다. 교통기술의 발전은 짧은 시간에 넓은 공간을 활용할 수 있게 한다. GTX 또는 자기부상열차다. 중간역이 1~2개뿐인 GTX를 건설해서 테헤란로와 종로 등 서울 중심에 연결한다. GTX는 시속 200~300㎞로 달린다. 경기도 끝에서 서울 중심까지 50~60㎞다. 경기도 끝에 살더라도 15분이면 충분히 서울 중심에 도착한다. 환승 시간을 합쳐도 30~40분이면 충분하다. 미국의 부자들과 같은 출퇴근 시간이다. 게다가 GTX 교통비용은 대중교통수단이므로 정책적으로 왕복 5천 원에 묶어 둘 수 있다.

둘째, 공급되는 아파트의 크기와 품질이다. 25~35평이다. 굳이 청년들에게 10평대의 아파트를 강요할 필요가 없다. 쾌적한 주택이어야 한다. 막 사회생활을 시작하는 청년들, 일시적으로 경제적 어려움을 겪는 국민들, 아직 자기 주택을 마련하지 못한 서민들, 노후를 즐기는 은퇴자들이 새로운 미래를 준비하는 주거 공간이어야 한다. 이들이 굳이 빈곤층으로 살아야 하는 걸까. 물론 빈곤층을 위한 무상 공공임대아파트를 공급하는 것은 별개의 문제다.

〈전세형태의 공급〉

공급 형태는 전세다. 공공임대'분양'이나, 공공'분양'의 형태는 안 된다. 분양 형태로 공급하면 경기도 외곽의 주택가격이 서울 중심부 가격처럼 상승할 것이다. 몇 년 전 KTX가 들어간 천안역 부근 아파트를 보라.

분양 방식은 주택시장을 다시 개인들 먹이사슬에 맡기는 결과를 초래한다. 주택을 개인소유에 맡길 경우, 국가가 아무리 많은 주택을 공급하더라도 결국 주택을 소유한 개인들이 주택시장을 좌우할 것이다.

국가는 다주택 소유 개인들이 흔들어 대지 못하는 주택을 확보해야 한다. 자유주의가 국가 질서의 원칙이므로, 임대주택에 살 수밖에 없는 국민이 있을 수밖에 없다. 이런 국민이 주택시장의 독점에 좌우되어서는 안 된다. 국가는 국민에게 직접 임대하는 주택을 확보하고 있어야 한다. 그래야 무주택자들이 시장에서 흔들리지 않는 안정된 주거, 안정된 삶을 보장받게 된다.

〈원하는 만큼의 무한 공급〉

공급량은 무제한이다. 1~2만 채가 아니라, 국민이 원하는 대로, 주택 가격이 안정될 때까지 무제한 공급할 수 있다. 주택시장의 가격을 안정시킬 수 있는 공급량이다. 경기도 외곽에는 400만 호가 아니라, 1천만 호를 지어도 남을 땅이 얼마든지 있다.

대략, 국가는 공공전세아파트를 전체 주택의 20% 내외(생활보호대상자 등을 위한 공공임대아파트 포함), 400만 채 정도면 충분할 것으로 보인다. 현재의 주택보급률을 고려하면, 국가가 공공전세아파트를 무제한 공급할 수 있고 공급하겠다고 선언하는 것만으로도 시장이 바로 안정될 수도 있다. 주택임대시장이 더는 독과점이 아니라는 것을 확인하는 순간, 주택투기자금은 다른 곳으로 투자처를 찾아갈 것이기 때문이다.

그럼 이처럼 대규모 아파트공급이 재정적으로 가능한가? 세금 낭비 아닌가? 재정적으로 전혀 무리가 없다. 집값이 워낙 오른 나머지 경기도 외곽의 전세보증금이 이미 평당건축비를 훨씬 넘어섰다. 경기도 안산시 20~30평대 아파트의 전세보증금이 2억~5억 원이다. 따라서 국가는 전세보증금을 받아서 그 자금으로 다시 신규 아파트를 무한 반복 건설하는 것이 가능하다.

구체적으로 살펴보자. 아파트 평당건축비를 여유 있게 평당 5백만 원으로 잡고, 30~40층 아파트로 나눈 평당 택지개발비(경기 성남시 대장

동 도시개발사업 토지수용비는 평당 220만 원이었다)를 또한 여유 있게 대략 1백만 원으로 계산한다. 25평 아파트 건축비는 1억5천만 원이고, 35평 아파트는 2억1천만 원이다. 국가는 이 건축비를 전세보증금으로 하는 임대아파트를 공급할 수 있다. 그리고 그 전세보증금으로 다시 25평~35평 전세아파트를 무한 반복 건설한다. 2021년 8월 현재 안산시 20~30평대 아파트의 전세보증금 2억~5억에 비교하면 경제성이 있다.

가령 국가가 10만 채씩 공급하겠다고 결정하면 초기비용은 대략 20조 원이다. 20조 원을 한 번만 투입하면, 10만 채씩 무한 공급할 수 있다. 우리나라 1년 국가 예산이 600조 원이다. 첫 투입이 60조 원이면, 30만 채씩 무한 공급할 수도 있다. 주택공급의 수위는 국가가 얼마든지 조절할 수 있다.

참고로 아파트는 내장공사(인테리어) 없이 공급한다. 중국에서는 인테리어 없이 아파트를 공급한다. 인테리어 없이 공급하면, 아파트 평당 건축비가 더 낮아지고, 아파트 공사 기간이 단축된다. 인테리어는 기본적으로 거주자의 자유 결정이고 선택 사항이다. 경제적 사정에 따라 목재가 아니라 도배지로 내장할 수도 있다. 부수적으로 아파트 주변의 중소 인테리어 사업이 활성화될 것이다.

〈서민의 전세보증금 조달〉

서민들은 2억 원이나 되는 전세보증금을 어디에서 구하나?

금융권은 이미 전세보증금 담보대출제도를 시행하고 있다. 국가는 2억 원에 대해서 정책대출을 유도할 수 있다. 국민은 자신이 원하는 만큼만 대출받으면 된다. 예를 들어 2억 원을 모두 금융권에서 대출받을 수도 있고, 5천만 원을 자비로 부담하고 나머지 1억5천만 원을 대출받을 수도 있다. 그 이자를 연리 2%(정책대출이므로 가능하다)로 계산하면 1년에 4백만 원이고, 매월 33만 원이다. 여기에 관리비를 더하더라도, 주거비용으로 적당하지 않은가?

당연히 전세보증금은 국가가 결정하므로 시장 상황에 좌우되지 않는다. 국가는 전세보증금을 함부로 인상할 이유가 없다.

주거비용이 낮아졌고, 전세보증금이 고정되었고, 임대차기간이 거의 무제한이니(특별 사정이 없는 한, 국가는 세입자를 내쫓지 않는다) 주거가 안정된다. 국민은 안정된 주거에서 나머지 소득을 저축하거나 투자해서 자신의 미래를 설계하고 추진할 수 있다. 지금까지 시장 상황에 따라 밑 빠진 독에 물 붓듯이 들어가던 주거비용이 고정됐다고 보면 된다. 국민의 삶에서 집은 걱정거리가 아니다. 주거 불안 속에 살 필요가 없다.

〈현재 주택시장에 주는 의미〉

이런 20~30평형 전세아파트 주거 공간은 주변의 아파트 시세뿐만 아니라, 서울 중심, 경기도는 물론 국가 전체의 전세 및 매매가격에 영향을 미칠 것이다. 이유는 간단하다. 시장은 경쟁상품과 경쟁하는 곳이다. 20~30평형 공공전세아파트는 서울과 경기도 소재 다른 아파트의 대체재다. 출퇴근 시간은 짧고, 주거는 쾌적하므로 엄청난 경쟁력을 갖고 있다. 다만 '내 집'이 아니라는 단점이 있으나, 경제적으로는 정책대출이 가능하므로 '내 집'보다 훨씬 더 유리하다. 민간아파트의 전세 · 매매가격은 이 공공전세아파트의 가격과 경쟁할 수밖에 없다.

이제 주택시장은 더는 투자 대상, 투기 대상이 아니다. 주택은 사람의 삶에 필요한 사생활의 공간이므로, 적어도 생존권으로서의 주택은 투기

대상, 투자 대상이 되어서는 안 된다.

이 정책은 선언만으로도 생존권 대상이 되는 20평~30평 아파트 주택시장에 경제적 효과를 발생시킬 수 있다. 국가가 경기도 외곽에 공공전세아파트를 무제한으로 공급하겠다고 선언하는 순간, 주거 불안으로 조성되었던 주택 수요는 즉시 물거품처럼 사라질 것이다. 무주택자들의 불안정한 심리를 안정시킬 것이다. 주택 수요가 정상화되면서 미친 주택투기게임은 진정될 것이다.

장기적으로는 국민은 '내 집 마련'이 삶의 목적이 아니라는 생각이 자리를 잡을 것이다. 굳이 서울시나 경기도의 아파트를 매수해야 하는 것이 아님을 깨닫게 될 것이다. 오히려 자신의 삶을 어떻게 펼칠 것인지, 어떤 사업을 통해서 큰 부자가 될 것인지를 구상할 것이다. 이런 자유와 창의를 통해서 국가가 발전할 것이다.

〈국가 주택정책 책무와 수위 조절〉

10년 전만 해도 이런 정책은 실현 가능성이 없었다. 공공전세아파트에 대한 전세보증금 대출제도가 없었고, 경기도 외곽 아파트의 전세보증금이 평당건축비를 넘어서지 않았고, GTX나 자기부상열차 기술을 현실에서 구현하는 데 엄청난 비용과 시간이 소요되었기 때문이다.

이제 기술과 제도의 발달은 국가에 새로운 기회를 열어 놓았다. 국가는 마음만 먹으면 언제든 주택문제를 해결할 수 있다. 더구나 헌법은 쾌적한 주거생활을 공급하라고 명령하고 있다. 만일 국민의 주거생활이 불안하다면 이는 국가가 주거 안정을 일부러 거부하는 것이지, 실현하지 못하는 것은 아니다.

오히려 걱정되는 부분은 주택정책 실현의 수위 조절이다. 국가는 이 정책을 실현할 때, 주택가격의 급락을 방지하면서 연착륙하도록 노력해야 한다. 경기도 외곽에 개발할 수 있는 토지가 거의 무한대인 점을 고려하면, 국가는 이미 양날의 칼을 들고 있다. 국가는 한편으로 공공전세아파트를 공급하면서 다른 한편으로 시장의 안정을 합리적으로 추구해야 한다.

〈사족〉

요즈음 청년의 불만이다. "청년임대아파트 누가 좋아해? 내 것도 아닌데." 이 말에 수긍이 가기도 한다. 이는 '내 집 마련'이라는 강박관념, 고정관념이 작용한 것이고, 현재 주택시장에 대한 불만 표출로 보인다.

우리 헌법이 쓰고 있듯이, 나에게 필요한 것은 '내 집'이 아니라, '쾌적한 주거 공간'이다. '내 집'을 소유하는 것보다 주거비용이 저렴하고, 안정적이라면 굳이 '내 집'이 없어도 된다. 물론 돈을 많이 벌어서 서울 중심에 내 집을 소유하는 것은 자유다. 다만 오직 그 꿈을 이루기 위해서 '영끌'로 대출하면서까지 내 집 마련의 집념을 멈추지 못할 이유가 없다는 뜻이다. 그 대출이자를 갚느니, 그 돈을 모아서 사업을 구상하는 등 미래를 설계하여 큰 꿈을 이루면 삶이 더 풍요롭지 않겠는가.

이런 방식으로 주거문제가 해결되면, 우리나라 건강보험이 세계 최고이듯이, 주거제도가 세계 최고라는 것이 증명될 것이다. 우리 대한국민은 인간다운 삶을 누리는 데 필요한 세 가지, 즉 건강보험, 균등한 교육, 쾌적한 주거주택이 보장된 상태에서 각자의 꿈을 자유롭게 펼쳐 나갈 것이다.

2. 복지주의에서의 민주주의

■ 복지주의와 민주주의

민주주의에 달린 복지주의의 성공과 실패

우리 헌법이 복지주의를 규정하였다고 바로 복지국가가 실현되는 것은 아니다. 복지주의는 시대와 상황에 따라 형태를 달리해야 하기 때문이다. 개발도상에 있는 국가의 복지주의와 GDP 2만 달러 국가, 4만 달러 국가의 복지주의의 과제는 다르다. 복지주의라는 큰 그림은 같아도, 자본가와 서민 대중이 함께 공영하는 구체적인 형태는 다양할 수밖에 없다. 가능한 여러 방법 중 어떤 내용과 형태로 복지주의를 실현할지는 그 시대와 당시의 민주 절차로 결정된다. 이런 점에서 복지주의가 제대로 실현되기 위해서는 민주주의가 제대로 작동하는 것이 필요조건이다.

제대로 된 민주주의 없이는 진정한 복지주의를 실현할 수 없다. 현대 국가의 형태를 설명하면서 살펴보았듯이, 복지주의는 자칫 정경유착이나 대중영합주의로 빠져 버릴 위험이 있다. 민주주의의 형태에 따라 복지국가의 형태가 결정된다는 점은 보수 정권이냐, 진보정권이냐에 따라 사회정책이 달라지는 것을 보면 바로 알 수 있다. 그에 따라 국민 각자가 분배받는 '각자의 몫'이 바뀐다.

민주주의를 어떻게 제도화할지는 사회정책을 시행할지, 포기할지, 어떤 내용의 사회정책을 결정할지를 결정하는 기본 얼개가 된다. 자본가와 서민 대중의 이해관계, 있는 자와 없는 자의 이해관계, 현세대와 미래 세대의 이해관계를 결정한다. 따라서 민주 절차의 형태를 결정하는 문제는 복지주의의 내용을 결정하는 전쟁터가 된다. 쉽게 생각해 보자. 만일 보통선거제가 아니라, 근대국가에서처럼 차등선거제라면? 만일 대통령직선제가 아니라 간선제라면? 만일 헌법재판이 활성화되지 않았다면? 만일 직접민주제로 국민투표제, 국민소환제가 시행된다면?

민주 절차는 있는 자와 없는 자의 전쟁터이기도 하지만, 복지주의 이념을 제대로 공유하는 국민들 사이에서는 '그 시대와 상황'에 맞는 복지국가의 중용, 균형을 찾는 과정이기도 하다. 현재 정권의 정책이 과다하게 자본가 쪽에 치우쳤다면 다음 선거에서 다수 국민은 노동자를 지지하는 정당을 선택하고, 그 반대의 경우라면 다음 선거에서 다수 국민은 자유주의를 지지하는 정당을 선택함으로써 중용과 균형을 유지한다.

복지주의에서 민주주의가 실패한다면 복지주의 자체가 실패하게 된다. 누군가 민주주의를 마비시키거나, 어떤 이유로 민주주의가 제대로 작동하지 않으면 복지주의는 중심을 잃는다. 정경유착일지, 대중영합주의일지, 진정한 복지주의일지는 민주주의가 결정한다.

자유주의 형태를 결정하는 민주주의

복지주의에서 민주주의는 단순히 자유주의에 대비된다는 의미를 넘어선다. 민주주의는 공동체 분배를 결정하는 국가권력(입법 · 행정 · 사법)을 형성하고 행사하는 과정이다. 민주주의는 행정·사법뿐만 아니라, 국가 법질서를 결정하는 입법권도 관장한다.

입법이란 법질서의 수립이다. 법질서는 사법질서와 공법질서를 모두 포함한다. 국가는 입법으로 '국가와 국민' 사이의 법률관계만 규율하는 게 아니다. 국가는 국민에게 직접 생존권 급부를 제공하기도 하지만 그것을 넘어서서 개인들 사이의 경제생활 질서의 내용을 결정한다. 즉 민법, 상법, 공정거래법, 주택임대차보호법, 근로기준법 등을 개정해서 '개인과 개인 사이'의 개인 거래 분배질서에 규제와 조정을 행하기도 한다.

복지주의에서의 민주주의는 국가의 이름으로 자유주의, 시장주의의 게임 규칙을 새롭게 정하는 권력을 행사한다.

> 헌법 제119조 ① 대한민국의 경제질서는 개인과 기업의 경제상의 자유와 창의를 존중함을 기본으로 한다.
> ② 국가는 균형 있는 국민경제의 성장 및 안정과 적정한 소득의 분배를 유지하고, 시장의 지배와 경제력의 남용을 방지하며, 경제주체 간의 조화를 통한 경제의 민주화를 위하여 **경제에 관한 규제와 조정**을 할 수 있다.

최저임금법 사례를 생각해 보자. 그 법에 따라 개인과 개인의 거래 분배가 바뀐다. 모든 사용자는 근로자에게 최저임금액 이상의 임금을 지급하여야 한다. 만일 사용자와 근로자가 근로계약(개인 거래)으로 최저임금액보다 낮게 임금을 정했다면, 그 부분은 민주주의가 정한 법률(최저임금법)에 따라 무효이다. 그 부분 법률관계는 법이 정한 최저임금을 지급하라는 최저임금법이 그대로 결정한다.

> 최저임금법 제6조(최저임금의 효력) ① 사용자는 최저임금의 적용을 받는 근로자에게 최저임금액 이상의 임금을 지급하여야 한다.
>
> ③ 최저임금의 적용을 받는 근로자와 사용자 사이의 근로계약 중 최저임금액에 미치지 못하는 금액을 임금으로 정한 부분은 무효로 하며, 이 경우 무효로 된 부분은 이 법으로 정한 최저임금액과 동일한 임금을 지급하기로 한 것으로 본다.

이처럼 민주주의는 자유주의 질서, 시장질서를 변경하는 힘을 갖고 있다. 그렇다고 민주주의가 자유주의 원칙 자체를 허물어뜨릴 수 있는 것은 아니다. 헌법은 민주주의가 함부로 국가권력을 일탈·남용해서 자유주의 자체를 훼손하는 것을 방지하고 있다.

헌법재판제도는 대표적인 사례다. 법률이 헌법에 위반되면, 헌법재판소는 그 법률을 위헌으로 결정해서 그 효력을 상실시킬 수 있다.

> 헌법 제111조 ① 헌법재판소는 다음 사항을 관장한다.
> 1. 법원의 제청에 의한 법률의 위헌 여부 심판(이하 생략)
> 헌법재판소법 제47조 (위헌결정의 효력) ② 위헌으로 결정된 법률 또는 법률의 조항은 그 결정이 있는 날로부터 효력을 상실한다. 다만, 형벌에 관한 법률 또는 법률의 조항은 소급하여 그 효력을 상실한다.

여하간 복지주의에서 민주주의는 사회보장정책뿐만 아니라 사회적 시장경제질서를 정립하는 역할까지 수행한다는 점에서, 복지주의의 성패를 좌우한다. 이처럼 민주주의가 중요하니, 복지주의에서는 민주주의를 어떻게 제도화할 것인지가 정의 실현의 핵심 과제가 된다. 구체적으로는, '내 몫, 내 것'을 결정하는 요체가 된다.

만능은 아닌 민주주의

민주주의를 제도화할 때, 민주주의의 단점을 제어하는 방법에 주목하게 된다. 헌법은 민주주의를 제어하는 방법으로 크게 두 가지 방향을 설정하고 있다. 하나는 법치주의이고, 다른 하나는 민주 절차를 실질화하는 것이다.

첫째는 법치주의다. 법치주의는 민주주의에 규제와 한계를 설정하는 방법이다. 민주주의 결정으로도 할 수 없는 한계를 '법'으로 설정하는 것이다. 민주적 결정을 행할 때, 내용의 관점에서 국민주권이나 인간의 존엄을 해치는 결정은 할 수 없도록 하거나, 절차의 관점에서 반드시 일정한 절차를 거치도록 함으로써 결정 과정에서 다른 주체들의 의견을 반영할 수 있게 하거나, 형식의 관점에서 법률 또는 명령·규칙 등 일정한 형식으로만 행할 것을 요구하는 것이다.

만일 민주적 결정이 이런 규제와 한계를 위반하거나 넘어섰을 때, 법은 그런 민주적 결정, 즉 공권력 행사를 위법이라고 하고, 그 효력을 무효화시킨다. 때로는 그런 결정을 한 대표자 개인에게 법적 책임을 지우기도 한다.

예를 들어, 우리 헌법 제37조는 자유주의와 민주주의의 관계뿐만 아니라, 민주주의의 한계를 잘 보여 주는 규정이다. 제1항은 자유주의를 기본으로 한다는 원칙을 선언하고, 제2항은 국가가 '법률로써(=민주 절차를 통해서)' 자유와 권리를 제한하는 예외가 가능하다고 선언하고 있다. 그리고 제2항은 또한, "국가안전보장·질서유지 또는 공공복리를 위하여 필요한 경우에 한하여"만 제한할 수 있다는 법적 한계, 그리고 "제한하는 경우에도 자유와 권리의 본질적인 내용을 침해할 수 없다."는 법적 한계를 동시에 설정하고 있다.

> 헌법 제37조 ① 국민의 자유와 권리는 헌법에 열거되지 아니한 이유로 경시되지 아니한다.
> ② 국민의 모든 자유와 권리는 국가안전보장·질서유지 또는 공공복리를 위하여 필요한 경우에 한하여 법률로써 제한할 수 있으며, 제한하는 경우에도 자유와 권리의 본질적인 내용을 침해할 수 없다.

둘째는, 민주주의 자체의 합리성을 확보하는 것이다. 민주주의 결정이 합리적인 결과를 가져오게끔, 민주 절차를 정비하는 것이다. 민주 절차 쟁점은 법치주의와 다르다. 법치주의는 민주주의로 결정할 수 있는 '한계'를 법으로 설정하는 것이지만, 민주 절차 쟁점은, 위법하지 않은 여러 민주주의 형태 중에서 가장 합리적인 민주 절차가 무엇인지를 묻는 쟁점이다.

이 쟁점이 법치주의와는 별도로 논의되는 이유가 있다. 외관적 형식이나 형태는 민주주의이지만, 그 실질은 독재 권력을 행사할 수 있도록 민주 절차가 꾸며지는 경우가 있기 때문이다. 이런 경우, 법치주의로 민주주의를 규제하거나 한계를 설정하는 것은 사실상 무력화되기 일쑤다. 공산주의 국가가 시행하는 민주제도들은 대표적인 사례다. 이들은 이미 설명했듯이, 독재자의 독재 권력은 간접민주제에 간접선거제를 혼합해서 민주적으로 성취한 것이었다. 그러면서 이들은 모두 인민민주주의를 행한다고 만방에 선전하고 있었다.

민주주의 제도를 합리화하는 첫째 방법이, 권력분립주의의 확립이다. 과거 군주제 등에서 이루어진 권력분립을 말할 때, 일반적으로 공화주의라고 표현한다. 아무튼 공화주의든, 권력분립주의든, 민주주의 결정이 몇몇 권력자에게 독점되지 않도록 하겠다는 것이다. 대통령이나 특정 정당이 민주적 결정을 독점하게 놓아둬서는 안 된다는 의미다.

그렇다고 권력분립이 권력 행사를 봉쇄하는 것으로 해석돼서는 안 된다. 국가권력을 무조건 행사할 수 없도록 하자는 이론은 이미 살펴보듯이 자본가 주권의 근대국가 이론일 뿐이다. 오늘날 현대국가에서는 어울리지 않는 이론이다.

오늘날 권력분립의 쟁점은, 권력 행사의 결과가 합리적일 수 있는 권력분립 형태가 무엇인가 하는 것이다. 권력분립제에 관한 더 자세한 설명은 생략한다.

권력분립 이외에 민주주의에서 가장 중요한 쟁점은, 권력 행사를 맡은 국민대표들이 주권자 국민에게 어떻게 책임지게 할 것인지다. 권력자들은 권력 위에서 군림하고자 할 뿐, 그 권력이 국민을 위해서 존재한다는 사실을 무시하려 든다. 그리고 그런 권력 군림의 현실이 한번 통하기 시작하면, 국민은 객체의 나락으로 떨어지게 된다. 그것을 방지하는 가장 중요한 제도가 '책임'제도다. 이에 관해서는 뒤에서 살펴본다.

그 밖에 민주주의가 제대로 작동하기 위한 쟁점은 다양하다. 권력자를 선출·임명하는 제도, 의사결정과정에 이해관계인이나 국민이 참여하는 제도를 어떻게 합리화할 것인지 등이다.

이들 민주주의 쟁점을 체계적으로 이해하기 위해서는, 민주제도가 전반적으로 어떻게 체계화되어야 하는지, 개개 민주제도가 국민의 이해관계에 어떤 의미인지를 이해해야 한다. 여기에서 민주주의 제도 전반을 설명할 수는 없다. 다만, 복지주의 관점에서 우리나라 현행 민주제가 국민주권주의, 인간의 존엄과 가치라는 최고이념에 알맞은 상태인지, 국민 전체의 목소리를 반영하는 데 적합한지, 대표자들이 국민의 의사를 살피게 하는 구조인지 등의 쟁점을 살펴본다. 특히 민주주의의 큰 그림의 관점, 즉 직접민주제와 간접민주제 관계의 관점에서 우리나라 민주절차의 미래를 검토한다.

최악 상황에 빠진 현행 간접민주제

민주주의는 제도적으로 간접민주제와 직접민주제로 구현된다. 간접민주제는 국민이 그의 대표자인 의원 기타의 피선기관(被選機關)을 통하여 통치권을 행사하는 민주제이고, 직접민주제는 국민이 국가의사를 직접 결정하는 민주제다.

우리나라는 실질적으로 간접민주제 형태로만 구현되어 있다. 국민이 직접 국가의사를 결정할 수 있는 직접민주제는 사실상 봉쇄돼 있다. 세계 최저의 문맹률, 세계 최고의 평균 지능과 고학력을 자랑하는 국가로서 민망한 상태다.

실제 현실을 살펴보자. 입법, 행정, 사법, 기타 헌법기관 어느 하나 성한 곳이 없다. 과거 많은 대통령은 사명감을 상실한 채 제왕적 권력의 대통령을 자처했다. 권력 그 자체에 주저앉았다. 공사 구분의 정치철학이 없으니 측근 간신배들에 휩싸였고, 그들끼리 개인적 이득을 챙기는 우를 범했다. 급기야 유명을 달리하거나 교도소로 향했다. 박정희는 살해당했고, 노무현은 자살했고, 전두환, 이명박, 박근혜는 감옥을 거쳤다.

제왕적 대통령을 견제하는 대안으로 국민은 국회에 기대를 걸었었다. 그러나 오늘날 국회는 국회의원들이 자기들의 개인 특권을 누리는 개인 방탄 기관으로 전락했다. 원래 국회의원 불체포특권은 독재권력자의 정치적 탄압에 대항하기 위한 특권이다. 그런데 요즈음 국회의원들은 파렴치한 개인 범죄를 저질러 놓고도 자기들끼리 서로 짜고 체포 동의안을 번번이 부결시킨다.

어디 그뿐인가? 국회의원들은 공무원으로서 적정한 보수를 받으면서도 그것에 더해서 정당보조금, 국민의 정치 후원금 등등의 명목으로 뒷주머니를 챙긴다. 물론 그런 근거 법률은 국회의원들이 직접 만든 것이다. 스스로 돈을 챙기면서 그 돈이 정치에 꼭 필요하다는 점을 국민에게 성심껏 설명하지도 않았다. 제왕적 대통령을 견제하라고 받은 권력(힘)으로 국회의원들은 스스로 제왕적 국회의원을 자처하고 있다.

국민이 법원을 신뢰하지 않은 지는 이미 오래됐다. 법원은 유전무죄 무전유죄, 전관예우 속에 빠져 있다. 법원에 대한 국민 신뢰도와 경찰이나 검찰에 대한 신뢰도가 거의 같다. 검찰·경찰은 재판받겠다고 신청하는 기관이고, 법원은 재판하는 국가기관이다. 신청기관과 재판기관의 국민 신뢰도가 똑같이 밑바닥이라면 법원은 존재 가치를 잃었다고 봐야 한다. 최근 선고된 곽상도 무죄판결은 국민을 어처구니없게 만들었다. 마치 법원이 주권자 국민에게 '어쩔 건데?'라고 막무가내로 대드는 듯하다.

급기야 중앙선거관리위원회는 공무원 세습이라는 음서제의 꿈을 실현하는 추태를 만들어 냈다. 더 가소로운 것은 창피를 모른다는 점이다. 그들은 선거관리위원회의 위상이 독립된 헌법기관이니 다른 국가기관의 간섭이나 통제를 받아서는 안 된다고 뻔뻔스럽게 주장한다. 그 주장이 법 이론적으로 틀린 것은 아니나 먼저 선거관리위원회가 국민 앞에 어떻게 법적 책임을 질 것인지 백배사죄를 구한 뒤에야 할 수 있는 말이 아닌가? 세습 비리를 저지른 공무원들의 입에서 나올 변명은 아니다.

이런 공무원들은 현직을 떠난 후에도 비리를 계속한다. 전관예우라는 방명(芳名)을 붙인 전관비리다. 오늘날 정계와 관계에는 법원과 정부의 전관과 무슨 무슨 마피아들이 득시글댄다.

한마디로, 현재 우리나라 민주제는 간접민주제 망토를 쓴 공무원들이 나라를 망치고 있는 형국이다. 국가권력이 사리사욕의 도구가 되었다. 모든 권력은 국민으로부터 나오고(헌법 제1조 제2항), 그 권력을 행사하는 공무원은 국민 전체에 대한 봉사자이며, 국민에 대하여 책임을 진다(헌법 제7조)는 민주주의 헌법 이념은 공염불이 되었다.

국민 무기력증 원인, 간접민주제

이런 현실이 자행되는 데는 그걸 뒷받침하는 제도들이 있기 마련이다. 현행의 간접민주제도들을 검토해 보자. **단도직입적으로 평가한다면 우리 국민은 이론적으로만 주권자이고, 실질적으로는 허수아비로 남은 상태다.**

국가가 행사하는 고권은 상하 관계로 나뉘어 있다. 위로부터 헌법, 법률, 명령·규칙, 조례·규칙, 행정처분(행정행위)이다. 이들 고권 행사에 국민이 미칠 수 있는 영향력의 정도를 살펴보면 국민이 주권자인지 들러리인지, 객체인지를 바로 파악할 수 있다.

헌법개정부터 본다. 헌법개정에는 국민투표 절차가 포함되어 있다. 겉보기에는 국민이 주권을 직접 행사하는 것처럼 보인다.

> 헌법 제128조 ① 헌법개정은 국회재적의원 과반수 또는 대통령의 발의로 제안된다.
>
> 제129조 제안된 헌법개정안은 대통령이 20일 이상의 기간 이를 공고하여야 한다.
>
> 제130조 ① 국회는 헌법개정안이 공고된 날로부터 60일 이내에 의결하여야 하며, 국회의 의결은 재적의원 3분의 2 이상의 찬성을 얻어야 한다.
>
> ② 헌법개정안은 국회가 의결한 후 30일 이내에 **국민투표에 붙여 국회의원선거권자 과반수의 투표와 투표자 과반수의 찬성을 얻어야 한다.**
>
> ③ 헌법개정안이 제2항의 찬성을 얻은 때에는 헌법개정은 확정되며, 대통령은 즉시 이를 공포하여야 한다.

그러나 그 국민투표는 개헌안에 대해서 국회가 재적의원 3분의 2 이상 찬성으로 의결한 뒤에 시행된다. 3분의 2 이상의 국회의원이 찬성할 정도면 헌법개정이 좋은지 나쁜지, 필요한지 불필요한지에 관한 토론은 실질적으로 끝난 상황이다. 국민투표 과정에서 국민이 헌법개정을 할지 말지를 토론하고 여론을 형성할 여지는 없다. 국민투표는 그 개헌안을 무조건 승인하는 수준의 형식적 절차일 뿐이다. 국민이 헌법개정 여부의 결정권을 쥐었다고 할 수 없다. 현행 헌법개정 제도는 실질적으로 대통령이나 국회의원들의 손안에 있다고 평가할 수 있다.

다음 법률의 제정과 개정을 살펴보자. 법률은 국회가 입법권을 행사해서 만든다. 헌법개정은 극히 드문 일이므로, 법률의 제ㆍ개정은 민주주의 결정에서 가장 중요한 부분이다.

헌법과 국회법은 국민이 입법에 참여하거나 영향을 줄 수 있는 제도를 두고 있다. 청원권, 표현의 자유, 선거권이다. 이런 제도가 있으니 정치인(국회의원)들이 어느 정도 국민의 눈치를 보는 것은 사실이다. 그러나 국민의 영향력은 간접적이고 아주 미미하다.

청원권은 국민이 원하는 법률을 국회의원에게 '만들어 달라'고 신청하는 권리다. 국회법은 청원권을 말 그대로 신청하는 것에만 그치도록 만들었다. 그 청원을 받아들일지는 전적으로 국회의 재량에 맡겨져 있다. 국회는 청원을 무시할 수 있고, 무시하더라도 국민이 대응할 방법은 없다.

표현의 자유는 국민이 의견ㆍ평가ㆍ소망ㆍ아이디어를 서로 소통하고, 여론을 조성하는 방식으로 정치인에게 국민의 뜻을 알리는 방법이다. 매스컴은 중요한 소통 매체다. 요즈음에는 인터넷 SNS가 중요한 역할을 한다. 때로는 길거리에 나와서 집회와 시위를 하기도 한다. 민심에 호소하고 여론을 형성해서 정치인들에게 간접적으로 영향을 미치는 방법이다.

표현의 자유는 가끔 엄청난 괴력을 행사한다. 민심이 천심이라는 큰 물결로 변하는 순간이다. 2017년 대통령탄핵은 좋은 사례다. 처음 시작은 소소했다. 몇백 명 국민이 2016년 늦가을 서울 청계천 모퉁이에 모여서 국정 운영의 무능과 부패를 질타하는 수준이었다. 그 작은 외침은 이심전심으로 전파됐고, 거칠어진 민심은 한겨울의 매서운 추위에도 아랑곳없이 대통령의 하야와 탄핵을 촉구했다. 급기야 2017년 3월 헌법재판소는 대통령을 파면했다.

그러나 표현의 자유로 표출되는 쟁점 모두가 전체 민심을 흔들지는 않는다. 매번 들불처럼 타오르지 않는다. 대부분의 집회와 시위는 국민 전체의 마음을 흔들지 못한다. 국민은 각자 생계에 바쁘기 때문이다. 표현의 자유가 민심 쓰나미가 되는 것은 생계를 팽개칠 정도로 참을 수 없는 쟁점이 등장할 때다. 그러나 민심 쓰나미는 매우 예외적이다. 그러하니 정치인들은 평소 국민의 외침을 '쇠귀에 경 읽기'처럼 대한다. 이것이 표현의 자유가 가진 한계다.

선거권은 국민이 정치인을 뒤흔들 수 있는 중요한 권리다. 그러나 국민이 그 중요성과 권리 행사 요령을 제대로 이해하지 않으면 무용지물에 머무르게 된다. 지금까지 실제 현실이 그랬다. 많은 국민은 '구관이 명관'이라며 반쯤 포기한 채, 별생각 없이 투표한다. 한 번 국회의원이 되면, 재선, 3선으로 이어지는 건 그래서 쉽다. 이런 투표의식과 방법으로는 국민이 선거권으로 국회의원을 통제할 수 없다. 다른 생각과 태도를 가져야 한다. 자세한 내용은 곧 뒤에서 이어 가 본다.

정리하면, 법률의 제·개정은 실질적으로 국민의 통제를 벗어나 있다. 국회의원 및 정치인들의 손에서 모든 법률이 결정된다. 국민은 들러리일 뿐이다. 대통령, 장관이 명령·규칙, 조례·규칙을 제·개정하는 절차, 경찰청장, 세무서장, 검사 등 행정관청이 행정처분(행정행위)을 하는 절차에서 국민(주민)의 처지는 수동적 객체일 뿐이다. 법률의 제·개정 절차와 비교하건대, 못 하면 못 하지, 더 하지는 못한 상태다. 굳이 더 구체적으로 설명하지는 않겠다.

■ 직접민주제

직접민주제는 국민과 정치인 사이의 권력분립

위에서 살펴본 간접민주제의 현실은 직접민주제를 제대로 실현하는 것이 얼마나 절실한지를 보여 준다. 한편으로는 간접민주제의 장점을 그대로 살리면서 다른 한편으로 국민이 직접 나서서 국가의사를 결정해서 국정을 정리해야겠기 때문이다.

간접민주제의 폐해를 치유하기 위해서 직접민주제의 등장이 중요한데에는 이유가 있다. 국민과 국가기관 사이의 권력분립 문제이기 때문이다. 원래 국민은 주권자이므로 국민이 직접 국가권력을 행사해야 한다. 그러나 5천만 국민이 개별 구체적인 국가권력을 매번 행사할 수 없으므로, 간접민주제를 채택해서 공무원(정치인)에게 국가권력을 행사시킨 것이다. 그것이 효율적이기 때문이다. 공동체 결정에 필요한 국민의 시간과 비용을 절약하고, 엘리트들의 토론과 대화를 활용하겠다는 취지다.

그런데 간접민주제에서 많은 공무원은 국가권력이 자기 것이라고 착각한다. 국민이 자기를 권력자로 뽑았다고 생각한다. 공공의 국가권력을 사익을 위해서 행사하는 유혹에 쉽게 빠진다. 이런 경우 국민은 고양이 앞에 생선을 맡긴 꼴이 된다.

이런 점에서, 간접민주제를 채택하면서 직접민주제를 완전히 무력하게 만들면 민주주의 자체가 무너질 수 있게 된다. 직접민주제 주체로서의 국민과 간접민주제 주체로서의 공무원 사이에 권력 균형이 무너지면서, 공무원, 특히 정치인들이 독점적 권력자로 둔갑할 수 있다. 공무원들이 국가권력을 독점해서 국민을 통치 대상으로 만들어 버릴 수 있다. 민주 절차는 공무원을 선출하는 형식적 과정으로 바뀌고 국민은 국가권력의 객체가 된다.

간접민주제와 직접민주제의 권력분립이 무슨 의미인지는, 간단한 사례로 바로 이해할 수 있다. 예를 들어 국회가 의원들의 세비를 두 배로 올리는 '국회의원 세비 인상에 관한 법률'을 제정했다고 하자. 국민은 "국회의원 세비 인상에 관한 법률을 폐지한다."라는 1개 조문으로 된 '국회의원 세비 인상에 관한 법률의 폐지에 관한 법률'을 발안할 수 있다. 그리고 국민투표로 가결함으로써 그 법률을 폐지할 수 있다.

이런 직접민주제는 국민과 국회의원이 입법권을 분립해서 병렬적으로 가진다는 의미다. 이런 직접민주제가 도입되면 국민은 국회의원을 따라다니면서 악법을 없애 달라고 애원할 필요가 없다. 무능하고 방자한 정치인들을 보면서 느꼈던 분노와 짜증에 답답할 필요가 없다. 평소 국회의원이 입법권을 제대로 행사하는지 주시하고 있다가, 결정적인 순간에 국민이 직접 나서서 국민의 힘으로 악법을 고치면 된다.

이처럼 국민이 직접 입법권을 행사하는 것을 '국민투표제'라고 한다.

국민투표제의 핵심 내용은 국민발안과 국민투표이다. 국민발안은 법률안을 국민이 제안하는 권한이고, 국민투표는 국민이 투표로 안건을 결정하는 권한이다. 초중고교에서는 국민발안권과 국민투표권이 별개의 직접민주제도인 것처럼 가르친다. 그래서 둘 중 하나, 즉 국민발안권이나 국민투표권만 있으면 직접민주제가 시행되는 것처럼 착각하게 한다.

그러나 둘은 함께 있어야 한다. 국민발안권이 없는 상태에서 국민 투표권만 인정되는 경우, 발안권자가 법안을 발안하지 않으면 국민 투표제도는 유명무실해진다. 현행 헌법에 그런 제도가 있다. 현행 헌법 제72조에 의한 국민투표제도이다.

> 헌법 제72조 대통령은 필요하다고 인정할 때에는 외교 · 국방 · 통일 기타 국가안위에 관한 중요정책을 국민투표에 붙일 수 있다.

이런 국민투표제도는 있으나 마나 한 제도다. 대통령이 발의하지 않으면 죽어 있을 수밖에 없다. 실제로 위 조항으로 국민투표가 시행된 적은 없었다. 대통령이 발안하더라도 그 내용이 국민이 동의하고 원하는 것인지도 문제다. 대통령이 정권 유지를 위해서 발안할 때, 국민은 어찌할 방도가 없다. 오히려 현재까지 한 번도 실시하지 않은 것이 다행이라면 다행인지도 모른다. 아무튼 국민투표제를 도입할 때 국민발안권과 국민투표권을 함께 규정해야 한다.

국민발안의 의미를 조금 더 살펴보자. 국민발안은 말 그대로 국민이 결정할 안건을 신청한다는 의미다. 따라서 국민발안은 간접민주제에서도 가능하다. 국민이 국회에 법률안을 발의하는 것도 국민발안이라고 말할 수 있다. 그러나 이런 국민발안은 국민이 간접 민주 절차에 참여하는 의미만 가질 뿐이다. 직접민주제라고는 볼 수 없다.

직접민주제는 국민이 국가의사를 '직접 결정'하는 것이다. 직접민주제라고 말할 때의 국민발안은 국민이 국민투표로 결정될 안건을 직접 발안하는 경우만을 의미한다. 이런 점에서 2018년 3월경 당시 대통령이 헌법개정안에 포함한 국민발안제는 직접민주제가 아니었다. 국민이 법률안을 발의하지만 그 의결 여부는 국회의 권한으로 남아 있었다. 이런 국민발안권은 국회 청원권의 한 형태일 뿐이다.

> 헌법개정안(2018. 3. 26. 대통령 발의) 제56조 국민은 법률안을 발의할 수 있다. 발의의 요건과 절차 등 구체적인 사항은 법률로 정한다.

이런 헌법개정안을 설명하면서 직접민주제를 확대하는 제도라고 말했었는데, 그건 국민을 현혹하는 무시했던 정치적 선전행위였다고 볼 수밖에 없다. 직접민주제와 간접민주제의 본질을 왜곡한 설명이었다.

그즈음 대한변호사협회가 제안했던 개헌안[1]은 진정한 국민발안제의 형태가 무엇인지를 보여 줬다.

> 제52조 ① **국회의원선거권자 100분의 3 이상**, 국회의원 또는 정부는 법률안을 제출할 수 있다.
> ② 국회의원선거권자 100분의 3 이상이 발의한 법률안은 제출된 날로부터 1년 의결하여야 한다.

---

1   필자도 이 개헌안을 준비하는 대한변협의 위원회 위원으로 참여했었다.

③ 전항의 경우 국회가 위 기간 내에 의결하지 아니하거나 부결 또는 수정 의결하면 180일 이내에 **국민투표에 부쳐 국회의원선거권자 4분의 1 이상의 투표와 투표자 과반수의 찬성을 얻어 법률로 확정된다.** 다만 국회가 수정 의결한 경우 국회의원선거권자 100분의 3 이상이 제안한 법률안과 수정의결안을 동시에 국민투표에 부쳐야 한다.

위 헌법개정안은, 입법 효율성을 위하여 국민발안에 대해서 먼저 국회의 입법 절차를 거치도록 하고 있다. 그러나 국민발안에 대한 최종적 결정권을 국민이 확보하였다는 점에서 직접민주제였다. 국민의 국민발안권과 국민투표권이 모두 갖춰진 형태의 직접민주제다.

참고로, 국민투표제를 도입할 때는 국민투표의 효력이 무엇인지를 분명하게 이해해야 한다. **필자는 헌법 제72조를 연구하면서 국민투표의 효력이 법률과 같은 효력이라고 해석했다.**[2] 국회의 입법권과 국민투표의 입법권이 서로 권력분립으로 견제하도록 함이 타당하다는 것이 이유였다. 만일 국민투표의 입법권이 법률보다 우위에 있다는 이론에 서게 되면 국민투표의 오류는 다음 국민투표나 헌법개정으로만 개정할 수밖에 없는데, 실제 운영에서 심각한 어려움이 따를 것으로 보았다. 그리고 만일 국민투표의 입법권이 법률보다 하위에 있다는 이론에 서게 되면, 국민투표가 국회의 의결만도 못한 것이 되고 만다.

---

2   황도수, (2010), 헌법 제72조 국민투표의 법적 성격, 세계헌법연구 16권 2집, 황도수(2010), 레퍼렌덤으로서의 헌법 제72조 국민투표, 세계헌법연구 16권 3집 참조.

이야기하다 보니 어느새 '법률'에 대한 국민투표제도를 모두 설명한 셈이 됐다. 국민투표제도는 국민이 직접 국가의사를 결정하는 제도이다. 이때 이론적으로는 국민투표의 대상을 단지 법률에 한정할 이유는 없다.

헌법, 법률 이외에도 명령·규칙, 조례·규칙에 대해서도 국민투표가 가능하다. 그러나 최고법으로서의 헌법과 그 아래에 있는 법률에 대한 국민투표제가 수립되면 충분하다. 굳이 명령·규칙을 국민투표로 고칠 필요까지는 없다. 필요한 경우, 국민은 법률에 대한 국민투표를 통해서 하위에 있는 명령·규칙, 조례·규칙의 내용을 바꿀 수 있기 때문이다.

물론 주민투표로 조례·규칙을 바꾸는 문제는 별개의 쟁점이다. 주민자치, 지방자치의 문제이기 때문이다. 그리고 직접민주제의 다른 쟁점인 국민소환제에 대한 논의는 뒤로 미룬다.

직접민주제 도입은 제1순위 정치개혁 과제

국민투표제를 도입하자고 하면 반대 의견이 만만치 않다. 막강한 이익집단들이 개입해서 국민투표로 법을 함부로 만들거나 폐지하면 어떻게 하냐는 걱정이다. 국민이 감정에 휩쓸려서 투표하면 어떻게 하냐고 반문한다. 정치권의 갈등이 국민 사이에 확대되어 사회가 양극단으로 나뉘면서 통합보다는 분열이 초래될 뿐이라고 한다. 노령인구가 급속히 증가하는데, 기성세대는 공약을 검토하지도 않은 채 선호 정당에 무조건 투표한다고도 하고, 거짓 정보가 난무할 때, 그런 정보에 무분별하게 끌려다니는 이들이 너무 많다고도 한다. 그저 달면 삼키고 쓰면 뱉는 미개한 국민의식을 먼저 고친 뒤에 비로소 직접민주제를 도입할 수 있다고 한다.

직접민주제의 도입은 위에서 잠시 언급했듯이, 권력분립의 문제다. 정치인이 지금까지 독점하던 입법권을 국민이 함께 나눠 갖는 문제다. 원래 입법권은 모두가 국민 것이다. 현행법이 정치인들에게 몰아준 권력을 다시 국민과 나눠 갖길 꺼리는 것이다. 물론 모두는 아니지만 많은 정치인들은 지금까지 국민을 통치 대상으로 남아 있길 바라면서, 국민이 주권자로 깨어나기를 거부하고 있다. '국민을 위해 정치한다'라는 말은 그저 입에 발린 소리일 뿐.

만일 정치인들이 국민의 뜻을 제대로 받드는 사람들이었다면 국민의 시민의식을 고양해서 진작에 직접민주제를 도입해서 국민이 주인이 되도록 했을 것이다. 그것을 위해 국민교육이 필요했다면 국가정책을 바꿔서 벌써 필요한 교육을 마쳤을 것이다. 아직 직접민주제가 도입되지 않은 것은 국민 수준 문제가 아니라, 정치인 수준 문제다.

'직접민주제를 채택하면 혼란스럽다'라는 변명은 1950, 60년대에나 통하던 소리였다. 일제 식민지 정책으로 1945년 해방 당시 문맹률이 77.8%였기 때문이다. 그러나 문맹률 1%인 오늘날에는 통할 수 없는 변명이다. '국민은 결정 능력이 없다, 주체성이 없다, 우매하다'라는 말 자체가 파렴치한 정치인의 우민화 전략일 뿐이다. 그런 말을 내뱉는 정치인은 국민을 개돼지로 취급하고 있는 것이다. 과연 누가 개돼지인가?

국민투표제는 내가 부족하고 모자란 사람이라 해도 어엿한 주권자이듯, 내 옆에 있는 다른 사람 역시 그렇다 해도 나와 같은 주권자라는 상호 존중에서 정착된다. 서로 부족한 사람들이니 머리를 모으고 지혜를 짜내어 최선의 판단을 하자는 생각이다.

직접민주제의 도입을 두고 국민이 스스로를 믿지 못하거나 자기 수준을 깎아내릴 필요는 없다. 내가 민주적이라면, 내 동료도 그 정도 수준은 된다는 믿음을 가져야 한다. 대한국민은 1960년에 시작된 군사독재를 1993년 문민정치로 이행했고, 이후 여당과 야당을 교체하면서 정치를 이끌어 가고 있다. 부존자원이 없는 상태에서 세계 10위의 경제력을 이룩하는 지적 능력과 열정을 가진 사람들이다. 대한국민만큼 교육 수준이 높고, 지적 능력이 뛰어난 국민들은 드물다. 직접민주제가 대한민국에서 실패한다면 세계 어디에서도 성공할 수 없다.

직접민주제에서 국민이 선동정치에 휩쓸리는 수준이라면 간접민주제에서는 더더욱 선동 정치가에 끌려다니고 있음이 분명하다. 서민 대중이 스스로 직접민주제를 위험하다거나 적절한 발상이 아니라고 여긴다면 그런 생각 자체가 우민화의 결과이자 이미 우민화되었음을 증명한다. 스스로 주권자이기를 포기할 정도로 세뇌된 것이다.

국민투표에서 결론을 잘못 내리면 어떡하냐고 두려워하지 않아도 된다. 판단이 서질 않거나, 불확실하면 국민투표를 부결시키면 된다. 그러면 바뀔 것이 없다. 필요하다면 나중에 다시 제안해서 결정하면 된다.

이런 경우 우민화된 국민이 가결하면 어떻게 하냐고 반문할 수 있다. 국민주권주의를 선언한 지 70년이 넘었고, 세계경제력 10위의 위상에도 불구하고 아직도 국민이 스스로가 자신을 믿지 못할 만큼 우민화된 상태라면, 그 주된 원인은 국민 자신이 아니라 정치인들에게서 찾아야 한다. 그런 상황에서는 간접민주제가 실패할 것임은 불을 보듯 뻔하다. 그들은 국민을 개돼지로 남겨 둘 계략이기 때문이다. 이런 정치인들에게 어떻게 국가의 미래를 통째로 맡길 수 있겠는가? 국민은 주권자로서 스스로 성장해야 한다. 스스로 책임질 수 있어야 한다.

물론 국민은 국민투표에서 실수할 수도 있다. 그러나 직접민주제를 두고만 실수하고 실패하는 것은 아니다. 간접민주제에서도 정치인과 공무원은 수없이 많은 우와 실수를 범한다. 그들의 실패는 독단에 의한 오판이다. 그러나 국민투표에서의 실수는 토론과 대화의 과정과 기간을 거친 뒤의 실수다. 적어도 독단은 아니다. 국민투표 실패의 위험성은 간접 민주에의 독단 위험성보다 현저히 적다.

사람은 어차피 잘 모르는 길을 간다. 불확실한 행로 앞에 서 있다. 스위스 국민은 2016년 월 300만 원 기본소득제 도입을 국민투표로 부결시켰다. 영국 국민은 2016년 브렉시트(Brexit)를 결정했다. 대한국민이 그런 결정을 하지 못할 정도의 수준이라고는 보지 않는다.

게다가 국민투표는 국회의 입법권을 완전히 빼앗는 제도가 아니다. '필요한 경우에' 국민이 국정에 직접 개입하는 방법이다. 국민이 국민투표제도를 어떤 방식으로 활용할지는 국민의 수준이 결정한다. 국회가 열심히 일하도록 독려하는 한편 그 입법권을 올바른 방향으로 이끌기 위해서 보충적인 수단으로 국민투표제도를 활용할 수 있다. 처음부터 국민투표제를 포기하는 것은 주권자답지 않다.

다시 말하지만, 국민투표제는 어느 정도는 무분별한 국민이 있을 수 있다는 것을 인정하면서 건전한 다수의 힘을 믿는 제도다. 세 차례의 현대 대중혁명을 이끌어 온 대한국민은 충분히 믿을 만하다. 대통령 선거, 국회의원 선거를 통해서 보여 준 국민의 절묘한 판단 능력은 세계 어느 국민도 쉽게 따라갈 수 없는 능력이다.

정리하자. 대한국민은 간접민주제의 폐해 속에 그대로 살아갈 이유는 없다. 실질적인 주권자이기 위해 국가의 최고결정권을 직접 행사하는 '히든카드'를 갖춰야 한다. 국민이 '모든' 국정 사안을 직접 결정할 필요는 없지만(바람직하지도 않고, 그럴 만한 시간도 없다), 중대한 사안에 대해서는 직접 결정하는 힘과 권리를 반드시 쥐고 있어야 한다. 직접민주제도의 도입은 제1순위 정치개혁 과제이다.

■ 간접민주제

현행 간접민주제에서도 주권자다운 국민

국민은 스스로 주권자다워야 한다. 스스로 주권자의 지위를 확보해야 한다. 누군가가 국민에게 주권자의 힘을 제공해 줄 것이라는 기대는 접어야 한다. 국민을 주권자로 대우하는 정치인이 나타나기를 기다릴 수 없다. 아무리 기다려도 그런 정치인은 오지 않을 것이다. 지금까지 오지 않았는데 별안간 나타나겠는가? 어쩌다 그런 정치인이 등장해도 그 정치인이 임기를 마치면 다시 원래대로 돌아가 지금 같은 정치인들이 국가를 헤집을 것이다.

올바르고 훌륭한 정치인이 나타나길 기다리는 소극적 태도만으로는 국민이 진정한 주권자가 될 수 없다. 통치 대상자로서의 지위를 벗어날 수 없다. 헌법이 분명하게 선언하듯이 국민은 이미 주권자이다. 당장 스스로 주권자답게 적극적으로 생각하고 행동해야 한다. 정치인이 바뀌길 기다리는 것이 아니라, 국민이 스스로 자기를 바꾸고, 나아가 정치인들을 바꿔야 한다.

여기서 의문이 생긴다. **현재처럼 간접민주제가 국민의 주권을 사실상 빼앗고 있는 상황에서 국민이 어떻게 적극적으로 주권을 행사할 것인가**라는. 그 가능성을 기대해 볼 수나 있을까.

다행스러운 것은 우리 헌법의 주춧돌이 인간의 존엄과 가치이고, 국민주권에 놓여 있다는 점이다. 국가권력의 모든 정당성과 이념적 헤게모니는 국민이 갖고 있다. 정치인이 아무리 국민을 무시해도 국가권력은 국민으로부터 나온다.

> 헌법 제1조 ② 대한민국의 주권은 국민에게 있고, 모든 권력은 국민으로부터 나온다.

직접민주제는 물론 간접민주제도 그 기초를 국민에게 두고 있다. 대통령도 국민이 선출하고 국회의원도 국민이 선출한다. 내가 뽑아 줄 때 비로소 대통령이 될 수 있고, 국회의원이 될 수 있다.

간접민주제 제도를 아무리 국민에게 불리하게 구성해도 **국민은 헌법적으로 세 가지 힘을 보장받고 있다.** 청원권, 표현의 자유, 그리고 선거권이 그것이다. 청원권, 표현의 자유는 대통령 · 국회의원 등 대표들을 선출하고 난 뒤에 행사하는 힘이고, 선거권은 대통령 · 국회의원 등 대표가 누가 될지를 결정하는 힘이다. 청원권, 표현의 자유는 정치인에게 간접적으로 영향력을 행사하는 힘이고, 선거권은 대통령 · 국회의원 여부를 결정하는 '직접적인 힘'이다.

많은 사람은 이 힘들이 별 볼 일 없다고 생각한다. 선거권은 4천만이나 몇십만 표 중의 하나이고, 표현의 자유는 목소리를 높여도 들어주지 않고, 청원권은 신청에 불과하다고 생각한다. 물론 청원권이 미미한 것은 사실이다. 그러나 선거권과 표현의 자유는 국민이 그에 관한 생각, 태도를 바꾼다면 실질적인 힘을 가질 수 있다. 이유는 있다. 인류 선배들이 그 권리와 자유를 얻어 내기 위해서 얼마나 많은 피를 뿌렸는지를 기억해 보라! 이제 간접민주제에서도 국민이 실질적으로 주권자답게 사는 방법을 생각해 보자.

선거권은 국민소환제로 활용 가능

먼저 선거권이다. 선거권은 대표자를 선출하는 권한이다. 이런 개념 설명은 많은 사람이 선거를 '선출'하는 행위로만 생각하게 한다. 여러 후보자 중에서 누군가 좋은 사람을 고르는 것이 투표라고 생각하게 한다. **그러나 선거권에는 선출뿐 아니라, 떨어뜨린다는 이면이 있음에 주목해야 한다.** 특히 현직 정치인을 떨어뜨리는 권한이라는 점이다. 선출되지 않으면 그 정치인이 떨어질 것이니 말이다.

국민은 선거권을 현직 정치인의 책임을 추궁하는 권력으로 활용할 수 있다. 정치인은 늘 책임지겠다고 말하고 다니는데, 그 책임을 투표로 추궁하는 것이다. 이런 점에서 선거권은 국민소환제[3]와 같은 힘을 갖고 있다. 현직 정치인에 대한 탄핵, 국민소환의 의미다.

---

3   국민투표로 고위공직자를 공직에서 면직시키는 것.

선거철이 되면 대부분 정치인은 평소 뻣뻣했던 고개를 그때만은 국민에게 숙인다. 국민의 투표권에 아부하며 비굴한 태도를 보인다. 선거 절차가 그들의 책임을 추궁하는 절차임을 느끼기 때문이다. 고개를 조아려서, 책임 추궁을 피하려는 것이다.

국민이 현직 정치인을 탄핵, 소환한다는 마음으로 투표하면, 정치인은 국민이 주인임을 늘 의식할 수밖에 없다. 정치를 잘하지 못하면 바로 다음 선거에서 소환됨을 환기하지 않으려야 않을 수 없을 것이다.

국민이 선거권을 탄핵, 소환으로 활용하는 방법은 간단하다. 투표를 위한 판단을 이원화하는 것이다. 입후보한 여러 사람을 두고 한 명의 후보자를 선택하는 것이 아니라, 현역 정치인에 대한 평가를 따로 하는 것이다. 현직 정치인이 '진정한 정치인'인지를 별도로 평가하는 것이다. 현직 정치인은 이미 국회의원으로서 4년간 활동한 사람이다. 그가 진정한 정치인 자격이 있는지, 그저 그런 정치인인지를 검증하고 판단할 자료가 상당 분량 쌓여 있다. 인터넷에서 이름 검색만 해도 충분하다. 이런 자료를 검토해서 그가 정치를 계속하는 것이 바람직한지를 판단하면 된다.

이때 판단 기준을 월등히 높여야 한다. 재선 · 3선 정치인이 되는 기준은 엄격해야 한다. 재선 · 3선 정치인들은 국회의 중진이고, 국가의 미래를 책임질 사람들이다. 국회 상임위원회 위원장이 되고, 대통령 후보자가 될 사람들이다. 따라서 국가 미래의 청사진을 보여 주는 사람이어야 한다. 진정으로 국민을 위해서 봉사하고, 그런 능력을 갖춘 정치인만 남겨야 한다. 재선, 3선이 되는 허들이 높아지면, 정치판에는 '좋은 정치인'만 남게 된다. 좋은 정치인만 남으니, 정치 수준이 올라갈 것이다.

이때 걱정이 있을 수 있다. 이런 식으로 투표해서 적절하지 않은 초선 정치인을 선출하면 어떻게 하냐는 우려. 실상 선거철에 선거 유세나 선거홍보물을 보고 어느 후보에게 표를 줄지, 누가 적합한지를 선뜻 판단하기는 어렵다. 그렇더라도 초선 정치인을 선출하는 데 큰 스트레스를 받지 않아도 된다. 그중에서 자신이 볼 때 미래의 가능성과 믿음성이 있어 보이는 후보를 우선 마음이 가는 대로 선출하면 된다. 그리고 평가는 4년 뒤에 하면 된다. 초선 정치인이 국회에서 할 수 있는 역할은 한정되어 있으므로 그가 국가를 망칠 염려는 크지 않다.

그러나 재선·3선 정치인은 국정을 좌우한다. 국민은 그가 그 정도의 자질이 있는지를 엄격한 잣대로 판단해야 한다. '구관이 명관'이라는 우민화된 내면의 소리에 현혹돼서는 안 된다. '아주 잘하는' 정치인만 남기고, 나머지는 모두 떨어뜨려야 한다. 정치인들 모두에게 '정치를 제대로 하지 못하면, 바로 낙마한다.'라는 국민 무서운 생각을 심어 놓는 것이 중요하다.

4년에 한 번이지만 선거권은 국가 질서를 바꾸는 힘이다. 선거는 정치판을 정화하는 국민의 힘이다. 국민은 진정 국민을 위한 사람들만 정치판에 남겨야 한다. 직접민주제를 도입하는 것이 옳다고 생각하는 사람들만 남겨야 한다. 그때야 비로소 국민은 한시름을 놓을 수 있다.

선거권은 투표 한 장으로 국민이 원하는 세상으로 조용히 바꾸는 힘이다. 이 한 장의 투표용지를 얻기 위해서 인류 선배들이 자기 삶을 희생하며 길거리에서 피를 흘리며 죽어 갔다는 사실을 기억하자. 인류 선배들의 소신과 열정, 그리고 핏값이 헛되지 않았음을 우리 후배들은 보여 줘야 한다.

가입, 탈퇴로 통제하는 정당, 시민단체

표현의 자유도 실제로 유용하게 활용할 수 있다. 표현의 자유는 언론, 출판, 집회, 시위로 나타난다. 국민들이 생각을 서로 교환하고, 대화하고, 토론하고, 여론을 형성하는 과정이다. 오늘날 SNS가 발전하면서 국민이 서로 소통하는 속도와 양이 현저히 증가했다. 그럼에도 대다수 국민들은 자신을 영향력 있는 유튜버도 아니고, 메이저 대중매체에 이렇다 할 권한을 가진 것도 아니니 여론 형성에 그저 수동적이며 소극적인 위치에 있다고 여긴다. 그러나 오늘날 정치 메커니즘을 보면 많은 시간과 큰 비용을 들이지 않고도 정치인들을 통제할 가능성을 찾을 수 있다.

첫째, 여론조사에 적극적으로 참여하는 것이다. 정치인은 항상 다음 선거를 생각한다. 그들은 국민의 지지율에 목을 맨다. 따라서 국민은 여론조사를 통해서 그들에게 명확한 메시지를 전달할 수 있다.

'나는 어떤 정당을 지지하므로, 그 정당 정권이 하는 일에 무조건 찬성한다.'라는 식의 특정 정당에 대한 '일편단심 민들레'로 남아 있어서는 안 된다. 주권자로서 '그때그때 정권의 잘잘못을 평가해서 국가가 제대로 된 방향으로 나가게 해야 한다.'라는 책임 있는 자세로 여론조사에 임해야 한다. 인간으로서의 존엄과 가치와 국민주권을 항상 중심에 두고, 국정운영에 비판적이어야 한다. 개별적인 정책은 시대와 상황에 따라 변하는 것이 마땅하다. 특정 정치인이나 특정 정당에 예속되지 않고,

주체적으로 정치를 평가해서 적극적으로 자기 생각을 여론에 전달해야 한다.

둘째, 결사의 자유를 적극적으로 이용하자. 이 부분도 방금 이야기한 여론 전달과 같은 방식이다. 정당과 시민단체에의 가입과 탈퇴를 자유롭게 하자는 것이다. 정당과 시민단체는 정책을 형성하고 그것을 국가권력으로 집행되게 하기 위해서 노력하는 단체다. 개개 국민이 일일이 개별 국가정책에 참여하기 어려우므로 국민을 대변해서 그것을 하겠다고 나선 단체다.

국민은 이들 정치단체를 평가할 수 있다. 그 단체에 가입하고 후원금을 통해 그들을 격려·지원함으로써 자신의 가치관을 보다 적극적으로 정치에 반영할 수 있다. 반면, 그 단체의 정책과 활동이 변질하면, 바로 탈퇴해서 의사를 전하고 질타할 수 있다.

중요한 점은 국민 스스로가 이러한 단체의 가입과 탈퇴를 결정하는 문제를 자유롭고 손쉬운 문제로 생각해야 한다는 것이다. 정당과 시민단체는 국민의 지지도를 자양분으로 성장한다. 따라서 정당원이나 회원이 증대되면, 국민이 그 정치 활동을 지지하는 것으로 생각하고 용기를 얻는다. 반면 그 숫자가 감소하면 자신의 정치 활동에서 잘못된 점을 찾아서 반성한다. 국민은 이런 부분에 주목해야 한다. 정당 가입과 탈퇴, 시민단체의 가입과 탈퇴를 자유롭게 하면서, 자기 의사를 적극적으로 표명하는 것이다.

참고로 정당이나 시민단체의 월회비는 1천 원, 5천 원이다. 그것으로 국민은 정치인들에게 직접 영향을 미칠 수 있고, 정책의 방향을 바꿀 수 있다. 현대국가의 성패는 궁극적으로 주권자 국민의 민주적 역량에 달려 있다. 주권자 국민이 스스로 '공정한 시민의식'을 갖추면 건전한 국가 발전과 정의를 이룰 수 있다. 민주 역량과 시민의식은 멀리 있는 것이 아니다. 여론조사에도 있고 정당이나 시민단체의 가입에도 있다.

우리 민주주의가 어떤 제도여야 하는지와 국민이 제도를 어떻게 활용해야 하는지 논의에 관해서는 이 정도로 정리하기로 한다. 복지주의의 성패가 민주주의에 달려 있다는 점, 국민이 주권자로서 국가의 운명을 결정해야 할 책임이 있고, 그것을 위해 각자 가져야 할 태도가 무엇인지를 돌아보는 것에 그친다. 민주주의의 원리에 대한 자세한 논의, 즉 민주주의의 본질, 대표와 국민의 관계, 권력분립 원리, 대표기관의 선임, 국민 참여 절차, 다수결과 소수자 보호, 공무원과 국가의 책임 등을 이곳에서 자세히 전개하기에는 부담스럽다.

간접민주제는 국민에게 책임지는 제도

간접민주제는 국민이 그의 대표자인 의원, 기타의 피선기관(被選機關)을 통하여 국민을 대신해서 통치권을 행사하는 민주제다. 따라서 대표자 공무원들은 국민을 위해서 존재한다. 당연히 간접민주제의 공무원들은 국민에게 책임을 진다. 논리적으로 당연한 귀결이다. 우리 헌법도 이 당연한 말을 조문으로 써 놓고 있다.

> 헌법 제7조 ① 공무원은 국민 전체에 대한 봉사자이며, 국민에 대하여 책임을 진다.

공무원이 국민에게 져야 하는 책임은 강력하게는 형사책임이지만, 그 이외에도 공무원책임, 행정책임, 민사책임 등이 병렬적으로 준비되어 있다. **자유주의·자본주의가 발달한 오늘날 사회에서는 그중에서도 손해배상책임이 가장 중요한 역할을 할 수 있다.** 무책임한 결정에 대해서 공무원 자신에게 직접 손해배상책임을 지우는 것 말이다.

예를 들어, 뇌물을 받고 특정인에게 특혜를 줘서 국가가 손해를 입은 경우, 그 손해를 모두 공무원 개인이 배상하게 하는 방법이다. 그러나 현재의 관행은 뇌물을 받은 공무원은 어정쩡한 형사책임을 진 뒤에 방면되는 것 정도로 모든 책임을 면하는 형국이다. 나아가 국가가 그 수뢰 공무원 결정으로 입은 손해에 대해서 공무원에게 손해배상책임을 추궁하지는 않는다. 국가가 공무원들로 이루어져 있으므로, 손해배상책임을 추궁하는 권력을 행사해야 하는 공무원이 동병상련을 앓고 있는 것이라고나 할까?

이런 경우, 국민이 수뢰 공무원을 상대로 직접 책임을 추궁할 수 있게 하거나, 국민이 국가에게 수뢰 공무원을 상대로 손해배상을 청구하게끔 강제할 수 있는 제도를 확립해야 한다.

이왕 공무원의 손해배상책임 이야기가 나왔으니, 한마디 덧붙이는 게 좋겠다. 헌법 제29조를 보면, 특히 제1항 제2문을 보면, 공무원이 직무상 불법행위를 한 경우, 국민에게 직접 책임을 지는 것으로 규정되어 있음을 볼 수 있다.

> 헌법 제29조 ① 공무원의 직무상 불법행위로 손해를 받은 국민은 법률이 정하는 바에 의하여 국가 또는 공공단체에 정당한 배상을 청

구할 수 있다. 이 경우 **공무원 자신의 책임**은 면제되지 아니한다.

그러나 현실의 법 실무는 그렇지 않다. 우리나라 공무원들은 국민에게 거의 무책임한 상태로 방임되어 있다. 헌법 제29조 제1항 제2문에 기재된 '공무원 자신의 책임'은 고의 또는 중과실의 경우에만 인정된다는 판례가 굳건하게 확립되어 있기 때문이다.

이 부분은 다른 근로자와 비교가 된다. 일반 회사원이 다른 사람에 대해서 불법행위를 한 경우에는 '고의 또는 중과실'뿐만 아니라 '경과실'의 경우에도 그 회사원이 책임을 진다.

민법 제35조(법인의 불법행위능력) ① 법인은 이사 기타 대표자가 그 직무에 관하여 타인에게 가한 손해를 배상할 책임이 있다. 이사 기타 대표자는 이로 인하여 **자기의 손해배상책임**을 면하지 못한다.

② 법인의 목적 범위 외의 행위로 인하여 타인에게 손해를 가한 때에는 그 사항의 의결에 찬성하거나 그 의결을 집행한 사원, 이사 및 기타 대표자가 **연대하여 배상**하여야 한다.

제756조(사용자의 배상책임) ① 타인을 사용하여 어느 사무에 종사하게 한 자는 피용자가 그 사무집행에 관하여 제삼자에게 가한 손해를 배상할 책임이 있다. 그러나 사용자가 피용자의 선임 및 그 사무 감독에 상당한 주의를 한 때 또는 상당한 주의를 하여도 손해가 있을 경우에는 그러하지 아니하다.

② 사용자에 갈음하여 그 사무를 감독하는 자도 전항의 책임이 있다.

③ 전2항의 경우에 사용자 또는 감독자는 피용자에 대하여 구상권을 행사할 수 있다.

공무원은 공과 사를 구분해야 하는 직책을 수행한다는 점에서, 다른 근로자들보다 더 큰 책임의식을 가져야 하고, 실제로 책임을 져야 한다. 그런데 왜 공무원은 '고의 또는 중과실'의 경우에만 책임을 져야 하는가? 1개 회사를 위해서 일하는 회사 직원도 '경과실'에 대해서 책임을 지는데, 5천만 국민 전체를 위해서 일하는 공무원이 '고의 또는 중과실'에 대해서만 책임을 진다는 게 말이 되는가?

국가 근간이 흔들리지 않기 위해서는 간접민주제의 근간이 튼튼해야 한다. 간접민주제의 기둥이 내부적으로 '무책임'으로 좀먹고 있다면, 그 국가체계는 머지않아 무너질 위험성에 처하게 된다.

공무원책임 문제는 반드시 개선돼야 할 시급한 과제다. 개인의 영욕을 위해서, 묘비명에 쓰기 위해서가 아니라, 5천만 국민을 위해서 제대로 책임지겠다고 각오한 사람만이 공무원이 되어야 나라가 바로 선다.

공무원책임과 관련해서 사법권을 행사하는 법관에 대해서는, 우리 헌법이 그 책임의 형태를 다른 모습으로 규율하고 있음을 지적할 필요가 있다. 사법권 독립의 관점에서, 가능하면 법관의 신분적 독립성을 보장하겠다는 취지와 연결된 책임 형태다.

헌법이 정한 법관의 책임제도는 간접적이지만, 강력한 형태를 취하고 있다. 사법권 행사의 의사결정 과정과 결과를 공개하라는 것이다.

헌법 제109조 재판의 심리와 판결은 공개한다.

심리와 판결이 공개되면, 주권자 국민은 그 내용을 확인한 뒤 비판하고 대안을 제시할 수 있다. 즉, 공개된 심리 행태와 판결을 보면서, 국민은 그 재판의 공정성과 신속성 여부를 바로 판단할 수 있다. 특히, 공개된 판결은 서로 비교의 대상이 될 수 있다. 1년에 수백만 건의 재판이 이루어진다는 점을 고려하면, 그 비교는 손쉽게 이루어질 수 있음을 알 수 있다. 그 비교를 통해서, 국민은 어떤 법관은 그 자질이나 태도, 성품에서 법관 자격이 없다고 판단할 수 있다.

이런 판단을 근거로, 국민은 법관을 상대로 탄핵 절차를 진행할 수도 있다. 필요한 경우, 입법을 통해서 법관소환제도를 도입한 뒤, 직접 법관을 소환할 수도 있다. 이를 통해서 주권자 국민은 자신이 사법권의 주체임을 확인할 수 있다.

그런데 오늘날 우리 현실의 재판 공개는 공개라는 외형만 갖춘 정도에 머물러 있다. 오늘날처럼 인터넷이 발달된 사회에서는, 헌법이 정한 그대로, **법관이 행한 모든 재판에 대해서 그것이 결정되자마자 즉시 바로 '인터넷에 판결문 전문'을 무료로 공개할 수 있다.** 그리고 그런 공개 제도를 마련하는 데 기술적·경제적 어려움은 전혀 없는 상태다.

그런데도 아직까지 이런 투명한 공개는 이루어지지 않은 상태다. 국민이 판결서를 읽어보기 위해서는, 복사비용이 들어가는 것도 아닌데 1건당 1천 원을 내라고 한다. 이는 국민에게 법관의 재판을 보여 주지 않겠다는 의도 아닌가? 그 재판이 주권자 국민의 이름으로 결정된 것이고, 주권자 국민이 낸 세금으로 작성되었다는 점을 알고 있다면, 국민에게 돈을 내라고 할 이유가 무엇이겠는가?

■ 대화와 토론

—

오늘날 정의는 결국, 토론과 대화

복지주의에서의 민주주의 쟁점에 관한 설명을 마치기 전에 마지막으로, 민주주의의 핵심 개념인 '대화와 토론'의 의미가 무엇인지를 간단히 살펴본다.

민주주의는 인간이 완벽한 이성을 가진 존재가 아니라, 정확한 뭔가를 잘 모르는 존재라는 고백이다. 그러니 그렇게 부족한 사람들이 그나마 최선을 다해서 공동체 결정을 만들겠다는 선언이다. 즉, 민주주의는 '잘 모르는 존재들끼리' 정의가 무엇인지를 찾아가는 과정이다.

그러니 이런 사람들이 모여 정의를 추구하는 데 필수적이며 필요불가결한 '지켜야 할 가치'가 있다면, 그것은 "대화와 토론"일 수밖에 없다. 개인의 이성적 한계와 이해관계를 넘어서, 서로가 양해할 수 있는 공동의 가치를 찾아야 하기 때문이다. 현재 주어진 가치관에 갇혀 있는 것이 아니라, 미래를 열어 놓고 대화하고 토론하면서 새로운 정의를 꾸준히 추구하는 것이다.

이런 점에서, 민주주의에서 대화와 토론을 어떻게 할 것인지는 민주주의에서 주된 쟁점이자 골자다. 여기에서는 대화와 토론의 태도와 관련해서, 우리 사회에서 눈에 띄는 문제점 몇 가지를 살펴본다.

정치적 술수로서의 이분법적 강요

먼저, 이분법적 강요의 문제점이다. 우리는 흔히 대화와 토론을 할 때, 이것 아니면 저것을 선택하라는 요구에 익숙해 있다. 이분법적 선택은 일견 논리적으로 보이고, 명쾌한 결론이 제시되어 있는 것처럼 그럴듯해 보인다. 그래서 이분법적 선택을 요구받으면, 으레 둘 중 하나를 선택해야 한다는 생각에 강박적으로 몰린다.

물론 이분법이 유용한 때도 있다. 그러나 이분법은 네 편과 내 편을 가르기 위한 전략으로 악용되는 경우가 많다. 선택지가 다양한데도 굳이 이분법을 강요하는 경우다. 예를 들어, 엄마가 좋은지 아빠가 좋은지를 선택하라는 경우다. 어른들의 장난이라 해도 이런 질문을 받게 되면 자녀는 본능적으로 두 사람 하나를 골라야만 한다고 순간 착각하며 압박을 느낀다. 그러나 아빠와 엄마를 동시에 좋아하거나, 동시에 싫어할 가능성, '아빠는 60% 좋고, 엄마는 80%가 좋다'는 등 다르게 판단할 가능성이 얼마든지 있다.

정의·분배 문제에서도 이처럼 우리는 종종 이분법을 강요당한다. 자본주의냐, 공산주의냐? 자유주의냐, 사회민주주의냐? 둘 중 하나를 선택하라고 억지로 종용당한다. 나아가 그것을 기준으로 편을 갈라서 적을 만든다.

그러나 이들 중간에 복지주의도 있다. 복지주의는 단순한 혼합이나 박쥐가 아니다. 그 자체로 독립된 가치를 지닌 독자적 이념이다. 실제로

오늘날 대부분 선진국은 복지주의 국가다.[4]

이런 점에서 이분법은 논리적 대화 방법이기보다는 주도권 전쟁과 쟁탈을 위한 수단이다. 자유주의 입장에서 이분법을 강요하는 사람은 사람들이 자유주의를 선택하자마자, '그럼 이제 내 말을 따르라!'라며 상대방을 종속시킨다. 공산주의 입장에서 이분법을 주장하는 사람도 마찬가지다.

사람의 삶 대부분은 이분법으로 정리되지 않는다. 조금만 더 생각하면 다른 대안이 얼마든지 존재한다. 이분법 강요에 당황해서는 안 된다. 이분법이 절대적 구분인 것처럼 착각해서는 안 된다. 정의 문제에서는 더더욱 그렇다.

절대성 요구는 대화 차단

둘째, 절대성, 완전성 강요의 문제점이다. 오늘날 우리 헌법이 받아들인 정의 논의는 절대성, 완전성을 배격하고 있다. 따라서 어떤 일방적 주장을 강요하거나 요구하는 것은 헌법이 예정한 대화와 토론을 거부하는 태도도. 예를 들어 현재 법질서의 기득권자들은 개정을 요구하는 상대방에게 '완벽한 정답, 완벽한 대안을 제시하라.'며 종종 다그치고 면박한다. 절대적인 대안이 없으면 문제 제기 자체를 하지 말라고 쐐기를 박는다.

4 복지주의를 간단히 설명하면, "자유주의 + 민주주의"다.

여러 번 말했지만, 사람 자체가 불완전하다. 세상에 완전한 이론은 존재하지 않는다. 기존 법질서가 불완전하듯이 새로운 대안도 불완전할 수밖에 없다. 그 새로운 대안이 좋은지, 기존 질서가 좋은지는 대화와 토론의 과정에서 밝혀질 문제이다. 새로 제기된 안건의 내용이 완벽하지 않다는 것을 이유로 문전박대해서는 안 된다.

마구잡이 생각과 구분되는 철학

셋째, 그렇다고 해서 문제 제기, 대화와 토론을 마구잡이로 해도 좋다는 의미는 아니다. 모두가 길지 않은 인생을 살아간다는 점을 고려해야 한다. 서로의 시간을 아껴 줘야 한다. 소위 개똥철학을 가지고 장광설을 늘어놓음으로써, 토론과 대화의 시간을 허비해서는 안 된다.

세상의 모든 생각과 주장을 대화하고 토론하자고 해서도 안 된다. 논리적으로 모순인 주장, 역사적 경험을 통해서 더 논의할 필요가 없는 주장, 혼자만의 독단에 빠진 주장을 토론 주제로 내놓고 서로의 시간을 허비할 이유는 없다. 인류가 이미 밝혀낸 사실과 생각(물론 특별히 준비된 새로운 논증이 있다면 토론해야 하겠지만)을 토론장에서 거듭할 필요는 없다. 시간만 갉아먹는 어리석은 짓이다.

개똥철학과 철학은 구분할 수 있어야 하고, 구분해야 한다. 역사적으로 인류 지성들이 정리한 생각 및 그들이 토의해 보지 않은 이론, 아무런 기초도 없는 이론, 자기만의 독단에 빠진 이론을 개똥철학이라고 한다. 개똥철학이 토론을 지배하면 논의는 깊이를 잃는다. 목소리를 크게 하거나 교묘한 말장난이 극성을 부리고 마구잡이 이론을 그럴듯하게 각색하는 부박한 기술만 발달한다.

대화와 토론에 참여하기 전에, 먼저 인류 선배들이 깊게 생각하고 정리한 것을 미리 습득하고 비판하는 훈련을 거쳐야 한다. 자기 생각을 마구 주장하기에 앞서, 고전과의 대화를 통해서 검증하는 것은 상대방에 대한 예의다. 무엇이 인류 선배의 고전인지에 대해서도 의견이 다를 수 있지만, 일반인 그리고 지성인 대부분이 고전으로 인정하는 기본적 저술물들은 소화해야 한다. 자기 생각이 개똥철학인지, 진정한 철학인지를 되돌아보면서, 서로의 시간을 아껴 주는 노력이 필요하다.

진정한 지성은 문제의식

넷째, 마지막으로 대화하고 토론한다는 의미는 무엇인지를 생각해 봐야 한다. **무엇을 얻기 위해서, 왜, 무엇을, 어떻게 대화하고, 토론하는지에 대한 성찰이다.** 그 대답은, 스라보예 지젝(Slavoj Žižek, 슬로베니아 류블랴나 대학교 교수, 1949~)의 말을 들어 보는 것으로 대신한다. 그는 대학의 의미를 통해서 대화와 토론에서 무엇을 해야 하는지를 잘 피력하고 있다.

> 사람들은 우리 대학에 **전문가**의 생산을 요구하고 있지 않나 싶다. 전문가는 다른 이들에게 문제로 규정된 것들을 해결하는 사람이다. 예컨대, 파리에서 폭동이 일어나면 경찰은 전문가를 부른다. 심리학적으로 시위자들을 통제하는 방법을 묻는다.
>
> [반면에] 진정한 지식인이 된다는 것은 그 이상의 무언가를 뜻한다.

다른 사람들이 문제라 규정한 것을 푸는 것만으로는 안 된다. 많은 경우 우리가 문제를 인식하는 방식 자체가 문제의 일부분이 되곤 한다. 문제를 잘못된 방식으로 인식할 수도 있다. **진정한 지식인은 문제 자체를 규정할 수 있어야 한다.** 지식인의 임무는 해결책을 제공하는 것이 아니라, 사람들에게 우리가 당면한 문제를 제대로 인식하도록 하는 데 있다.[5]

5   Slavoj zizek, (2013), 인승기 역, 정치를 위해 무엇을 할 것인가, 2013, 66. [ ]부분은 필자가 삽입했다.

에필로그

법은 질서다

'법은 질서다'라고 시작한 긴 여정의 책을 이제 마쳤다. 법은 우주의 자연 질서가 아니다. 해가 동에서 떠서 서쪽으로 지듯이, 봄, 여름, 가을, 겨울이 순행하듯이 이미 정해져 변경할 수 없는 질서가 아니다.

법은 사람이 지킬 것을 사람이 만든 질서다. 법은 사람의 질서이지 신의 질서가 아니다. 신이 만들어 준 질서도 아니고, 신이 위임한 사람이 특별히 만드는 질서도 아니다. 사람이 살아가는 데 필요하니, 그 필요에 따라 사람들이 만든 질서다. 나와 비슷하게 부족한 사람들이 만든 질서다.

그런데 꽤 많은 사람은 법이 사람의 질서라는 점을 곧잘 잊는다. 말 그대로 그냥 '법으로' 받아들인다. 그리고 법을 무조건 지켜야 하는 질서라고 생각한다. 이유는 여럿이다. 마치 우주 질서나 신의 질서의 일부일 것이라는 막연한 생각, 일제 식민지 시절부터 뿌리박힌 피해 의식, 법조문이 너무 많고 복잡해서 생각하기조차도 버겁다는 느낌, 법이라는 것에서 느껴지는 두려움과 번거로움, 법의 세계를 독점하려는 법률가들로부터의 소외 등등….

이 책은 법을 그냥 받아들이지 말고, 어떤 질서인지 주체적으로 살펴보자는 질문을 던졌다. 질서, 의무, 자유, 정의, 권리, 평등, 민주 등 지금까지 그러려니 했던 개념의 속내를 들춰 봤다. 당연하다고 여겼던 것들을 다시 생각했다. 당연하다면 그 당연한 이유를 알아봤고, 당연한 것이 당연하지 않을 수 있음도 살폈다.

의무는 그냥 의무가 아니다. 사람에 대한 의무다. 사람의 자유 앞에 놓여 작동한다. 의무와 자유가 연동되는 순간, 사람은 의무를 무조건 지켜야 한다는 생각에서 벗어날 수 있다.

사람은 의무준수 여부를 자유롭게 판단하는 존재다. 어떤 사람은 의무를 위반할 것을 과감히 선택하기도 하고, 어떤 사람은 의무위반을 결정해야 하는 외통수에 몰리기도 한다. 이런 점에서 의무는 무조건 지킬 것이 아니다. 사람에게 상이나 벌을 연결하는 매개체일 뿐이다. 의무가 어떤 상, 어떤 벌에 연결되면, 정의가 무엇인가라는 쟁점이 제기된다.

정의라는 개념도 스스로 존재하는 존엄이 아니다. 우주, 자연, 신이나 과학이 절대적으로 부여한 게 아니다. 사람이 함께 살 때 생기는 문제를 해결하기 위한 개념이고, 사람이 그 내용을 결정해야 하는 개념이다. 정의는 올바른 분배의 문제이고, '내 것과 네 것'을 나누는 문제다. '각자에게 그의 것'을 분배하는 문제다. 적나라하게 말하면, 누구는 많이 갖고, 누구는 적게 갖는 문제다.

이런 점에서 법은 그냥 질서가 아니다. 정의 문제를 다루는 질서다. 법은 어떻게 분배하는 게 정의롭다고 생각하는 걸 현실의 질서로 만드는 도구다. 법은 그냥 법이 아니라, 그 내용이 정의로울 때 비로소 법이다. 이제 법의 과제는 둘로 나뉜다. 첫째는 정의가 무엇인지고, 둘째는 그 정의를 현실의 질서로 어떻게 구현하는지다. 간단히 전자를 정의 과제, 후자를 질서 과제라고 말할 수 있다.

정의는 분배다

이 책은 정의 과제를 살폈다.[1] 다행스럽게도, 필자는 정의철학·윤리철학·사회철학을 몇 종류로 분류하는 시각을 가짐으로써 철학 논쟁의 무한 늪을 피할 수 있었다. 특히 인간 인식에 대한 칸트철학은 현대철학의 고민이 무엇이고, 그것이 규범 영역에서 황금률과 어떻게 연결되는지를 보여 줘, 필자가 실제 현실의 법적 정의를 모색할 때 길을 밝혀 주는 길잡이가 되었다.

덕분에 법적 정의의 얼개를 구상할 때, 철학적 근본 고민과 연결하면서 생각을 전개할 수 있었다. 사법과 공법, 개인 거래 분배와 공동체 분배, 자유주의와 민주주의를 '정의'라는 하나의 띠로 연결할 수 있었다.

정의는 하늘에서 떨어지는 게 아니다. 현실 문제이고, 내 것, 내 몫의 문제다. 누구는 많이 갖고 누구는 적게 갖는 문제다. 너와 나의 몫을 어떻게 분배하는가의 문제다. 그 분배가 올바른가의 문제다.

이때 절대적 정의는 이성적 존재에 불과한 인간으로서는 인식할 수 없는 대상이다. 정의 구현의 문제는 역사 속 긴 여정에서 그 궤적을 통해 현재 위치를 가늠할 수 있을 뿐이다.

의외로 역사는 정의 구현 방법을 간단하게 사용하고 있었다. 개인 거래 분배와 공동체 분배, 자유주의와 민주주의(공동체 결정), 사법과 공

---

1   질서 과제는 다른 책에서 다룰 예정이다.

법이었다. 복잡하게 보였던 건, 그 형태를 변형하면서 사용했기 때문이었다. 사실, 논리적으로도 위 두 방법밖에 없으니, 그런 역사가 이어졌을 뿐이다.

고대가 군주에 의한 공동체 결정 분배·공법 분배라면, 중세는 봉건 영주에 의한 독점적 개인 거래 분배·사법 분배였다. 근대가 자본가에 의한 자유주의 독점 개인 거래 분배였다면, 현대는 자본가와 노동자(서민 대중)가 함께 참여하는 민주주의 공동체 결정 분배가 가미된 분배다.

오늘날 현대는 자유주의와 민주주의, 사법과 공법, 개인 거래와 공동체 분배가 어떻게 결합하는지에 따라 정의 내용과 국가형태가 달라진다. 공산주의, 정경유착, 인기영합주의, 진정한 사회국가주의로 전개되는 현대 정의질서를 살펴보면서, 우리나라 정의질서가 어떤 형태인지를 돌아봤다.

역사는 개인 거래와 공동체 분배 사이를 비틀거리며 걸어 나가는 도상에서 우리에게 많은 이야기를 전해 주고 있다. 우리 헌법은 그 이야기를 고스란히 담아서 복지주의로 정리하고 있다. 자유주의를 원칙으로 하고, 민주주의로 자유주의의 모순을 해결하는 정의질서다. 우리 헌법은 이런 정의질서로 "우리들과 우리들 자손의 안전과 자유와 행복을 영원히 확보"하겠다고 선언하고 있다. 필자는 우리 헌법의 정의질서에 전적으로 동의한다.

시장을 모르면 정치하지 말라

우리나라의 민주주의는 자유주의 원칙 위에 서 있다. 자유주의가 원칙이고, 민주주의는 자유주의 시장질서의 모순에 개입한다. 자유주의 시장경제의 변화에 대해, 민주주의 정치는 다양한 국가정책을 시장에 대응한다. 자유주의와 민주주의, 시장과 국가, 경제와 정치는 밀접하게 연결되어 있다.

그런데 많은 사람은 정치와 경제를 확연히 동떨어진 과제라고 생각한다. 정치는 정의를 추구하고 경제는 이윤을 추구하므로, 서로 연관이 없다고 생각한다. 자유주의 시장질서는 경제이고, 민주주의 국가권력은 정치라고 개념적으로 나눈다. 정치학과 경제학은 완전히 별개의 학문처럼 취급된다. 정치, 경제, 사회, 문화가 서로 떨어진 것처럼 간주한다.

그러나 자유주의도 정의를 위한 것이고, 민주주의도 정의를 위한 것이다. 자유주의도 분배 방식이고, 민주주의도 분배 방식이다. 자유주의는 시장에서 하는 분배고, 민주주의는 시장의 모순에 대해서 공공재의 공급, 생존권 보장과 사회적 시장경제질서에 기반한 공동체 분배다. 오늘날 민주주의, 정치, 공동체 분배는 자유주의, 시장주의, 개인 거래 분배를 전제로 시행하는 분배다. 분배 개념 없이는 민주주의를 상상할 수 없다.

그렇다. 시장을 모르는 민주주의는 성공할 수 없다. 오늘날 민주주의는 신(神), 절대 이성, 민족, 이데아 등 허상을 좇지 않는다. 자유주의 현실 시장 분배를 규제하고 조정하는 것이 그 책무다. 자유주의 시장의 형태를 결정해야 하고, 그 시장이 초래한 사회모순을 교정해야 한다.

따라서 시장을 모르는 사람들이 정치권력자가 된다면, 그 자체가 비극이다. 그들은 허상을 좇아가고 있거나, 대중의 인기를 이용해서 독재를 꿈꾸고 있을 뿐이다.

예를 들어, 무주택자들을 위하겠다는 정책으로 임대료 바우처 제도나 전세보증금 담보대출 제도를 도입했다고 생각해 보자. 이런 국가적 지원은 주택임대차 시장에서 임차 수요를 증가시키는 효과를 가진다. 수요 증가로 임대료가 올라간다. 임대료 수익이 증대되니 주택소유자는 수익이 증대된다. 주택 소유에 수익이 생기니 주택 수요가 늘어나고 집값 상승으로 이어진다.

명목상으로는 무주택자를 위한 정책이지만 결과적으로는 무주택자의 경제 사정을 더 힘들게 할 뿐이다. 주택가격과 임대료가 올랐으니 국가의 임대료 바우처를 위한 재정적 부담도 커진다. 악순환이다. 그렇다고 임대료 바우처 제도나 전세보증금 담보대출 제도를 없애자는 것은 아니다. 그 경제적 효과를 알고, 그것에 대응하면서 정책을 전개해야 한다는 것이다. 정치를 제대로 하기 위해서는 시장과 경제에 대한 이해가 필수다.

여기에서 시장을 이해한다는 것은 시장에서 돈을 잘 버는 능력을 의미하지 않는다. 그런 능력은 시장을 독과점하고, 그것을 통해서 이윤을 얻는 수완일 뿐이다. 민주주의에서 바라는 정치인의 덕목은 시장에서 큰돈을 버는 능력이 아니라, 시장 독과점의 형성 원리와 그 문제점을 해결하는 방법을 이해하는 능력이다. 시장을 교정하기 위해서 전문가들과 대화하고 토론할 수 있는 능력이다.

돌이켜 보면 우리나라가 이룬 한강의 기적은 국가가 시장에 긍정적으로 개입한 결과라고 볼 수 있다. 물론 여러 폐해를 만들어 내기도 했지만 국내외 금융을 통해서 기업이 실물자원을 동원할 수 있게 했고, 교육을 통해서 양질의 인적자원을 공급했으며, 과학 입국을 통해서 기술 진보를 독려했고, 광범위한 사회간접자본을 공급해서 원활한 경제 소통을 이뤄 냈다.

국가가 시장에 개입하는 방식은 시대와 상황에 따라 변해야 한다. 1960년 개발도상국 당시의 시장과 4차 산업혁명의 첨단에 서 있는 선진국 위상의 현재의 시장이 다르기 때문이다. 민주주의는 오늘날 시장 상황에 대응해야 한다. 그 과제를 민주주의 정치는 떠안아야 한다. 정치는 시장을 결정하고, 결국 우리와 우리 자손의 미래를 결정한다. 국민에게 허상을 꾸며 대는 것이 아니라, 현실 시장의 미래를 책임져야 한다. 시장을 모르면, 정치하지 말라!

질서는 정의를 담는다

이 책에서 법적 정의의 대강을 살폈으니, 이제 법의 '질서' 부분의 구조를 살펴야 한다. 법이 정의를 어떻게 실제 질서로 구현하는지의 쟁점이다.

말로만의 정의는 아무 의미가 없다. 정의는 현실에서 실제로 구현돼야 한다. 정의를 실제로 구현하는 것이 법질서다. 여기에서 질문이 생긴다. 법이라는 질서는 '하라, 하지 말라'라는 의무 형식으로 성립되고, 그의 준수 여부에 따라 상과 벌(책임)이 주어지는 방식인데, 그런 질서가 어떤 체계를 갖추고 있는지다.

정의가 내용이라면, 질서는 형식이다. 정의가 음식이라면, 질서는 그릇이다. 음식이 중요하지만, 질서라는 그릇도 더불어 살펴야 하는 이유가 있다. 질서는 정의를 왜곡할 수 있다. 사람들이 아무리 정의로운 분배를 정했더라도 질서 그릇이 잘못되면 그 분배가 왜곡될 수 있다.

군주가 마음대로 의무를 정할 수 있도록 하는 그릇, 책임을 추궁할 때 원님 재판을 하게 하는 그릇, 사형을 집행할 때 능지처참이나, 끓는 물에 삶거나, 기름에 튀겨서 죽이는 그릇이 있을 수 있다. 그릇 자체가 내용을 변질시킬 수 있다는 의미다. 향기로운 술을 마르지도 않은 질그릇에 담아 마신다면 진흙이 술맛을 버릴 것이다. 인간으로서의 존엄과 가치로 시작한 정의가 잘못된 질서를 만나면 잔혹한 인종청소로 귀결될 수도 있다.

인류는 역사를 통해서 다양한 정의를 모색한 게 아니다. 질서, 규범질서라는 그릇도 꾸준히 발전시켜 왔다. 처음에는 군주가 명령으로 의무를 만드는 방식이었으나, 오늘날에는 누구나 법률관계를 형성해서 의무를 만들고 없앤다. 이런 변화는 왜 생겼나? 오늘날 질서는 어떤 원리로 설명할 수 있을까? 다음번 과제다.